Ulrike Capdepón

Vom Fall Pinochet zu den Verschwundenen des Spanischen Bürgerkrieges

Ulrike Capdepón (Dr. phil. Dipl.-Pol.) forscht zu transnationalen Prozessen, Menschenrechten, Memory Studies und der Aufarbeitung von Vergangenheit in Spanien und dem südlichen Lateinamerika.

Ulrike Capdepón

Vom Fall Pinochet zu den Verschwundenen des Spanischen Bürgerkrieges

Die Auseinandersetzung mit Diktatur und Menschenrechtsverletzungen in Spanien und Chile

[transcript]

Der Druck wurde gefördert durch die Hans-Böckler-Stiftung und das GIGA German Institute of Global and Area Studies.

Bibliografische Information der Deutschen Nationalbibliothek
Die Deutsche Nationalbibliothek verzeichnet diese Publikation in der Deutschen Nationalbibliografie; detaillierte bibliografische Daten sind im Internet über http://dnb.d-nb.de abrufbar.

Umschlagkonzept: Kordula Röckenhaus, Bielefeld
Umschlagabbildung: Pueta del Sol, Madrid, 2012.
Mit freundlicher Genehmigung von Fuen Benavente.
Korrektorat & Satz: Ulrike Capdepón
Printed in Germany
Print-ISBN 978-3-8376-2347-5
PDF-ISBN 978-3-8394-2347-9

Gedruckt auf alterungsbeständigem Papier mit chlorfrei gebleichtem Zellstoff.
Besuchen Sie uns im Internet: *http://www.transcript-verlag.de*
Bitte fordern Sie unser Gesamtverzeichnis und andere Broschüren an unter: *info@transcript-verlag.de*

Inhalt

Vorwort und Dank

Die Arbeit an einer Dissertation ist ein langwieriger Prozess. Der vorliegenden Monografie liegt eine Studie zugrunde, die im Juli 2010 an der Fakultät für Wirtschafts- und Sozialwissenschaften im Fach Politikwissenschaft der Universität Hamburg als Dissertation angenommen wurde.

Die Entwicklungen, die sich in der Folgezeit ereigneten, können im Rahmen der vorliegenden Arbeit nur zusammenfassend und ausblickend dargelegt werden. Das durchgesehene und leicht überarbeitete Manuskript habe ich um einen Epilog ergänzt, der die seitdem stattgefundenen Entwicklungen, insbesondere hinsichtlich des Amtsenthebungsverfahrens gegen den ehemaligen spanischen Ermittlungsrichter Baltasar Garzón kurz skizziert und den Forschungsstand aufarbeitet. In meinem gegenwärtigen Postdoc-Projekt beschäftige ich mich mit der justiziellen Aufarbeitung der Franco-Diktatur mittels der Anwendung universeller Gerichtsbarkeit in Argentinien, es knüpft damit als Fortsetzung an die vorliegende Studie an.

Zahlreiche Menschen haben mich auf dem Weg von der Planung und der Anfertigung bis hin zur Fertigstellung der Arbeit begleitet und unterstützt. Meinen Betreuern Prof. Dr. Detlef Nolte und Prof. Dr. Wolfgang Hein danke ich für die kritische und fruchtbare Begleitung des Promotionsprojektes und die sehr hilfreiche Unterstützung und wertvollen Denkanstöße. Vielfältige Anregungen und konstruktive Kritik erhielt ich in unterschiedlichen Forschungszusammenhängen des GIGA *German Institute of Global and Area Studies*, besonders des Instituts für Lateinamerika-Studien, in denen ich regelmäßig Teile meiner Arbeit vorstellen und diskutieren konnte. Die institutionelle Anbindung und Unterstützung war für mich eine große Bereicherung.

Für das kritische Lesen, fruchtbare Kommentieren und Korrigieren von Teilen des Manuskriptes bin ich Almut Schilling-Vacaflor, Anne Krüger, Claas Christophersen, Peter Fischer, Philipp Dorestal, Ruth Fuchs und Tanja Weiße dankbar. Die Endkorrektur von Marita Capdepón in der Schlussphase war mir eine unschätzbare Hilfe.

Zudem habe ich für die Dissertation, neben einigen Konferenzreisen, Forschungsaufenthalte in Chile und Spanien durchführen können, von denen die Arbeit sehr profitierte. Gedankt sei an dieser Stelle meinen Interview- und Gesprächspartnern, die mir einen authentischen Einblick in die gegenwärtigen Debatten um die Auseinandersetzung mit der Diktaturerfahrung in beiden Ländern ermöglichten. Besonderer Dank gebührt in Chile Viviana Díaz und Paz Rojas, die sich ausführlich Zeit nahmen, um meine Fragen zu beantworten sowie den Mitarbeitern der *Vicaría de la Solidaridad* und FLACSO. In Spanien bin ich, neben vielen anderen Aktivisten und Wissenschaftlern, ohne deren Unterstützung die Arbeit nicht hätte fertig gestellt werden können, ganz besonders Francisco Ferrándiz dankbar, mit dem ich unmittelbar nach Abgabe der Dissertation am CSIC in Madrid als *Marie Curie*-Fellow zusammen gearbeitet habe. In diesem Rahmen hatte ich die Gelegenheit, am Rande der Bürgerkriegsgräber Interviews mit Angehörigen durchzuführen und den Prozess und die Wirkung von Exhumierungen nachzuvollziehen – eine Erfahrung die mich nachhaltig geprägt und bereichert hat.

Ohne die finanzielle und infrastrukturelle Unterstützung einiger Institutionen wäre die Arbeit nicht durchführbar gewesen: Von der Hans-Böckler-Stiftung wurde ich durch ein über dreijähriges Promotionsstipendium und ein umfassendes ideelles Netzwerk gefördert, zudem gewährte sie mir einen umfangreichen Druckkostenzuschlag. Auch das GIGA in Hamburg hat mir in den vergangenen Jahren vielfältige Unterstützung zukommen lassen und beteiligte sich großzügig an den Druckkosten, was es mir ermöglichte, das Buch in dieser Form zu publizieren.

Besondere Anerkennung gebührt schließlich den Menschen, die mich – nicht nur im Rahmen dieser Arbeit – begleitet, unterstützt und stets ermutigt haben: meine Schwester und meine Eltern. Mein größter Dank gilt Germán, für seine Anteilnahme und Präsenz.

Hamburg, im Frühjahr 2014

Einleitung

„Warum sollten die Opfer des Franquismus weniger Rechte besitzen als die Opfer des Pinochetismus?“ Mit diesen Worten leitete Reed Brody, Sprecher von *Human Rights Watch,* seine Rede auf der zentralen Madrider *Puerta del Sol* ein.[1] Sie bildete den Auftakt der Abschlusskundgebung einer Demonstration gegen die Straflosigkeit der franquistischen Verbrechen in Spanien, zu der ein Bündnis erinnerungskultureller Basisorganisationen, Opferverbänden und Menschenrechtsvereinigungen im April 2010 aufgerufen hatte. Mit ihr sollte auch Ermittlungsrichter Baltasar Garzón unterstützt werden, der von ultrarechten Vereinigungen verklagt worden war, nachdem er zum ersten Mal im post-franquistischen Spanien versucht hatte, das weiterhin geltende Amnestiegesetz von 1977 zu überwinden. Damit war ein weiterer Höhepunkt in der in jüngster Zeit immer wieder aufflammenden Auseinandersetzung mit der Franco-Diktatur erreicht.

Sowohl in der chilenischen als auch – nach einer langen Phase der Nicht-Thematisierung – in der spanischen Öffentlichkeit wird die politische Diskussion gegenwärtig vom Umgang mit dem Erbe staatlich verantworteter Verbrechen der Diktatur bestimmt. Die durch den spanischen Ermittlungsrichter Baltasar Garzón veranlasste Verhaftung des Ex-Diktators Pinochet in London im Oktober 1998, das gegen ihn angestrengte Auslieferungsverfahren und die Auswirkungen auf die Erinnerungsdiskurse beider Länder, haben die internationale Dimension des öffentlichen Umgangs mit Diktaturvergangenheit offenbart. Als Augusto Pinochet, der weltweit zu einer Chiffre lateinamerikanischer Militärherrschaft geworden war, in der englischen Hauptstadt unter Hausarrest gestellt wurde, um ihn in Madrid zu verurteilen, sollte dies auch für den spanischen Umgang mit der Franco-Diktatur nicht folgenlos bleiben. Es war kein Zufall, dass sich Garzón

1 Público: *“Los crímenes contra la humanidad no pueden ser amnistiados”*, 25. April 2010.

nach massivem Druck von internationalen Menschenrechtsorganisationen, lokalen Bürgerinitiativen und Hinterbliebenenverbänden just am zehnten Jahrestag der Festnahme Pinochets ebenfalls dafür zuständig erklärte, das Schicksal der bis heute in anonymen Massengräbern verscharrten Verschwundenen aus dem Spanischen Bürgerkrieg aufzuklären und als ‚Verbrechen gegen die Menschlichkeit' zu ahnden. Die Entwicklungen verdeutlichen vielmehr, dass die Auseinandersetzung mit Diktaturvergangenheit in den letzten zwei Jahrzehnten ein international viel beachtetes Feld politischer Debatten geworden ist, auf dem transnationalen Akteuren wie Menschenrechtsorganisationen und deren Kampf gegen die Straflosigkeit eine wichtige Rolle bei der Thematisierung und Aufklärung von Menschenrechtsverletzungen zukommt.

Gegenstand der vorliegenden Arbeit ist der öffentliche Umgang mit den Diktaturvergangenheiten Spaniens (1936/9-1975) und Chiles (1973-1990). Dabei liegt der Fokus auf Anknüpfungspunkten und diskursiven Verbindungslinien zwischen beiden Ländern sowie auf der zunehmenden Bedeutung internationaler Einflussfaktoren auf lokale Erinnerungsprozesse. Die Perspektive richtet sich auf transnationale Zusammenhänge und Transfervorgänge bei der Auseinandersetzung mit der Diktaturvergangenheit. Kern der Analyse bildet der so genannte ‚Pinochet Effekt' sowie die Auseinandersetzung um die verschwundenen Diktaturopfer: Welche Auswirkungen hatte die Festnahme Pinochets in London für den chilenischen und spanischen Umgang mit der Diktaturvergangenheit? Welche Konsequenzen zeitigte er für die Auseinandersetzung über die Suche nach den Verschwundenen? Das Spannungsverhältnis zwischen den lokalen Bedingungen von Erinnerungskultur sowie der länderspezifischen Vergangenheitspolitik auf der einen und transnationalen Einflussfaktoren und Impulsen auf der anderen Seite soll anhand zweier Länderbeispiele systematisch untersucht werden. Dabei gehe ich von der Annahme aus, dass Aufarbeitungsprozesse nicht isoliert auf nationaler Ebene stattfinden, sondern ebenso von internationalen Einflüssen bestimmt werden können.

Die Strategie des öffentlichen Nicht-Erinnerns im Sinne eines offiziellen Ausblendens der Diktaturvergangenheit war in beiden Ländern an Amnestiegesetze geknüpft, die Straflosigkeit begangener Menschenrechtsverletzungen wurde zum integralen Bestandteil des Übergangs zur Demokratie. Nach dem Tod Francisco Francos am 20. November 1975 setzte zwar eine von Konsens und Ausgleich getragene Transition ein, allerdings um den Preis eines Verschweigens der Bürgerkriegs- und Diktaturvergangenheit. Massengräber, Folter- und Konzentrationslager oder das Verschwindenlassen von Anhängern der Opposition waren Menschenrechtsverbrechen, die allenfalls den existierenden lateinamerikanischen Militärdiktaturen zugeschrieben wurden, während hingegen eine Aufarbeitung der Franco-Vergangenheit nicht stattfand.

In Chile waren die Machthaber der Diktatur auch nach ihrem Ende 1990 in der Lage, die Konditionen des Übergangs zu bestimmen und ihren politischen Einfluss institutionell abzusichern, allen voran Ex-Diktator Augusto Pinochet, der zunächst als Oberbefehlshaber über die Streitkräfte und danach als Senator auf Lebenszeit in seinen Ämtern verblieb. Zwar versuchte die demokratische Regierung auf Druck von Menschenrechtsorganisationen die schwersten Verbrechen der Diktatur aufzuklären, indem sie eine Wahrheitskommission einsetzte. Allerdings standen die autoritären Verfassungsenklaven und der von den ehemaligen Machthabern der Diktatur sowie der demokratisch gewählten Regierung mitgetragene Schlussstrichdiskurs einer weitergehenden Auseinandersetzung mit den Diktaturverbrechen entgegen.

Die zentrale Fragestellung, welche die Analyse der Erinnerungskulturen in Spanien und Chile leitet, lautet daher zunächst: Wie vergegenwärtigen sich die postdiktatorischen Gesellschaften beider Länder der polarisierenden Konflikte über Bürgerkriegs- und Diktaturvergangenheit? Es soll danach gefragt werden, welche unterschiedlichen rechtlichen, symbolischen und diskursiven Aufarbeitungsformen sich – trotz der ähnlich verlaufenden ‚paktierten Transition' – bei einem Vergleich der lokalen Erinnerungskulturen herauskristallisieren. Im Vordergrund steht, wann und aus welchen Gründen in beiden Ländern eine erneute Dynamik der Auseinandersetzung mit der Diktaturvergangenheit einsetzte.

Der überregionale Vergleich von Aufarbeitungsstrategien und -diskursen in Spanien und Chile dient der Kontextualisierung für die daraufhin eingenommene transnationale Analyseperspektive, um Ländergrenzen und Kontinente überschreitende Gemeinsamkeiten sowie Unterschiede zu identifizieren. Eine komparative Perspektive verdeutlicht nicht nur die spezifischen Bedingungen, Prozesse und Mechanismen des Umgangs mit Diktaturvergangenheit, sie ermöglicht es auch, sowohl innergesellschaftliche, nationale aber auch internationale Dimensionen von Aufarbeitungsprozessen zu veranschaulichen und besonders transnationale vergangenheits- und erinnerungspolitische Prozesse aufzudecken. Um die Anknüpfungspunkte herauszuarbeiten, soll der Umgang mit der Diktaturvergangenheit aus den nationalen, innerstaatlichen Kontexten Spaniens und Chiles herausgelöst und auf transnationale Dimensionen von Aufarbeitungspolitik fokussiert werden.

Vor dem Hintergrund der Parallelen und Unterschiede der Aufarbeitungsprozesse beider Länder lassen sich die zentralen Fragen der Untersuchung ableiten: Welche Rolle kommt transnational agierenden zivilgesellschaftlichen Akteuren wie Menschenrechtsorganisationen, Hinterbliebenenverbänden und Exilgemeinschaften bei der Auseinandersetzung mit Diktatur- und Menschenrechtsverletzungen zu? Welche Funktion erfüllt der diskursive Bezug auf Menschenrechtsprinzipien, das internationale Recht und die universelle Gerichtsbarkeit beim Kampf gegen die Straflosigkeit? Konkret wird hier der ‚Fall Pinochet' als Ausgangspunkt in seinen Auswirkungen auf die Auseinandersetzung mit der chilenischen Militärdiktatur untersucht. Vor diesem Hintergrund wird nach den Rückwirkungen gefragt, welche die durch die Verhaftung Pinochets ausgelöste Diskussion auch auf die spanische Debatte über die Vergegenwärtigung der tabuisierten Bürgerkriegs- und Franco-Vergangenheit zeitigten. Auf der Basis einer vergleichenden Perspektive soll danach gefragt werden, welchen Einfluss der ‚Fall Pinochet' bei der Artikulierung einer öffentlichen Gegenerinnerung hatte. Welche transnationalen, rechtlichen und diskursiven Transferprozesse und Anknüpfungspunkte lassen sich aufzeigen?

Der Reiz einer solchen Studie zu Spanien und Chile liegt m. E. darin, dass es sich zwar um kontextuell ähnliche Fälle handelt, andererseits aber eine transatlantische, kontinentübergreifende Perspektive nötig wird, die neue Einsichten ermöglicht. Dabei eignen sich Spanien und Chile besonders für eine auf transnationale Prozesse fokussierenden Studie. Historische und kulturelle Anknüpfungspunkte ergeben sich sowohl aus der Kolonialvergangenheit als auch durch Migration und Exil. Zudem sind nicht nur die jeweiligen Systemwechsel ähnlich verlaufen, auch die repressiven Regime und ihre historischen Entstehungsgeschichten weisen diachrone Parallelen auf. So sind beide Militärdiktaturen durch einen Putsch gegen eine demokratisch legitimierte linke Volksfrontregierung entstanden, beide Regime basierten auf einem hohen Personalisierungsgrad der Diktatoren und beide waren durch eine antimarxistische Ideologie sowie ihre katholische Prägung gekennzeichnet, was auf ähnliche kulturelle Codes und Werteprofile verweist.

Das chilenische Beispiel ermöglicht es, angesichts der emblematischen Bedeutung der Debatten um die Verhaftung Pinochets für die zunehmend öffentlich repräsentierten Gegendiskurse in der chilenischen Öffentlichkeit, die Wechselwirkungen zwischen nationalen und internationalen Einflussfaktoren auf Aufarbeitungsprozesse herauszuarbeiten und Einsichten in das Spannungsverhältnis von länderspezifischen und internationalen Faktoren aufzuzeigen. Die Auswirkungen der durch den spanischen Ermittlungsrichter Baltasar Garzón angestoßenen Festnahme Pinochets in London auf die spanische Debatte verweisen auf transnationale Verflechtungszusammenhänge und diskursive Verbindungslinien. Schließlich gelangte erst durch die massive Thematisierung der chilenischen Diktaturvergangenheit in der spanischen Öffentlichkeit auch die tabuisierte Franco-Diktatur wieder auf die politische Agenda.

Die forschungsleitenden Annahmen der eingenommenen transnationalen Perspektive lauten entsprechend: Die vor dem spanischen *Nationalen Gerichtshof* angestoßene juristische Aufarbeitung der chilenischen Diktaturverbrechen hat als Katalysator zu einer verstärkten Thematisierung der Pinochet-Regimes in Chile und ebenso zu Neuverhandlungen über die Deutung der Franco-Diktatur und der *transición* in der spanischen Öffentlichkeit beigetragen. Die Auseinandersetzung mit Diktatur- und Menschenrechtsverletzungen steht zunehmend in einem globalen Kontext und kann ohne die Berücksichtigung transnationaler Transfer- und Einflussprozesse nicht verstanden werden. Dabei lautet meine zentrale These, dass der ‚Fall Pinochet' als Initialzündung auch eine Auseinandersetzung mit der Franco-Vergangenheit in Spanien angestoßen hat. Als Dreh- und Angelpunkt der spanischen Debatten hat sich die nach dem ‚Fall Pinochet' einsetzende Diskussion über die Suche nach den verschwundenen Opfern aus dem Spanischen Bürgerkrieg und der Frühphase der Franco-Diktatur herausgestellt. Daher dient als transnationaler Kristallisationspunkt der Aufarbeitungsprozesse der ‚Fall Pinochet', der in beiden Ländern intensiv rezipiert und von Diskurseliten, etwa Vertretern von Menschenrechts- und Angehörigenorganisationen, bekannten Politikern, Juristen oder Intellektuellen, Journalisten und Wissenschaftlern, öffentlich lanciert wurde. Hierbei gehe ich der Frage nach, wie sich die Verhaftung Pinochets als transnationales Medienereignis[2] auf eine erneute Auseinandersetzung mit der Diktaturvergangenheit auf die chilenischen und spanischen Debatten auswirkte.

In Chile gewann die öffentliche Auseinandersetzung mit der Militärdiktatur durch die Festnahme Pinochets und das gegen ihn geführte Auslieferungsverfahren in London 1998 eine neue Qualität. In Spanien setzte der ‚Bruch mit dem Schweigen' ebenfalls seit Ende der 1990er Jahre ein. Seit der Jahrtausendwende ist hier eine zivilgesellschaftliche Basisbewegung entstanden, die sich aus einer subalternen Position für die kollektive Erinnerung an die ‚vergessenen' Opfer der Franco-Diktatur einsetzt. Besonders anhand der Entdeckung von in Massengräbern verscharrten republikanischen Verschwundenen aus dem Bürgerkrieg wurde eine lange ausgeblendete Diskussion über die Repression und eine erneute Auseinandersetzung mit der Franco-Diktatur eröffnet. Hierbei ist danach zu fragen, inwiefern der durch den ‚Fall Pinochet' induzierte Diskurs über die *desaparecidos* der chilenischen Militärdiktatur und der Bezug auf das im internationalen Recht verankerte Erzwungene Verschwindenlassen als Menschenrechtsverletzung auch für spanische Debatten zentral wurde. Mit der Beleuchtung der transnationalen Zusammenhänge sollen exemplarisch am Beispiel der Pinochet-Affäre die Bezugnahmen auf sich international zunehmend verankern-

2 Zur Definition des Konzepts transnationales Medienereignis s. Kap. 1.2, Fußnote 14.

de Menschenrechtsdiskurse und der universellen Gerichtsbarkeit im Umgang mit Diktaturvergangenheiten herausgearbeitet werden. Abschließend diskutiere ich, welche Widerstände und Konflikte die Transnationalisierung der Aufarbeitungspolitik und die Einschreibung der Repressionserfahrung in Menschenrechtsdiskurse mit sich bringen und inwiefern diese emanzipatorisch wirken können.

FORSCHUNGSSTAND

In den letzten Jahren hat sich bei der Analyse des öffentlichen Umgangs mit Diktaturvergangenheit und Erinnerungskultur die Entwicklung einer vergleichenden Forschung herauskristallisiert, die sich zunehmend mit Aufarbeitungsprozessen in unterschiedlichen Weltregionen befasst oder diese zumindest berücksichtigt. Seit den 1990er Jahren sind verstärkt komparativ angelegte Studien zum Komplex des öffentlichen Umgangs mit Diktaturvergangenheit erschienen, welche die Erinnerungskulturen zweier oder mehrerer Länder reflektieren.[3] Im Zuge der Demokratisierungsprozesse in Lateinamerika begannen eine Reihe von Disziplinen – etwa Politik-, Geschichtswissenschaft und Jura sowie Soziologie, Sprach- und Kulturwissenschaften – ihr Augenmerk auf die Möglichkeiten und Grenzen der Auseinandersetzung mit Diktaturvergangenheit zu richten.[4] Ein umfassender, interdisziplinärer Zugang, der gedächtnistheoretische Konzepte kollektiver Erinnerung und öffentlicher Repräsentation von Geschichte anwendet, findet in der sozialwissenschaftlichen Erforschung von Diktaturfolgen auch international zunehmende Verbreitung. Die wissenschaftliche Bearbeitung von Aufarbeitungsprozessen ist zudem häufig von theoretischen Debatten geprägt, die aus dem bundesrepublikanischen Umgang mit der NS-Vergangenheit und der anhaltenden Auseinandersetzung mit dem Holocaust resultieren.

Die vielfältigen Erfahrungen der Auseinandersetzung mit Diktatur und Menschenrechtsverletzungen in Lateinamerika, die sich sowohl in der Anwendung unterschiedlicher vergangenheitspolitischer Instrumente, als auch in den anhaltenden gesellschaftlichen Konflikten um die Vergangenheitsdeutung und ihrer Präsenz in der Gegenwart ausdrückt, stellen einen wichtigen Referenzrahmen dar. Zum südamerikanischen Subkontinent liegen einige komparative Studien

---

3 Vgl. etwa die Fallstudien der vergleichend angelegten Sammelbände in Marx Hg. (2007), Kenkmann/Zimmer (2006), Cesarini/Hite Hg. (2004), Landkammer/Noetzel/-Zimmerli (2004), Groppo/Schindler (2001), Barahona et al. (2001), Bock/Wolfrum (1999).

4 Elster (2004), Barahona de Brito et al. (2001), Hayner (2002), Minow (1998), Neier (1998), Kritz (1995).

vor.[5] Die argentinische Soziologin Elisabeth Jelin und der peruanische Anthropologe Carlos Iván Degregori haben in Zusammenarbeit mit den US-amerikanischen Politikwissenschaftlern Paul Drake und Eric Hershberg seit 1998 im Rahmen des von ihnen geleiteten Forschungs- und Ausbildungsprojekts *Collective Memories of Repression: Comparative Perspectives on Democratization Processes in Latin America's Southern Cone* ihre Ergebnisse in einer interdisziplinär angelegten Forschungsreihe veröffentlicht und umfassend dokumentiert.[6]

Die chilenische Erfahrung hat – nicht zuletzt angesichts der großen internationalen Aufmerksamkeit, die nicht nur der Allende-Zeit, sondern auch dem Putsch gegen die UP-Regierung und dem brutalen Vorgehen der Militärs zukam – in der Literatur besondere Beachtung gefunden. Die Länderstudien zum postdiktatorischen Chile konzentrieren sich jedoch meist jeweils auf Teilkomponenten des staatlich-institutionellen Umgangs mit der Pinochet-Diktatur, wie etwa den zivil-militärischen Beziehungen[7] oder den Einfluss vergangenheitspolitischer Maßnahmen auf den Demokratisierungsprozess[8] wie Entschädigungsmaßnahmen, Wahrheitskommissionen[9] und die strafrechtliche Aufarbeitung.[10] Die langfristigen gesamtgesellschaftlichen Auswirkungen der Diktatur auf die Erinnerungskultur werden in interdisziplinären Studien erst in jüngster Zeit zunehmend berücksichtigt.[11]

5 Vgl. Fuchs (2010), Wright (2007), Stabili Hg. (2007), Straßner (2007), Fuchs/Nolte (2005, 2004), Barahona de Brito (2001, 1997).

6 Die im Verlag *Siglo Veintiuno* erschienene Reihe *Memorias de la Represión* umfasst zehn Bände. An dem Forschungsprojekt beteiligte sich ein weit gespanntes Netz von mehr als 60 Wissenschaftlern aus Argentinien, Chile, Brasilien, Paraguay, Peru, Uruguay und den USA. Zum Vergleich der Vergangenheitspolitiken der Länder Argentinien, Chile und Uruguay s. Roniger/Sznajder (2005), Fuchs/Nolte (2006, 2006a, 2004), Barahona (2001a).

7 Etwa: Fuentes (2006), Weeks (2003), Agüero (2001), Radseck (2001).

8 Vgl. etwa allg.: Höchst (2003), Millaleo (2007).

9 Zu Entschädigungen etwa: Lira/Loveman (2005, 2002), Straßner (2005), zur ersten Wahrheitskommission die Fallstudie von Klumpp (2001), der Bericht der Valech-Kommission ist unterdessen unter dem Titel *„Es gibt kein Morgen ohne gestern" – Vergangenheitsbewältigung in Chile* (2008) in deutscher Übersetzung erschienen.

10 Vgl. v.a. Collins (2009, 2006).

11 Zur symbolisch-diskursiven Auseinandersetzung mit der Diktaturvergangenheit s. Sorensen (2009), Lazzara (2007), Joignant (2007), Stern (2010, 2006, 2004), Wehr (2003).

Ein ähnliches Bild bietet die Untersuchung des Umgangs mit Diktaturvergangenheit in Südeuropa, das bisher als eigene Region kaum erforscht worden ist.[12] Nachdem der Auseinandersetzung mit dem Franco-Regime in der zeithistorischen und politikwissenschaftlichen Erforschung seit dem Ende der Diktatur über Jahrzehnte hinweg zunächst nur wenig Aufmerksamkeit zuteilwurde, kann die Analyse der postfranquistischen Erinnerungskultur und Vergangenheitsaufarbeitung angesichts der seit der Jahrtausendwende einsetzenden gesellschaftlichen und politischen Präsenz des Themas in der spanischen Öffentlichkeit, welche sich auch in zahlreichen publizistischen und wissenschaftlichen Studien niederschlug, mittlerweile als gut erforscht betrachtet werden.[13] Der Themenkomplex der lange ausgeblendet gebliebenen franquistischen Repression hat seither ein erhöhtes Interesse erfahren,[14] die politische Unterdrückung unterschiedlicher Opfergruppen[15] wird zunehmend beleuchtet. Zudem liegen Arbeiten über die

---

12 Eine explizit erinnerungspolitische Perspektive verfolgen die im komparativ angelegten Sammelband *The Politics of Memory. Transitional Justice in Democratizing Societies* von Barahona de Brito et al. (2001) herausgegebenen Artikel zu Portugal und Spanien, ebenfalls komparativ zu diesen beiden Ländern s. Encarnación (2009).

13 Zum spanischen Fall vgl. die umfassende Grundsatzstudie der Politikwissenschaftlerin Paloma Aguilar (1996), in der sie der symbolisch-diskursiven Bedeutung nachgeht, die der kollektiven Erinnerung an den Spanischen Bürgerkrieg während des Transitionsprozesses zukam. In einer überarbeiteten und erweiterten Neuauflage (2008) hat sie ihre erinnerungskulturelle Analyse um einen Vergleich mit Argentinien und Chile ergänzt. S. a. Juliá Hg. (2006), Aróstegui Hg. (2006), Desfor (1997). Zu Chile: Lira/Loveman (2006, 2004). Für den deutschsprachigen Forschungszusammenhang zu Chile: u. a. Ruderer (2010, 2010a), Wehr (2009); zu Spanien Bernecker/Brinkmann (2006), Froidevaux (2007) und Rey (2003), vergleichend s. den Beitrag von Aguilar/Hite (2004).

14 Rodrigo (2008), Espinosa (2006), Mir Hg. (2002), Juliá et al. (1999), Richards (1998), s. a. die Pionierstudie des Politikwissenschaftlers Reig Tapia (1986). Außerdem liegen unterdessen zahlreiche Lokalstudien und Monografien vor, die einzelne Aspekte der Bürgerkriegsrepression bearbeiten, während die politische Unterdrückung während der Franco-Diktatur bis 1975 weiterhin wesentlich weniger erforscht ist.

15 Zum republikanischen Exil s. Alted (2005), zu Zwangsarbeit etwa Molinero et al. (2003), zu franquistischen Konzentrationslagern Rodrigo (2005). Wissenschaftliche Monografien zur Problematik der Verschwundenen aus dem Spanischen Bürgerkrieg liegen bisher kaum vor, als journalistische Publikationen s. Macías/Silva (2003), Armengou/Belis (2004) sowie aus anthropologischer Perspektive die Beiträge von Ferrándiz (2006, 2006a, 2007, 2009, 2009a). Ein erster ethnografischer Sammelband,

symbolisch-repräsentativen Dimensionen des Fortwirkens der Diktatur und ihr langfristiges Überdauern in Erinnerungsorten vor.[16]

Die Transitionsprozesse sowohl Spaniens als auch Chiles sind bereits gut erforscht, hatten die Systemwechsel Südeuropas und Lateinamerikas die Transitionsforschung doch als eigenen Forschungszweig etabliert. Neben der vergleichenden Arbeit Arenhövels (1998), welche den spanischen und den chilenischen Transitionsprozess untersucht, existieren einige komparative Studien und Sammelbände zu den Demokratisierungsprozessen in Spanien und dem *Cono Sur* insgesamt, wobei der spanische Fall hier meist als positives Referenzmodell behandelt wurde.[17] Während der spanische Systemwechsel in der Literatur der Transitologie der 1990er Jahre allgemein als archetypisches, nachahmenswertes Erfolgsmodell galt, wurden die positiven und negativen Entwicklungen des chilenischen Falles kontrovers diskutiert.[18] Anhand eines gesamtgesellschaftlichen Zuganges, der neben dem erinnerungskulturellen Umgang mit der Diktaturvergangenheit transnationale Zusammenhänge in den Blick nimmt, soll dieser Vorbildcharakter der spanischen *transición* überprüft werden.[19] Das Defizit der klassischen Transitionsforschung besteht aus erinnerungskultureller Perspektive m. E. darin, symbolische Formen öffentlicher Erinnerung und Repräsentation, die sich im öffentlichen Diskurs widerspiegeln, zu vernachlässigen und die politische Auseinandersetzung mit Menschenrechtsverbrechen nur am Rande wahrzunehmen. Hatte die Transitologie aufgrund ihrer Beschränktheit auf den institutionellen Wandel während und unmittelbar nach dem Regimewechsel der Erinne-

welcher als Lokalstudie den Prozess der Exhumierung eines Bürgerkriegsgrabes nachzeichnet, wurde unterdessen vorgelegt (Ferrándiz/López Hg. 2010).

16 Zum Bereich der kalendarischen Ausgestaltung der Festtagskultur s. Anguera (2003), und Aguilar/Humlebæk (2002), zur Weiterexistenz franquistischer Denkmäler und topografischer Gedächtnisorte über die Franco-Diktatur hinaus s. De Andrés (2004).

17 Vgl. u. a. Gunther/Diamandourus/Puhle (1995), in neueren Analysen wird zunehmend auf die Besonderheiten des spanischen Falls und seine Unübertragbarkeit hingewiesen; s. etwa González Martínez/Nicolás Martín; Hg. (2010), Waisman/Rain Hg. (2005) und Lemus (2001: 146-154).

18 Vgl. etwa die Gegenüberstellung dieser Positionen bei Valenzuela (2006: 269-277), s. auch die zusammenfassende Diskussion bei Arenhövel (1998: 39ff.).

19 Seit der Jahrtausendwende häufen sich auch unter spanischen Politikwissenschaftlern und Historikern die kritischen Stimmen über die Langzeitfolgen der spanischen *transición*. Vgl. stellvertretend für andere die in einem Sammelband (Silva et al. 2004) im Abschnitt *La transición que no hicimos* vereinten Beiträge von Vicenç Navarro, Carlos Monedero und Pablo Sánchez-León, s.a. Labrador Méndez; Hg. (2010): *Lo llamaban transición.*

rungskultur und diskursiver Prozesse aus langfristiger Perspektive kein besonderes Augenmerk geschenkt, so kristallisierte sich zunächst die Frage nach der Rolle von Strafprozessen und den Vor- und Nachteilen der Strafverfolgung heraus, insbesondere zu den Ländern des *Cono Sur*. In den Fokus der politikwissenschaftlichen Diskussion rückten die grundsätzlichen Probleme und Herausforderungen des juristischen Umgangs mit Diktaturverbrechen.[20] Jüngst haben Pickel, Pickel und Schmidt (2009) dezidiert nach dem Zusammenhang der Transitions- und Konsolidierungsforschung mit der Aufarbeitung von Vergangenheit gefragt und damit eine „lange Zeit fehlende Forschungsperspektive" (ebd.: 12) eröffnet.

Die öffentliche Auseinandersetzung mit Diktaturfolgen wird bisher kaum in den Kontext transnationaler Zusammenhänge gestellt. Eine umfassende, den öffentlichen Umgang mit Diktatur und Menschenrechtsverletzungen in Spanien und Chile verschränkende Studie liegt bisher nicht vor. Einflussfaktoren, wie die Arbeit transnationaler Menschenrechtsakteure[21] und sich zunehmend etablierende Menschenrechtsparadigmen und -diskurse, sind bisher in der Erforschung der Aufarbeitungsprozesse beider Länder kaum berücksichtigt worden. Sie können die länderspezifische Vergangenheitspolitik beeinflussen, wirken auf die lokale Erinnerungskultur ein und verweisen zudem auf die Bedeutung internationaler Normbildungsprozesse. Neuere Arbeiten, die einen grenzüberschreitenden Interpretationsansatz wählen[22], sind für die vorliegende Studie besonders interessant,

20 Der Einfluss von Gerichtsverfahren zur Aufarbeitung von Menschenrechtsverletzungen während des Transitionsprozesses wurde in den 1900er Jahren mehrheitlich negativ bewertet, da diese sich – so stehe zu befürchten – destabilisierend auf die Demokratisierung ausüben könnten, vgl. u. a. Nino (1995), Zalaquett (1995) und Pion-Berlin (1993). Kritisch dazu haben Sikkink und Booth Walling in einer systematischen und fundierten Analyse lateinamerikanischer Fälle herausgearbeitet, dass Menschenrechtsprozesse weder den Transitionsprozess gefährdeten, noch zu derartigen internen Konflikten geführt hätten, dass sie einen Rückfall in die Diktatur implizieren könnten (2007: 428f.).

21 Zur Bedeutung von Menschenrechtsgruppen bei der Aufarbeitung von Vergangenheit in den *Cono Sur*-Ländern Argentinien, Chile und Uruguay aus vergleichender Perspektive s. Straßner (2007), zu Chile siehe Hawkins (2002), Bickford (2002). Zur zivilgesellschaftlichen Erinnerungsbewegung in Spanien s. etwa Ferrándiz (2006a) und Gálvez Biesca (2006) sowie die Beiträge im Hispania Nova-Dossier (2006): *Generaciones y memoria de la represión franquista. Un balance de los movimientos por la memoria*, die allerdings transnationale Verflechtungen außer Acht lassen.

22 Erste Ansätze finden sich etwa bei Mayer/Molden (2009), Oettler (2008, 2006) sowie der Studie von Roht-Arriaza über den ,Pinochet Effekt' (2005).

da sie einen multiperspektivischen Zugang verfolgt, der vergleichende Phänomene und transnationale Zusammenhänge kombiniert.

Vor dem Hintergrund der dargestellten Forschungsliteratur wird deutlich, dass die sich in Aufarbeitungsprozessen ergebenden transnationalen Rückwirkungen und diskursiven Transferprozesse sowie die Rolle transnational agierender Akteure, wie Menschenrechtsorganisationen und NGO's[23] als zentrale Faktoren vergangenheitspolitischer Prozesse bisher kaum erforscht worden sind. Vergangenheitsaufarbeitung und Erinnerungskultur werden bisher nur selten in den Kontext internationaler Zusammenhänge gestellt. Der diskursive Einfluss internationaler Menschenrechtsnormen auf lokale Aufarbeitungsforderungen wurde kaum in den Blick genommen. Zudem fehlt es bisher sowohl an einem stringenten theoretischen Fundament als auch methodischen Ansatz, welche dem Anspruch einer transnationalen Analyseperspektive auf die Verbreitung von symbolischen und diskursiven Erinnerungspraktiken und juristischen Aufarbeitungsstrategien gerecht würden. Jüngere Entwicklungen des öffentlichen Umgangs mit Diktatur und Menschenrechtsverletzungen und die Frage, warum das Thema in beiden Ländern erneut auf die politische Agenda gelangte, wurden kaum untersucht.

Diesen Forschungslücken möchte ich mit der vorliegenden Arbeit entgegenarbeiten. Die allgemeinen Erkenntnisse des öffentlichen Umgangs mit Diktaturvergangenheit aus einer langfristigen Perspektive sollen um die Dimension der transnationalen Aufarbeitungspolitik erweitert werden, um damit den Einfluss zivilgesellschaftlicher Organisationen und Menschenrechtsdiskursen auf staatliche vergangenheitspolitische Maßnahmen sowie ihre lokalen diskursiven Auswirkungen zu beleuchten und somit transnationalen Transferprozessen gerecht zu werden.

AUFBAU DER ARBEIT

Die Arbeit besteht aus drei Hauptteilen: Nachdem im ersten Komplex zunächst der theoretische Rahmen abgesteckt und die methodische Herangehensweise offengelegt werden, sollen im zweiten Abschnitt nach einer historischen Einbettung chronologisch-alternierend die innergesellschaftlichen Konfliktlinien des Umgangs mit der Diktaturvergangenheit und aus einer erinnerungskulturellen Perspektive dargestellt werden. Dies dient als Grundlage, um im dritten Teil die

23 Allgemein zur zunehmenden Diffusion von Menschenrechtsparadigmen und der Arbeit von transnationalen Menschenrechtsnetzwerken, s. Risse-Kappen/Ropp/Sikkink Hg. (1999), Keck/Sikkink (1998), Finnemore (1996). Der Einfluss auf die Aufarbeitung von Diktaturvergangenheit steht dabei jedoch nicht im Vordergrund.

transnationalen Verbindungslinien, Kausalzusammenhänge und Rückkopplungen der Aufarbeitungsprozesse zwischen beiden Ländern herauszuarbeiten. Aufbauend auf dem Vergleich sollen aus einer erweiterten Perspektive die transnationalen Anknüpfungspunkte für die Aufarbeitung der Diktaturvergangenheit analysiert werden.

Bevor in die Analyse der Aufarbeitungsprozesse in Spanien und Chile eingestiegen werden kann, wird im ersten Kapitel der theoretische Rahmen eingegrenzt, in dem sich die vorliegende Arbeit bewegt. Anhand des Konzeptes von Erinnerungskultur entwickle ich zunächst eine Begriffsbestimmung der zentralen Politik- und Handlungsfelder Vergangenheits-, Erinnerungs- und Geschichtspolitik, welche ich um das Feld der transnationalen Aufarbeitungspolitik ergänze. Daraufhin werden die Möglichkeiten diskutiert, die eine globale Perspektive auf die kollektive Erinnerung an Diktaturvergangenheit jenseits nationalstaatlicher Grenzen bietet. Sodann werden unterschiedliche Forschungsansätze des Transnationalen erörtert, um im Anschluss daran auf die zentralen Verfahren und Instrumente transnationaler Aufarbeitungspolitik einzugehen. Dabei sollen die wichtigsten, um die drei normativen Grundprinzipien von ‚Wahrheit', ‚Gerechtigkeit' und ‚Wiedergutmachung' kreisenden Mechanismen skizziert werden, welche zunehmend in einem internationalen Rahmen stattfinden: Strafverfahren, Wahrheitskommissionen und Entschädigungsmaßnahmen.

Das zweite Kapitel umreißt als methodische Herangehensweise die Diskursanalyse, welche einen Zugang zur Konstituierung von Geschichtsdeutungen und -bildern ermöglicht. Die machtkritische und historisch ausgerichtete Diskursanalyse soll dabei mit Versatzstücken der Hegemonieanalyse verknüpft und als Erweiterung ergänzend zum eher pragmatischen Diskursansatz der *policy*-Forschung verstanden werden.

Um die nachfolgende Analyse historisch zu kontextualisieren, bietet das dritte Kapitel eine kurze Überblicksdarstellung der historischen Ereignisse und geht auf die Voraussetzungen und die gewachsenen transnationalen Verwobenheiten der Volksfrontregierungen, Militärdiktaturen und der daraufhin folgenden Transitionsprozesse beider Länder ein, die phasenversetzte Parallelen aufweisen und von einem gegenseitigen Einflussverhältnis geprägt sind. Neben dem Ausmaß der Diktaturverbrechen und den angewendeten Repressionsformen werden dabei ebenso Interdependenzen und historische Verbindungslinien zwischen der spanischen und chilenischen Diktaturerfahrung in den Blick genommen.

Um der Verankerung der Diktaturerfahrung in der Erinnerungskultur Rechnung zu tragen, soll im vierten Kapitel die Erinnerungskultur in beiden Ländern in komparativer Perspektive zunächst aus drei sich ergänzenden Handlungs- und Politikfeldern untersucht werden.

Das erste zu analysierende Politikfeld der *Vergangenheitspolitik* zielt auf den juristisch-institutionellen Umgang, d. h. die staatlichen Initiativen zur Aufarbeitung der Diktaturfolgen. Nur vor dem Hintergrund der während des Demokratisierungsprozesses getroffenen vergangenheitspolitischen Maßnahmen, die sich diskursbegründend auf die nachfolgende Rede über die Diktatur auswirkten, werden die gegenwärtigen Auseinandersetzungen verständlich. Hier stehen zunächst die Amnestiegesetzgebungen, die beide Ende der 1970er Jahre verabschiedet worden sind, im Mittelpunkt. Das damit einhergehende Problem der Straflosigkeit als vergangenheitspolitische Strategie ausgehandelter Transitionsprozesse ist ebenfalls zentral: Wie wirkt der institutionelle Versuch der Aufklärung begangener Diktaturverbrechen in Chile im Vergleich zum spanischen im Spannungsfeld von Amnestie und Amnesie stehenden Versöhnungsdiskurs langfristig auf die Memorialkultur aus? Dabei werden die Folgewirkung der Entschädigungsmaßnahmen und den eingesetzten Wahrheitskommissionen in Chile (*Rettig*-Kommission, Runder Tisch für den Dialog, *Valech*-Kommission) auf den öffentlichen Diskurs untersucht, um diesen mit der Situation in Spanien zu vergleichen, bei der keine Wahrheitskommissionen eingesetzt wurden.

Im zweiten zu analysierenden Handlungsfeld der *Erinnerungspolitik* als symbolisch-repräsentativer Dimension öffentlicher Erinnerung kristallisieren sich die Folgen des eingeschlagenen Transitionsmodus und der damit verknüpften vergangenheitspolitischen Entscheidungen heraus. Der diskursive Umgang mit topografischen und kalendarischen Erinnerungsorten der Diktaturen in Spanien und Chile, dem anhand exemplarischer Beispiele nachgegangen wird, verweist auf den gegenwärtigen Stellenwert der Diktaturvergangenheiten, der sich in den öffentlichen Erinnerungsdiskursen manifestiert. Exemplarisch werden etwa die Jahrestage der Militärputsche als periodisch widerkehrende Erinnerungsanlässe und die damit verknüpften kollektiven Erinnerungen an sie analysiert und verglichen: Der chilenische ‚11. September' und der spanische ‚18. Juli'. Als topografische Gedächtnisorte wird exemplarisch das *Tal der Gefallenen* als offensichtlichstem Herrschafts- und Siegeszeichen der Franco-Diktatur einigen repräsentativen Erinnerungsorten, die an den chilenischen Militärputsch erinnern, gegenübergestellt.

Das dritte Handlungsfeld der *Geschichtspolitik* im Sinne gesellschaftlicher Auseinandersetzungen richtet sich auf die dominanten öffentlich-diskursiven Geschichtsdeutungen. Es sollen vergleichend hegemoniale Geschichtsnarrative über Diktaturvergangenheit und Transitionsprozess in beiden Ländern skizziert und zusammenfassend kontrastiert werden. Diese kontroversen Vergangenheitsinterpretationen sind sowohl in Chile als auch Spanien besonders umstritten, da kein gesellschaftlicher Konsens über das hegemoniale Geschichtsnarrativ der Diktatur besteht.

Um die diskursiven Verbindungslinien, transnationalen Wechselwirkungen und Transferprozesse, welche die Auseinandersetzung mit der Diktaturvergangenheit beeinflussen, herauszuarbeiten, löse ich im dritten Komplex, der den Hauptteil der Arbeit bildet, den Umgang mit der Diktaturvergangenheit aus den nationalen, innerstaatlichen Kontexten Spaniens und Chiles heraus und fokussiere im Sinne einer transnationalen Perspektivenerweiterung auf die grenzüberschreitenden Dimension und Prozesse der öffentlichen Auseinandersetzung mit Diktaturvergangenheit. Es werden die Rückwirkungen und transnationalen Anknüpfungspunkte der Auseinandersetzung mit Diktatur- und Menschenrechtsverletzungen sowie ihre zunehmende internationale Rahmung in den Blick genommen.

Das fünfte Kapitel behandelt im Sinne einer *transnationalen Aufarbeitungspolitik* den ,Fall Pinochet' als Knotenpunkt für die Verbindungslinien zwischen beiden Aufarbeitungsprozessen. Dabei sollen zunächst die Auswirkungen der angestoßenen Auseinandersetzung in der chilenischen Öffentlichkeit beleuchtet werden, welche mit Bezug auf die verschwundenen Diktaturopfer zu einer Infragestellung und partiellen Überwindung des Amnestiedekretes im Sinne einer verstärkten Verfolgung der Täter durch die chilenische Justiz geführt haben. Daraufhin zeige ich, wie der ,Fall Pinochet' und die Auseinandersetzung mit Diktatur- und Menschenrechtsverletzungen im *Cono Sur* auch zu einer Reaktualisierung der Franco-Diktatur in der spanischen Debatte beigetragen hat. Hierbei sollen anschließend als völkerrechtliche Konsequenzen, die vermehrten, gegen ehemalige Diktatoren eingeleiteten Auslieferungsverfahren, um sie vor nationalen Gerichten eines anderen Landes zu verfolgen, in den Blick genommen werden. Diese als ,Pinochet Effekt' (Roht-Arriaza 2005) bezeichneten internationalen Auswirkungen – Versuche, Ex-Diktatoren und hochrangige Militärs in einem Drittstaat zu verurteilen – verweisen auf die Bedeutung der universellen Gerichtsbarkeit im internationalen Kampf gegen die Straflosigkeit, die wiederum vergangenheitspolitische Auswirkungen auf lokaler Ebene zeitigen können.

Im sechsten Kapitel sollen diese transnationalen Transferprozesse anhand des öffentlichen Umgangs mit den Verschwundenen konkretisiert werden. Behandelt werden die Auseinandersetzungen über die *desaparecidos* aus dem Spanischen Bürgerkrieg, die einen zentralen Kristallisationspunkt für entstehende Gegendiskurse in der spanischen Öffentlichkeit bildeten. Nach einer theoretischen Einordnung dieser Repressionspraxis werde ich zunächst auf den Kampf um die Anerkennung dieses Verbrechens im südlichen Lateinamerika am chilenischen Beispiel und die allmähliche Verankerung der juristischen Figur des

Verschwundenen im internationalen Recht eingehen, welche als Reaktion auf die massive Repressionspraxis lateinamerikanischer Militärdiktaturen entstanden ist. Am Beispiel der gegenwärtigen Diskussionen über die republikanischen Verschwundenen aus dem Bürgerkrieg und der Frühphase der Franco-Diktatur werden daraufhin die Diskursstrategien der spanischen Erinnerungsbewegung ‚von unten', lokalen Opferverbänden und zivilgesellschaftlichen Bürgerinitiativen in den Blick genommen, welche verstärkt von Impulsen der im *Cono Sur* gemachten Aufarbeitungserfahrungen geleitet sind.

Anhand von Menschenrechtsberichten analysiert das Kapitel deren diskursiven Bezug auf Menschenrechtsnormen sowie die chilenischen und südamerikanischen Aufarbeitungserfahrungen und die Bedeutung, welche dem internationalen Menschenrechtsdiskurs für die lokalen Forderungen nach einer Auseinandersetzung mit der Franco-Diktatur zukommt. Die kollektive Erinnerung an Diktatur und Menschenrechtsverletzungen verweist dabei auf die Tendenz, dass lokale Erinnerungsprozesse zunehmend in einem transnationalen Austausch- und Wechselverhältnis stehen.

Davon ausgehend, wird der ‚Fall Garzón', die juristische Initiative des Ermittlungsrichters zur Auseinandersetzung mit den *desaparecidos* und die dadurch ausgelösten Debatten nachgezeichnet. Abschließend soll eine kritische Einschätzung erfolgen, inwiefern transnationale Netzwerke und ihr Bezug auf universelle Gerichtsbarkeit sowie die Einschreibung der Diktaturerfahrung in Menschenrechtsparadigmen, lokale Erinnerungsprozesse und zivilgesellschaftliche Forderungen beeinflussen und auf vergangenheitspolitische Entscheidungen einwirken. Im Vordergrund steht, ob Aufarbeitungsdiskurse und Lernerfahrungen des *Cono Sur* als transnationale Einflüsse aus dem globalen Süden zunehmend auf die Forderungen nach einer Auseinandersetzung mit der Franco-Diktatur in Spanien zurückwirken.

Zur Verdeutlichung des dynamischen und komplexen Interdependenzverhältnisses der Auseinandersetzung mit der Diktaturvergangenheit zwischen beiden Ländern stütze ich mich in erster Linie auf die Analyse von Pressematerial, Berichten von internationalen Menschenrechtsorganisationen und lokalen Erinnerungsvereinigungen. Bei der Auseinandersetzung mit dem ‚Fall Pinochet' ist dabei das Dokumentationsarchiv *Noticias de Prensa, Área de relaciones internacionales y militares* der CEDOC-FLACSO-Chile in Santiago besonders hilfreich. Zur Presseberichterstattung der Auseinandersetzung mit der Pinochet-Diktatur bietet außerdem die chilenische Menschenrechtsorganisation *Vicaría de la Solidaridad* ein umfangreiches Pressearchiv. Die *Biblioteca Nacional* und die *Biblioteca del Congreso* verfügen ebenso über umfassende Archivbestände der hauptsächlich untersuchten landesweit erscheinenden chilenischen Tageszeitungen *La Tercera, El Mercurio* und *La Nación*. Neben den Online-Archiven der spanischen Tageszeitungen *El País*, *El Mundo* und *ABC* bietet die *Biblioteca Nacional* in Madrid sowie das Pressedokumentationsarchiv der UNED umfassende Datenbestände, die auch in das vordigitale Zeitalter hineinreichen. Des Weiteren dienen als Primärquellen neben Dokumenten von Menschenrechts- und Opferangehörigenorganisationen auch Parlamentsdebatten, Gesetzestexte, Regierungserklärungen, Gerichtsverfügungen und -beschlüsse sowie Experten-Interviews mit vergangenheitspolitischen Akteuren in Spanien und Chile.

Zentrale Begriffe, wie die juristische Figur des aus dem lateinamerikanischen Kontext entstammenden und im spanischen Aufarbeitungsdiskurs aufgegriffenen *desaparecido* (Verschwundenen) oder das in beiden Ländern von den Aufarbeitungsbewegungen gleichermaßen verwendete Konzept der *memoria histórica* (historische Erinnerung) werden kursiv gesetzt und meist in der deutschen Form gebraucht. Noch ein Hinweis zu den aus Primärquellen entnommenen spanischsprachigen Zitaten: Um ihren authentischen Charakter zu bewahren, wurden sie in der Originalsprache belassen, auch um damit möglichen Verfälschungen vorzubeugen, lediglich in den deutschen Satzzusammenhang integrierte kurze Zitatfragmente habe ich übersetzt.

I Theoretischer Rahmen und methodische Herangehensweise

1. Konzeptionelle Grundlagen:

Aufarbeitung von Diktaturvergangenheit aus transnationaler Perspektive

Durch die Einnahme einer transnationalen Perspektive auf Vergangenheitspolitik und Erinnerungskultur, welche den öffentlichen Umgang mit Diktatur und die internationalen Debatten um Menschenrechte verknüpft, soll dem Wandel der Auseinandersetzung mit den Diktaturvergangenheiten zweier Länder – Spanien und Chile – in ihren jeweiligen Wechselwirkungen, gegenseitigen Verbindungslinien und internationalen Verflechtungen nachgegangen werden.

Auch im Forschungsfeld der kollektiven Erinnerung an Diktatur und Menschenrechtsverletzungen orientieren sich neuere Darstellungen und Untersuchungen vermehrt an Fragestellungen, die transnationale Räume umfassen.[1] War

1 Hatten sich Forschungsansätze bisher eher auf den internationalen Vergleich konzentriert, so werden transnationale Perspektiven auf Vergangenheitsaufarbeitung zunehmend diskutiert: vgl. etwa Wolfrum et al. (2009), Oettler (2008), Kenkmann/Zimmer; Hg. (2006), zu Lateinamerika siehe Molden (2009). Insbesondere mit Bezug auf die Holocaust-Erinnerung als gemeinsamer historischer Referenzrahmen lässt sich die Tendenz hin zu einer transnationalen Forschungsperspektive beobachten: vgl. etwa den Sammelband von Eckel/Moisel; Hg. (2008), MacDonald (2008), Kroh (2006), Zimmermann (2006), François (2004), Levy/Sznaider (zuerst 2001). Zur transnationalen Vergangenheitspolitik am Beispiel des administrativ-justiziellen Umgangs mit

die Analyseperspektive von Geschichtspolitik und kollektiver Erinnerung lange auf den Nationalstaat begrenzt, so haben komparative historische Referenzrahmen sowie internationale Lernerfahrungen zu einer Verbreitung vergangenheits- und geschichtspolitischer Strategien und Praktiken zwischen unterschiedlichen Gesellschaften geführt. Die Auseinandersetzung mit belasteter Vergangenheit weist neben ihrer innergesellschaftlichen Bedeutung zunehmend eine internationale Dimension auf. Die globale Diskussion über den öffentlichen Umgang mit den von Diktaturen begangenen massiven Menschenrechtsverletzungen wirkte auf Lateinamerika und Südeuropa ein.

Wenn vor dem Hintergrund einer vergleichenden Perspektive auf die Erinnerungskulturen Spaniens und Chiles die Transnationalisierung von Vergangenheitsaufarbeitung und ihre Verflechtungsprozesse in den Blick genommen werden sollen, so entwickle ich im Folgenden zunächst theoretische Überlegungen zu den Konzepten von Erinnerungskultur und kollektivem Gedächtnis (1.1), um daraufhin eine globale Perspektive auf die Erinnerung an diktatorische Vergangenheit jenseits des Nationalstaates zu diskutieren (1.2). Sodann soll der zu Grunde gelegte Ansatz des Transnationalen erörtert werden (1.3), um die grenzüberschreitenden Verschränkungen und Verbindungslinien im Umgang mit den Diktaturvergangenheiten Spaniens und Chiles zu analysieren. Im Anschluss daran werden die zentralen Verfahren und Instrumente des administrativ-justiziellen Umgangs mit Diktaturvergangenheit dargestellt (1.4), wobei der Fokus auf trans- und supranationale Einflüsse und Mechanismen der Aufarbeitung von Diktaturvergangenheit gelegt werden soll.

1.1 Erinnerungskultur: Vergangenheits-, Erinnerungs- und Geschichtspolitik. Eine Begriffsklärung

Schien es lange, als sei die ‚Vergangenheitsbewältigung‘[2] ein „typisch deutsches Problem“ (Wehr 2009: 101) zu sein, so hat sich die Auseinandersetzung mit Dik-

nationalsozialistischen Tätern aus vergleichend-europäischer Perspektive s. Frei; Hg. (2006), Welzer; Hg. (2007).

2 Zur Auswahl eines angemessenen und zugleich umfassenden Begriffes für die Auseinandersetzung mit den von Diktaturen begangenen Menschenrechtsverletzungen ist anzumerken, dass die Formulierung ‚Umgang mit der Vergangenheit‘ im Vergleich zum stark normativ aufgeladenen und inflationär verwendeten Begriff ‚Vergangenheitsbewältigung‘, der weder im Spanischen noch im Englischen eine Entsprechung findet, m. E. nicht suggeriert, dass es sich um einen möglichst bald abzuschließenden Vorgang handelt. In Anlehnung an Adorno (1977) ziehe ich es vor, von ‚Aufarbeitung

tatur- und Menschenrechtsverletzungen in der vergleichenden Untersuchung von Demokratisierungsprozessen seit der so genannten ‚dritten Demokratisierungswelle' (Huntington 1991) auch international zu einem zentralen Forschungsfeld verdichtet. Das zentrale Problem beim Übergang zur Demokratie ist die Frage, wie die vergangene Periode während des Transitionsprozesses interpretiert, wie die diktatorische Vergangenheit in die Geschichtsschreibung inkorporiert und dergestalt langfristig diskursiv und symbolisch repräsentiert wird. Mit einem politischen Systemwechsel etabliert sich eine neue politisch-rechtliche Ordnung, die sich in ihrer Ausprägung national wie international zu legitimieren versucht. Kollektive Erinnerung dient in Übergangsgesellschaften auch der Delegitimierung des Vorgängerregimes (Kohlstruck 2004: 177) und der Bekräftigung der Rechtmäßigkeit des entstehenden politischen Systems. Das Problem des Umgangs mit dem personellen und institutionellen Erbe der Diktatur und der langfristigen Folgen begangener Menschenrechtsverletzungen, welche die klassische Transitionsforschung nur am Rande behandelte, rückt dabei in den Vordergrund.

Theodor W. Adorno vermutete in einem berühmt gewordenen Vortrag von 1959 mit dem Titel „Was bedeutet Aufarbeitung der Vergangenheit?" dahinter – bezogen auf den bundesrepublikanischen Umgang mit der NS-Vergangenheit – die Strategie einer Schuldabwehr der Täter, die „einen Schlussstrich darunter ziehen" (1977: 555) wollten. Es komme – so Adorno – jedoch „wesentlich darauf an, in welcher Weise das Vergangene vergegenwärtigt wird; ob man beim bloßen Vorwurf stehenbleibt oder dem Entsetzen standhält, durch die Kraft selbst das Unbegreifliche noch zu begreifen" (ebd.: 569). Auch wenn Adorno bezüglich der Begrifflichkeiten ambivalent bleibt, so beharrt er doch auf der Notwendigkeit einer schonungslosen Reflexion und Konfrontation mit der nationalsozialistischen Vergangenheit und ihrer Ursachen. Im Anschluss an Adorno hat Jürgen Habermas im Sinne einer kritischen Auseinandersetzung mit der Geschichte die Aufarbeitung von Vergangenheit im Rahmen einer „öffentlich ausgetragenen ethisch-politischen Selbstverständigung" (1995: 23) als „mehrdimensionales und arbeitsteiliges Unternehmen" (Habermas 1992) zu fassen versucht.

Derweil hat sich für die unterschiedlichen Sphären des öffentlichen Erinnerns in der deutschsprachigen Diskussion in den letzten zwei Jahrzehnten der

---

der Vergangenheit' zu sprechen. Zur kritischen Diskussion der Begrifflichkeiten siehe u. a. Sandner (2001: 9), Arenhövel (2000: 21-24), Reichel (1999: 20-29), Dudek (1992: 44-53) und König (1998: 388ff.), König et al. (1998: 8ff.).

vielschichtige Begriff Erinnerungskultur[3] etabliert. Dabei ist der theoretische Ansatz des französischen Soziologen und Durkheim-Schülers Maurice Halbwachs, demzufolge Erinnerung stets einen sozial vermittelten Prozess darstellt, in der interdisziplinären Rezeption der Erinnerungsforschung in den letzten Jahren zu kanonischem Wissen avanciert. In seinem Hauptwerk „Das Gedächtnis und seine sozialen Bedingungen" (1985; frz. zuerst 1925) hat Halbwachs den Einfluss der Gesellschaft auf die individuelle Erinnerung dargelegt und damit die soziale Determiniertheit des Erinnerns betont, die jeweiligen Bezugsrahmen, welche die soziale Erinnerung vorgeben, sind dabei stets nur von begrenzter Geltungsdauer (ebd.: 201).

Das aus den Kulturwissenschaften stammende Konzept Erinnerungskultur speist sich aus den Begriffen des kollektiven Gedächtnisses, welches Jan und Aleida Assmann zu Beginn der 1990er Jahre erarbeitet haben. Jan Assmann hat, aufbauend auf dem Halbwachsschen Konzept zum ‚sozialen Gedächtnis' die Bedeutung der kollektiven Erinnerung (zur Ausdifferenzierung s. Kap. 4.1) herausgearbeitet, welche Mythen und symbolische Figuren bewahre und übermittle und damit die Wirkmacht und historische Konstruiertheit gesellschaftlicher Erinnerung bekräftigt. Vergangenheit ist demnach von ihrer sozialen Rekonstruktion in der Gegenwart abhängig: Kollektive Erinnerung wird deshalb zum Gegenstand politischer Auseinandersetzung, da ihre Vergegenwärtigung stets von gegenwärtigen Interessen geleitet ist und dementsprechend konstruiert und aktualisiert wird. Die Vergangenheitskonstruktion der politischen Akteure ist von Gegenwartsinteressen abhängig, sie rekurrieren auf geschichtliche Argumente, um die nationale und lokale Erinnerungskultur zu beeinflussen und dadurch den Umgang mit historischen Ereignissen wesentlich zu prägen.[4] Damit rückt die mit dem Vorgang des Erinnerns verbundene instrumentelle Rekonstruktion der Vergangenheit und ihre politische Legitimationskraft ins Zentrum, insbesondere deren Bedeutung für politische Akteure, die diese zu besetzen versuchen.

In der Absicht, den komplexen und facettenreichen Prozess der Aufarbeitung von Vergangenheit analytisch zu bestimmen und auszudifferenzieren, hat Reichel (2001: 9f., s. a. 2004: 10-12) vier Dimensionen, die einander bedingen und

3 Zur allgemeinen disziplinübergreifenden Forschungsdiskussion und Begriffsgeschichte des Konzeptes Erinnerungskultur s. Cornelißen (2003), für eine Überblicksdarstellung Schneider (2000).

4 In diesem Sinne konstatiert Jelin mit Bezug auf die kollektive Erinnerung an die Repression der Militärdiktaturen im *Cono Sur* treffend: „El conflicto social y político sobre cómo procesar el pasado represivo reciente permanece, y a menudo se agudiza. […]. Se trata de luchas presentes, ligadas al escenario político del momento" (Jelin 2002: 5).

miteinander in Wechselwirkung stehen, gekennzeichnet, deren Schwerpunkt die politisch-justizielle Auseinandersetzung mit der belasteten Vergangenheit in Form der staatlichen Maßnahmen – Aufklärung, Amnestie, Entschädigung und Strafverfolgung – darstelle. Als zweites Handlungsfeld steht diesem die „öffentliche Erinnerungs- und Memorialkultur" (2001: ebd.) im Sinne der emotionalen Hinwendung zur Vergangenheit in rituellen Gedenktagen, Gedenkstätten und Denkmälern gegenüber. Während Reichel als dritte Dimension der Vergangenheitsvergegenwärtigung die ästhetische Kultur in den künstlerischen Medien, etwa literarische und filmische Darstellungen, identifiziert, kristallisiert sich ein viertes Handlungsfeld in der Deutungspolitik im Sinne der wissenschaftlichen Auseinandersetzung als kritisch-verstehenden Versuch einer „objektivierenden Darstellung" (ebd.: 10) der belastenden Vergangenheit heraus.

In der politik- und geschichtswissenschaftlichen Forschung haben sich als Teildimensionen der Erinnerungskultur für die politische Auseinandersetzung mit Diktaturvergangenheit unterdessen die Handlungsfelder Vergangenheits-, Erinnerungs- und Geschichtspolitik etabliert.[5] Der Bereich der Vergangenheitspolitik zeigt sich in Abgrenzung zur Geschichtspolitik als administrativ-justizielle Dimension der Aufarbeitung diktatorischer Vergangenheit im Sinne von Bock und Wolfrum in den praktisch-politischen Maßnahmen, die den Umgang mit dem überwundenen System maßregeln sollen (Bock/Wolfrum 1999: 9). Norbert Frei hatte den seiner Habilitationsschrift titelgebenden Begriff der Vergangenheitspolitik mit Bezug auf die westdeutsche Nachkriegsperiode Anfang der 1950er Jahre eng definiert, als „den Prozeß der Amnestierung und Integration der vormaligen Anhänger [...] und der normativen Abgrenzung" (1996: 13f.) zum Nationalsozialismus und sich dabei auf den Umgang mit den Tätern des NS-Regimes begrenzt. Inzwischen wird das Handlungsfeld in einer fort entwickelten und umfassenderen Definition als „staatliche Aufarbeitung der im Kontext von Diktaturen begangenen Menschenrechtsverletzungen" (Fuchs 2010: 21, s. a. Fuchs/Nolte 2004: 65f.) verstanden und somit für andere historische und gesellschaftliche Kontexte und den internationalen Vergleich nutzbar gemacht. Zu den vergangenheitspolitischen Instrumenten und Verfahren zählt nach Fuchs und Nolte ein umfassendes Repertoire: „die strafrechtliche Ahndung von Verbrechen, der Austausch belasteter Eliten, Entschädigungs- und Reparationsleistungen sowie Maßnahmen der politisch-historischen Aufarbeitung der Vergangen-

5 Cornelißen ordnet seiner Definition von Erinnerungskultur ebenfalls die Begriffe Vergangenheits-, Erinnerungs- und Geschichtspolitik unter. Er sieht in ihr „einen formalen Oberbegriff für alle denkbaren Formen der bewussten Erinnerung an historische Ereignisse, Persönlichkeiten und Prozesse [...], seien sie ästhetischer, politischer oder kognitiver Natur" (2003: 555).

heit" (ebd.: 66). Im Mittelpunkt stehen dabei justizielle, legislative und exekutive Entscheidungen (vgl. Wolfrum 1999: 32).

Das mittlerweile gängige Verständnis von Geschichtspolitik meint in Abgrenzung zur Vergangenheitspolitik dagegen die Vergangenheitsdeutungen, die ihren Schwerpunkt im öffentlich-diskursiven Handeln anstatt in praktisch-politischen Maßnahmen hat (Sandner 2001: 6-7). Geschichtspolitik bezeichnet demnach das Handlungs- und Politikfeld, auf dem konkurrierende Deutungseliten „Geschichte mit ihren spezifischen Interessen befrachten und politisch zu nutzen suchen" (Wolfrum 1999: 25). Während demnach Vergangenheitspolitik staatlich-administrative Maßnahmen vornehmlich in Transformationsprozessen bezeichnet, zielt Geschichtspolitik gerade auf das umgekehrte Verhältnis. Sie richtet sich auf das öffentlich-diskursive Handeln, durch welches Geschichts- und Identitätsbilder konstruiert werden. Geschichtspolitik und Vergangenheitspolitik sind damit – so stellen Bock und Wolfrum fest – „zwei Seiten ein und derselben Medaille: der umkämpften Vergangenheit" (1999: 9).

Der in zahlreichen journalistischen und wissenschaftlichen Veröffentlichungen mit unterschiedlichen Konnotationen benutzte Terminus der Erinnerungspolitik bleibt oftmals diffus. Kohlstruck hat ihn definiert als das Erzeugen von „Geschichtsbildern im Kontext gegenwärtigen politischen Handelns" (2004: 176) und das „strategische Operieren mit Geschichtsdeutungen zur Legitimierung politischer Projekte" (ebd.). In ihr kristallisieren sich die symbolischen Folgen der eingeschlagenen vergangenheits- und geschichtspolitischen Entscheidungen und ihrer diskursiven Legitimation. Der Politikwissenschaftler Arenhövel (2000), der jedoch nicht explizit zwischen Erinnerungs- und Vergangenheitspolitik differenziert, versteht darunter die kulturelle Ebene der reflexiven Erinnerung, womit er sich auf „ästhetisch-expressive[...] wie auch dokumentarische[...] Repräsentationsformen und auch Gedenkfeierlichkeiten" (ebd.: 57) bezieht, welche als ein „Reflex auf die in Politik, Recht, und den öffentlichen Diskursen stattfindende[n] Auseinandersetzungen über die Vergangenheit" (ebd.) verstanden werden können. Ausgehend davon, dass die öffentlichen Aushandlungsprozesse zentral auch von zivilgesellschaftlichen Akteuren getragen werden, möchte ich Erinnerungspolitik definieren als öffentlich-symbolische Vergangenheitsinszenierung von institutionalisierten Gedenktagen und -orten, die das Erinnerungs- und Zeitklima eines Landes wesentlich prägen. Damit ist sie von entscheidender Bedeutung für die gesellschaftliche Rekonstruktion von Geschichtsbildern. Entscheidend ist hierbei die Betrachtung von Erinnerungsorten, welche die nationale Selbstwahrnehmung des Landes prägen. Der Historiker Pierre Nora (1984) hatte mit seinen wegweisenden Forschungen über *lieux de mémoire* in Frankreich – die französischen Erinnerungsorte – Neuland betreten. Nora (1990) zufolge kann ein Erinnerungsort alles sein, was Gegenstand nationaler Erinnerung und Identitätsbildung ist oder war. Er weist somit über eine geographisch-räumliche Dimension weit hinaus, auf die kulturellen Kristallisationspunkte des nationalen Bewusstseins, etwa in politischen Symbolen, Festtagen und Museen (vgl. Reichel 1999: 16). Dabei geht es um die „politische Verdichtung politischer, gesellschaftlicher oder geistiger Erscheinungsformen [...], die das Vergangene nicht als faktisch gegebene ‚Objektivität' betrachtet, sondern immer neu konstruiert" (Bernecker/Brinkmann 2006: 189). Topografische und kalendarische Gedächtnisorte nehmen einen herausragenden Platz ein. Am Umgang mit offiziellen Gedenk- und Feiertagen als kalendarische Gedächtnisorte sowie den topografischen Erinnerungsorten lässt sich in Übergangsprozessen ein Bedeutungswandel auf symbolisch-repräsentativer Ebene feststellen.

Anschließend an die skizzierten Begriffsdifferenzierungen verwende ich das den Teildimensionen übergeordnete Konzept der *Erinnerungskultur* entsprechend, um das Zusammenwirken der zentralen Handlungsfelder im öffentlichen Umgang mit Diktaturvergangenheiten anzuzeigen, und zwar (1) der *Vergangenheitspolitik* als administrativ-justiziellen Umgang im Sinne staatlicher Entscheidungen, (2) der *Erinnerungspolitik* als öffentlich-symbolische Dimension, die sich in kalendarischen und topografischen Erinnerungsorten manifestiert, sowie (3) der *Geschichtspolitik* im Sinne politisch-diskursiver Vergangenheitsdeutungen in Wissenschaft, Medien und Politik. Mit dem Konzept soll der gesamtgesellschaftlichen Bedeutung der Auseinandersetzung mit Diktatur- und Menschenrechtsverletzungen Rechnung getragen werden, da der Begriff die drei Bereiche subsumiert und der Vielschichtigkeit des Forschungsproblems besser gerecht wird.[6] Deutlich wird, dass die in den verwendeten Ansätzen beschriebenen empirischen Phänomene ineinander verschränkt sind, eine strikte Abgrenzung der Begriffe ist kaum möglich, sondern nur heuristisch sinnvoll.

Für den Zusammenhang der vorliegenden Arbeit schlage ich vor, die dargestellten Politikfelder um eine vierte Dimension, die (4) der *transnationalen Aufarbeitungspolitik* als Ländergrenzen überschreitende Rückwirkungen und Transferprozesse auf nationale und lokale Erinnerungsprozesse zu erweitern. Der internationale Referenzrahmen wirkt auf lokale Erinnerungskulturen ein. Denn es wird nicht nur auf nationaler Ebene versucht, justiziell-administrative Richtlinien für den Umgang mit Diktaturvergangenheit durchzusetzen und diese symbolisch-argumentativ zu begründen, auch auf internationaler Ebene lassen sich, befördert von einer zunehmend professionalisierten transnationalen Menschen-

6 Zu den unterschiedlichen Definitionen der Dimensionen und Handlungsfelder von Erinnerungskultur vgl. Reichel (2004: 10-12), Cornelißen (2003: 555), Sandner (2001: 6-7), Wolfrum (1999), J. Assmann (1992: 30), Meyer (2008: 175-178).

rechtsbewegung, wie lokaler und subalterner Erinnerungsorganisationen ‚von unten', verstärkt Entwicklungen beobachten, verbindliche Standards der Aufarbeitungspolitik zu etablieren, welche wiederum auf die nationalen Maßnahmen und lokalen Erinnerungsprozesse einwirken. Die Erörterung und Ausdifferenzierung der zunehmenden Transnationalisierung auf diesem Feld ist Gegenstand der folgenden Abschnitte.

1.2 Von länderspezifischen Erinnerungskulturen zu transnationalen Aufarbeitungsprozessen?

Von der Annahme ausgehend, dass lokale und länderspezifische Erinnerungskulturen zunehmend in einem transnationalen Einflussverhältnis stehen, muss zunächst die Frage gestellt werden, ob es ein transnationales Gedächtnis, entstanden aus gemeinsamen oder geteilten Erfahrungen, überhaupt geben kann. Bisher wurden Erinnerungskulturen meist aus einer national begrenzten Perspektive dargestellt – der Versuch, Prozesse der Auseinandersetzung mit belastender Vergangenheit über nationale Grenzen hinweg zu betrachten und in einen transnationalen Zusammenhang einzuordnen[7], ist nur selten unternommen worden.

Die Internationalisierung der Debatten über den öffentlichen Umgang mit Diktatur und Menschenrechtsverletzungen und der sukzessiven Normierung von Aufarbeitungspraktiken verdeutlicht sich m. E. u. a. darin, dass sie auch in globalen Zusammenhängen und zugleich zunehmend im Sinne universeller ethisch-politischer Werte geführt werden. So setzen Deutungsversuche, die explizit auf die Figur einer ‚globalen Erinnerung' abheben, an der abnehmenden Bedeutung des Nationalstaates an. Dabei bildet die Auseinandersetzung mit den nationalsozialistischen Verbrechen den zentralen Ankerpunkt. Eine grundlegende Studie aus dieser Perspektive haben die Soziologen Levy und Sznaider (zuerst 2001) zur Globalisierung der Holocaust-Erinnerung vorgelegt, in der sie einen fundierten Überblick über die transnationalen geschichtspolitischen Debatten über die Shoa geben, wenngleich sie sich bei ihrer Darstellung auf die erinnerungsgeschichtlichen Entwicklungen in den westlichen Industrienationen Deutschland, Israel und den USA beschränken. So postulieren sie mit Bezug auf den Holo-

7 Sofern man von ‚transnationalen Erinnerungskulturen' sprechen kann, beziehen diese sich Seraphim zufolge „auf internationale Konzeptionen von Recht, Moral und Gerechtigkeit im Aufarbeiten von historischen Hinterlassenschaften, die nationale Grenzen überschreiten und von verschiedenen politischen Interessen geleitet sind" (2003: 79). Huyssen hingegen spricht mit Bezug auf den Holocaust von einem „transnational movement of memory discourses" (2003: 13).

caust einen „neue[n] Kosmopolitismus der Erinnerung“ (2001: 10) und damit die Möglichkeit der Herausbildung nationenübergreifender Geschichtskulturen[8], die im „Wechselverhältnis von lokalen und globalen Erinnerungen“ (ebd.: 149) stehen.[9] Die Erinnerung an Diktatur und Menschenrechtsverletzungen im internationalen Kontext tendiere dazu, dass sich schrittweise eine „Entnationalisierung des kollektiven Gedächtnisses“ (ebd.: 151) vollziehe. Zunächst angelehnt an Maurice Halbwachs, der kollektive Erinnerung als konstitutives und anthropologisches Grundelement für Gesellschaften im Sinne spezifischer Gedächtnisgemeinschaften annimmt, gehen Levy und Sznaider von einer schwindenden Orientierungsfunktion und Bindekraft nationalstaatlicher Strukturen aus, die zu einem Wandel kollektiver Gedächtnisbildung führen werde. So zeigen sie aus einer Globalisierungsperspektive anhand einer Analyse der Debatten über den singulären Genozid an den europäischen Juden in den drei westlichen Industrienationen auf, wie diese von einer Entortung der nationalen Erinnerungskulturen gekennzeichnet seien. Dadurch trete auch der bisherige Gegensatz zwischen Universalismus und Partikularismus des Erinnerns in den Hintergrund. Der Holocaust als zentrale argumentative Figur werde zunehmend zum universalen legitimatorischen Anknüpfungspunkt für unterschiedlichste Opfergruppen weltweit und in dieser universellen Bedeutungsdimension zum Sinnbild der Opfererfahrung schlechthin. Mit der medialen Globalisierung der spezifischen Erinnerung an den Holocaust – als empirische Fallbeispiele dienen ihnen etwa die län-

8 Holocaust-Vergleiche finden sich wiederholt auch im spanischen Erinnerungsdiskurs, etwa betiteln Richard und Belis ihre Publikation *Las fosas del silencio*, in welcher sie die franquistische Repression behandeln, im Untertitel mit der Frage *¿Hay un holocausto español?* (Die Gräben des Schweigens. Gibt es einen spanischen Holocaust?). Auch der renommierte britische Historiker Paul Preston greift in Interviews immer wieder auf die Wendung des *holocausto español* zurück, davon zeugt ebenso seine lang angekündigte Monografie (2011) zur franquistischen Repression, die mit *The Spanish Holocaust* betitelt ist. Der im Oktober 2003 verstorbene Schriftsteller Manuel Vázquez Montalbán hat in einem El País-Artikel mit Bezug auf die Militärdiktaturen im südlichen Lateinamerika im Zusammenhang mit den Diskussionen um den ‚Fall Pinochet‘ von einem „holocausto del Cono Sur“ gesprochen. Vgl.: El País: *Soberanía*, Manuel Vázquez Montalbán, 19. Oktober 1998.

9 Zur Kritik an der postulierten Globalisierung des Holocaust-Begriffes hat Reichel unlängst kritisch angemerkt, dass „[d]ie Beliebigkeit des Begriffs, die ‚Holocaust‘ global zu einer Metapher für Großverbrechen, Katastrophen und das Böse schlechthin gemacht hat, [...] wenig präzise und kaum geeignet [ist], die Einmaligkeit industriemäßig betriebener Tötung ganzer europäischer Bevölkerungsgruppen zu verstehen und zu beschreiben“ (Reichel et al. 2009: 20).

derspezifische Rezeption des Tagebuchs der Anne Frank, des Eichmann-Prozesses oder der TV-Serie *Holocaust* sowie Daniel Goldhagens täterzentrierte Studie *Hitlers willige Vollstrecker* – sei eine Universalisierung der kollektiven Erinnerung einhergegangen. Indem sie für die verschiedensten Gruppen weltweit anschlussfähig geworden sei, habe sie sich zum Maßstab und Fundament für einen neuen, universalen Menschenrechtsdiskurs entwickelt.[10] Die Entstehung von transnationalen Erinnerungskulturen, die wiederum das Potential besäßen, „die kulturelle Grundlage für eine globale Menschenrechtspolitik zu werden" (Levy/Sznaider 2001: 24), führe dazu, dass sich ein ‚globales Gedächtnis' oder eine ‚kosmopolitische Erinnerung' konstituiere.[11] Der durch Menschenrechtskampagnen und -diskurse entstandene „universelle moralische Kodex" könne Grenzen durchdringen und überschreiten und orientiere sich – so haben Levy und Sznaider im Vorwort zur Neuauflage ihrer Studie ergänzt – an Begriffen wie ‚Verbrechen gegen die Menschlichkeit' bzw. ‚gegen die Menschheit' als universale Schlüsselkategorien (2007: 11). Die Herausbildung auf diese Weise entstandener transnationaler Erinnerung wird als Zeichen einer positiven Globalisierung, als „Emergenz eines Globalgedächtnisses" (Molden 2009: 47) und die kulturelle Repräsentation des Holocaust in Anspielung an Ernesto Laclaus *floating signifier*-Konzept, „als sein universeller Signifikant" (ebd.) gedeutet.

Die eingeführten Schlagworte ‚Kosmopolitisierung' und ‚Universalisierung' zur Beschreibung der globalen Holocaust-Erinnerung laufen dabei m. E. aller-

10 Vorangetrieben werde dieser Universalismus von der medialen Globalisierung der Populärkultur, die es immer mehr Menschen weltweit ermögliche, sich mit dem Holocaust auseinanderzusetzen (Levy/Sznaider 2001: 157). Marchart urteilt folgendermaßen: „Die Kulturindustrie wird bei Levy und Sznaider zur universalisierenden Kraft. [...] Auf diese Weise verdrängt ihr Ansatz gerade das Politische an Vergangenheitspolitik und löst es auf im Automatismus medialer Globalisierung" (2003: 53). Die universalisierte Holocaust-Rhetorik bestehe dieser Kritik folgend darin, dass mit ihr die Vergegenwärtigung von Holocaust, Diktaturerfahrungen und Menschenrechtsverletzungen tatsächlich jeden konkreten Bezug zur partikularen Erinnerung verliere – die verkündete Universalisierung der Erinnerung führe somit zu einer zunehmenden Verflachung und Sinnentleerung (ebd.).

11 M. E. führt die Verbreitung und der Konsum transnational rezipierter Medien nicht zwingend zu einem ‚globalen Gedächtnis', so gehe ich nicht davon aus, dass eine globale Erinnerung möglich ist. Es ist Molden zuzustimmen, wenn er konstatiert: „Kollektives Gedächtnis wird durch die Parallelität verschiedener Erzählungen (Familie, Milieu, Schule, Nationalstaat, Medien) geformt, unter denen der Holocaust-Diskurs allenfalls eine darstellt, die sich in den Erfahrungs- und Tradierungsraum einer bestimmten Gemeinschaft eingliedern kann" (2009: 48).

dings Gefahr, nicht nur die Singularität und damit Unvergleichbarkeit des Holocaust auszuklammern, sondern auch aufgrund des Fehlens von historischen Bezugspunkten, Widerstände und Gegentendenzen auszublenden und der Vielzahl von lokalen und nationalen Prozessen – insbesondere jenseits der behandelten westlichen Industrienationen – nicht gerecht zu werden. Während Levy und Sznaider überzeugend grundlegende Veränderungen von kollektiven Gedächtnisformen, normativen Formationen und Legitimitätsmustern nachzeichnen, bleibt ein fundamentaler Aspekt in dieser Debatte bislang unterbelichtet: Der angenommene „methodologische Kosmopolitismus kommt weitestgehend ohne die Erfahrungen der Nicht-OECD-Welt aus" (Oettler 2008: 104). Unberücksichtigt bleibt zudem, dass die internationale Verbreitung vergangenheitspolitischer Praktiken und zivilgesellschaftlicher Aktionsformen und Strategien keineswegs in Europa ihren Ausgang genommen, sondern wichtige Impulse aus dem globalen Süden erhalten hat, so sind Wahrheitskommissionen etwa zunächst in Lateinamerika und Afrika entwickelt worden (Molden 2009: 49, vgl. Kap. 1.4 b). Insbesondere in Lateinamerika haben sich nach den blutigen Erfahrungen mit Militärdiktaturen und Bürgerkriegen in der zweiten Hälfte des 20. Jahrhunderts ebenso komplexe, vielfältige und weit verzweigte administrativ-institutionelle Versuche heraus kristallisiert, mit gewaltvollen Vergangenheiten umzugehen. Der Subkontinent verfügt inzwischen über einen Fundus an Erfahrungen unterschiedlicher vergangenheitspolitischer Instrumente, der nicht nur die anhaltende Konfliktdimension von Erinnerungskultur verdeutlicht, sondern auch für andere Weltregionen als Referenzrahmen herangezogen wird.

Eine ähnliche, an Levy und Sznaider anknüpfende Position zur Globalisierung von Erinnerung nimmt aus politikwissenschaftlicher Perspektive Mark Arenhövel ein, der eine zunehmende Entgrenzung der kollektiven Erinnerung hin zur Herausbildung eines „kritischen Weltgedächtnisses" (2002/03: 21) postuliert, obgleich er diese Erkenntnis weder auf die kollektive Erinnerung an den Holocaust noch räumlich begrenzt. Vielmehr sieht er darin eine allgemeine globale Tendenz im öffentlichen Umgang mit von Diktaturen begangenen Menschenrechtsverletzungen. Nach Arenhövel bilde sich eine globale Erinnerungsgemeinschaft heraus, die sich in der Auseinandersetzung mit von Staaten begangenen Gewaltverbrechen etabliere. Er geht davon aus, dass die Entgrenzung der kollektiven Erinnerung langfristig zur Herausbildung eines „kritischen Weltgedächtnisses" führe, somit reflektiert Arenhövel kollektive Erinnerungsprozesse im Ideenkontext einer entstehenden Weltgesellschaft.[12] Aus dem ‚niemals wie-

12 Zur allgemeinen Forschungsliteratur über Weltgesellschaftsansätze siehe etwa Stichweh (2001, 2000), der davon ausgeht, dass jeder Gesellschaftsbegriff global anwendbar sein müsse, da es in der Gegenwart nur die Weltgesellschaft als Gesellschaftssys-

der' als Übereinkunft, Gewaltverhältnisse für die Zukunft zu verhindern, könne eine „negativistische Welt-Bürgergesellschaft" (ebd. 2002/03: 22) entstehen. Diese solle als generelle Mahnung helfen, nationale Grenzen beim Umgang mit von Staaten begangenen Gewaltverbrechen zukünftig zu überwinden.[13] Das Konzept Arenhövels, welches er philosophisch-abstrakt und wenig empirisch begründet, schießt damit m. E. über das eigentliche Ziel hinaus. Seine Argumentation erscheint optimistisch-idealistisch, wenn er schreibt, dass „Erfahrungen unmenschlicher Barbarei, unvorstellbarer Grausamkeiten und Demütigungen [...] vielleicht zum ersten Mal eine Vorstellung von Solidarität entstehen lassen" (ebd.: 23). Dies würde eine Verkürzung und verallgemeinernde Entleerung der Komplexität von kollektiven Erinnerungen an jeweils partikulare Gewalt- und Diktaturerfahrungen implizieren. Neben der Frage, wie ein solches ,Weltgedächtnis' entstehen kann und wer seine sozialen Träger sein könnten, ist nicht zuletzt das Postulat eines globalen Anspruches problematisch, auch da es Gefahr läuft, eine Angleichung bzw. Uniformierung von Erinnerungsprozessen zu implizieren.

Entgegengesetzt zu Arenhövel argumentiert Smith, dass die Grundlage, aus der Kulturen erwüchsen, gerade die über Generationen hinweg geteilten Erinnerungen an spezifische historische Erfahrungen darstellten, die an eine lokal begrenzte Erinnerungsgemeinschaft geknüpft seien:

> „Unlike national cultures, a global culture is essentially memoryless. Where the 'nation' can be constructed so as to draw upon and revive latent popular experiences and needs, a 'global culture' answers to no living needs, no identity-in-the-making. It has to be painfully put together, artificially, out of the many existing folk and national identities into which humanity has been so long divided. There are no 'world memories' that can be used to

tem gebe (2000: 245), welche sich auch durch die Herausbildung globaler Kommunikationszusammenhänge konstituiere. Böhm spricht von der Herausbildung einer „Weltgesellschaft als Erinnerungsraum" (1999: 110), die mit dem Nürnberger Militärtribunal ihren Anfang genommen und mit der Gründung des Ständigen Internationalen Strafgerichtshofs einen vorläufigen Höhepunkt erreicht habe (ebd.), während Nederveen Pieterse „die Herausbildung eines weltweiten historischen Zusammenhangs", der „die Entwicklung eines globalen Gedächtnisses, das auf gemeinsamen globalen Erfahrungen beruht" (1998: 99) diagnostiziert.

13 Ähnlich konstatieren Levy und Sznaider etwa die Herausbildung eines „Weltgewissens" (2001: 50), welches sie als ein „globales Gewissen als Resultat des Vordringens der Holocausterinnerung in andere Erinnerungen" definieren (ebd.; vgl. auch Beck 2003).

unite humanity; the most global experiences to date – colonialism and the World Wars – can only serve to remind us of our historic cleavages." (Smith 1994: 179f.)

Eine ‚Welterinnerung' als Ausdruck einer globalen Kultur erscheine kaum möglich, schließlich müsse ein globales Gedächtnis lokal verankert sein. Als Vergegenwärtigung einer eigenen Geschichte gesellschaftliche i. S. gruppenspezifischer Erinnerung akzentuiere besonders Partikularität (s. a. Kohlstruck 2004: 175; Cornelißen/Klinkhammer/Schwentker 2003: 10). Demzufolge bleibe die kollektive Erinnerung an spezifische Diktaturerfahrungen und Menschenrechtsverletzungen in den Kontext lokaler oder national begrenzter Erinnerungskulturen eingebunden. In diesem Sinne reflektiert Kohlstruck ebenfalls kritisch, ob mit einer postulierten Kosmopolitisierung der Erinnerung nicht eine „Entpolitisierung der Erinnerung" (2004: 175) einhergehe, „die visionär ausgerichtet bleibt und weder nach Akteuren noch nach Interessen fragt" (ebd.). Auch Dabag (2003: 118) fragt, welchen strategischen Zielen das Postulat der Universalisierung der Erinnerungskategorie folge. Mit dem „Holocaust als Ausgangspunkt einer gesamteuropäischen oder gesamtglobalen Solidarität" (ebd.: 121) gehe, wie er anhand der Diskussion über das *Europäische Zentrum für Vertreibung* in Berlin skizziert, vor allem die Gefahr einer Verwischung von Tätern und Opfern einher:

„Die neuen Integrationsmuster Globalisierung, Kosmopolitisierung und Europäisierung bedingen explizit die Loslösung des Erinnerungsprojekts aus dem direkten Aufarbeitungsprozess zwischen Tätern und Opfern und setzen kontinuierlich die Tendenzen der Musealisierung von Erinnerung, der Delegierung von Verantwortung und der Entlastung des Einzelnen fort." (Dabag 2003: 126)

Jedoch verweist Arenhövel selbst auf die Grenzen des von ihm eingeführten Weltgedächtnis-Konzeptes: Er stellt einschränkend fest, dass eine globale Erinnerung keine durch den Westen implementierte sein dürfe, und fragt, ob lokale Erinnerungen nicht „durch die Subsumtion unter ein überwölbendes Weltgedächtnis bedroht" (2002/03: 24) seien.

Arenhövel geht nicht näher auf mögliche transnationale Erinnerungsverflechtungen, Transferprozesse und Anknüpfungspunkte einzelner Länder ein, um seine Hypothese empirisch zu belegen. Im Gegensatz dazu soll die vorliegende Arbeit die Möglichkeit von Erinnerungsdiskursen und Diffusionsprozessen über staatliche Grenzen hinaus anhand einer überregionalen, transatlantischen Fallanalyse, die sich zunächst transnational auf die Wechselwirkungen und Verbindungslinien zwischen zwei Länderbeispielen – Spanien und Chile – begrenzt, empirisch überprüfen. Dabei sollen die transnationalen Verwobenheiten der

Auseinandersetzung mit Diktatur- und Menschenrechtsverletzungen in die Analyse mit einbezogen werden. Welche Verschränktheiten, Transfer- und Diffusionsverläufe sind die Voraussetzung dafür, dass die chilenische und spanische Auseinandersetzung mit Diktatur und Menschenrechtsverletzungen über Ländergrenzen hinweg relevant wird? Es kann dabei in Anschluss an Molden (2009), der den Begriff von Halbwachs aufnimmt, von einer „Transnationalisierung bestimmter Gedächtnisrahmen" (ebd.: 49) und erinnerungspolitischer Praktiken gesprochen werden, allerdings kaum von einem ‚globalen Gedächtnis'. Es gilt einen Ansatz zu verfolgen, der die jeweiligen Erinnerungskulturen in ihrer Unterschiedlichkeit verdeutlicht und zeigt, wie sich diese durch Medienereignisse[14] gegenseitig prägen und wie sie schließlich nicht losgelöst voneinander betrachtet werden können. Es soll gefragt werden, inwiefern sich einerseits Verbindungslinien und Übertragungsprozesse feststellen lassen, die durch Medien und andere Formen potentiell globaler Kommunikation vermittelt sind, andererseits gilt es aber auch, institutionelle und kulturelle Grenzen kollektiver Erinnerung aufzuzeigen.

Dabei steht im Vordergrund, inwiefern sich transnationale Einflüsse auf Erinnerungsprozesse beider Länder ergeben, bzw. inwiefern der Rekurs auf internationale Menschenrechtsnormen die nationalen und lokalen Aufarbeitungsprozesse und -diskurse Spaniens und Chiles beeinflusst. Das Erkenntnisinteresse

14 Zum Begriff des Medienereignisses s. Dayan und Katz, die in ihrem Werk *Media Events. The Life Broadcasting of History* (1994) auf ihre Bedeutung und öffentliche Wirkung eingehen. Das Konzept des transnationalen Medienereignisses bezieht sich auf „Formen und Funktionen der medialen Inszenierung von Schlüsselereignissen", die als „Katalysatoren grenzüberschreitender kommunikativer Vernetzung" wirken und in der Lage sind, „transnationale Kommunikationsräume zu öffnen." Ich verstehe den ‚Fall Pinochet', der in Kapitel 5 eingehend, v. a. anhand von Pressematerial analysiert wird, als ein solches grenzüberschreitendes mediales Ereignis, da er in den betreffenden Ländern durch eine hohe öffentliche Aufmerksamkeit und Intensität der Kommunikation bestimmt war und sowohl in der chilenischen als auch in der spanischen Öffentlichkeit eine katalysatorische Wirkung auf die Auseinandersetzung mit der Diktaturvergangenheit entfaltet hat. Vgl. Forschungsprogramm des Graduiertenkollegs Transnationale Medienereignisse (2010: 1-4), s. http://www.uni-giessen.de /cms/fbz/dfgk/tme/forschungsprogramm (Stand: 15.06.2010). Der Medialität von Erinnerung werde ich – um die Auseinandersetzung mit den Erinnerungsdiskursen in Spanien und Chile praktikabel zu machen – anhand der Analyse von Zeitungsartikeln, Parlamentsdebatten, Gesetzestexten sowie Pressemitteilungen und Berichten transnational und lokal agierender Menschenrechtsakteure und Erinnerungsorganisationen nachgehen.

ist auf internationale Einflussfaktoren des Umgangs mit den diktatorischen Vergangenheiten gerichtet, die die mediale Diffusion historischer Narrative und Figuren, Menschenrechtsparadigmen und Aufarbeitungsdiskurse als gemeinsame Bezugspunkte herausarbeitet, welche die verbindenden Aspekte der getrennten Ländergeschichten betont.

Ich gehe von der Prämisse aus, dass sich die Erinnerungsdiskurse des öffentlichen Umgangs mit den Militärdiktaturen Spaniens und Chiles in ihrem jeweiligen Zusammenhang erfassen lassen und sich in der Betrachtung der transnationalen Rückwirkungen und Einflüsse neue Einsichten eröffnen. Die Frage, wie internationale und transatlantische Impulse auf lokale Erinnerungsprozesse einwirken und zu Verschiebungen von kollektiven Gedächtnisrahmen im Sinne der gesellschaftlichen Vergegenwärtigung belasteter und konfliktiver Vergangenheit beitragen, bildet einen zentralen Ausgangspunkt. Die möglichen Verwobenheiten der Erinnerungsdiskurse der zwei Länder sollen zeigen, wie politisch formierte länderspezifische Erinnerungskulturen aufeinander bezogen sein und sich gegenseitig beeinflussen können.

Die sozialwissenschaftliche und historische Erinnerungsforschung greift solche Erkenntnisse bisher nur selten auf. Sie ist einer Sichtweise verhaftet, die sich zumeist auf solche Erinnerungsprozesse und Gedächtnisorte konzentriert, welche für die Konstruktion einer kollektiven Identität nationaler Sinnstiftung relevant sind. Damit vereinnahmt sie Erinnerungskultur und den mit ihr zusammenhängenden gesellschaftlichen Umgang mit Diktaturvergangenheit in einer ausschließlich oder vornehmlich national oder lokal begrenzten Perspektive, ohne von den Erkenntnissen und gegenwärtigen Analysen über transnationale kulturelle und diskursiv-symbolische Prozesse zu profitieren. Die Frage, ob Prozesse transnationaler Interdependenzen sich auch auf den Umgang mit Diktatur- und Menschenrechtsverbrechen und deren Aufarbeitung auswirken, scheint jedoch berechtigt. Nach Csáky müsse sich auch die sozialwissenschaftliche Erinnerungsforschung grenzüberschreitender, ‚enträumlichter' Bezüge besinnen, die für Gedächtniskonstruktionen stets kennzeichnend seien (2002: 11).

Ein Beispiel dafür, dass in Erinnerungsdebatten eine zunehmend transnationale Perspektive relevant wird, bietet Etienne François, der von der Prämisse P. Noras ausgeht, dass die Geschichte *eine*, während das Gedächtnis *trenne* (2009: 90), und betont, Erinnerungsorte seien zwar vorwiegend transnational, erinnert werde aber wiederum meist national. François (ebd. s. a., 2006: 295ff.) unterscheidet bezüglich einer transnational-europäischen Erinnerungskultur zwischen ‚gemeinsamen' und ‚geteilten' Erinnerungsorten. Während bei ersteren „die gemeinsamen Dimensionen im Vordergrund stehen" (ebd.: 293), stellen die ‚geteilten Erinnerungsorte' als „Orte des Konflikts und der Wechselwirkung, die durch trennende Identifikationsangebote und unterschiedliche Aneignungen gekennzeichnet sind“ (ebd.: 295) eine symbolische Schnittstelle zwischen den betreffenden Ländern dar, die für die Gedächtniskulturen gleichermaßen – wenn auch auf unterschiedliche Weise – bedeutsam sind. Im Falle transnationaler Erinnerungen dominieren sie. In diesem Sinne fragt er, ob neben national konnotierten nicht vielmehr transnationale Gedächtnisorte relevant erscheinen, auch wenn sie zumeist im Sinne der nationalen Ideologie vereinnahmt würden, seien Gedächtnisorte „prinzipiell transnational angelegt beziehungsweise deutbar“ (ebd.). Gedächtnisorte hätten zwar eine in Bezug auf soziale Gruppen oder Schichten identitätskonstitutive, jedoch keineswegs eine ausschließlich oder vornehmlich nationenstiftende Funktion und seien mehrdeutiger als die nationale Perspektive vorzugeben scheint (ebd.). Länderspezifische Erinnerungskulturen können genuin transnationale Ereignisse und Entwicklungen mitbestimmen mit der Folge, dass sie zu ‚geteilten Erinnerungsorten‘ werden, die sich an der Schnittstelle zwischen nationalen und transnationalen Erinnerungsdiskursen bewegen. Als Beispiele transnationaler chilenisch-spanischer Gedächtnissorte können etwa die Bedeutung des Spanischen Bürgerkrieges für die Politisierung der chilenischen Öffentlichkeit (vgl. Kap. 3.1) oder der ‚Fall Pinochet‘ und seine diskursive Vergegenwärtigung in spanischen Debatten (vgl. Kap. 5.6) gedeutet werden.

Durch transnationale Medienrezeption der Erinnerungsdiskurse eines jeweils anderen Landes kann sich ein gemeinsamer Bezugsrahmen etablieren. Die Analyse transnationaler Zusammenhänge muss dabei „Transferströme und Verstrickungen zwischen verschiedenen Erinnerungskulturen“ (Molden 2009: 52) in den Blick nehmen und transnationale Impulse, Transfervorgänge und diskursive Verwobenheiten über nationale Grenzen hinaus zu erfassen versuchen, die sich auf lokale Erinnerungsprozesse auswirken und bei der Analyse gemeinsamer Gedächtnisrahmen zentral werden. Entscheidend ist der retrospektive Blick nach Bedingungen der Entstehung transnationaler Erinnerungsdiskurse, ob und wie diese sich konstituieren, von welchen Akteuren, mit welchen Absichten sie sich entwickelt haben, wie sie die gegenwärtigen länderspezifischen Geschichtsbilder beeinflussen und eine Verschiebung von Gedächtnisrahmen bewirken.

Eine Schlüsselfrage richtet sich dabei auf die Medialität kollektiver Erinnerung und ihre Bedeutung für Erinnerungskulturen, denn „die Konstitution und Zirkulation von Wissen und Versionen einer gemeinsamen Vergangenheit in sozialen und kulturellen Kontexten werden erst durch Medien ermöglicht“ (Erll 2004: 4). Seit Ende der 1990er Jahre hat sich eine medienorientierte Erinnerungsforschung herausgebildet, die von einer „konstitutionellen Medialität des Gedächtnisses“ (Borsò 2001: 25) ausgeht. Gedächtnisgeschichte sei auch immer eine Geschichte ihrer Medien und wechselnder Kommunikationstechnologien

(Esposito 2002, A. Assmann Hg. 1998). Kommunikationsinstrumente und Medien ermöglichen in räumlicher Hinsicht die Verbreitung und Tradierung von Inhalten des kollektiven Gedächtnisses, Erinnerung könne stets medial beeinflusst und verändert werden, denn Medien umreißen und reflektieren den „Raum des Sagbaren, die Grenzen des gesellschaftlichen Diskurses“ (Pollak zit. n. Berek 2009: 88). Diskursgeschichte verstanden als Massenmediengeschichte fokussiert auf den politischen Vergangenheitsbezug und die damit einhergehende erinnerungskulturelle Funktionalisierung, welche sie erst zu einem Medium des kollektiven Gedächtnisses werden lässt (Erll 2004: 14ff.). Anhand vergangenheitsbezogener und transnationaler Medienereignisse und deren Diffusion kann herausgearbeitet werden, ob und wie sich transnationale Prozesse im Umgang von Diktaturen begangenen Menschenrechtsverletzungen durch gegenseitige Bezugnahme konstituieren. Dayan und Katz (1994: 199ff.) führen an, dass Medienereignisse in Hinblick auf die öffentliche Meinung als Katalysatoren fungieren und Einstellungsänderungen in der Bevölkerung bewirken können, indem sie eine öffentliche Debatte über das verhandelte Thema auslösen. Die zeitnahe mediale Dokumentation könne laut Dayan und Katz den politischen Wandel direkt beeinflussen (ebd.: 202-205). Als „elektronische Denkmäler“ (ebd.: 211ff.) kollektiver Erinnerung haben sie fundamentalen Einfluss auf die Erinnerungskultur eines Landes und fungieren als Gedächtnisstützen, auch über Ländergrenzen hinaus:

> „Media events affect the international image of the society in which they take place. Such events increasingly seek an international audience, and are designed to be seen beyond the national boundaries as well.“ (Dayan/Katz 1994: 201)

Wie Kroh betont, beeinflussen Medienereignisse die internationale Wahrnehmung der betreffenden Gesellschaft, welche das Medienereignis ausrichtet. Zu den Charakteristika von Medienereignissen gehörten Kroh zufolge auch „Effekte auf die öffentliche Meinung, das politische System und das kollektive Gedächtnis (Erinnerungskultur)“ (2006: 27) auszuüben. Die Massenmedien beeinflussen demnach die öffentlichen Geschichtskonstruktionen und wirken auf die Diskurshegemonie ein. Der Kampf um Diskurshegemonie ist dabei nicht auf die politischen Kräfte innerhalb einer Gesellschaft beschränkt. Die Auseinandersetzung mit von Diktaturen begangenen Menschenrechtsverbrechen nicht nur in Transitionsprozessen muss auch den Einfluss der durch die Medien konstituierten „Weltöffentlichkeit“ mit einbeziehen, die bereits Alexander und Margarete Mitscherlich (1967) in ihrer Analyse aufnahmen, da diese „keineswegs das, was im Dritten Reich sich zugetragen hat, vergessen hat, noch zu vergessen bereit ist“ (ebd.: 41). Diese auf der Globalisierung der Medien beruhende Weltöffentlichkeit verbinde sich – so hat es die Erinnerungstheoretikerin Aleida Assmann betont – „mit einem Weltethos, der universalistische Normen und kulturelle Standards verbreitet“ (Assmann 2007: 116).

1.3 Das Konzept des Transnationalen und seine Erinnerungsakteure

Seit einigen Jahren erlebt der Begriff des Transnationalen auch innerhalb der Sozial- und Geschichtswissenschaft eine bemerkenswerte Konjunktur. Vor dem Hintergrund zunehmender Globalisierungsprozesse wird vermehrt für eine wissenschaftliche Neuorientierung plädiert und eine transnationale Erweiterung des nationalstaatlichen Paradigmas gefordert. Nicht der Nationalstaat, sondern die Beziehungsgeflechte, Verbindungslinien und Bewegungen über Grenzen hinweg sind der Ausgangspunkt einer solchen transnationalen Forschungsperspektive. Im Sinne einer „Überschreitung [...] des nationalgeschichtlichen Tellerrands“ (Kocka 2001: 463) stehen in der vorliegenden Arbeit die transnationalen Zusammenhänge und Einflüsse des öffentlichen Umgangs mit den Diktaturvergangenheiten Chiles und Spaniens im Zentrum, die anhand transnationaler diskursiver Transferprozesse dargestellt werden. Dementsprechend soll anhand des exemplarisch ausgewählten transnationalen Medienereignisses des ‚Falles Pinochet‘ im Rahmen einer Perspektivenerweiterung sein Einfluss auf die Auseinandersetzung mit den Diktaturvergangenheiten beider Länder herausgearbeitet werden.

Von Diktaturen begangene Menschenrechtsverletzungen werden gegenwärtig in der Regel über nationalstaatliche Grenzen hinaus publik gemacht, wahrgenommen und angeklagt. Nach Leggewie (2003) konstituierten sich emergent transnationale Gemeinschaften und Identitäten durch Nationen und Nationalstaaten hindurch. Die Diversifikation sozialer Zugehörigkeit stelle den Nationalstaat als Leitlinie kollektiven Handelns wie als politisches Leitmotiv in Frage (ebd.: 49). Der öffentliche Umgang mit von Menschenrechtsverletzungen in Diktaturen und Bürgerkriegen belasteter Vergangenheit weist eine zunehmende internationale Dimension auf. Supranationale juristische Institutionen und völkerrechtliche Normenbildungsprozesse können sich auf die nationale Vergangenheitspolitik und die damit einhergehenden Auseinandersetzungen mit den begangenen Menschenrechtsverletzungen von Militärdiktaturen auswirken. Die Einsetzung vergangenheitspolitischer Instrumente stehe „in der Sogwirkung der transnationalen Herausbildung diesbezüglicher Normen“ (Oettler 2008: 84). Folgt man Oettler, so zeichne sich „Vergangenheitspolitik [...] zu Beginn des 21. Jahrhunderts durch den kombinierten Einsatz von ‚Bewältigungstechniken‘ aus, der auf der

Basis eines transnationalen Lern- und Normbildungsprozesses erfolgt" (2006: 4), einhergehend mit einem „globalen Trend" (ebd.: 1), hin zur Diffusion eines Menschenrechtsdiskurses, der seit dem Ende des Ost-West Konfliktes zunehmend an Einfluss gewonnen habe (Clark 2001: 3f.). Dem „Aufarbeitungsimperativ", der die moralische Verpflichtung zur Auseinandersetzung mit vergangenen Menschenrechtsverletzungen international festschreibe, könnten sich politische Entscheidungsträger kaum noch entziehen (Oettler 2006: 3, 7). Getragen wird dieser Diskurs von entsprechenden supranationalen Institutionen wie dem UN-Menschenrechtsrat und den internationalen Gerichtshöfen, aber ebenso internationalen Netzwerken und NGO's (vgl. Keck/Sikkink 1998: 80, Oettler 2006: 1, Clark 2001: 26f.). Hatte sich noch in den 1990er Jahren Optimismus hinsichtlich der Etablierung eines internationalen Menschenrechtsregimes verbreitetet, so ist dem anfänglichen Idealismus unterdessen eine kritischere Sicht gewichen. So verweist etwa Sikkink im Zusammenhang mit der Bedeutung zivilgesellschaftlicher Akteure in ihren jüngeren Publikationen skeptisch auch auf die Notwendigkeit einer differenzierten Betrachtung der „Interaktion von innerstaatlichen und internationalen Opportunitätsstrukturen" (Sikkink, zit. n. Oettler 2008: 99).

Bildet sich – so fragen auch Kenkmann und Zimmer – ein neues „transnationales Muster" im Umgang mit Vergangenheit heraus (2006: 7f.)? Was aber bedeutet ‚transnational' in diesem Zusammenhang und kann der Begriff überhaupt auf kollektive Erinnerung angewendet werden, zeichnet sich diese doch gerade durch ihre lokale Partikularität aus? Der Begriff des Transnationalen wird in vielfältiger Weise und in unterschiedlichsten Kontexten verwendet,[15] häufig ohne dass eine klare Definition im Sinne einer begrifflichen Klärung vorgenommen würde. Einer Arbeitsdefinition, die Conrad und Osterhammel angewendet haben, möchte ich mich anschließen: Der Begriff ‚transnational' ziele ihnen zufolge „auf Beziehungen und Konstellationen, welche die nationalen Grenzen transzendieren" (Conrad/Osterhammel 2004: 14). Eine transnationale Perspektive könne demnach Aktivitäten jeglicher Art, welche jenseits von nationalstaatlichen Grenzen und über diese hinweg stattfinden, in den Blick nehmen. Differenzierter und

15 Transnationale Erfahrungszusammenhänge entstehen politisch und historisch etwa aus internationalen Handelsbeziehungen oder Migrationsbewegungen (vgl. Tarrow 2005: 48, Roht-Arriaza 2005: 212). In den sechziger Jahren von den Wirtschaftswissenschaften eingeführt, sind aus politikwissenschaftlicher Perspektive transnational agierende Nichtregierungsorganisationen und multinationale Unternehmen die bekanntesten Beispiele transnationaler Akteure (Risse 2002, Zürn 2002), aber auch weitere Formen transnationaler Phänomene, z. B. durch Migration, Diasporas oder Exilbewegungen.

ebenso anschlussfähig ist die Begriffsbestimmung von Khagram und Levitt, wonach mit einem transnationalen Blickwinkel das Ziel verfolgt werde,

> „to uncover, analyze and conceptualize similarities, differences, and interactions among trans-societal and trans-organizational realities, including the ways in which they shape bordered and bounded phenomena and dynamics across time and space." (Khagram/Levitt 2009: 34)

Hervorzuheben ist insbesondere bei dem Vergleich zwischen länderspezifischen Erinnerungsprozessen und der Verbreitung bestimmter vergangenheitspolitischer Muster und geschichtspolitischer Narrative, dass Transnationalität nicht gegen das Nationale entsteht, sondern auf dieses angewiesen bleibt, der Nationalstaat also als zentrale Bezugsgröße fortbesteht.[16]

In den Sozial- und Geschichtswissenschaften haben Transnationalisierungs-Konzepte, insbesondere seit dem Ende des Ost-West Konfliktes ab 1989 stark an Bedeutung gewonnen. Der *transnational turn* der vergangenen Jahre bezieht sich auf „Prozesse und Phänomene, die sich zwar unterhalb der Ebene staatlicher Akteure vollziehen, dabei aber zu neuen – auch über der nationalen Ebene anzusiedelnden – Formen der Vergemeinschaftung führen" (Kroh 2006: 38). Werden in der Politikwissenschaft die Begriffe transnational, transnationale Beziehungen, Transnationalität und Transnationalisierung gleichsam als Synonym für jede Form nichtstaatlicher, grenzüberschreitender Beziehungen verwendet[17], so sollte der Begriff des Transnationalen möglichst trennscharf von den Begriffen ‚international' und ‚supranational' abgegrenzt werden. Während sich ‚international' vornehmlich auf die Beziehungen zwischen Staaten als Akteure bezieht, dient letzterer Begriff hauptsächlich zur Charakterisierung des Institutionengefüges der oberhalb des Nationalstaates existierenden Organe, die über spezifische Regelungsmacht gegenüber den einzelnen Mitgliederstaaten verfügen.[18]

---

16 So stellen Keck und Sikkink mit Bezug auf Arnold Wolfers resümierend fest: „In the world political system today, states remain the predominant actors. But even for theoretical purposes it is hard to imagine conceiving of the state as a ‚closed, impermeable, and sovereign unite, completely separated from all other states'" (1998: 212).

17 Nach einer Definition von Keohane und Nye handelt es sich um solche regelmäßigen Interaktionen in der internationalen Politik, bei denen mindestens ein nicht-staatlicher Akteur beteiligt ist (Keohane/Nye 1971: xii-xvi).

18 Anhand der Dynamik des europäischen Einigungsprozesses verdeutlicht sich etwa, dass es sich bei der Europäischen Union um ein komplexes Geflecht von suprastaatlichen Institutionen und Regulierungen handelt, die ihrerseits wiederum von transnatio-

In der Theorie der internationalen Beziehungen als politikwissenschaftlichem Teilbereich hat sich transnationale Politik als eigene Kategorie spätestens seit 1969 etabliert (vgl. Kaiser 1969, Keohane/Nye 1971). Internationale Beziehungen lassen sich dabei nicht auf Diplomatiegeschichte reduzieren, stattdessen sind nichtstaatliche Akteure und international agierende NGO's sowie ihre Netzwerke als entscheidende Elemente in den Blick der politikwissenschaftlichen Forschung geraten. Neuere Definitionen legen daher berechtigten Wert auf benennbare Akteure solcher Beziehungen, wie die Rolle nichtstaatlicher Akteure und ihres transnationalen Aktivismus (Keck/Sikkink 1998: 9f.) steht im Vordergrund. Die Theorien des transnationalen Aktivismus akzentuieren die Rolle der Anwendung von Informationen, Normen und ideellen Faktoren zur Ausübung politischen Drucks seitens nichtstaatlicher Akteure. In Anlehnung an Keck und Sikkink soll unter transnationalen Prozessen die Verbindung von Akteuren auf lokaler, nationaler und internationaler Ebene (1998: 16-25, s. a. Tarrow 2005: 2) verstanden werden. Nach Keck und Sikkink können transnationale Netzwerke vor allem dann langfristigen politischen Wandel innerstaatlicher Politik herbeiführen, wenn sie sich in so genannten *Transnational Advocacy Networks* (TAN's) (Keck/Sikkink 1998: 8ff.) zusammenschließen. Es handelt sich hierbei – folgt man den Autorinnen – um Netzwerke von individuellen und kollektiven Akteuren in zumindest drei Ländern, die durch gemeinsame Werte, einen gemeinsamen Diskurs und einen engen Austausch von Informationen verbunden sind (ebd.). Die Wirkungen dieser transnationalen Netzwerke auf nationale Politikprozesse und ihr Einfluss auf die lokalen politischen, bzw. kulturellen Entwicklungen lassen sich durch die Analyse grenzüberschreitender symbolischer und diskursiver Politikpraxis erforschen. Die Dynamik transnationaler vergangenheitspolitischer Prozesse und deren Rückwirkungen auf die jeweiligen innergesellschaftlichen Aufarbeitungsprozesse ist bisher in der Beschäftigung mit dem öffentlichen Umgang mit Diktaturvergangenheiten und Menschenrechtsverletzungen nur am Rande berücksichtigt worden. Keck und Sikkink haben gezeigt, wie nicht-staatliche Akteure anhand globaler Kommunikationsmöglichkeiten in der Lage sind, Netzwerke über nationale Grenzen hinweg zu etablieren und die Weltöffentlichkeit für ihre Mobilisierung und das Herstellen von Öffentlichkeit zu nutzen. Internationaler Druck, etwa auf menschenrechtsverletzende Regime und auf den adäquaten vergangenheitspolitischen Umgang mit begangenen Menschenrechtsverletzungen, die während des Demokratisierungsprozesses

nalen Verhandlungen gestützt werden. Dies ist der Fall, wenn nicht-staatliche Akteure grenzüberschreitende Verhandlungen aufnehmen, und so „gemeinsam auf der europäischen Ebene bestimmten anderen Interessengruppen gegenüber geschlossen auftreten" (Pries 2007: 177).

zentral werden, hängt auch von der internationalen Unterstützung der zivilgesellschaftlichen Mobilisierung ab. Der vermeintlich schwache Druck ‚von unten' kann durch transnationalen Aktivismus ‚von oben' – so ihre Prämisse – ergänzt und verstärkt werden. Lokale Menschenrechtsgruppen nutzen international verankerte Menschenrechtsnormen, um menschenrechtsverletzende Regime mittels Taktiken des Anprangerns und Beschämens (*shaming* und *blaming*) bloßzustellen. Die Durchsetzung und Etablierung lokaler zivilgesellschaftlicher Projekte und Forderungen in Zusammenarbeit mit *Transnational Advocacy Networks* kann innenpolitisch mit einer neuen vergangenheitspolitischen Dynamik einhergehen, da kleine lokale zivilgesellschaftliche Erinnerungsinitiativen mit der Unterstützung eines transnationalen Netzwerkes potentiell in die Lage versetzt werden, eine Veränderung in der vergangenheitspolitischen Orientierung der Regierung zu bewirken. Transnationale Akteurskoalitionen können auf internationaler Ebene vor der Weltöffentlichkeit Protest hervorbringen und damit entsprechenden Druck auf staatliche Stellen ausüben. Transnationale Kooperationen in Form von „transatlantischen Solidaritätsnetzwerken" (Molden 2009: 50), etwa zwischen Menschenrechtsaktivisten, Anwälten, Opferorganisationen, Sozialarbeitern, Angehörigen von Opfern, insbesondere von Verschwundenen, Journalisten und Wissenschaftlern, die über Diskursmacht verfügen, können in mehreren Diskursarenen gleichzeitig aktiv sein und sich für Aufklärung und Gerechtigkeit einsetzen.

Roht-Arriaza (2005: 218ff.) und Keck/Sikkink (1998: 12ff.) haben in diesem Zusammenhang auch das Spiralmodell bzw. den *Boomerang*-Effekt als Erklärungsmodelle entwickelt, Lutz und Sikkink sprechen von einer Gerechtigkeits- oder Normkaskade (*justice-* oder *norm cascade*) (Lutz/Sikkink 2000, 2001, Sikkink/Booth Walling: 2007: 429f.), welche lokale Aufarbeitungsbemühungen stärken kann. Demnach könnten transnationale Menschenrechtsnetzwerke durch internationale Mobilisierung an die Weltöffentlichkeit und die Einhaltung von Menschenrechtsnormen appellieren. Der ausgeübte Druck habe lokale Auswirkungen auf die juristische Aufarbeitung von Menschenrechtsverletzungen, etwa in Form von Menschenrechtsprozessen. Als „regional and global phenomenon" (Sikkink 2005: 265) sei die effektive Durchsetzung einer *justice cascade* stets auch an die nationalen Voraussetzungen und innergesellschaftlichen Machtkonstellationen gebunden. Insbesondere Studien zur Wirkung von Menschenrechtsideen in Lateinamerika haben diesen auf dem Spiralmodell basierenden so genannten *Boomerang*-Effekt nachzuweisen versucht, auch am Beispiel der chilenischen Menschenrechtsbewegung, die sich während der Militärdiktatur formierte (Risse/Sikkink 1999: 18, 176f.). Dieser entstehe, wenn blockierte lokale Initiativen oder *pressure groups* Verbindungen zu Menschenrechtsorganisationen in einem anderen Land und internationalen Menschenrechtsnetzwerken aufnehmen und diese von außen auf die nationale Regierung Druck ausüben und in den politischen Prozess intervenieren können.[19]

Die sich ergebenden transnationalen Wechselwirkungen können ebenso Folge-Reaktionen und Dynamiken in anderen Ländern herbeiführen, die sich etwa nach der Verhaftung Pinochets in den vermehrten Versuchen zeigten, Diktatoren an andere Länder auszuliefern (Tilly/Tarrow 2007: 174, vgl. Kap. 5.8) und dort vor Gericht zur Verantwortung zu ziehen, oder auch in der international steigenden Einsetzung von Wahrheitskommissionen ihren Ausdruck finden (s. a. Fuchs/Nolte 2004: 79f.).

Die Verbreitung von sozialen Bewegungen über die staatlichen Grenzen hinaus ist ein zentrales Phänomen transnationaler Prozesse. Akteurskoalitionen über Ländergrenzen hinweg können innergesellschaftliche Diskursprozesse beeinflussen. Bartolomei betont entsprechend:

> „In this respect, the proliferation of networks of NGO's linking the local with international level today, is one of the most striking developments of human rights regime, since 1948. [...] What we have here is a developed trans-national civil society with strong link, both at the transnational level, with mediating between local and global actors. Its components are the NGO's, lawyers, citizen's assemblies and a national and international media, all operating independently of governments." (Bartolomei 2007: 135f.)

Transnationale Menschenrechtsorganisationen und ihre Verbindungen, etwa zu Angehörigen-Verbänden, Exilierten-Netzwerken, Medienakteuren und Politikern nutzten sie, um weltweit auf Menschenrechtsverletzungen aufmerksam zu machen und damit internen Druck auf die Militärregierungen des *Cono Sur* der 1970er und 1980er Jahre auszuüben.[20] Eine „prozedurale Standards und Normen

---

19 „Nationale Oppositionsgruppen, NGO's und soziale Bewegungen finden Verbündete in transnationalen Netzwerken, die wiederum internationale Menschenrechtsorganisationen, Geberinstitutionen, westliche Regierungen und die internationale Öffentlichkeit mobilisieren, um auf diese Weise den normenverletzenden Staat zur Änderung seines Verhaltens zu bewegen" (Risse/Jetschke/Schmitz 2002: 32); siehe auch die aufschlussreiche Definition und graphische Darstellung bei Keck/Sikkink (1998: 12-13).

20 Wie Roht-Arriaza (2005: 209) herausarbeitet, erhöhte die Medienpräsenz und Berichterstattung über die Menschenrechtverletzungen der chilenischen Militärdiktatur die internationale Isolierung des Pinochet-Regimes, andererseits wurden die notorischen Menschenrechtsverletzungen von der Junta als Reaktion umso massiver abgestritten und geleugnet.

setzende transnationale[...] Aufarbeitungsbewegung" (Oettler 2006a: 116) habe sich seit den 1980er Jahren herausgebildet, die der Erinnerung an Diktatur und Menschenrechtsverbrechen immer wieder neue Dynamik verleiht.

Während der Kampf gegen das Vergessen und die Straflosigkeit besonders im *Cono Sur* seit dem Ende der Diktaturen Postulat der Erinnerungsarbeit war, hatten internationale Menschenrechtsorganisationen auf den Prozess des spanischen Umgangs mit der Franco-Diktatur während des 1975 einsetzenden Transitionsprozess kaum Einfluss. Nicht zufällig sind es in Chile Menschenrechtsorganisationen, die bereits die wichtigsten Kräfte im Widerstand gegen die Militärjunta und beim Übergang zur Demokratie bildeten. Sie waren es auch, die sich der Absicht der demokratisch gewählten Regierung entgegenstellten, das 1978 von der chilenischen Militärjunta erlassene Amnestiedekret, welches die begangenen Menschenrechtsverbrechen der Strafverfolgung entzog, als Bedingung für einen Redemokratisierungsprozess des Landes zu akzeptieren. Die fortdauernde Suche nach den Verschwundenen hielt den Kampf gegen die Straflosigkeit aufrecht. Es entstanden auf lokaler Ebene unterschiedlich starke Menschenrechtsgruppierungen, die in den Ländern des *Cono Sur* aus der Regimeopposition erwuchsen, deren zentrale Forderung unter dem Motto des ‚nunca más' die Aufklärung der Menschenrechtsverbrechen sowie ein Ende der Straflosigkeit waren. Die transnationale und innergesellschaftliche zivilgesellschaftliche Mobilisierung war in Chile inhärenter Bestandteil des Demokratisierungsprozesses. Da das chilenische Rechtssystem institutionell und personell auch nach dem formellen Transitionsprozess eng mit dem diktatorischen System verbunden war, wurde die Berufung auf die universellen Menschenrechte eine wirkungsmächtige Strategie, um gegen Menschenrechtsverletzungen im eigenen Land zu protestieren und an die Weltöffentlichkeit zu appellieren. Der Kampf gegen das Vergessen und die Straffreiheit der Täter hält bis heute an, etwa über transnationale Kampagnen, die sich gegen die Straflosigkeit richten.

Dies verdeutlicht insbesondere die Rolle von Exilgemeinschaften als transnationale Akteure politischen Wandels sowohl im Ursprungs- als auch im Aufnahmeland. Das politische Exil, welches viele Oppositionelle als biographische Erfahrung erlitten, ist eine zentrale Facette der Transnationalisierung und hat insbesondere im Falle der chilenischen und in geringerem Maße der spanischen Exilierten zur Wahrnehmung der verübten Repression im Ausland beigetragen, indem die Flüchtlinge in den Aufnahmeländern an ihre Erfahrungen mit Diktatur und Bürgerkrieg erinnerten (für Chile Roht-Arriaza 2005: 212f., s.a. Cleary 1997: 122ff.). Die global verbreiteten Exilgemeinden bewahrten in den entsprechenden Ländern i. d. R. ihre gruppenspezifische Erinnerung an die Repressionserfahrungen, die wiederum nicht nur in den Aufnahmeländern, sondern auch mittelbar in den postdiktatorischen Staaten die Wahrnehmung und Auseinandersetzung mit der Diktaturvergangenheit beeinflusste. So lässt sich auch die internationale Solidaritätsbewegung für die Opfer der lateinamerikanischen Militärdiktaturen als eine durch transnationale Erinnerungsdiskurse verbundene Gemeinschaft verstehen (etwa Nolte 2002/03: 42f.).

Was also kann von einer transnationalen Perspektive auf die Aufarbeitung von Diktatur und Menschenrechtsverletzungen erwartet werden? Die Forderung nach einer transnationalen Gesellschaftsgeschichte – wie etwa Osterhammel sie erhebt – reagiert auf erweiterte Realitätswahrnehmungen und Problemdefinitionen im Zusammenhang kommunikationstechnischer Globalisierung und Entgrenzung. In Anlehnung an Nolte stellt sich für meinen Kontext die Frage: Wie können „die auf den ersten Blick sehr unterschiedlichen Erfahrungshintergründe" so verschiedener Gesellschaften, wie der spanischen und der chilenischen, von Menschenrechtsverletzungen und Diktaturerfahrung betroffenen Gemeinschaften „miteinander verknüpft werden?" (vgl. Nolte 2002/03: 40)

Bei einer Untersuchung von transnationaler Aufarbeitungspolitik geht es um die Identifikation gemeinsamer Rahmungen, Knotenpunkte kollektiver, länderübergreifender Transfervorgänge von Vergangenheitspolitik grenzüberschreitender Lernerfahrungen und die damit verknüpften diskursiven Prozesse sowie um die Macht- und Bedeutungsverschiebungen, die im Zuge transnationaler Aufarbeitungspolitik erfolgen. Es soll überprüft werden, inwieweit Diskursivierungen der länderspezifischen Diktaturvergangenheiten eine erneute Auseinandersetzung mit belasteter Vergangenheit in einem anderen Land anstoßen können. Insbesondere anhand des ‚Falles Pinochet' als grenzüberschreitendem Medienereignis soll gezeigt werden, dass transnationale Transfervorgänge, Verbindungslinien und bestehende diskursive Anknüpfungspunkte auf die länderspezifischen Aufarbeitungsprozesse einwirken können, so dass sich die Tendenz zur transnationalen Präsentation und Rezeption der kollektiven Erinnerung an Diktatur und Menschenrechtsverbrechen herausbildet. Sowohl in Chile als auch in Spanien hat die Pinochet-Affäre – wie zu zeigen sein wird – zu einer neuen Dynamik der Auseinandersetzung mit den Verbrechen der Militärdiktaturen beigetragen und zu Diskussionen über Verantwortung, Gerechtigkeit und Straflosigkeit sowie einer Infragestellung der Legitimität der Entscheidungen vorausgegangener Transitionsregierungen geführt (vgl. Rojas et al. 2001). Der ‚Fall Pinochet' wirkte als Katalysator auch auf die spanische Vergangenheitsvergegenwärtigung zurück, indem er eine neue Auseinandersetzung mit der Franco-Diktatur eröffnete und dabei mittelbar die Suche nach den verschwundenen Opfern des Bürgerkrieges und der Franco-Diktatur anstieß. Dabei ist die Frage der Überschreitung nationalstaatlicher Grenzen durch die transnationale Rezeption bestimmter menschenrechtspolitischer Figuren und historischer Narrative der Aufarbeitungsdiskurse entscheidend.

Es verwundert nicht, dass Levy und Sznaider als Verfechter eines zunehmenden globalen Menschenrechts- und Erinnerungsimperativs exemplarisch die Aktivitäten des spanischen Ermittlungsrichters Baltasar Garzón und sein Engagement im ‚Fall Pinochet' anführen. Die von ihm eingeleiteten rechtlichen Schritte hätten vor allem eine symbolische Wirkung, denn sie verdeutlichten:

> „a de-territorialized understanding of sovereignty and notions of individual responsibility [...]. Furthermore, it embeds particular historical memories of past abuses into a global narrative of human rights imperatives." (Levy/Sznaider 2006: 670)

Im Sinne der „Kosmopolitisierung internationaler Legitimität" (ebd.) sehen die Autoren im ‚Fall Pinochet' optimistisch ein prominentes Beispiel für die Verbreitung des „Nuremberg Ethos" (ebd.) als Ausgangspunkt für die Etablierung eines globalen Erinnerungsimperatives und einer Diffusion von Menschenrechtsdiskursen. Bezüglich der angenommenen Herausbildung von Menschenrechtsparadigmen stellt sich jedoch die Frage, inwiefern diese wiederum in internationale Machtbeziehungen und -hierarchien eingebettet sind. Der unterschiedliche Einfluss des internationalen Strafrechts, des UN-Menschenrechtssystems und universeller Gerichtsbarkeit auf die Dynamik lokaler und nationaler Aufarbeitungsprozesse in verschiedenen Ländern wie Spanien und Chile, aber auch die Frage danach, welche Staaten sich diesem Druck weitestgehend entziehen und widersetzen können, wird hier zentral. Eine transnationale Analyseperspektive im Sinne einer länderübergreifenden Herangehensweise sollte, um Eurozentrismus und Neokolonialismus zu vermeiden, vor allem auch die Einflüsse, die von chilenischen Aufarbeitungserfahrungen für spanische Erinnerungsdiskurse und Vergangenheitsvergegenwärtigungen relevant wurden, in den Blick nehmen und dabei unterschiedliche Akteure berücksichtigen.

1.4 Transnationale Handlungsfelder der Aufarbeitungspolitik

Seit mindestens zwei Jahrzehnten wird der kollektiven Erinnerung und der Aufarbeitung von Diktaturvergangenheit weltweit eine wachsende Bedeutung beigemessen – hiervon zeugen beispielsweise die zahlreichen Wahrheitskommissionen und Initiativen zur Aufklärung begangener Menschenrechtsverletzungen, nationale und internationale Strafgerichtshöfe zur juristischen Aufarbeitung staatlicher Repression, die vielfältigen lokalen Formen des Gedenkens in Museen und Denkmälern, sowie die intensiven Auseinandersetzungen um die Deutung der konfliktiven Vergangenheit in zahlreichen Gesellschaften.

In den letzten Jahren ist in der wissenschaftlichen Literatur zunehmend ein Konsens darüber entstanden, sich mit der traumatischen Diktaturvergangenheit auseinander zu setzen. Die internationalen Standards, die sich als globale Norm auf dem Feld der Aufarbeitung von Diktaturen, Bürgerkriegen und Massengewalt beständig fortentwickelt haben, für welche demokratisch legitimierte Nachfolgestaaten Verantwortung zu tragen hätten, reichen von der Ablehnung der Straflosigkeit über einen Imperativ der Erinnerung an die repressive Vergangenheit, bis hin zur Anerkennung und Entschädigung der Opfer und einem Austausch belasteter Eliten aus öffentlichen Ämtern.

In den vergangenen Jahrzehnten erlangten internationale Normen und Diffusionsprozesse hierbei erhöhte Relevanz, insbesondere für die strafrechtliche Aufarbeitung. Jenen damit ins Blickfeld rückenden inter- und transnationalen Einflussfaktoren wird von vielen Autoren mittlerweile zunehmende Bedeutung zugesprochen: Mit dem Verweis auf die Globalisierung vergangenheitspolitischer Normen und Standards heben sie die zunehmende Beeinflussung der internationalen Rahmung und Normierung von Aufarbeitungsprozessen hervor (Lutz/Sikkink 2001, Roht-Arriaza 2001a, Sikkink/Booth Walling 2007). Die Aufarbeitung von Menschenrechtsverletzungen und diktatorischer Vergangenheit findet kaum mehr isoliert auf nationaler Ebene statt. Roht-Arriaza etwa konstatiert den Beginn einer „era of institutionalization of international justice" (2001a: 55). Lutz und Sikkink haben in diesem Zusammenhang exemplarisch den Einfluss transnationaler Menschenrechtsnetzwerke auf die länderspezifische vergangenheitspolitische Praxis, aber auch die Ausbildung internationaler menschenrechtlicher Standards untersucht. Außerdem findet sich vermehrt die Argumentation, dass eine völkerrechtliche Verpflichtung zur strafrechtlichen Verfolgung bestimmter gravierender Menschenrechtsverbrechen sowie zur Entschädigung der Opfer besteht. Hieraus ergibt sich für die in ‚paktierten Transitionsprozessen' charakteristische Straflosigkeit, die für Spanien und Chile kennzeichnend ist, und der an sie geknüpften hegemonialen Schlussstrichmentalität politischer Akteure ein verändertes Szenario:

> „Die Politik der Schlussstriche und des verordneten Vergessens war noch bis weit ins 20. Jahrhundert hinein eine übliche und akzeptierte Strategie nach beendeten Kriegen und entmachteten Unrechtsregimen. An seinem Ausgang zeigt sich immer deutlicher, dass die Imperative des öffentlichen Erinnerns und Aufarbeitens an ihre Stelle treten." (Kenkmann/Zimmer 2006: 7)

Entsprechend werden inzwischen nach Genozid, Diktatur und Bürgerkrieg auch internationale Forderungen nach einer Auseinandersetzung der gewaltvollen Vergangenheit – Hammerstein et al. formulieren in diesem Zusammenhang die Frage nach einem ‚Diktat der Aufarbeitung' (2009) – an die verantwortlichen Nachfolgeregierungen herangetragen. Dabei sei der Einsatz bestimmter vergangenheitspolitischer Maßnahmen nicht bloß abhängig vom Regime, der Regimetransformation, den aufzuarbeitenden Repressionsformen oder „dem politischen Kräfteverhältnis zum Zeitpunkt des vergangenheitspolitischen Agendasettings" (Oettler 2004: 121), sondern „auch Ausdruck eines globalen Kräfteverhältnisses" (ebd.). Der jeweilige politisch-rechtliche Umgang mit in Kriegen und von repressiven Regimen begangenen schweren Menschenrechtsverletzungen kann nur vor dem Hintergrund der länderspezifischen sowie internationalen Machtkonstellationen verstanden werden. Daher sollte neben nationalen Einflussfaktoren – die Form der Auseinandersetzung mit belasteten Diktaturvergangenheiten ist stets das Ergebnis einer je spezifischen Konstellation innergesellschaftlicher Machtverhältnisse (vgl. Kap. 4) – auch die Bedeutung des internationalen Kontexts für die staatliche Vergangenheitspolitik und dessen Einfluss auf die länderspezifische Geschichtskonstruktion berücksichtigt werden. Die internationalen Bemühungen, die nationalen vergangenheitspolitischen Entscheidungen zu beeinflussen, sind häufig ein Reflex auf das wahrgenommene Scheitern der justiziellen Aufarbeitung von Menschenrechtsverletzungen in postdiktatoralen Gesellschaften (Roht-Arriaza 2001a: 40). Die Bedeutung internationaler Anstrengungen und transnationaler Aktivitäten und die Auswirkungen auf lokale Erinnerungsdiskurse bei der Einsetzung von Wahrheitskommissionen und Entschädigungsmaßnahmen aber auch der Anwendung universeller Gerichtsbarkeit vor dem nationalen Gericht eines Drittstaates, unterstreichen, dass es sich stets um ein Wechselspiel lokaler, nationaler und internationaler Prozesse handelt. Vergangenheitspolitische Entscheidungen und die Implementierung eines bestimmten Instrumentariums zur Bearbeitung der Diktaturvergangenheit stehen zunehmend unter dem Einfluss der transnationalen Herausbildung diesbezüglicher Normen und supranationaler Institutionen:

> „Apart from the global diffusion of transitional justice practices, the internalization of law and the discourse about the necessity to reckon with the past makes it increasingly difficult for countries in democratic transition to ignore the legacies of the past regime." (Arenhövel 2008: 583)

Der Einfluss des internationalen Strafrechts hat seit den 1990er Jahren weltweit zugenommen. Das internationale Menschenrechtssystem und zahlreiche völkerrechtliche Konventionen verurteilen ‚Verbrechen gegen die Menschlichkeit', wie Folter oder das Verschwindenlassen von Personen nicht nur, sie machen diese international justiziell verfolgbar und bieten zudem Opfergruppen Instrumente, auf die sie sich berufen können. Die Barrieren nationaler Souveränität sind brüchig geworden (vgl. Bartolomei 2007: 112). Die Dynamik inter- und transnationaler Prozesse kann, indem sie auf die länderspezifische Vergangenheitspolitik einwirkt, eine zentrale Komponente der Aufarbeitung von diktatorischer Vergangenheit darstellen (vgl. Fuchs/Nolte 2004: 79). Mit dem internationalen Menschenrechtssystem der UNO und der OAS wurden Menschenrechtsstandards[21] errichtet, anhand derer innenpolitischer Druck ausgeübt werden kann. Zudem eröffnet die Transnationalisierung von Menschenrechtsnetzwerken die Möglichkeit, dass durch ihren diskursiven Austausch ein Wissenstransfer entsteht, der es den beteiligten Akteuren in unterschiedlichen Ländern ermöglicht, von Aufarbeitungserfahrungen in anderen Kontexten zu lernen.

Die Auseinandersetzung mit repressiver Vergangenheit und Menschenrechtsverletzungen ist stets mehrdimensional und aufs engste auf lokale, symbolische und diskursive Erinnerungsprozesse bezogen. Es lassen sich räumlich-institutionell drei Ebenen der Vergangenheitsaufarbeitung unterscheiden:

(1) Zunächst hat jede Form der kollektiven Selbstverständigung über die belastete Vergangenheit und die Auseinandersetzung um eine hegemoniale Erinnerung eine innergesellschaftliche, *lokale* oder regionale Dimension. (2) Die länderspezifische, *national* begrenzte Perspektive ist jene, die auf das Handlungsfeld der administrativ-justiziellen Entscheidungen und des Verwaltungshandelns im Sinne staatlicher Vergangenheitspolitik beschränkt bleibt. (3) Eine *transnationale* Perspektive nimmt den Einfluss der über Ländergrenzen hinaus aktiven Menschenrechtsbewegung und zivilgesellschaftlichen Akteuren, wie NGO's und Exilierten-Netzwerken in den Blick. Die Form der Auseinandersetzung mit der belasteten Vergangenheit eines Landes kann sich ebenso auf den Umgang mit diktatorischer Vergangenheit in anderen Ländern auswirken, neben diesen Lernerfahrungen stehen diskursive Transferprozesse und ihre grenzüberschreitenden Rückwirkungen im Vordergrund. (4) Die *internationale* Dimension betrachtet die Aushandlungen in supranationalen Diskursarenen, wie etwa den Einfluss des internationalen Völkerrechts und des zunehmend ausdifferenzierten Menschenrechtssystems der UNO oder der regional beschränkten Menschenrechtsregimes

21 The rule of law and transitional justice in conflict and post-conflict societies, Dokument der UNO S/2004/616, 3. August 2004. Online: http://daccess-dds-ny.un.org /doc/UNDOC/GEN/N04/395/29/ PDF/N0439529.pdf?Open Element (Stand: 18.05. 2010).

der OAS sowie unterschiedlicher EU-Institutionen[22] als normbildende Instanzen, welche den Umgang mit Bürgerkrieg, Diktatur und Menschenrechtsverletzungen international konditionieren und zu einer zunehmenden globalen Verrechtlichung der Konflikte zwischen Tätern und Opfern beigetragen können.

Die Wirkmacht internationaler Rechtsnormen, universeller Gerichtsbarkeit sowie der zunehmenden Globalisierung vergangenheitspolitischer Normen und Standards kann auf lokale Erinnerungspraktiken und -diskurse zurückwirken und den Druck auf nationale Regierungen bezüglich der Umsetzung vergangenheitspolitischer Entscheidungen erhöhen. Dabei handelt es sich um ein komplexes Spannungs- und Wechselverhältnis zwischen Lokalisierung, Nationalisierung, Transnationalisierung und Internationalisierung der Auseinandersetzung mit Diktatur und Menschenrechtsverletzungen, welches stets vor dem Hintergrund globaler Interdependenzen und Machtverhältnisse eingeordnet werden muss.

Der in der englischsprachigen Forschungsliteratur unter dem Begriff *transitional justice*[23] gefasste Problemkomplex, der im Spanischen mit *justicia de/en transición* und im Deutschen auch gelegentlich mit ‚Übergangsjustiz' übersetzt wird, hat sich als Weiterentwicklung aus der klassischen Transitionsforschung in der Friedens- und Konfliktforschung zu einem vielfach angewendeten Konzept etabliert. Während *transitional justice* zu einer normativ bindenden, globalen Norm avanciert ist, wird jedoch zunehmend Kritik an der Einsetzung ihrer In-

22 Auf europäischer Ebene lassen sich vermehrt politisch-diskursive Bemühungen bezüglich der Auseinandersetzung mit der Franco-Diktatur feststellen. Dazu zählt der Beschluss des Europarates im Dezember 2006, eine Empfehlung zur internationalen Verurteilung des Franco-Regimes auszusprechen. Zuvor, im Juli 2006, hatte sich bereits das Europäische Parlament mit dem Franco-Regime befasst, um eine Verurteilung der Diktatur auf nationaler Ebene zu erwirken. Die Debatte sollte in erster Linie als Druckmittel gegenüber spanischen Regierung fungieren (Hammerstein/Hofmann 2009: 196ff.).

23 Der Forschungsliteratur zu *transitional justice* ist mittlerweile kaum noch zu überschauen; *transitional justice*-Initiativen sind zunehmend international gerahmt und werden von professionellen Expertennetzwerken getragen. Freeman nennt vier Hauptmechanismen von *transitional justice*: „(1) Trials – whether civil or criminal, national or international domestic or foreign, (2) Fact finding bodies – whether truth commissions or other similar national or international investigative bodies, (3) Reparations – whether compensatory, symbolic restitutionary, or rehabilitative in nature, (4) Justice reforms – including legal and constitutional reforms, and the removal of abusers from public positions through vetting or lustration procedures" (2006: 5f.). Elster unterscheidet verschiedene Ebenen von *transitional justice*: „supranational institutions, nation-states, corporate actors, and individuals" (2004: 93).

strumente laut, da sie in den Worten Buckley-Zistels „oft einem technokratischen Unterfangen gleicht, in dem die Konsequenzen für die Machtkonstellationen […]" sowie „die politische Implikation" für die betreffenden Gesellschaften „nicht mitgedacht werden" (dies. 2008: 19). *Transitional justice*-Mechanismen als Aufarbeitungsstrategien lassen sich nicht unkritisch von einem auf den anderen Kontext übertragen. So warnt etwa Roht-Arriaza vor der Tendenz, „so pronounced in the case of truth commissions, for politicians and negotiators to extrapolate a 'formula' that can be applied, with a few changes, to any and all situations" (2006: 12). Eine nicht selbst-reflexive Standardisierung oder gar Verordnung bestimmter Aufarbeitungsmaßnahmen, welche die internationalen Machtstrukturen, länderspezifischen Kräftekonstellationen, und zuvorderst die – auch von ökonomischen Ungleichheiten geprägten – lokalen Dynamiken, Erinnerungsprozesse und -konflikte ausblendet, birgt die Gefahr, von den Betroffenen abgelehnt zu werden, und geht damit ggf. kontraproduktiv an ihrem erklärten Ziel vorbei. Aushandlungen über die durchzuführenden Mechanismen der *transitional justice* erweisen sich oft als ein Spiegel der Machtbeziehungen zwischen lokaler Bevölkerung, nationaler Regierung, internationaler Experten und Vertretern der involvierten NGO's um die sich als hegemonial heraus kristallisierende, umkämpfte Geschichtsdeutung. Mit der ursprünglichen Konzentration der *transitional justice*-Studien auf die Kräfteverhältnisse politischer Akteure im engen Zeitrahmen des Transitionsprozesses standen diskursive und symbolische Dimensionen der Auseinandersetzung mit Diktaturvergangenheit aus einer langfristigen Perspektive bisher nicht im Vordergrund. Um der argumentativ-ideellen Dimensionen des Umgangs mit Diktaturvergangenheit und der zunehmenden Transnationalisierung der Auseinandersetzung mit Diktatur- und Menschenrechtsverletzungen sowie der konkreten lokalen Aushandlung globaler Prozesse aus langfristisger Perspektive gerecht zu werden, verwende ich in Abgrenzung dazu den Begriff der *transnationalen Aufarbeitungspolitik.*

In den letzten Jahren haben sich im Handlungsfeld transnationaler Aufarbeitungspolitik unterschiedliche Verfahren und Instrumente des administrativ-justiziellen Umgangs mit begangenen Diktaturverbrechen und Menschenrechtsverletzungen herausgebildet, die auf internationaler Ebene beständig modifiziert und fortentwickelt werden. Wie Oettler hervorhebt, „hat die teils institutionalisierte, teils informelle Vernetzung von Experten und Erinnerungsarbeitern ein globales Aufarbeitungsdesign produziert, das den jeweiligen nationalen und kontinentalen Besonderheiten angepasst wird" (2004: 120).

Die drei wichtigsten, die öffentlichen Debatten um den Umgang mit Diktaturvergangenheit prägenden Aufarbeitungsinstrumente, welche in einem komplementären Wechselverhältnis stehen, kreisen um die normative Trias von

Wahrheit, Gerechtigkeit und Entschädigung[24]: (a) die strafrechtliche Verfolgung der Täter im Sinne nationaler, hybrider und internationaler Gerichtsverfahren sowie der Anwendung universeller Gerichtsbarkeit, (b) Wahrheitskommissionen zur Aufklärung der begangenen Menschenrechtsverletzungen sowie (c) Entschädigungsmaßnamen im Sinne von symbolischer Rehabilitierung und materieller Reparationen der Opfer. Im Folgenden soll der Fokus auf trans- und supranationale Einflussfaktoren der Aufarbeitung von Diktaturvergangenheit liegen[25]:

a) Strafverfahren und universelle Gerichtsbarkeit

Die strafrechtliche Ahndung von schweren Menschenrechtsverletzungen und die Durchführung von Gerichtsverfahren gegen administrativ Verantwortliche für Staatsterrorismus und institutionalisierte Gewalt bilden auf internationaler Ebene die Kristallisationspunkte vergangenheitspolitischer Instrumente. Die nach dem Zweiten Weltkrieg eingesetzten Nürnberg- und Tokio-Prozesse, mit denen die Alliierten den Holocaust und grausamste Menschenrechtsverbrechen vor einem internationalen Tribunal juristisch aufzuarbeiten suchten, führten zur Ausarbeitung und Unterzeichnung internationaler Menschenrechtsabkommen, welche die Grundlage des Völkerrechts bildeten. Internationale Tribunale wurden stellvertretend für nationale Gerichte tätig, die nicht im Stande oder nicht willens waren, Rechtsprechung auszuüben. Die Anklage vor Sondergerichten erfolgte mit der Perspektive, ein internationales Rechtssystem für schwere Menschenrechtsverletzungen und ‚Kriegsverbrechen' zu etablieren. Diesen Entwicklungen lag eine Auffassung zugrunde, der zufolge ‚Verbrechen gegen die Menschlichkeit' nicht ungestraft bleiben dürften, begründet mit der Charta der Menschenrechte und der Berufung auf universelle Gerichtsbarkeit, nachdem besonders gravierende Verbrechen unabhängig von der Nationalität des Täters und von dem Ort der Tat

24 Der so genannte *Joinet-Report* der UN-Menschenrechtskommission, der von dem UN-Kommissar Luis Joinet gemeinsam mit Hadji Guissé als Sonderberichterstatter für Straflosigkeit 1997 erarbeitetet wurde, schreibt die Opferrechte auf internationaler Ebene fest. Die unabhängige Expertin und Völkerrechtlerin Diane Orentlicher hat den Bericht 2005 nochmals bekräftigt und ergänzt: Dem Recht auf Wahrheit, Gerechtigkeit und Entschädigung wird das Recht auf eine Garantie, dass sich die Gewaltereignisse nicht wiederholen, hinzugefügt (Rauchfuss 2009: 415f.). Vgl. The Administration of Justice and the Human Rights of Detainees. Question of the impunity of perpetrators of human rights violations (civil and political), Revised final report prepared by Mr. Joinet pursuant to Sub-Commission decision 1996/119. E/CN.4/Sub.2/1997/20. 26. Juni 1997, http://derechos.org/nizkor/impu/joinet2.html (Stand: 26.02.2010).

25 Detaillierte Darstellungen der unterschiedlichen Aufarbeitungsmechanismen geben etwa Roht-Arriaza (1995), Kritz (1995, 1996), Minow (1998), Teitel (2000).

verfolgt und geahndet werden können. Die Staatengemeinschaft insgesamt sollte die Strafverfolgung übernehmen, wenn schwerste Menschenrechtsverletzungen am Ort der Taten ungestraft blieben.

Nachdem der sich zunächst andeutende globale Menschenrechtsimperativ in den folgenden Jahrzehnten mit dem Ost-West-Konflikt in den Hintergrund rückte, knüpfte der UN-Sicherheitsrat erst Mitte der 1990er Jahre an diesen Entwicklungen an: Die Errichtung der Internationalen *Ad-hoc*-Strafgerichtshöfe zur Ahndung der Kriegs- und Menschenrechtsverbrechen im früheren Jugoslawien (*International Criminal Tribunal for the former Yugoslavia,* ICTFY) 1993 und Ruanda *(International Criminal Tribunal for Rwanda,* ICTR) 1994 mit der die schweren Kriegsverbrechen in Bosnien bzw. der Völkermord an den Tutsis geahndet werden sollten, markieren erste Entwicklungen hin zu einer globalen Norm der Verfolgung schwerer Menschenrechtsverletzungen.[26] Seit der Gründung eines permanenten Internationalen Strafgerichtshofs (*International Criminal Court,* ICC) nach dem Römischen Statut 1998 in Den Haag, an dessen völkerrechtliche Jurisdiktion sich mittlerweile mehr als hundert Staaten gebunden haben, sollte die Verfolgung von Völkermord und Kriegsverbrechen keine Angelegenheit der nationalen Souveränität mehr bleiben, obgleich mächtige Nationen wie die USA und China mit Hinweis auf Verlust ihrer Souveränitätsrechte die Ratifizierung des Statuts weiterhin verweigern.

Der Etablierung regionaler Menschenrechtsgerichtshöfe in Europa und Lateinamerika, hier auch der Menschenrechtskommission[27], kommt für die juristische Aufarbeitung von Menschenrechtsverletzungen ebenfalls Bedeutung zu. Mit der Unterzeichnung der 1978 in Kraft getretenen *Interamerikanischen Menschenrechtskonvention* und der offiziellen Anerkennung des *Interamerikanischen Gerichtshofes für Menschenrechte* in San José gewannen Opferorganisati-

26 Zudem sind in den vergangenen Jahren hybride Tribunale etabliert worden, etwa in Ost-Timor im Oktober 2005 zur Auseinandersetzung mit der indonesischen Besetzung des Landes zwischen 1974 und 1999 (Schmolzle 2009: 394ff.) und Sierra Leone 2002 zur Aufklärung der Bürgerkriegsverbrechen, welche verdeutlichen, dass Aufarbeitungsinitiativen auch extern determiniert sein können (Oettler 2008: 90-93).

27 Die 1959 gegründete Interamerikanische Menschenrechtskommission ist für die Recherche und Dokumentation der jeweiligen Sachlage und zur Überprüfung individueller Beschwerden zuständig, die sie ggf. an den Gerichtshof in Costa Rica weiterleitet. Sie hatte „einen erheblichen Einfluss auf die Entstehung einer menschenrechtsfreundlichen Rechtskultur" (Stanley 2008: 39), einerseits bei der „Verpflichtung des Staates auf die Strafverfolgung schwerer Menschenrechtsverletzungen", andererseits ebenso, indem sie „das Recht auf Justiz und Wahrheit" im Sinne der Aufklärung schwerer Menschenrechtsverletzungen anerkannte (vgl. ebd.: 40); siehe www.cidh.org.

onen eine wichtige Berufungsinstanz, um ihren Forderungen Gehör zu verschaffen. So wirken internationale Institutionen, wie beispielsweise der UN-Menschenrechtsrat, der im März 2006 die Menschenrechtskommission ersetzte, oder der *Europäische Gerichtshof für Menschenrechte* in Straßburg als supranationale Instanzen potentiell auf die vergangenheitspolitischen und juristischen Entscheidungen auf nationaler Ebene ein.

Den Zusammenhang von vergangenheitspolitischer Aufarbeitung im Sinne justizieller Maßnahmen und geschichtspolitischen Deutungskonflikten hebt François (2004) hervor: „[…] [D]er Rekurs auf das Recht und die Gerichte" diene „nicht nur dazu, die persönliche Schuld der Angeklagten festzustellen und eine Bestrafung der Täter durchzusetzen, sondern setzt sich zugleich zum Ziel, eine legitime und verbindliche Deutung der Vergangenheit zu erreichen" (ebd.: 22). Dabei konzentrieren sich Internationale Strafgerichthöfe meist auf einen kleinen Täterkreis, „die in den Augen der nationalen und internationalen Öffentlichkeit die sichtbaren Hauptverantwortlichen" (Huhle 2006: 128) sind und haben damit ebenso fundamentale „symbolische Ausstrahlung" (ebd.).

Ein wichtiges Element im Kampf gegen die Straflosigkeit, auch wenn nicht ohne Streitigkeiten und Widersprüche, stellt die Anwendung von universeller Gerichtsbarkeit dar. Wie anhand der Verhaftung des chilenischen Ex-Diktators Pinochet in London gezeigt werden soll (Kap. 5), gilt dies ebenso für die universelle Jurisdiktion in Form einer grenzüberschreitenden Strafverfolgung schwerer Menschenrechtsverletzungen vor den nationalen Gerichten eines anderen Landes.[28] Der Versuch, Pinochet an einen Drittstaat auszuliefern und vor dem spani-

28 Einen ersten maßgeblichen Fall, in dem ‚Verbrechen gegen die Menschlichkeit' vor einem Gericht eines anderen Landes verurteilt werden sollten, stellt der Prozess gegen SS-Obersturmbannführer Adolf Eichmann dar, welcher als transnationales Medienereignis – u. a. vermittelt über die Berichterstattung Hannah Arendts (2004, zuerst 1964) – den Ausgangspunkt für öffentliche Debatten über den Holocaust bildete. Am 11. Mai 1960 wurde Eichmann von israelischen Geheimdienstagenten in Buenos Aires gefasst und nach Israel entführt, um ihm dort den Prozess zu machen. Als einer der Hauptverantwortlichen für die Planung und bürokratische Durchführung des Holocausts wurde er am 29. Mai 1962 in Jerusalem durch die Berufungskammer zum Tode verurteilt (vgl. etwa Zehnder 2003: 88). Das Oberste Gericht Israels stellte fest, dass Eichmann im Namen der Weltgemeinschaft für seine abscheulichen Verbrechen verurteilt werde, die begangenen Taten seien von internationalem Charakter und bildeten einen Verstoß gegen die gesamte Menschheit (zit. n. Jouet 2007: 518). Häufig übersehene Vorläufer des ‚Falles Pinochet' stellen die Auslieferungsverfahren gegen Erich Priebke und Klaus Barbie dar, deutsche Staatsbürger, die wegen Naziverbrechen in Drittstaaten angeklagt waren. Gegen Priebke war wegen eines 1944 nahe Roms ange-

schen Nationalen Gerichtshof zu verurteilen, stellt ein Beispiel für *transnational justice* dar, welche definiert werden kann als „legal actions brought in the national courts of one country against civil or criminal defendants based elsewhere" (Roht-Arriaza 2001a: 40). Der ‚Fall Pinochet' hatte weltweite Folgen: Er trieb nicht nur die Debatte um eine universelle Strafgerichtsbarkeit voran, sondern diente gleichzeitig als Präzedenzfall – Brody bezeichnet ihn daher als *Pinochet-precedent* (2006). Nationale Gerichte sollen nach dem Prinzip der Komplementarität stellvertretend für die internationale Gemeinschaft Gerichtsbarkeit ausüben können über Verbrechen gegen die Menschlichkeit, Genozid und das Verschwindenlassen, die nicht in den zeitlichen und örtlichen Zuständigkeitsbereich der internationalen Tribunale fallen und die vom jeweiligen Staat nicht verfolgt werden (Zehnder 2003: 117).

Die Pinochet-Affäre verweist dabei auf die Möglichkeiten und Grenzen transnationaler Aufarbeitungspolitik und universeller Rechtsprechung. Die Strafverfolgung ausländischer Gerichte dient auch dazu, den Druck auf die nationalen Regierungen zu erhöhen, sie kann alternative oder bis dahin blockierte Wege der juristischen Aufarbeitung eröffnen und wirkt auf die gesamtgesellschaftliche Wahrnehmung und diskursive Auseinandersetzung mit den Diktaturvergangenheiten zurück.

Der ‚Pinochet Effekt' (Roht-Arriaza 2005) symbolisiert einen allgemeinen Trend der 1990er Jahre hin zur universellen Gerichtsbarkeit, um damit der Straflosigkeit zu begegnen, weshalb der ‚Fall Pinochet' auch als „test case of universal jurisdiction" (Brett 2008: 8) bezeichnet wurde. Die Verhaftung Pinochets in London stellt ohne Zweifel einen Meilenstein dar: Auch wenn es letztlich nicht zu einer Verurteilung des chilenischen Ex-Diktators gekommen ist, wurde zum ersten Mal in der Geschichte des Völkerstrafrechts einem ehemaligen Staatsoberhaupt mit Bezug auf die unter seiner Herrschaft begangenen Menschenrechtsverletzungen die Immunität aberkannt, um ihm in einem Drittstaat den Prozess wegen Menschenrechtsverletzungen zu machen (vgl. Kap. 5.5). Die Anwendung universeller Gerichtsbarkeit und ihre Folgen für nationale vergangenheitspolitische Prozesse zeigt an, dass „domestic courts have become embedded in a transnational process of lawmaking and enforcement" (Orentlicher

ordneten Massakers an 300 Zivilisten ein italienisches Auslieferungsgesuch gestellt worden, welches der Oberste Gerichtshof Argentiniens 1995 bestätigte. Priebke wurde von Argentinien an italienische Gerichte ausgeliefert und im Alter von 83 Jahren zu fünf Jahren Haft verurteilt. Der als ‚Schlächter von Lyon' bezeichnete Barbie wurde für seine Gestapo-Tätigkeit während der Besatzung der französischen Stadt im Zweiten Weltkrieg 1983 von Bolivien nach Frankreich ausgeliefert, wo er wegen ‚Verbrechen gegen die Menschlichkeit' zu lebenslanger Haft verurteilt wurde und 1991 starb.

2004: 238), sie verweist auf die zunehmende internationale Bedingtheit der Aufarbeitung von Diktaturverbrechen, Staatsterror und Menschenrechtsverletzungen.

b) Institutionalisierte Aufklärung durch Wahrheitskommissionen

Im öffentlichen Umgang mit den durch die alten Machthaber begangenen Menschenrechtsverbrechen kommt ihrer Untersuchung, Darstellung und Aufdeckung große Wichtigkeit zu, insbesondere wenn die Gewalt und der Terror weitestgehend verdeckt ausgeübt und von den politisch Verantwortlichen geleugnet wurde. Die Aufklärung der Verbrechen erhält, besonders vor dem Hintergrund der in lateinamerikanischen Militärdiktaturen als klandestine Repressionspraktik verbreiteten Methode des Verschwindenlassens von Personen, mit der Gewalt und Staatsterror von den politischen Autoritäten systematisch geleugnet wurden, fundamentale Bedeutung. Nicht zufällig waren die ersten Wahrheitskommissionen, 1983 die argentinische *Comisión Nacional sobre la Desaparición de Personas* (CONADEP) und 1985 in Uruguay, wie auch die chilenische *Comisión Nacional de Verdad y Reconciliación* (CNVR) 1991, zur institutionellen Aufklärung des Verbleibs der Verschwundenen eingesetzt worden.

Drei Jahrzehnte nach der Einsetzung der ersten Wahrheitskommission hat sich die Strategie, die Menschenrechtsverletzungen zu dokumentieren und öffentlich anzuerkennen, weltweit zu einem verbreiteten und standardisierten Konzept der Aufarbeitung schwerer Menschenrechtsverbrechen etabliert[29] und wird mittlerweile „mit einer Vielzahl von Zielen betraut, die immer ambitionierter und zugleich immer unbestimmter werden“ (Oettler 2008: 87). Das Instrument der Wahrheitskommission soll ermöglichen, in einem vorgegebenen Zeitraum zu einem ersten Bild über das Ausmaß, zumindest der schwersten Menschenrechtsverletzungen zu gelangen, den Opfern oder ihren Angehörigen Gehör zu verschaffen und die Grundlagen für nachfolgende Entschädigungsmaßnahmen zu legen.[30] Es handelt sich um zeitlich befristet eingerichtete Untersuchungsorgane

29 So schreibt etwa Kritz „Truth Commissions have become routine; it has become a standard practice. You have a transition and everybody immediately says we have to have a truth commission" (2002: o. S. -Ang.).

30 Besonders die Einsetzung der südafrikanischen Wahrheitskommission (*Truth and Reconciliation Commission,* TRC) galt 1995 als Meilenstein zur Aufklärung der rassistisch motivierten Verbrechen des Apartheidregimes und hat für großes, auch internationales wissenschaftliches Interesse, aber auch für Kritik und Ablehnung gesorgt, v. a. da den Angeklagten Amnestie zugesichert wurde, wenn sie im Gegenzug ihre Ta-

mit der Aufgabe, die während eines bestimmten Zeitraumes begangenen Menschenrechtsverbrechen aufzuklären. Dabei bilden der Abschlussbericht und die darin enthaltenen Empfehlungen für einen nachfolgenden vergangenheitspolitischen Umgang mit den begangenen Verbrechen den zentralen Kern der Kommissionsergebnisse.[31] Mit ihrer Einrichtung wird ein öffentlicher Raum für die institutionalisierte Wahrheitsfindung geschaffen, in deren Mittelpunkt die Anerkennung des Leides und der Trauer der Opfer steht. Mit der Einsetzung einer Wahrheitskommission wird das Ziel verfolgt, schwerste Menschenrechtsverletzungen aufzuklären und „die Strukturen des Terrors und seine Verankerung in Staat und Gesellschaft aufzudecken" (Cuya 1996: 36), um damit „eine Politik der Wiedergutmachung in die Wege zu leiten, das Recht durchzusetzen und zu verhindern, dass jene, die direkt oder indirekt die Menschenrechte verletzt haben, weiterhin öffentliche Ämter bekleiden und auf diese Weise den Rechtsstaat verhöhnen" (ebd.). In diesem Zusammenhang wird nicht selten auch die „kathartische Wirkung" von Wahrheitskommissionen (etwa Arenhövel 2000: 41) betont.

Ob mit der Installierung einer Wahrheitskommission allerdings auch eine juristische Verfolgung der Täter einhergehen soll, bzw. ob die Namen der Täter öffentlich gemacht werden, ist sowohl in der Praxis als auch in der Forschung umstritten: Während dies für Opferorganisationen oftmals eine zwingende Voraussetzung zur Akzeptanz ihrer Arbeit darstellt, bildete die Anonymität der Täter in vielen Fällen die Grundlage für ihre Geständnisse. Stellten Wahrheitskommissionen insofern anfangs eine Reaktion auf die Ineffizienz oder Unfähigkeit der

ten zugaben (vgl. etwa Werle 1999: 276ff.). Inzwischen gab es über 30 solcher Kommissionen vor allem in Lateinamerika, etwa Guatemala (1997-1999), Bolivien (1982-1984) und Peru (2001-2003), doch vermehrt auch in Afrika, z. B. in Kenia (2009), Ghana (2002-2005), Sierra Leone (2002-2004), Ruanda (1993, 1999) und Asien, so in Südkorea (2000-2004), Ost-Timor (2002) und Sri Lanka (1995). Eine synoptische Darstellung über die eingesetzten Wahrheitskommissionen findet sich in Backer (2009: 34). Zusätzliche Informationen über die Arbeit der einzelnen Kommissionen sowie ihre Abschlussberichte befinden sich auf der Website des *United States Institutes of Peace*: http://www.usip.org/library/truth.html#tc.

31 Nach der klassischen Definition von Priscilla Hayner lassen sich vier zentrale Kriterien als Standard für Wahrheitskommissionen ausmachen: Es handelt sich (1) um ein Instrument zur Erforschung und Aufklärung bereits abgeschlossener, in der Vergangenheit liegender Taten, welches (2) auf eine ganze Reihe von Menschenrechtsverletzungen fokussiert, (3) ist ihr Mandat zeitlich begrenzt und endet mit der Veröffentlichung eines Abschlussberichtes, sie verfügen (4) über einen offiziellen, meist durch die Regierung legitimierten Auftrag (2002: 14ff.).

Justiz bei der Ahndung von Menschenrechtsverletzungen dar und fungierten als „eine Art Kompromiss zwischen gerichtsähnlichem Verfahren und politisch-justiziellem Sanktionsverzicht“ (Reichel 2001: 36), gelten Aufklärung und Strafverfolgung mittlerweile mehr als komplementäre, denn als alternative Wege der Aufarbeitungspolitik (Leebaw 2008, Teitel 2003). Während die internationale Strafgerichtsbarkeit täterorientiert vorgeht, zielen die Wahrheits- und Versöhnungskommissionen in erster Linie auf die Rehabilitierung und Wiederherstellung der Menschenwürde des Opfers ab, was auch einen materiellen Ausgleich implizieren kann. Die Ergebnisse der Wahrheitskommission sind im Abschlussbericht allgemein zugänglich und können als Beweismittel in Strafverfahren herangezogen werden, wie es etwa in Argentinien und Chile der Fall ist (Buckley-Zistel 2008: 16).

War die in Spanien Mitte der 1970er Jahre einsetzende *transición* noch von einer die Bestrafung der Täter verhindernden Generalamnestie (1977) und einer offiziellen nationalen Amnesie im Sinne eines Verzichts auf die Aufklärung der Verbrechen der Franco-Diktatur begleitet, so begann sich mit den Transitionsprozessen im *Cono Sur* das Instrument der Wahrheitskommission durchzusetzen. Orientiert am spanischen Amnestiegesetz von 1977 führten zunächst auch das Amnestiedekret in Chile (1978), wie Brasilien (1979), wie der uruguayische *Pacto del Club Naval* (1984) und nach einem ersten Impuls der juristischen Auseinandersetzung auch das *Punto Final* (Schlusspunkt)-Gesetz in Argentinien (1987) die Politik der *impunidad* und des öffentlichen Ausblendens, Ignorierens und Verschweigens der während der Diktatur begangenen Verbrechen fort. Als Konsequenz dieser institutionell verankerten Straflosigkeit, welche die während der politischen Übergangsprozesse häufig fortbestehende Dominanz des Militärs, besonders in paktierten Transitionsprozessen, widerspiegelte, sollte mit den im *Cono Sur* eingesetzten Wahrheitskommissionen das Ausmaß und der Umfang der begangenen Menschenrechtsverletzungen zumindest erforscht und aufgedeckt werden, jedoch blieben diese „in vielen Fällen zunächst ohne strafrechtliche Konsequenzen für die Täter“ (Buckley Zistel 2007: 6). Die mit ihr eingeleitete politisch-historische Aufarbeitung von Staatsterrorismus und Menschenrechtsverletzungen, welche die nachfolgende Bewertung der Militärdiktaturen im offiziellen Diskurs beeinflusst, stellt mittlerweile weltweit einen zentralen Aufarbeitungsmechanismus, mit dem verkündeten Ziel eines „gesellschaftliche[n] Versöhnungsprozesse[s]“ (Oettler 2008: 87) dar. In verschiedenen Ländern entstanden Wahrheitskommissionen als Ergebnis der Aktivitäten von Menschenrechtsorganisationen, die oftmals in der Klandestinität arbeiteten, um schwere Fälle staatlicher Gewalt aufzuklären. Die weltweite Verbreitung der Wahrheitskommissionen konnte sich unterdessen vor allem mittels transnationaler Vernetzung vollziehen, indem sie durch internationale NGO's, professionalisierte Mitarbeiter und Vertretern von Menschenrechtsorganisationen, die sich nicht nur finanziell an der Organisation und Durchführung der Aufarbeitungsmechanismen beteiligen, beeinflusst wurden. Über sie wurden Modelle verbreitet, internationales Wissen transferiert, und politischer Einfluss wurde auf sie ausgeübt. In diese „grenzüberschreitenden Verflechtungszusammenhänge integriert waren nicht nur transnationale Organisationen, sondern sämtliche Akteure der Vergangenheitsaufarbeitung: nationale Regierungen, NRO's, Täter- und Opfergruppen, Wissenschaftler und Medien" (Scheuzger 2009: 217). Diese Möglichkeit eines institutionellen Umgangs mit von repressiven Regimen begangenen schweren Menschenrechtsverletzungen findet international zunehmende Verbreitung und wird ebenso über staatliche Grenzen hinweg wahrgenommen, ist doch ein zentrales Anliegen vor allem die Herstellung ebenfalls internationaler Öffentlichkeit. Die Einsetzung vergangener und zukünftiger Wahrheitskommissionen schreibe sich in den Kontext eines transnationalen Lernprozesses ein und sei zugleich von lokalen Kräfteverhältnissen geprägt (Oettler 2004a: 57).

Individuelle Zeugenaussagen dienen als Grundlage zur Herausbildung eines dominanten kollektiven Gedächtnisses, um zu verhindern, dass Verbrechen gegen die Menschlichkeit verleugnet werden können oder um dem zumindest entgegenzuwirken. Aufklärung von Menschenrechtsverbrechen und öffentliche Wahrheitsfindung können auf diese Weise als Schlüsselelemente im Prozess kollektiver Identität und Erinnerung betrachtet werden, denn sie wirken ebenso als „Medium der Rekonstruktion nationaler Geschichtsbilder" (Fuchs 2003: 26).

Sowohl internationale Strafgerichtshöfe (siehe a) als auch Wahrheits- und Versöhnungskommissionen als wichtige soziale Foren zur Aufklärung der begangenen Menschenrechtsverbrechen sind stets machtpolitischen Interessen unterworfen. Angesichts der an diese auch internationalen Aufarbeitungsinstrumente geknüpften hohen Erwartungen verdeutlichen sie zudem besonders die problematischen Widersprüche und ernüchternden Grenzen. Zu den Kehrseiten zählt nicht nur, dass die Aufklärung der begangenen Menschenrechtsverletzungen in vielen Fällen keine Verurteilung der Täter nach sich zieht, sondern nicht zuletzt, dass die Wahrheitsfindung mit dem Abschlussbericht kaum als abgeschlossen gelten kann, da meist nur ein kleiner Teil der Verbrechen aufgeklärt werden kann. Zudem ist selbst von gesellschaftlichen Machtkonstellationen abhängig und umstritten, was als ‚Wahrheit' anerkannt und welches hegemoniale Geschichtsnarrativ über die Diktatur- und Gewalterfahrung etabliert werden soll.

c) Entschädigungsmaßnahmen und Rehabilitierung der Opfer

Zum politisch-rechtlichen Handlungsfeld der Aufarbeitung von Diktatur und Menschenrechtsverletzungen gehören nicht zuletzt auch Maßnahmen materieller und symbolischer Entschädigung, welche in internationalen Rechtsnormen zunehmend anerkannt werden, indem sie das Anspruchsrecht der Opfer gegenüber dem Staat festschreiben.

Das Völkerrecht verankert eine ganze Reihe von Instrumenten und Bestimmungen der Rehabilitation und Reparation der Opfer von Menschenrechtverletzungen, Staatsterrorismus und institutionalisierter Gewalt (etwa Gómez Isa 2007: 175ff., Chinchón 2009: 55ff., De Greiff 2006).[32] So können die Ausschüsse einiger Menschenrechtsabkommen von den entsprechenden Regierungen Entschädigungen verlangen (vgl. Huhle 2006: 131). Auch die regionalen Menschenrechtsgerichtshöfe in Europa und Lateinamerika sind es, die Regierungen zu symbolischen und materiellen Entschädigungsleistungen verpflichten können. In erster Linie können hier die Opfer ihr Recht gegenüber den menschenrechtsverletzenden Staaten einklagen. Die Palette der Möglichkeiten der Menschenrechtsgerichtshöfe reicht von direkten materiellen Entschädigungsleistungen bis hin zu detaillierten Auflagen an die betreffenden Staaten, die von der Revision justizieller und administrativer Maßnahmen über die Wiederaufnahme fehlerhafter Justizverfahren bis hin zu konkreten Schutzmaßnahmen für bedrohte Opfer umfassen.[33]

---

32 Zwei Resolutionen der UN-Generalversammlung verankern Opferrechte auf internationaler Ebene: Einerseits die 1985 verabschiedete *Declaration of Basic Principles of Justice for Victims of Crime and Abuse of Power* und andererseits die *Basic Principles and Guidelines on the Right to a Remedy and Reparation for Victims of Gross Violations of International Human Rights Law and Serious Violations of International Humanitarian Law* von November 2005 (vgl. ausführlich Bassioni 2006). Diese Richtlinien statuieren allgemeine Pflichten von Staaten, bei Menschenrechtsverletzungen, Entschädigungsmaßnahmen für die Opfer zur Verfügung zu stellen. Hierzu zählen der Zugang zur Justiz, Reparationen und Zugang zu Informationen über die Verbrechen.

33 Dieses die Handlungsfelder der Vergangenheits- und Erinnerungspolitik (zur Definition Kap. 1.1) umfassende Maßnahmen und Instrumente, können von der moralischen Rehabilitierung der Opfer auf lokaler Ebene, etwa durch die Einrichtung offizieller Gedenkstätten und -tagen bis hin zu materiellen Entschädigungsprogrammen und Reparationsleistungen der Regierung reichen. Auf dem Feld der Symbolpolitik sind es ebenso die öffentliche Anerkennung und Wertschätzung der Opfer, etwa durch die Aufhebung von Unrechtsurteilen (König 1998: 384), aber auch die ästhetisch-symbolische Repräsentation in der Erinnerungslandschaft, etwa durch die Einsetzung

In seiner Arbeit über die zunehmende Bedeutung materieller Entschädigung in der Aushandlung historischer Konflikte führte der US-amerikanisch-israelische Historiker Elazar Barkan diese Entwicklung auf eine globale Veränderung hin zu einer moralischen Rhetorik zurück, die für die 1990er Jahre kennzeichnend sei. Nach Barkan dominierten seither moralische und humanitäre Fragen das öffentliche Leben, wie es zuvor nicht der Fall gewesen sei (2000: Xff.). Staaten zeigten eine neue Bereitschaft, Schuld für vergangene Straftaten einzugestehen und politische Verantwortung für sie zu übernehmen, die sich in einer „neuen internationalen Moral" (ebd.: XII) manifestiere. Inwiefern diese globale Bedingtheit auch auf den chilenischen und spanischen Aufarbeitungsprozess einwirkt, ist eine Ausgangsfrage der vorliegenden Arbeit.

Um den Effekten der Transnationalisierung von Aufarbeitungspolitik nachzugehen, sollen in der vorliegenden Arbeit zunächst geschichtspolitische Deutungsmuster und Diskurse des spanischen und chilenischen Umgangs mit Diktatur und Menschenrechtsverletzungen identifiziert werden, Länder, die zunächst gleichermaßen von Straflosigkeit und Amnestiegesetzen geprägt waren. Im folgenden Kapitel werde ich daher auf die methodische Herangehensweise, die Diskursanalyse als zu Grunde liegendem Forschungsprogramm eingehen. Dabei gehe ich von der konstitutiven Grundannahme aus, dass Sprache die Realität nicht abbildet, sondern diese vielmehr erst hervorbringt und ziele somit auf den sozialen Konstruktionscharakter des öffentlichen Umgangs mit diktatorischer Vergangenheit und kollektiven Erinnerungsprozessen ab.

von Denkmälern und Museen oder die Benennung von Straßen und Plätzen. Dabei gibt es auf dem Handlungsfeld öffentlicher Schuldanerkennung und Rehabilitierung der Opfer viele Empfindlichkeiten und Hindernisse: Personen, die Widerstand leisteten, Exilierte, die zurückkehren und Oppositionelle müssen häufig um ihre offizielle Rehabilitierung und gesellschaftliche Anerkennung kämpfen (ebd.).

2. Diskursanalyse als Methode:

Gesellschaftliche Konstruktion der Diktaturvergangenheit

Als Methode habe ich das Instrument der Diskursanalyse gewählt, da sie einen adäquaten Zugang dazu liefert, wie sich die in der Auseinandersetzung mit Diktatur und Menschenrechtsverletzungen manifestierenden Geschichtsdeutungen aus langfristiger Perspektive konstituieren und verändern. Die Rekonstruktion der Ideen, Argumente und Narrative, die im geschichtspolitischen Diskurs reproduziert und zur Legitimation bestimmter vergangenheitspolitischer Entscheidungen angeführt werden, ermöglicht neue Einsichten in die Auseinandersetzungen mit Diktatur und Menschenrechtsverbrechen in Lateinamerika und Südeuropa.

Mit der Verknüpfung von Erinnerung und Diskurs ziele ich im doppelten Sinne auf den sozialen Konstruktionscharakter der Vergegenwärtigung von Vergangenheit ab; Erinnerungsdiskurse sind dabei nicht von den gegebenen politischen und gesamtgesellschaftlichen Machtverhältnissen zu trennen. Ich gehe davon aus, dass Erinnerung an Diktaturen über einen Disput zwischen verschiedenen politischen und gesellschaftlichen Akteuren und öffentlich lancierten Diskursen gebildet wird, die um ein hegemoniales Geschichtsbild konkurrieren. Der diskursanalytische Zugang soll offen legen, wie erinnerungspolitische Akteure mit anderen gesellschaftlichen Gruppierungen um das hegemoniale Narrativ der Vergangenheitsdeutung streiten. Diese kontroversen Geschichtsdeutungen sind in Chile und Spanien besonders umkämpft, da kein gesellschaftlicher Konsens über eine hegemoniale Geschichtsinterpretation der Diktaturvergangenheit besteht.

Nach einem lange ambivalenten Verhältnis haben sich in der Politikwissenschaft seit Anfang der 1990er Jahre unterschiedliche Diskursbegriffe und methodische Zugänge der Diskursforschung etabliert.[1] Beiträge kommen dabei insbesondere aus dem Teilbereich der sozialkonstruktivistisch ausgerichteten Internationalen Beziehungen (etwa Haas 1992, Risse 2002) und der verstärkt an wissens- und sprachbasierten Ansätzen orientierten *policy*-Forschung, die Akteurskonstellationen nicht als gegeben voraussetzt, sondern zunehmend ihren Fokus auf die Bedeutung von Ideen und Werten im politischen Prozess legt. Im Zuge dieser Neuorientierung, die den argumentativen Überzeugungsmustern politischer Akteure mehr Gewicht verleiht, hat sich die Diskursanalyse zur Untersuchung politischer Prozesse zu einer fruchtbaren Forschungsstrategie entwickelt.

In der vorliegenden Arbeit untersuche ich die diskursive Konstruktion von Erinnerungsprozessen und Geschichtsdeutungen, die die Debatten des öffentlichen Umgangs mit der Diktaturvergangenheit prägen und in ihnen aktualisiert werden, um zu verdeutlichen, dass lokale und länderspezifische Vergangenheitsvergegenwärtigung in einem gesamtgesellschaftlichen Zusammenhang stehen, in dem auch trans- und internationale Einflüsse berücksichtigt werden müssen. Zur Ergründung und Rekonstruktion der Aufarbeitungsdebatten in Spanien und Chile und ihrer länderübergreifenden Bedeutung sollen die Bezugnahmen auf das andere Land heraus gearbeitet werden. Im Rahmen einer Analyse internationaler Kommunikationszusammenhänge kann Diskursanalyse zum Verständnis transnationaler Transferprozesse beitragen, denn sie ermöglicht es, die historisch entstandenen dominanten Geschichtsdeutungen in Spanien und Chile und ihre Anknüpfungspunkte und Verbindungslinien herauszuarbeiten.

Zuvor ist es deshalb notwendig, das zugrunde gelegte Diskursverständnis zur Konstruktion von Diktaturvergangenheit aus langfristiger und transnationaler Analyseperspektive zu erläutern. Zunächst werde ich das in klassischen Akteurs- und Politikfeldanalysen zur Anwendung kommende analytisch-pragmatisch ausgerichtete Diskursverständnis darlegen (2.1), wobei es sich hier zumeist um eine länderbegrenzte oder auf ein spezifisches Politikfeld bezogene Perspektive handelt. Darauf wende ich mich dem auf Michel Foucault zurückgehenden genealogischen Diskursmodell zu (2.2), welches den langfristigen, historisch gewachsenen Voraussetzungen aktueller politischer Diskurse als Träger konstruierten Wissens nachgeht und Fragen der Machtkritik in den Mittelpunkt rückt. Die macht-

1 Einen konzisen Forschungsüberblick zur politikwissenschaftlichen Rezeption und Anwendung der Diskursanalyse geben etwa Kerchner (2006) und Nullmeyer (2001).

kritische und historisch ausgerichtete Diskursanalyse soll dabei als ergänzende Erweiterung komplementär zum eher pragmatischen Diskursansatz der *policy*-Forschung verstanden und eingesetzt werden. Im nächsten Schritt gehe ich sodann auf das für meine Fragestellung zentrale Verständnis von transnationalen Diskursen (2.3) ein, welches das Zusammenwirken des spanischen mit dem chilenischen Aufarbeitungsprozess sowie die Transnationalisierung von Menschenrechtsdiskursen zu analysieren ermöglichen soll. Dabei soll die vorliegende Arbeit nicht als eine sich streng nach einer bestimmten diskurstheoretischen Umsetzung richtende Analyse verstanden werden, vielmehr werden einzelne Versatzstücke einer in den Sozialwissenschaften selbst stark umkämpften Methode im Sinne eines ‚Werkzeugkastens' nutzbar gemacht, um den sozialen Konstruktionscharakter von Geschichtsdeutungen und ihren diskursiven Wandel zu veranschaulichen.

2.1 Länderspezifische Vergangenheitsdiskurse: Deutungskonflikte in historischer Perspektive

Innerhalb einer Analyse des öffentlichen Umgangs mit Diktaturvergangenheit gehe ich der langfristigen Dynamik der während des Demokratisierungsprozesses getroffenen vergangenheitspolitischen Entscheidungen anhand eines diskursanalytischen Zuganges[2] nach, um die Diskursverflechtungen des spanischen mit dem chilenischen Fall zu verdeutlichen. Ich gehe davon aus, dass die jeweilige Darstellung und Interpretation der länderspezifischen Diktaturvergangenheit, die Argumente, die zur Verteidigung einer bestimmten Geschichtsdeutung und vergangenheitspolitischen Instrumentes angeführt werden, den politischen Entscheidungsprozess beeinflussen, was sich wiederum auf die hegemonialen Erinnerungsdiskurse auswirkt.

Aus der Diskussion über den *argumentative turn* in der Politikwissenschaft sind verschiedene diskurstheoretisch verankerte Vorschläge entstanden, um das Verhältnis von politischen Akteuren zu Ideen, Überzeugungen und Interessen neu zu konzeptualisieren. Die Untersuchung von Diskursen, die die argumentativen Strukturen des Politikprozesses in den Blick nimmt, bietet der politikwissenschaftlichen Analyse ein nützliches Werkzeug, das ein besseres Verständnis gesamtgesellschaftlicher Kontroversen und der ihnen innewohnenden Reproduktion von Machtbeziehungen ermöglicht.

2 Zur diskursiven Analyse vergangenheitsbezogener Deutungskonflikte s. etwa die Arbeiten von Bergem; Hg. (2003), Herz/Schwab-Trapp (1996), Wodak et al. (1994).

In dem von Paul A. Sabatier (1993) entwickelten Konzept der *policy advocacy coalitions*[3], das sich in den *policy studies* mittlerweile zu einem häufig verwendeten Ansatz etabliert hat, geht es besonders um die Stabilisierung politischer Akteurskoalitionen durch eine gemeinsame Problemdeutung zur Durchsetzung bestimmter Wertvorstellungen, um damit Politikwandel zu erklären. Hier steht die Frage im Vordergrund, wie es politischen Akteuren in Entscheidungsprozessen gelingt, sich über geteilte Normen, Deutungshorizonte und Wissensbestände zu durchsetzungsfähigen Koalitionen zu verbinden. Das Untersuchungsterrain sind entsprechend vergangenheitspolitische Arenen, in denen sich auf der Basis von gemeinsamen Überzeugungssystemen wissensbasierte Koalitionen und Vernetzungen zu *epistemic communities* konstituieren. Mit ihrer Konzentration auf die Überzeugungen der politischen Akteure vernachlässigen die Überlegungen Sabatiers allerdings den strategischen und interessengeleiteten Gebrauch von geschichtspolitischen Argumenten, der auch immer taktischem Kalkül folgt und von der Einschätzung der zur Verfügung stehenden Diskursmacht abhängt.

In kritischer Weiterentwicklung des von Sabatier auf Weltanschauungen und Glaubenssystemen basierenden Modells hat Maarten Hajer (1995) alternativ das sozialkonstruktivistisch inspirierte Konzept der argumentativen Diskursanalyse der politikfeldbezogenen *discourse-coalitions* und der *narrative story lines* als Analysekategorien eingeführt[4], mit denen der Interpretation argumentativ-

3 Der auf Sabatier zurückgehende Ansatz des *advocacy coalition framework* gliedert die Zuordnung politischer Akteure nach so genannten *belief systems*, welche in der Auseinandersetzung um ein politisches Programm die gleichen handlungsleitenden Orientierungen, d. h. einen Kern von Wertvorstellungen und Wahrnehmungsformen verbindet (vgl. Sabatier 1993, Sabatier/Jenkins-Smith 1999) und betont die Rolle von Ideen im *policy*-Prozess. Zentral ist, dass diese Überzeugungen auf Expertenwissen treffen, wobei die spezifische Konstellation den Anreiz gibt, sich für eine bestimmte politische Handlungsoption zu entscheiden (vgl. auch Singer 1993: 158).

4 Hajer definiert *discourse-coalitions* in enger Verknüpfung mit dem Konzept der *story lines*, als „the ensemble of sets of story lines, the actors that utter these story lines, and the practices through which these story lines get expressed. [...] Story lines are the medium through which actors try to impose their view of reality on others, suggest certain social positions and practices, and criticize alternative social arrangements" (Hajer 2006: 71). *Story lines* können demnach als bestimmte Kurzformen für Standardnarrative im Sinne der Verknappung größerer Erzählstränge gelten, anhand derer sich geschichtspolitische Akteure zusammenschließen.

diskursiver Zusammenhänge mehr Bedeutung zukommt.[5] Unter Diskurskoalitionen versteht Hajer eine Gruppe von Akteuren, die dieselben Narrative bzw. *story lines* vertreten (Hajer 1995: 47). Eine solche diskursanalytisch ausgerichtete Politikfeldanalyse vergangenheitspolitischer Entscheidungen fokussiert auf die aus unterschiedlichen Ideologien resultierenden „different ways of talking" als „argumentative struggle" (Fischer 2003: 107), die in *policy*-Debatten ihren geschichtspolitischen Ausdruck finden. Entscheidend sind hier nicht die inneren Überzeugungen der am *policy*-Prozess beteiligten Akteure, sondern diejenigen historischen und politischen Deutungsrahmen, die in argumentativen Prozessen öffentlich wirkmächtig werden, indem sie eine spezifische Vergangenheitskonstruktion von Diktatur und Bürgerkrieg anführen. Sie sind damit stets politisch begründet und unmittelbar mit einer interessenpolitischen Motivation verknüpft. Gemein ist den an geschichtspolitischen Diskurskoalitionen beteiligten Akteuren ihre Suche nach Macht, um ihre Geschichtsdeutungen in vergangenheitspolitische Entscheidungen zu übersetzen.

Die an *policy-analysis* orientierte Diskursanalyse, die die Akteure in gemeinsam geteilte *policy oriented belief systems* oder Diskurs-Koalitionen gruppiert, neigt allerdings zu einer enthistorisierenden Perspektive, welche die „historisch-genealogische Kontextualisierung sowie die Machteffekte und durch sie implementierte Technologien und Praktiken" (Pieper 2006: 283) zu vernachlässigen droht. Um politischen Wandel zu erklären, rücken jedoch langsam sich verändernde geschichtspolitische Deutungsmuster beteiligter Akteure, des „Umkämpftseins und des Hegemonialwerdens von Deutungssystemen" (ebd.) ins Zentrum der Analyse, die anhand sich historisch erstreckender Interpretationskämpfe in der Auseinandersetzung um hegemoniale Geschichtsbilder deutlich werden. Diskurse verstanden als „Flüsse von sozialen Wissensvorräten durch die Zeit" (Jäger 2004: 158), formieren das kollektive und individuelle Bewusstsein – und somit auch die kollektive Erinnerung an Diktaturvergangenheit – denn sie enthalten stets ideelle Vorgaben für die Gestaltung der gesellschaftlichen Wirklichkeit, die sich aus der Historizität von Diskursen ergibt. Historisch gewachsene Diskurse dienen somit der Legitimation gegenwärtigen politischen Handelns und werden durch die politische Praxis in ihrer Geltung bestätigt. Es geht demnach um den Kampf um eine legitime Geschichtsdeutungen im zeitlichen Wandel, die in der Auseinandersetzung mit der Diktaturvergangenheit aktualisiert werden. Zum Verständnis der zu analysierenden Erinnerungsdiskurse ist es daher unentbehrlich, diese in ihre historische Entwicklung, d. h. in die diskursiven

5 Zur vergleichenden Diskussion beider Ansätze s. a. Fischer (2003: 99-114). Zuvor hatte bereits Emery Roe (1994) den Begriff der *policy narratives* als Analysekategorie eingeführt.

Verschränkungen nicht nur während des jeweiligen Übergangs zur Demokratie, sondern deren historisch gewachsenen transnationalen politischen wie auch kulturellen Wechselwirkungen bereits seit des Spanischen Bürgerkrieges und der Etablierung des Franco-Regimes, der Volksfrontregierung und Pinochet-Diktatur einzubetten. Die sich aus den zu analysierenden Textfragmenten nicht unmittelbar zu erschließenden historischen gesellschaftspolitischen Kontextfaktoren sollen somit rekonstruiert und in die Analyse einbezogen werden.

Mit Foucaults genealogischem Diskursmodell lässt sich die Frage nach historisch gewachsenen Aussageordnungen analysieren, der die in Zeit und Raum sich erstreckende Machtwirkung ins Zentrum seiner Analyse stellt: Diskurse sind hier „eine Menge von Aussagen, die einem Formationssystem angehören", dessen „historisch sich wandelnde Regeln das gegenwärtig Sagbare ordnen und bestimmen" (Foucault 1981: 170). Die langfristig-historische Dimension rückt hier in den Vordergrund: Es sei nach Foucault offensichtlich, dass wir in einer „geschichtlichen Welt" leben, die „ganz mit Diskursen, d. h. mit Aussagen durchzogen und durchwirkt ist, die wirklich ausgesprochen wurden [...]" (ebd.). Politische Deutungskämpfe, die in der Auseinandersetzung mit Diktaturvergangenheit aktualisiert werden, konstituieren sich demnach in einem ständigen Prozess immer wieder neu. Das vornehmliche Ziel ist damit die Rekonstruktion geschichtlich sich ständig verändernder Geschichtskonstruktionen und -deutungen, um Diskurse im foucaultschen Sinne als historisch kontingente Sagbarkeitsräume zu erfassen, zu denen die Diskursgeschichte[6] einen Zugang ermöglicht. Die historische Diskursanalyse Foucaults verbleibt nicht auf der Ebene von Akteuren oder Diskurskoalitionen, ihr geht es vielmehr darum,

> „[...] jenen tiefen Raum der historischen Wissens- und Wahrheitsproduktion zu erfassen, dessen innere Struktur sich über Jahrhunderte herausgebildet hat und heute die Glaubens-, Denk- und Handlungsoptionen politischer Akteure und Diskurs-Koalitionen formt und begrenzt." (Kerchner 2006: 159)

Um die langfristige Dynamik des öffentlichen Umgangs mit Diktatur- und Menschenrechtsverletzungen in widerstreitenden Erinnerungsdiskursen zu verstehen, ist demnach eine historische Einbettung, Herleitung und Darstellung ihrer Entwicklung zentral. Dominante Erinnerungsdiskurse zeigen auf, welche Geschichtsinterpretation zu einem bestimmten Zeitpunkt Gültigkeit besitzt und

6 Diskursgeschichte verstanden als politische Geologie der Geschichte versteht „Diskurs primär als ein soziales und historisches Phänomen, das heißt er kann einer bestimmten Zeit, einer bestimmten gesellschaftlichen Formation und einer bestimmten Kultur zugeordnet werden" (Landwehr 2006: 111).

üben somit gesellschaftlich Macht aus. Diese Definitionsmacht um die Interpretation konfliktiver Vergangenheitsdeutung ist allerdings immer umstritten und umkämpft. In Anlehnung an Foucault lassen sich solche historisch gewachsenen dominanten Deutungen auch als „diskursive Formationen“ (1981: 48f.) bezeichnen. Demzufolge sind diskursive Formationen sprachliche Ordnungen, deren Historizität sich in ihrem Prozesscharakter ausdrückt. Jede Diskursivierung hat somit kommunikative Wurzeln, die sich auf bestimmte diskursive Machtkonstellationen zurückführen lassen.

Im Kampf um die legitime Interpretation historischer und politischer Ereignisse werden Geschichtsdeutungen aktualisiert und zu Interpretationen verdichtet, die die Vergangenheit benutzen, um die Gegenwart zu erklären und zu rechtfertigen. Die Bedeutungen von kollektiver Erinnerung soll somit als eine soziale Konstruktion verstanden werden, die sich aus Sinnbedürfnissen und Bezugsrahmen der jeweiligen Gegenwart her ergibt. Sie entstehen in den jeweiligen Diskursivierungen der involvierten politischen Akteure immer wieder aufs Neue. Entsprechend werden in diskursiven Auseinandersetzungen die dominanten und auf kollektive Verbindlichkeit zielenden geschichtspolitischen Deutungen ausgehandelt, reproduziert und verändert. Die Analyse zielt damit auf die gesellschaftliche Wirkungsweise von diskursiven Strategien geschichtspolitischer Akteure. Sie sind charakterisiert von einem Kampf um die Durchsetzung ihrer divergierenden, an bestimmte Geschichtsbilder geknüpften Interessen, die sich auch – und vor allem – an konkurrierende Vergangenheitskonstruktionen festmachen lassen. In dieser Auseinandersetzung

> „um die kollektive Geltungsmacht ihrer Interpretationsangebote verhandeln die politischen Akteure um die Legitimität ihrer vergangenen, gegenwärtigen und zukünftigen politischen Handlungen.“ (Herz/Schwab-Trapp 1996: 20-21)

Die Akteure dieser Konflikte beziehen sich zwar auf die Vergangenheit, ringen jedoch um Legitimität, Macht und Anerkennung in der Gegenwart (ebd.).

Da es „keine Theorie der Gesellschaft” gibt, „die nicht politische Interessen mit einschlösse” (Horkheimer 1937: 196), sind Geschichtsdeutungen stets interessengeleitet, denn Sprechhandlungen, die ein bestimmtes Bild der Vergangenheit entwerfen, sind immer auf zukünftiges politisches Handeln bezogen. Dominante Geschichtsnarrative verweisen stets auf die gegenwärtigen Interessen der politischen Akteure, die mit historischen Argumenten befrachtet werden.

Ausgehend von der These, dass sich jede Gegenwart neu mit ihrer Vergangenheit in Beziehung setzt, dass die Erinnerung an Diktatur und Menschenrechtsverletzungen in der Kommunikationsgesellschaft ein zentrales Handlungsfeld für die Austragung gesellschaftlicher Normen-, Werte- und Machtkonflikte ist, lässt sich das kollektive Gedächtnis einer Gesellschaft nicht als „statischer Speicher", sondern als „kontingentes Produkt eines dynamisch-diskursiven Prozesses" verstehen (Uhl 2003: 11). Vergangenheitsbezogene Diskurse und Deutungskonflikte sind demzufolge im Kontext der Macht- und Interessenkonstellationen zu sehen, die sie produzieren und reproduzieren.

Die Verbindung von Sprache, Diskurs und Macht kommt auch bei gramscianisch informierten Diskurstheoretikern zum Tragen: Bei der diskursanalytisch gewendeten Hegemonieanalyse gehen Laclau und Mouffe von einer Allgegenwärtigkeit von Konflikten um politische Vorherrschaft aus (vgl. Laclau/Mouffe 2000). Im permanenten Kampf um kulturelle Deutungsmacht wird jeweils um die Durchsetzung eines hegemonialen Geschichtsnarrativs gerungen. In diesem Sinne bezeichnet etwa der spanische Historiker Gálvez Biesca das Fortwirken einer aus der Diktatur herrührenden dominanten franquistischen Geschichtsdeutung, welche sich auch in der fortwährenden apologetisch-positiven Interpretation des Transitionsprozesess ausdrücke und die daraus seit der Jahrtausendwende resultierenden Erinnerungskämpfe als einen Konflikt um ein „hegemoniales Narrativ" (2008: 11-22). Dabei stellt die Formierung einer Gegenerinnerung zum hegemonialen Geschichtsnarrativ, welche in Spanien von lokalen erinnerungspolitischen Initiativen vorangetrieben wird, aufgrund seiner Instabilität ein konstitutives Element vergangenheitsbezogener Deutungskonflikte dar (Sandner 2001: 12-15): Die „unabschließbare Dynamik des Erinnerungsprozesses" (Assmann/Frevert 1999: 12) führe immer nur zur zeitweilig anerkannten Deutungsmacht.

In diesem Sinne setzt sich auch die Kritische Diskursanalyse[7] als Ansatz zum Ziel, Formen der Machtausübung und politischen Kontrolle im Sprachgebrauch sichtbar zu machen (vgl. etwa Wodak 2001: 10-11, Van Dyk 1997: 17-25).[8] Diskurs wird hier als soziale Praxis verstanden, die durch Institutionen und soziale Strukturen gerahmt werden. Wenn dabei auch von unterschiedlichen Implikationen ausgegangen wird, ist die zentrale Fragestellung doch stets darauf gerichtet, wie und von wem legitime Definitionen der gesellschaftlichen Wirklichkeit durchgesetzt werden, bzw. welche Interpretation der umkämpften Vergangenheit als gültig akzeptiert wird. Gesellschaftlich und historisch wirkmächtig werden Erinnerungsdiskurse, in denen eine bestimmte Geschichtsdeutung durchgesetzt

7 Zur kritischen Diskursanalyse als sozialwissenschaftliche Methode beispielsweise Jäger (2004), van Dijk (2001), Fairclough (1995).

8 Bezüglich des Umgangs mit der nationalsozialistischen Vergangenheit haben dies u. a. Wodak et al. (1994) in ihrer Studie zum öffentlichen Gedenken an den Holocaust in den österreichischen und deutschen Medien anschaulich umgesetzt.

werden soll, stets durch ihre Kopplung an Machtprozesse. Geschichtskonstruktionen definieren ein Ensemble von Normen, Werten und Einstellungen zum Vergangenen im Kampf um hegemoniale Deutungsmacht, denn „die Thematisierung von Geschichte [ist] lediglich das Medium, in dem Auseinandersetzungen um aktuelle Machtfragen ausgetragen werden" (Kohlstruck 2004: 181).

In der vorliegenden Arbeit soll der Versuch unternommen werden, die dargestellten diskursanalytischen Forschungsansätze zu integrieren: Einerseits das in den *policy-studies* vertretene analytisch-pragmatische Diskursverständnis der Deutungsanalyse, andererseits das der historisch ausgerichteten Diskursforschung, welche auf die geschichtliche Einbettung von Diskursen und ihren gesellschaftlichen und kulturellen Deutungskämpfen genauso wie ihrer Machtwirkung fokussiert. Da als Gegenstand der vorliegenden Arbeit der öffentliche Umgang mit der Diktaturvergangenheit in Spanien und Chile sowie die historisch-diskursiven Interdependenzen zwischen den länderspezifischen Erinnerungsprozessen sowie die Transfervorgänge und Bezugnahmen auf Menschenrechtsdiskurse und -paradigma analysiert werden sollen, ist die Einnahme einer transnationalen Perspektive zentral, dessen methodische Verknüpfung mit einem diskursiven Zugang im Folgenden dargelegt wird.

2.2 Transnationale Diskurszusammenhänge

Anhand von geschichtspolitischen Deutungskonflikten und ihrer transnationalen medialen Rezeption und Diffusion kann herausgearbeitet werden, ob und wie sich Erinnerungsdiskurse im Umgang mit von Diktaturen begangenen Menschenrechtsverletzungen durch gegenseitige Bezugnahme beeinflussen. Die Massenmedien spielen dabei eine zentrale Rolle, die öffentlichen Geschichtskonstruktionen wirken auf die Diskurshegemonie ein. Analytisch lässt sich dabei zunächst zwischen einer nationalen Ebene und einer transnationalen Ebene unterscheiden, welche die historisch gewachsenen Wechselwirkungen und diskursiven Verstrickungen zwischen den involvierten Ländern in den Vordergrund stellt. Der Konflikt um Diskurshegemonie ist nicht nur auf die innergesellschaftliche Geschichtskonstruktion beschränkt; wichtig erscheint in diesem Zusammenhang die Frage, inwiefern der Einfluss transnationaler Diskurse, etwa der Bezug auf internationale Menschenrechtdiskurse und -normen oder die Erfahrungen des Umgangs mit Diktaturvergangenheit in anderen Ländern, die Herausbildung eines innergesellschaftlichen Gegendiskurses begünstigt.

Besonders durch die Internationalisierung der Debatten um Menschenrechtsverletzungen und die entsprechend vielfältigen länderspezifischen vergangenheitspolitischen Erfahrungen und Instrumente, auf welche v. a. die Länder des

Cono Sur mittlerweile zurückblicken können, wird offensichtlich, dass diese sich nicht an nationalen Grenzen orientieren, sondern vielmehr auch grenzüberschreitend wahrgenommen und rezipiert werden. Diese auch internationalen Lernerfahrungen machen eine Erweiterung der nationalstaatlichen Blickbegrenzung auf den Umgang mit Diktaturvergangenheit hin zu einer transnationalen Analyseperspektive notwendig. Die länderspezifischen Auseinandersetzungen und Erinnerungsdiskurse haben zwar ihre „Eigengewichtigkeit“ (Faulenbach 2009: 46), sind zugleich jedoch verschränkt mit den Auseinandersetzungen in internationalen vergangenheitspolitischen Arenen, d. h. supranationale Institutionen der Aufarbeitungspolitik. Sie sind entsprechend auch vor dem Hintergrund von sich herausbildenden internationalen Menschenrechtsdiskurse und völkerrechtlichen Normen der Aufarbeitung von Diktatur und Menschenrechtsverletzungen zu betrachten, so dass Faulenbach eine „gewisse asymmetrische Verflochtenheit“ (ebd.) zwischen nationalen und transnationalen Faktoren bei der Auseinandersetzung mit belasteter Vergangenheit konstatiert.

Es geht in meinem Zusammenhang darum, nationale, inter- und transnationale Argumentationszusammenhänge und -prozesse als Formen des politischen Aushandelns zu begreifen, die einen – so formuliert es Kohler-Koch – „grenzübergreifenden Verständigungsraum“ (1998: 18) bilden. Denn „durch die Einbindung [...] in einen transnationalen Diskurs“ werde „eine soziale und kognitive Entgrenzung vorangetrieben [...], die schließlich zur Vergemeinschaftung von Politikprozessen beitrug, welche nach rationalistischer Logik nur schwer zu erklären“ sei (ebd.: 17). Das hier deutlich werdende sozialkonstruktivistische Verständnis von internationaler Politik betont die Interpretation von Problemen seitens der Ideenträger und der diskursiven Leitidee als „kognitiver Dimension politischen Handelns“ (Kohler-Koch/Eder 1998: 170), die eine maßgebliche Rolle bei der Gestaltung von politischen Prozessen spiele.

Eine solche transnationale Perspektivenerweiterung ermöglicht es zu zeigen, dass vergangenheitspolitische Auseinandersetzungen und geschichtspolitische Deutungskonflikte auch durch transnationale Faktoren und internationale Normierungsprozesse, beeinflusst werden können. Zivilgesellschaftliche Menschenrechtsakteure und lokale Erinnerungsinitiativen, die sich für eine Auseinandersetzung mit der Diktaturvergangenheit einsetzen und sich zu transnationalen Netzwerken zusammenschließen, können so in unterschiedlichen Ländern und auf mehreren Ebenen zusammenwirken.

Methodisch rückt hier der Diskursbegriff in den Vordergrund, da es darum gehen soll, neben länderspezifischen (Kap. 4), auch inter- und transnationale Argumentations- und Transferprozesse und durch sie ausgelöste Interdependenzen (Kap. 5 und 6) als Formen der Aufarbeitungspolitik zu begreifen und in die Analyse einzubeziehen. Gemeinsame Ideen und Deutungen von transnationalen Diskurskoalitionen, wie etwa die sich während des ‚Falles Pinochet' herausbildenden *Transnational Advocacy Networks* (TAN's) zwischen spanischen und chilenischen Menschenrechtsakteuren, können mit ihren Forderung, beispielsweise nach einem Ende der Straflosigkeit oder der Suche nach den Verschwundenen, über nationale Grenzen hinaus wirken und anhand von transnationalen Schlüsselereignissen katalysatorische Wirkungen für die lokale Auseinandersetzung mit der Diktaturvergangenheit entfalten.

Als Kristallisationspunkt entgrenzter Erinnerungsdiskurse dient daher das transnationale Medienereignis der Verhaftung Pinochets in London, das in beiden Ländern intensiv verfolgt und im Pressediskurs rezipiert wurde. In diesem Sinne ist die Perspektive der vorliegenden Arbeit darauf gerichtet, transnationale Diskurszusammenhänge und Transferprozesse im öffentlichen Umgang mit Diktatur und Menschenrechtverletzungen in der spanischen und chilenischen Öffentlichkeit offenzulegen. Es soll geprüft werden, ob sich zwischen spanischen und chilenischen zivilgesellschaftlichen Akteuren eine an globalen Menschenrechtsparadigmen, wie der Forderung nach ‚Wahrheit, Gerechtigkeit und Entschädigung' orientierte gemeinsame Sprache herausbildet, mit der lokale Erinnerungsakteure ihre Aufarbeitungsforderungen durchzusetzen versuchen. Zeigen sich in den dominanten Figuren und den geschichtspolitischen Deutungsmustern ähnliche Topoi, sprachliche Bilder und Argumentationsstrategien, die sich etwa an bestimmten Menschenrechtsdiskursen und juristischen Figuren, wie die des Erzwungenen Verschwindenlassens oder der Straflosigkeit orientieren?

Als ein exemplarisch zu analysierendes transnationales Medienereignis, in welchem sich das Zusammenwirken spanischer und chilenischer Aufarbeitungsdiskurse kristallisiert, habe ich die grenzüberschreitenden Auswirkungen des ‚Falles Pinochet' ausgewählt, der sowohl in der spanischen als auch in der chilenischen Öffentlichkeit zu einer neuen Dynamik in der gesellschaftlichen Auseinandersetzung mit den Diktaturvergangenheiten beider Länder beigetragen hat. Als Katalysator hat er auch Debatten über die weiterhin in Bürgerkriegsgräbern verscharrten Opfer franquistischer Repression angestoßen, deren Schicksal bis heute nicht aufgeklärt ist. Es sollen die gegenseitigen Bezugnahmen zwischen dem spanischen und dem chilenischen Aufarbeitungsprozess heraus gearbeitet werden, um herauszuarbeiten, inwiefern nationale Erinnerungsdiskurse zunehmend von transnationalen Bezügen beeinflusst werden können, welche etwa die historischen Gemeinsamkeiten, Parallelen und Verflechtungen zwischen beiden Ländern betonen. Welche diskursiven Konsequenzen hat schließlich der Rekurs lokaler Akteure auf international verankerte Aufarbeitungsimperative, wie der nach ‚Wahrheit, Gerechtigkeit und Entschädigung' oder einem Ende der Straflosigkeit und die Einschreibung der politischen Repressionserfahrung in menschenrechtliche Paradigmen?

2.3 Textauswahl und leitende Fragestellungen

Die Frage, welche Texte von welchem Umfang auszuwählen sind, ist von dem Forschungsinteresse und dem theoretischen Zugang abhängig. Die vorliegende Arbeit untersucht die Erinnerungsdiskurse des Umgangs mit Diktatur und Menschenrechtsverletzungen in der chilenischen und der spanischen Öffentlichkeit. Die Bedeutung transnationaler Wechselwirkungen und diskursiver Transfervorgänge wird am Beispiel des ‚Falles Pinochet' und der Debatten über die verschwundenen Opfer der franquistischen Repression aufgezeigt. Zentrales Kriterium für die Textauswahl ist die Wiederholung, Aneignung und Übernahme von auf die Auseinandersetzung mit der Diktatur bezogenen Geschichtsnarrativen, Deutungsmustern, Motiven, Topoi, juristischen Figuren und diskursiven und symbolischen Praktiken.

Zur Verdeutlichung des dynamischen und komplexen Transferverhältnisses bei der Aufarbeitung der Diktaturvergangenheit in Spanien und Chile stütze ich mich zur methodischen Realisierung bei der Behandlung des ‚Falles Pinochet' als transnationalem Medienereignis in erster Linie auf die Analyse von Pressematerial und Berichten von Menschenrechtsorganisationen. Um das politische Spektrum abzudecken, greife ich vor allem auf die gezielte Analyse von Artikeln führender, überregionaler spanischer und chilenischer Tageszeitungen zurück. Für den chilenischen Pressediskurs sind dies einerseits die rechts-konservative *El Mercurio,* die während der Militärdiktatur als Sprachrohr des Pinochet-Regimes fungierte, die rechtsliberale *La Tercera* sowie andererseits die seit dem Ende der Militärdiktatur und zum analysierten Zeitraum dem linken Regierungslager nahe stehende *La Nación*, mit wesentlich geringeren Auflagezahlen.[9]

Für den spanischen Vergangenheitsdiskurs sollen die sozialliberale *El País* sowie für die jüngeren Debatten um die Verschwundenen in der spanischen Öffentlichkeit die seit 2007 erscheinende, dem linken Spektrum zugehörende *Público*, das zentristische Blatt *El Mundo*, sowie die konservativ-monarchistisch

9 Die chilenische Presselandschaft ist von diesen zwei großen Medienkonzernen dominiert, die beide der neoliberalen, konservativen Rechten zuzuordnen sind. Dies ist bei der Analyse der chilenischen Pressediskurse zu bedenken, da dies – wie Ruderer treffend anmerkt – dazu geführt habe, „dass durch die ideologische Ausrichtung der Presselandschaft die Vergangenheitsnarrative der diktaturnahen Koalition eine hegemoniale Position in der öffentlichen Auseinandersetzung einnehmen können" (2010a: 141).

ausgerichtete *ABC* herangezogen werden. Hier sollen neben der länderspezifischen Auseinandersetzung mit Diktatur die gegenseitigen Bezugnahmen auf den spanischen und den chilenischen Fall heraus gearbeitet werden. Da das vorrangige Erkenntnisinteresse die Ermittlung von Argumentationsstrukturen und -zusammenhängen ist, erscheinen für die Analyse insbesondere Diskursbeiträge relevant, die sich zu den Aufarbeitungsdebatten beider Länder positionieren, etwa Kommentare und darin sich wiederholende Deutungsmuster und Vergangenheitsnarrative, die jeweils in ihren gesellschaftlichen Gesamtkontext eingebunden und gedeutet werden sollen.

Zur Auswertung dienen neben Presseerzeugnissen als Textkorpus daher geschichtspolitisch motivierte Pressemitteilungen und Kommuniqués der spanischen und chilenischen Erinnerungsakteure sowie Berichte internationaler Menschrechtsorganisationen – wie *Amnesty International*, das *Equipo Nizkor* – und ferner vergangenheitspolitisch motivierte Parlamentsdebatten und zusätzlich im Zusammenhang mit den *desaparecidos* aus dem Spanischen Bürgerkrieg die jeweiligen Gerichtsverfügungen und -beschlüsse. Datengrundlage sind außerdem einige Experten-Interviews (s. Anhang) mit den beteiligten erinnerungspolitischen Akteuren Spaniens und Chiles.

So sollen die diskursiven Verflechtungen der Aufarbeitungserfahrungen in beiden Gesellschaften ebenso wie die Wirksamkeit transnational agierender Menschenrechtsdiskurse im Umgang mit den Diktaturvergangenheiten in beiden Ländern im Sinne einer sozialen Konstruktion von Wirklichkeit analysiert werden, um dabei den diskursiven Wandel aus einer langfristigen Perspektive in den Blick zu nehmen. Die mögliche Verzahnung der Erinnerungsdiskurse der zwei Länder soll zeigen, wie politisch formierte länderspezifische Erinnerungskulturen aufeinander bezogen sein können. Zentrale Argumentationsmuster für lokale Aufarbeitungsforderungen geben dabei internationale Menschenrechtsorganisationen vor, die kritisch den vergangenheitspolitischen Umgang mit den begangenen Menschenrechtsverletzungen in Chile und unlängst auch in Spanien begleiten und in ihren regelmäßigen Berichten die Regierungen zur Einhaltung der völkerrechtlichen Bestimmungen und international anerkannten Normen auffordern.

Folgende Leitfragen stellen einen Versuch dar, die Narrative der sich zu Diskurskoalitionen zusammenschließenden Erinnerungsakteure zu bestimmten und diskursive Anlässe als zu untersuchende Figuren, Ideen und Deutungsmuster darzulegen, welche den Argumenten der aus einer gegenhegemonialen Position agierenden Erinnerungs- und Opferorganisationen zugrunde liegen. Mit der Zusammenfassung von Begriffen zu Oberbegriffen, um Phänomene in Konzepten zu fassen (Strauss/Corbin 1990: 39), sollen die zu analysierenden Textfragmente

„aufgebrochen“ werden, um sie zu verstehen und dabei Begriffe und Konzepte, die den Aufarbeitungsdiskurs prägen, festzulegen, zu entwickeln und zu ordnen (vgl. Flick 2002: 263f.). Es ergeben sich Argumentationsfiguren sowie wiederkehrende Deutungs- und Interpretationsmuster, auf welche mein Datenmaterial hin in Bezug auf mediale Schlüsselereignisse analysiert, interpretiert und kontextualisiert werden soll. Aus der Ausgangsfrage nach den transnationalen Transferprozessen bei der Auseinandersetzung mit Diktatur- und Menschenrechtsverletzungen ergeben sich folgende forschungsleitende Fragestellungen:

- Welche transnationalen kulturellen und historischen Interdependenzen zwischen den Volksfrontregierungen, Militärdiktaturen und der darauf folgenden Transitionsprozesse zwischen Spanien und Chile und (teils phasenversetzten) historischen Parallelen lassen sich aufzeigen und inwiefern sind diese von einem diskursiven wechselseitigen Einflussverhältnis geprägt?

Der ‚Fall Pinochet‘ und die Forderung nach einem Ende der Straflosigkeit

- Untersucht werden diskursive Strategien internationaler Menschenrechts- und lokaler Erinnerungsorganisationen beider Länder, die sich für eine Auseinandersetzung mit der Diktaturvergangenheit einsetzen: Inwiefern rekurrieren sie auf völkerrechtlich verankerte Prinzipien und juristische Figuren zur Beendigung der Straflosigkeit sowie internationale Menschenrechtsnormen und ihrer Einhaltung, um ihre Aufarbeitungsforderungen durchzusetzen?

Die Figur des Verschwundenen und ihre Einschreibung in den spanischen Erinnerungsdiskurs

- Des Weiteren soll gefragt werden, wie der ‚Fall Pinochet’ als Diskursanlass die Thematisierung der in Massengräbern verscharrten verschwundenen Opfer aus dem Spanischen Bürgerkrieg und des Franco-Regimes in der spanischen Öffentlichkeit aktualisiert hat.

- Inwieweit dient die Adaption und Aneignung der aus lateinamerikanischen Aufarbeitungserfahrungen entstandenen juristischen Figur des *desaparecido* durch lokale spanische Erinnerungsverbände als transnationaler Bezugspunkt, um auf Parallelen der franquistischen Gewalt mit den im *Cono Sur* gemachten Repressionserfahrungen hinzuweisen und durch eine Einschreibung in Menschenrechtsdiskurse eine Auseinandersetzung und rechtliche Aufarbeitung der Franco-Diktatur einzufordern?

Die Hauptkonfliktfelder, die die diskursiven Transferprozesse und Interdependenzen der Auseinandersetzung um den Umgang mit der Diktaturvergangenheit in Spanien und Chile bestimmen, sollen im 5. und 6. Kapitel näher untersucht werden. Bevor auf die transnationalen Dimensionen der Auseinandersetzung mit Diktaturvergangenheit am Beispiel der Debatten um den ‚Fall Pinochet', die universelle Gerichtsbarkeit und die ‚verschwundenen' Repressionsopfer eingegangen werden kann, welche die öffentliche Diskussion in Chile und Spanien bis in die Gegenwart prägen, müssen im Folgenden kurz der historische Kontext der Diktaturen sowie die Menschenrechtsverletzungen dargestellt werden. Es soll hier keine vertiefte Abhandlung der historischen Ereignisse im Vordergrund stehen, vielmehr wird der Schwerpunkt auf die historischen Querverbindungen wie auf das Ausmaß und die Formen der während der Diktaturen in Spanien und Chile erfolgten Repressionsmaßnahmen aus einer komparativen Perspektive gelegt.

II Historischer Kontext, innerstaatliche Perspektiven und Vergleich

3. Historische Einordnung

Da der öffentliche Umgang mit den Diktaturvergangenheiten in Spanien und Chile nur vor dem Hintergrund der historischen Voraussetzungen verstanden werden kann, ist die Absicht dieses Kapitels, die Ausgangslage für die Demokratisierungs- und Aufarbeitungsprozesse aus chronologisch-alternierender Perspektive zu skizzieren und Kontinuitätslinien und Brüche der politischen und sozialen Entwicklung in Spanien und Chile, die zur Errichtung der Diktatur geführt haben, aufzuzeigen (3.1). Um die Bedeutung des öffentlichen Umgangs mit der Diktatur während des Übergangs zur Demokratie bis in die Gegenwart zu verstehen, ist es zudem unerlässlich, auf die Art und das Ausmaß der während der Diktaturen begangenen Menschenrechtsverletzungen in beiden Ländern einzugehen (3.2). Die transnationalen Bezugspunkte in der jüngeren Geschichte beider Länder der Volksfrontregierungen, Militärdiktaturen und der darauf folgenden Transitionsprozesse, die hier nur angedeutet werden können, weisen diachrone Parallelen auf. Sie sind von einem wechselseitigen politisch-kulturellen und diskursiven Einflussverhältnis geprägt.

Die Diktaturgeschichte der beiden Länder weist Ähnlichkeiten und Gemeinsamkeiten, jedoch ebenso Unterschiede auf. Zu letzten zählen die zeitlichen Verschiebungen, bzw. Ungleichzeitigkeiten der republikanischen Erfahrung der Volksfrontregierungen, des Militärputsches, der Diktatur und der Redemokratisierung. Die wechselseitige Beeinflussung der politischen Entwicklungen in beiden Ländern liegt in den bestehenden historischen Querverbindungen sowie politischen und kulturellen Austauschbeziehungen und Interdependenzen begründet. Sie sind m. E. sowohl bei einer komparativen Perspektive auf die Erinnerungskulturen als auch zum Verständnis der daraufhin analysierten transnationalen Aufarbeitungsprozesse einzubeziehen.

3.1 Volksfrontregierung, Putsch und Militärdiktatur

Beide Diktaturen wurden durch einen brutalen Militärputsch begründet, der die linksgerichteten Volksfrontregierungen, der Zweiten Republik einerseits und der Allende-Regierung andererseits gewaltsam beendete. Während auf den einen ein dreijähriger, mit äußerster Grausamkeit geführter Bürgerkrieg folgte, war insbesondere die Frühphase der Pinochet-Diktatur von extremer Repression geprägt. Damit besteht ein wichtiger Unterschied im Zeitpunkt und den Ursachen der Entstehung der Diktaturen Francos und Pinochets. In Spanien war der Diktatur Francos die Ausrufung der laizistischen, liberalen und föderalen Zweiten Republik 1931 und der Bürgerkrieg von 1936 bis 1939 voraus gegangen. In Chile dagegen sollte es mit Salvador Allende zum in der Weltgeschichte einzigartigen eingeschlagenen ‚demokratischen Weg zum Sozialismus' kommen, der 1973 durch einen gewaltsamen Militärputsch beendet wurde, auf den eine von den USA gestützte sechzehn ein halb Jahre andauernde Militärdiktatur folgte.

In Spanien verknüpften sich mit der Zweiten Republik, die nach der Wahl von 1931 durch ein Bündnis von Sozialisten (PSOE) und linken Republikanern proklamiert wurde, große Hoffnungen auf eine gesellschaftliche Modernisierung. Der Versuch, das latifundistische Agrarsystem zu reformieren, scheiterte jedoch am massiven Widerstand der Großgrundbesitzer, die Regierungskoalition sollte schließlich auch angesichts der nur teils umgesetzten Reformen zerbrechen.

Der Spanische Bürgerkrieg bedeutete als Kulminationspunkt sozialer Konflikte und politischer Gegensätze einen fundamentalen Einschnitt in die spanische Geschichte (Bernecker 2010: 136). Zunächst gelang es, den Putsch der franquistischen Truppen in Teilen des Landes niederzuschlagen, was zu einer Zweiteilung Spaniens in die republikanische und franquistische Zone als Ausgangslage für den Krieg führte. Galt der Bürgerkrieg zunächst als ein innerspanischer Konflikt – als Kampf um die peripheren Nationalismen und die Auseinandersetzung zwischen Katholizismus und Laizismus, mit deutlichen Zügen eines Klassenkonfliktes – so wird er auch im Rahmen des internationalen Kontextes als globales Ereignis interpretiert: Spanien wurde demnach zu einem Kristallisationspunkt internationaler und ideologischer Gegensätze, weshalb der Bürgerkrieg auch als das Vorspiel des Zweiten Weltkriegs gedeutet wird (Collado Seidel 2006: 10) und vor dem Hintergrund der europäischen Auseinandersetzung zwischen Faschismus und Antifaschismus eingeordnet worden ist (Preston 2006: 146ff.). Das republikanische Lager erhielt Unterstützung durch die Sowjetunion und den auch von Idealismus getragenen, antifaschistischen Internationalen Brigaden. Die Zahl von 61 chilenischen Interbrigadisten, die am Spanischen Bürgerkrieg teilnahmen, gilt als belegt, von denen circa die Hälfte professionelle

Militärs waren, welche direkt von Chile aus nach Spanien aufbrachen (Ulianova 2006), während einige der chilenischen Interbrigadisten aus Ländern anreisten, in die sie zuvor migriert waren, in erster Linie den USA. Dokumentiert sind Mitglieder des *Club Obrero Chileno* in New York, die sich den Internationalen Brigaden anschlossen (Baumann 1997). Während sich Frankreich, England und die USA zum Prinzip der ‚Nichteinmischung' bekannt hatten – in Kauf nehmend, dass die spanische Republik zerstört wurde – wird die massive militärische Unterstützung als letztlich kriegsentscheidend gewertet, die das franquistische Lager durch das faschistische Italien und das nationalsozialistische Deutschland erhielt (Bernecker 2010: 146f.). Der Spanische Bürgerkrieg hatte auch die öffentliche Diskussion in Chile stark beeinflusst und die chilenische Bevölkerung politisiert (Sapag 2003, Drake 1982: 253ff.).

War das Ende der Zweiten Republik durch den Bürgerkrieg bereits voraussehbar, so hatte sich in Chile ebenfalls eine Volksfrontregierung etabliert: Auf der anderen Seite des Atlantiks setzte sich am 25. Oktober 1938 eine Linkskoalition der *Frente Popular* gegen eine aus Konservativen und Liberalen gebildete Allianz durch, zum Präsidenten der chilenischen Republik wurde Pedro Aguirre Cerda gewählt. Mit dem Sieg der Volksfrontregierung in Chile konnten sich die republikanischen Kräfte im Spanischen Bürgerkrieg der Unterstützung der chilenischen Regierung versichern. Auf Anfrage der kommunistischen Partei Chiles hin sollte die Regierung Aguirre Cerdas eine Aufnahme republikanischer Bürgerkriegsflüchtlinge nach Chile ermöglichen. 430.000 republikanische Flüchtlinge hatten bis April 1939 die Grenze nach Frankreich passiert und lebten in französischen Auffanglagern in menschenunwürdigen Bedingungen. Im Mai nahm – der Spanische Bürgerkrieg war mit einem Sieg der franquistischen Truppen am 1. April 1939 formal beendet, – Präsident Aguirre Cerda die Anfrage auf und ernannte kurz darauf Pablo Neruda zum Konsul, der sich ihrer von Paris aus annehmen sollte. Auf dem Flüchtlingsschiff *Winnipeg* wurden am 4. August 1939 von einem Hafen bei Bordeaux aus 2.366 Bürgerkriegsflüchtlinge, darunter Anhänger aller linkspolitischen Strömungen, nach Chile ausgeschifft (Almanocid Zapata 2004: 181, Ferrer Mir 1989: 153). Viele republikanische Flüchtlinge sollten daraufhin in Chile die Freiheit wiederfinden, die sie mit der Errichtung der Diktatur Francos verloren hatten. 1940 folgte ein viermonatiger Bruch der diplomatischen Beziehungen zwischen der chilenischen Volkfrontregierung und der Franco-Regierung in Spanien (Garay Vera 2000: 119ff.).

Die in Spanien mit Ende des Bürgerkrieges errichtete Franco-Diktatur gründete sich auf die soziale Zweiteilung der spanischen Gesellschaft in Sieger und Besiegte. Hauptstütze des franquistischen Regimes war das Militär, das zentrale Ämter in der Regierung und der Verwaltung erhielt, sowie die katholische Kirche, die die legitimatorische Unterstützung für die Errichtung eines neuen „nationalkatholischen Staates" lieferte (Bernecker/Brinkmann 2006: 110). Alle Parteien wurden verboten, bis auf die Einheitspartei *Falange Española y de las JONS*, der nach einem Zusammenschluss sowohl die traditionellen Monarchisten wie auch die faschistischen Falangisten angehörten. Sie übte in der Frühphase des Regimes großen Einfluss auf die Politik der Diktatur aus und besetzte Schlüsselpositionen in der Regierung. Der Sieg über das republikanische Lager wurde zum zentralen Gründungsmythos der Diktatur, der bis zu ihrem Ende aufrecht erhalten blieb (Aguilar 2008: 95-162).

Während in Spanien mit der entstandenen Franco-Diktatur eine harte Nachkriegsrepression einsetzte, sollte die chilenische Politik wiederum, wie oben erwähnt, zwischen 1938 und 1941 von einer Volksfrontregierung, die *Frente Popular* – ein Zusammenschluss aus Kommunisten, Sozialisten und Radikaler Partei, die sich auch am spanischen Vorläufer orientierte – geprägt werden. Im Kabinett Aguirre Cerdas stellte der junge Sozialist Salvador Allende den Gesundheitsminister. Nach den erfolgreichen Parlamentswahlen von 1941 zerbrach die *Frente Popular* noch im gleichen Jahr aufgrund der großen politischen Gegensätze, kurz nach dem Rückzug der Sozialisten verstarb Aguirre Cerda. Die folgenden zehn Jahre regierte die bürgerliche Radikale Partei, die Präsidenten Antonio Ríos und González Videla sollten jedoch keine *Frente Popular* zusammenstellen, vielmehr wurde während der Amtszeit Videlas die kommunistische Partei mit dem im September 1948 erlassenen so genannten Gesetz zur ‚Verteidigung der Demokratie' verboten.[1]

Als sich bei den chilenischen Präsidentschaftswahlen 1964 der Christdemokrat Eduardo Frei Montalva durchsetzte, die PDC hatte sich seit 1957 aus der Konservativen Partei abgespalten, sollte durch eine ‚Revolution in Freiheit' ein propagierter ‚dritter Weg' zwischen Demokratie und Kommunismus eingeschlagen werden. Ein Pfeiler ökonomischer Veränderungen stellte bereits während der Regierung Frei die erstmals eingeleitete Agrarreform dar, mit der das dominierende *hacienda*-System als Erbe der Latifundienwirtschaft und der Kolonialisierung aufgebrochen werden sollte, die Kupferbergwerke wurden teilverstaatlicht. Wie zuvor bereits während der spanischen Zweiten Republik sollte als zentrales Reformprojekt eine Agrarreform in Angriff genommen werden. Des Weiteren war bereits unter der Regierung Frei versucht worden, marginalisierte Bevölkerungsschichten zu mobilisieren und ihre politische Teilhabe zu erhöhen. Mit dem Programm ‚Partizipation durch Organisation' wollte man erreichen,

1 Auf die populistische Herrschaft von Carlos Ibáñez von 1952 bis 1958 folgte die konservative Regierung Jorge Alessandris von 1958 bis 1964, auf die hier nicht näher eingegangen werden soll.

ausgegrenzte Bevölkerungsschichten, die städtischen und ländlichen Unterschichten, in den politischen Prozess einzubinden. Mit einem Putschversuch, dem so genannten *tecnazo,* hatten die Streitkräfte unter Führung Roberto Viaux, ein General im Ruhestand, im Oktober 1969 zum ersten Mal versucht, als politische Kraft gewaltsam zu intervenieren, es kündigte sich bereits „eine neue Phase militärischer Eingriffe in die Politik an" (Rinke 2007: 141).

Am 4. September 1970 wurde Salvador Allende als Kandidat der *Unidad Popular* (UP) – einem linken Parteienbündnis aus Sozialisten (PS), Radikaler Partei (PR), Kommunistischer Partei (PCCh), der Unabhängigen Volksaktion und einer Abspaltung des linken Flügels der Christdemokraten (*Movimiento de Acción Popular Unitaria,* MAPU) – mit einer knappen, relativen Mehrheit von 36,5 Prozent auf demokratischem Weg zum Präsidenten der chilenischen Republik gewählt. Der Sieg Allendes als erster sozialistischer Präsident, der durch allgemeine freie und faire Wahlen an die Macht gelangt war, markiert einen – auch mit großer internationaler Aufmerksamkeit verfolgten – historischen Meilenstein. Seine Politik zielte auf eine gesellschaftliche Umverteilung, die Umsetzung und Ausweitung sozialer und politischer Reformen, wie die Fortführung der Landreform und die Verstaatlichung wichtiger Industriezweige. Dieser eingeschlagene ‚chilenische Weg zum Sozialismus' (*vía chilena al socialismo*) nach demokratischen Regeln, d. h. mit der Unterstützung einer Mehrheit der Bevölkerung, sollte vor allem eine bessere Versorgung, Bildung und Integration der armen Gesellschaftssektoren ermöglichen.

Die herausragende Reform im Wirtschaftsbereich war die Nationalisierung des Kupfers, die der Nationalkongress am 11. Juli 1971 einstimmig beschloss. Das auch vom konservativen und liberalen Lager getragene Gesetz beinhaltete, dass der chilenische Staat der einzige Eigentümer aller Bodenschätze auf chilenischem Territorium sei (Nohlen 1974: 88-94). Die *Unidad Popular* erhöhte merklich die Ausgaben im sozialen Bereich. In den ersten zwei Jahren der Regierung stiegen diese um 59,4 Prozent. Jedem Kind unter 15 Jahren stand täglich ein halber Liter Milch zu. Diese Programme sowie der Aufbau eines Gesundheitssystems und der Bau von 156.000 Wohnungen führten dazu, dass die Kindersterblichkeit 1973 um 20 Prozent gesunken war (vgl. Corvalán 2003: 23-27).

Die Zeit der Volksfrontregierung war von einer politisch-sozialen Konfrontation geprägt, auf die der Mord an General René Schneider, dem Oberkommandieren des Heeres am 22. Oktober 1970, einen Vorgeschmack lieferte. Mit ihm sollte ein Militärputsch provoziert werden, um Allende am Antritt seiner Präsidentschaft zu hindern. Das Maß an politischer Gewalt nahm dramatisch zu. Faschistische Organisationen, wie *Patria y Libertad,* verübten Terroranschläge, die

Versuche der Regierung, die Streitkräfte zu besänftigen und in den politischen Prozess einzubinden, blieben erfolglos (Straßner 2007: 329).

In den Monaten vor dem Putsch war Chile von extremen Versorgungsengpässen und einer starken politischen Polarisierung geprägt, die die Regierung um die Unterstützung vor allem eines Teils der Mittelschicht brachte. Die Wirtschaftsentwicklung spitzte sich drastisch zu: Die Inflationsrate stieg sprunghaft an, es kam zu Versorgungsengpässen, auch hervorgerufen durch diverse Sabotageakte. Ein von den USA unterstützter nationaler Streik der Lastwagenfahrer, zu dem die Fuhrunternehmer, gestützt von der *Partido Nacional* und den *Gremialisten* im Oktober 1972 aufgerufen hatten, paralysierte das Land. Die USA, die in ihrem ‚Hinterhof' die Entstehung eines ‚sozialistischen Experimentes' (Ruderer 2010: 50) verhindern wollten, forcierten die Wirtschaftskrise zusätzlich durch wirtschaftliche Sanktionen. Die Nixon-Administration stellte allen oppositionellen Sektoren zwischen 1970 und 1973 insgesamt acht Millionen US-Dollar für die Destabilisierung der Regierung zur Verfügung, um die Allende-Regierung zu boykottieren (Angell 1993: 72f.). Der CIA unterstützte die Putschvorbereitungen im Land aktiv[2], auch wenn die Destabilisierungspolitik der USA nicht das ausschließliche Element zur Herbeiführung des Putsches darstellte, so ist ihm doch eine entscheidende Bedeutung beizumessen. Am 23. August 1973 trat der Nachfolger Schneiders, der verfassungstreue Oberbefehlshaber des Heeres und Verteidigungsminister General Carlos Prats, dem es kurz zuvor nur knapp gelungen war, einen weiteren Putschversuch niederzuschlagen, zurück und schlug den zu seiner Zeit als loyal geltenden General Augusto Pinochet Ugarte als Nachfolger vor (Constable/Valenzuela 1991: 48).

Am 11. September 1973, nur drei Wochen später, putschten Pinochet und seine Anhänger im chilenischen Militär gegen die Regierung der *Unidad Popular* mit einem blutigen Staatsstreich. Die Machtübernahme durch das Militär und der Putsch gegen die rechtmäßige Regierung Salvador Allendes bedeute-

2 Die Aktionen des US-amerikanischen Geheimdienstes wurden durch die Öffnung der Akten des CIA im Jahr 1998 aufgedeckt, die infolge des ‚Falles Pinochet' (vgl. Kap. 5.3) auf Anfragen der spanischen Ermittlungsrichter freigegeben worden waren. Aus den deklassifizierten Dokumenten des *National Security Archives* geht hervor, dass die politischen Interventionen in Chile bereits 1963 begannen. Im Präsidentschaftswahlkampf 1964 wurden ca. drei Millionen Dollar investiert, um zu vermeiden, dass Salvador Allende die Wahlen gewinnen würde. Die Dokumente decken Kontakte zwischen der CIA, hochrangigen Militärs der Vereinigten Staaten und den Offizieren der chilenischen Streitkräfte auf. Eine Auswahl der Dokumente ist auf der offiziellen Webpage einer privaten wissenschaftlichen Bibliothek in Washington online einzusehen: www.nsarchive.org, s. a Kornbluh (2003), Burbach (2003: 160ff.).

ten das Ende der Phase der Präsidialdemokratie in Chile und den Beginn einer Diktatur, die weltweit bekannt geworden ist wegen der systematischen Menschenrechtsverletzungen. Der Militärputsch gegen die Regierung Allendes, das Bomardement des Regierungspalastes als Sinnbild für die chilenische Demokratie und der Tod des Präsidenten[3], sollte als symbolischer Akt, welcher sich tief ins kollektive Gedächtnis eingebrannt hat, verdeutlichen, dass man jeden Widerstand gewaltsam und unerbittlich niederschlagen würde (Codoceo 2007: 39).

Das Bild der Person Pinochets, der in der Wahrnehmung vieler den Prototypen des lateinamerikanischen Diktators verkörperte, und der brennenden *Moneda* avancierten zum internationalen Sinnbild für die Brutalität und den Terror der sich in der zweiten Hälfte des zwanzigsten Jahrhunderts etablierender Militärregime in Lateinamerika.

Die Oberkommandierenden der Teilstreitkräfte Heer, Luftwaffe, Marine und *Carabineros* bildeten nach dem Putsch die *Junta Militar* und übernahmen die Regierungsgewalt. Mit dem noch am 11. September verhängten Ausnahmenzustand wurden Presse- und Versammlungsfreiheit aufgehoben. Kurz darauf wurde am 22. September der Kriegszustand ausgerufen und das Parlament aufgelöst (Arenhövel 1998: 124). Nachdem die beginnende Idee einer Rotation zwischen den Junta-Mitgliedern verworfen worden war (Spooner 1994: 28), ernannte sich Augusto Pinochet im Dezember 1974 selbst zum Staatspräsidenten. Die chilenische Junta verbot oder instrumentalisierte alle demokratischen Institutionen, wie Parteien, Gewerkschaften und Basisorganisationen.

Die nachträglichen Legitimierungen für den Putsch lauteten in Spanien und Chile übereinstimmend, es sei um die ‚Rettung der Nation' vor einer vermeintlichen ‚kommunistischen Verschwörung' gegangen (Arenhövel 1998: 121). In beiden Ländern diente das Argument zur Rechtfertigung brutaler Repressionsmaßnahmen. Die Streitkräfte legitimierten ihr Eingreifen mit dem vermeintlich herrschenden ‚Chaos' unter der Regierung Allende, bzw. der von der republikanischen Volksfrontregierung ausgehenden angeblichen ‚kommunistischen Bedrohung'.

In der auf die Repression folgenden von Angst und Schrecken geprägten Gesellschaft wurde in Chile mit dem Neoliberalismus ein neues Wirtschaftmodell implementiert. Die neoliberale Wirtschaftspolitik der von Milton Friedman ausgebildeten *Chicago-Boys* wurde während der Pinochet-Diktatur schonungslos und unter Hinnahme verheerender sozialer Konsequenzen, die vor allem die armen Bevölkerungsteile trafen, durchgesetzt: Privatisierung der Sozialsysteme

3 Laut einer – lange angezweifelten – Aussage des zum engen Beratungsstab des Präsidenten gehörenden Arztes Patricio Guijón hatte sich Allende selbst das Leben genommen (etwa Spooner 1994: 56).

und öffentlichen Dienstleistungen, der Bildung, Deregulierung, eine wachsende Kluft der Einkommensverteilung, ansteigende Arbeitslosigkeit sowie der Entrechtung und Zerschlagung von Arbeiter- und Landarbeitergewerkschaften.

Auch die Franco-Diktatur hatte, als das Autarkiemodell der *Falange* gescheitert war und die spanische Volkswirtschaft 1956 vor dem Zusammenbruch stand, eine Wirtschaftsliberalisierung unternommen. Mit der Aufnahme von Mitgliedern der ordensähnlichen, katholisch-konservativen Organisation *Opus Dei* (Werk Gottes) in das Kabinett, gelangte 1957 erstmals eine neue Generation von so genannten ‚Technokraten' in wirtschaftspolitische Schlüsselpositionen, der Einfluss der *Falange* wurde praktisch beseitigt. Mit dem Stabilisierungsplan von 1959 griff die Regierung zu neoliberalen Maßnahmen, mit denen eine Stabilisierung der Wirtschaft im Inneren bei gleichzeitiger Liberalisierung der Außenwirtschaftsbeziehungen erreicht werden sollte.

Eine zentrale interdependente Verbindung zwischen den Diktaturen besteht darin, dass einflussreiche pinochetistische Ideologen, wie Jaime Guzmán als Vertreter der *Gremialisten*, bei der politischen Institutionalisierung der Pinochet-Diktatur direkt auf franquistische Wertvorstellungen und politische Doktrinen rekurrierten (Huneeus 2000: 333ff.). Auch bei der Umsetzung der neoliberalen Reformen wurde das Franco-Regime diskursiv als Leitbild und Legitimierungsinstanz herangezogen (Lemus 2001: 111). Bei der Errichtung und politischen Ausgestaltung der chilenischen Militärdiktatur beriefen sich Vertreter der Junta immer wieder auf das sich bereits im Niedergang befindende Franco-Regime und zogen es als Vorbild heran:

> „In the analysis of Latin American authoritarian regimes, attention must be paid to the Franco experience, [...] because his regime was admired from afar by the extreme right wing groups which supported military regimes in Latin America." (Huneeus 1998: 73)

Wie Jara (2006: 120ff.) herausgearbeitet hat, nahm die Ideologie des Franquismus einen starken Einfluss auf die chilenischen *Gremialisten* und die ideologische Ausrichtung des Pinochet-Regimes. Anfang der siebziger Jahre, zu einem Zeitpunkt, als sich die franquistische Ideologie in Spanien selbst bereits in einer tief greifenden Krise befand, reaktivierte sie das Pinochet-Regime erneut. Als propagandistische Strategie mit imperialistisch-katholischen Konnotationen stellte sie ein „kulturelles Identitätsangebot" (ebd.) dar, institutionalisiert durch den *Consejo de la Hispanidad*, als einer der wenigen kulturellen Institutionen, die nach dem Putsch überhaupt weiter existieren konnten. Der katholisch-konservative *Hispanismo* franquistischer Prägung wurde während der Pinochet-Diktatur durch die Gremialisten reaktualisiert und erneut zur Staatsideologie erhoben. Pinochet betonte immer wieder den Vorbildcharakter der Franco-Diktatur für die Ausgestaltung des neu zu schaffenden Staates und tat, u. a. in Selbstvergleichen – seine Bewunderung für Franco kund (Lemus 2001: 110). Es verwundert vor diesem Hintergrund nicht, dass es als einer der wenigen und zudem als einziger lateinamerikanischer Regierungschef der chilenische Diktator Pinochet war, der Ende 1975 an Francos Beerdigung teilnahm, der zudem eine dreitägige Staatstrauer in Chile anordnete.[4]

Das gegenseitige Einflussverhältnis zwischen beiden Ländern lässt sich jedoch andererseits auch festmachen anhand der wechselseitigen transnationalen Exilbewegungen während der Militärdiktaturen. Nach dem Tod Francos am 20. November 1975, der das Ende der Diktatur einläutete, wurde das sich demokratisierende Spanien Ende der 1970er Jahre zu einem der wichtigsten Aufnahmeländer von Exilierten aus Chile (Martín de Pozuelo/Tarín 1999) für Vertreter der politischen Klasse, etwa des chilenischen Sozialisten Erich Schnake (Lemus 2001: 112).[5] Wie das Geschichtsbild der Menschenrechtsverletzungen in Chile sich in Spanien manifestierte, wurde stark durch die Erinnerungen von Exilchilenen geprägt, auch da die politische Elite der *Unidad Popular* sich im Exil befand. Die breite Solidaritätsbewegung für die Opfer der chilenischen Militärdiktatur in der spanischen Öffentlichkeit kann als eine Facette der grenzüberschreitenden Beziehungsgeflechte betrachtet werden, an der sich die transnationalen Interdependenzen kristallisieren.

3.2 Repression und Menschenrechtsverletzungen

In Spanien folgte auf den Bürgerkrieg mit seinen verheerenden Opferzahlen auf beiden Seiten, wobei die franquistischen Truppen ca. das Dreifache an Opfern auf republikanischer Seite zu verschulden hatten[6], eine massive Nachkriegsre-

---

4 El Mercurio: *Presidente Pinochet a España*, 21. November 1975, S. 1; ebd.: *Duelo oficial en Chile por tres días*, S. 23. Entsprechend fanden sich in der chilenischen Presse des Pinochet-Regimes zahlreiche Huldigungen und positive Nachrufe auf den spanischen Diktator.

5 Ins spanische Exil gingen nach einer Schätzung von 1984 insgesamt 10 Prozent der chilenischen Exilierten (Llambias Wolff, zit. n. Roniger/Snajder 2009).

6 Auch wenn mittlerweile zahlreiche Lokalstudien über das Ausmaß der franquistischen Repression vorliegen, sind die Zahlen weiterhin umstritten. Der Historiker Juliá hat das bisher umfassendste Werk zur Erfassung der Opferzahlen vorgelegt und gelangt anhand von minutiösen Regionalstudien auf eine vorläufige Zahl von 150.000 Opfern der franquistischen Repression und bis zu 50.000 Opfern in der republikanischen Zone (1999: 410).

pression. Die siegreichen Franquisten hatten politische Gegner nach Schnellverfahren massenhaft hingerichtet, es wird geschätzt, dass 50.000 Menschen von franquistischen Militärtribunalen verurteilt und darauf exekutiert wurden (Rodrigo 2008: 139). Zahlreiche Opfer politischer Säuberungen waren überall im Land in anonymen Massengräbern verscharrt worden – sie gelten bis heute als ‚verschwunden'.

In den ab 1937 eingerichteten 194 Konzentrations- und Arbeitslagern saßen ca. 370.000 bis 500.000 Häftlinge ein (Rodrigo 2005)[7], in denen sie nicht nur extremer Gewalt, Hunger, Krankheit und Erschießungen ausgesetzt waren, sie sollten unter diesen menschenverachtenden Bedingungen im Sinne der franquistischen Propaganda auch ‚umerzogen' werden. Zwangsarbeit blieb über den Bürgerkrieg hinaus bis weit in die 1950er Jahre institutionalisiert (Molinero et al. 2003); sie wurde nicht nur für den Wiederaufbau der Infrastruktur eingesetzt, an ihr bereicherten sich auch private Firmen (Bernecker/Brinkmann 2006: 117). Mindestens eine halbe Million Spanier fand Zuflucht im Exil (Alted 2005), zudem wurden viele Kinder republikanischer Opfer ins Ausland evakuiert.[8]

Die einzig mögliche Form öffentlicher Erinnerung an den Bürgerkrieg war jene in der Deutung der Franquisten, in deren Geschichtsbild er als Kreuzzug dargestellt wurde. Die offizielle Geschichtskonstruktion beherrschte als politisches Instrument die kollektive Erinnerung. Die Bürgerkriegsopfer der franquistischen Aufstandsbewegung wurden nach dem Krieg als ‚Gefallene für Gott und für Spanien' als Märtyrer glorifiziert, die Bürgerkriegsverlierer blieben als ‚Antispanier' gebrandmarkt und einer systematischen Repression, gesellschaftlicher Marginalisierung und institutionalisierter Diskriminierung ausgesetzt.

Als Antwort auf die erstarkende Opposition der 1960er Jahre, die keimende Studentenbewegung und die politische Widerstandsbewegung, insbesondere die regionalistischen Autonomiebestrebungen im Baskenland und in Katalonien, sollte das Franco-Regime seine Repressionsarsenale zusätzlich erweitern. Davon zeugt die 1966 verstärkt einsetzende Verfolgung der in der kommunistischen Basisgewerkschaft *Comisiones Obreras* (CCOO) organisierten Gewerkschafter,

7 In nationalsozialistische Konzentrations- und Vernichtungslager wurden zwischen 1940 und 1945 zudem mindestens 8.700 republikanische Spanier deportiert, mehrheitlich ins österreichische Mauthausen, aber ebenso nach Buchenwald, Neuengamme und Dachau (Bermejo/Checa 2006: 16-21), zumindest 5.000 von ihnen sollten die KZ-Haft nicht überleben (Gil 2009: 33).

8 Francisco Moreno nennt die Zahl von über 37.000 so genannten Kriegskindern (*niños de la guerra*), die aus der republikanischen Zone mehrheitlich nach Frankreich, Chile, Mexiko und die UdSSR evakuiert wurden (1999: 286), um sie vor dem Hintergrund des Vormarsches franquistischer Truppen vor den Kriegshandlungen zu schützen.

die wiederholte Verhängung des Ausnahmezustands, die Hinrichtung des Kommunisten Julián Grimau im Jahr 1963 und des katalanischen Anarchisten Salvador Puig Antich 1974 sowie die noch im September 1975 vollzogene Hinrichtung durch die Würgeschraube von fünf als mutmaßliche ETA-Terroristen angeklagte, die mit dem Rückzug zahlreicher Botschafter endete. Mit der im ‚Gesetz für öffentliche Ordnung' geregelten Einsetzung des *Tribunal del Orden Público* (TOP) im Jahr 1963 als Repressionsinstrument wurden Oppositionelle noch bis 1977 wegen so genannter „politischer Delikte", wie Streiks, Demonstrationen und politische Versammlungen, zu schweren Haftstrafen verurteilt (Del Aguila 2001: 252f.). Über die gesamten Jahre der Franco-Diktatur sollte eine Politik der Einschüchterung und Angst der Bevölkerung sowie eine Praxis der sozialen Ausgrenzung, nicht nur der Anhänger der Republik, sondern jeglicher Opposition, verfolgt werden.

Auch in Chile gingen die putschenden Militärs mit äußerster und bis zu diesem Zeitpunkt beispielloser Brutalität gegen Regimegegner vor. Unmittelbar mit dem Putsch entfesselte sich eine für die chilenische Geschichte einmalige Repression: Im ganzen Land wurden Anhänger der UP-Parteien, Funktionäre der Allende-Regierung und Angehörige oppositioneller Gruppen verfolgt, verhaftet, ermordet oder sie verschwanden. Willkürliche und lang andauernde Verhaftungen, die systematische Anwendung von Folter zur Einschüchterung, außergerichtliche Exekutionen und das Verschwindenlassen von politischen Gegnern gehörten zum von Repression geprägten gesellschaftlichen Alltag. Sie hat nach Becker „nicht nur das Schicksal der einzelnen Menschen, die verfolgt wurden, geprägt, sondern die gesamtgesellschaftlichen Strukturen" (Becker 1992: 67). Die Diktatur hinterließ eine große Anzahl traumatisierter Menschen und eine tiefe, bis heute fortbestehende Kluft in der Gesellschaft zwischen Pinochet-Anhängern und jenen, die Opfer der Diktatur wurden.

Der chilenische Staatsterrorismus fand in klandestinen Folterzentren und Militärkasernen statt. Das *Estadio Nacional* und andere Sportstätten wurden zu Haft- und Konzentrationslagern umfunktioniert. Die repressiven Methoden während der ersten Monate der Diktatur waren unkalkulierbar und dienten der Einschüchterung. Der Repression zum Opfer fielen in erster Linie Mitglieder und Anhänger der *Unidad Popular* (UP). 1974 wurde der chilenische Geheimdienst *Dirección de Inteligenca Nacional* (DINA), der dem Oberst des Heeres Manuel Contreras Sepúlveda unterstand und das hauptverantwortliche Instrument des Regimes bei der Durchführung des Verschwindenlassen und der Ermordung politischer Gegner in den Jahren 1974 bis 1977 darstellte, geschaffen. Die Auswahl der Opfer verlief nun systematischer und ausgefeilter und zielte auf diejenigen Gruppierungen ab, die einen bewaffneten Widerstand organisieren könnten. Zu-

Repression Pinochet

dem wurden viele Chilenen ins Exil gezwungen oder verließen das Land aus Angst vor politischer Repression.[9] Dazu wurden praktisch alle politisch missliebigen Personen aus dem öffentlichen Dienst entlassen, vermeintliche politische Gegner eingeschüchtert und verfolgt. Eine besondere Repressionsform stellte die Verbannung in einen abgelegenen Teil des Landes für eine bestimmte Zeitdauer dar (Klumpp 2001: 10).

Durch die Ermordung prominenter und einflussreicher Exil-Chilenen, die durch das Terrornetzwerk der *Operación Cóndor*[10], einer Kooperation der Geheimdienste mehrerer lateinamerikanischer Militärjuntas, die sich vor dem Hintergrund des Kalten Krieges zur transnationalen Verfolgung und Vernichtung Oppositioneller zusammengeschlossen hatten, sollte auch die Opposition im Ausland eingeschüchtert werden. Bei einem von der DINA im Rahmen des *Condor*-Systems in Auftrag gegebenen Bombenanschlag am 30. September 1974 tötete der just rekrutierte US-amerikanische Staatsbürger Michael Townley den im argentinischen Exil lebenden ehemaligen Oberbefehlshaber der chilenischen Streitkräfte General Carlos Prats und seine Frau Sofía Cuthbert in Buenos Aires. Zu den bekanntesten Fällen zählt außerdem der Mordanschlag auf den Christdemokraten und ehemalige Innenminister der Frei-Regierung Bernardo Leighton und seine Frau Anita Fresno, die am 6. Februar 1975 im Exil in Rom niedergeschossen worden waren; er war von italienischen Neofaschisten um Stefano delle Chiaie im Auftrag der DINA verübt worden. Beide überlebten das Attentat, erlitten allerdings bleibende körperliche Schäden. Als weiteres prominentes Opfer war der ehemalige chilenische US-Botschafter der Allende-Regierung, zuvor Außen-, darauf Innen- und zuletzt Verteidigungsminister, Orlando Letelier und seine US-Amerikanische Mitarbeiterin Ronnie Moffitt am 21. September 1976 von einer Autobombe in Washington getötet worden.

Die Hochphase der Repression, in welcher Menschenrechtsverletzungen, wie die systematische Anwendung der Folter von Inhaftierten, das gewaltsame Ver-

9 Wurde Anfang der 1980er Jahre die Zahl der exilierten Chilenen auf 165.000 geschätzt (Nolte 1998: 33ff.) – das *Centro Latinoamericano de Demografía* (CELADE) ging in den 1980er Jahren von ca. 5 Prozent der Gesamtbevölkerung aus – so reichen heutige Schätzungen über die Anzahl von Exilchilenen zwischen 1973 bis 1990 bis zu 2 Millionen (Roniger/Snajder 2009: 230).

10 In diesem Terrornetzwerk kollaborierten ab 1975 die Militärdiktaturen der Länder Chile, Argentinien, Bolivien Paraguay, Uruguay und Brasilien bei der Ausschaltung politischer Gegner unter der Ägide des chilenischen Geheimdienstes DINA. Später haben sich auch Peru und Ekuador angeschlossen. Seit der Öffnung der Archive 1998 liegen einige einschlägige Studien zur grenzüberschreitenden Koordination der Repressionspraxis vor: Etwa Dinges (2004), Kornbluh (2003), McSherry (2005).

schwindenlassen von Personen und extralegale Hinrichtungen dominierten, erstreckte sich bis 1978. Nach einer breiten internationalen Verurteilung des Regimes wurde die DINA 1977 in einem Versuch, die Repression zu legalisieren, durch die *Central Nacional de Inteligencia* (CNI) ersetzt.[11]

Die zweite Hälfte der Diktatur war von institutioneller Absicherung der Militärherrschaft und weiterhin planmäßig angewendeter Folter sowie die Inhaftierung an geheimen Orten geprägt. Seit Beginn der 1980er Jahre praktizierten die chilenischen Sicherheitskräfte außerdem eine Politik der Liquidierung politischer Gegner bei – vorgeblichen – bewaffneten Auseinandersetzungen. Dies betraf insbesondere die Mitglieder des *Movimiento de Izquierda Revolucionaria* (MIR) sowie die *Frente Patriórico Manuel Rodríguez* (FPMR). Ab 1978 richteten sich Festnahmen und Repression vor allem gegen die Teilnehmer an Demonstrationen sowie gegen die Bewohner bestimmter *poblaciones*, den Armenvierteln der Hauptstadt Santiago (Klumpp 2001: 15).

In beiden Ländern hinterließ die Erfahrung der Diktatur eine traumatisierte, politisch zutiefst gespaltene Gesellschaft. Das repressive und gewalttätige Ausmaß der Diktaturen wirkt bis in die heutigen Gesellschaften hinein. Insbesondere das Verschwindenlassen von Personen hatte einen allgegenwärtigen Zustand der Angst, des Terrors, der Unsicherheit und des Misstrauens geschaffen. In beiden Ländern hatte der mit dem ‚paktierten Übergang' zur Demokratie einhergehende ‚Pakt des Schweigens' zunächst eine gesellschaftliche, von oben oktroyierte Amnesie zur Folge, die das Fortbestehen des Traumatisiertseins zusätzlich beförderte.

Richtet man nun den Blick auf die langfristigen Entwicklungen und den gegenwärtigen Stand Auseinandersetzung mit Diktatur und Menschenrechtsverletzungen, so stechen schnell die Unterschiede zwischen dem spanischen und dem chilenischen Umgang mit der diktatorischen Vergangenheit ins Auge: Es wird deutlich, dass der Modus des Transitionsprozesses als alleiniger Erklärungsfaktor für den Umgang mit Diktatur und Menschenrechtsverletzungen in den postdiktatorischen Ländern nicht ausreicht. Die unterschiedlichen Formen des öffentlichen Umgangs mit der belasteten Vergangenheit ergeben sich, wie im folgen-

Ende 1970er Auswirkungen D. Wirken / Traumatisierung

11 „Repression became more selective, combining covert acts of murder and kidnapping with spectacular actions which witnessed by the whole population, were designed to instill fear [...]. The CNI followed DINA in almost all its methods [...]. Between 1977 and 1980, while the political model was being defined, the repression was more targeted, instilling fear and breaking morale. Massive detentions, internal deportations, expulsions and tortures predominated, although there were also some executions, carried out on the pretext of confronting armed resistance." (Garretón: 1986: 95-122)

den Kapitel gezeigt werden soll, aus dem eingeschlagenen Weg der Vergangenheitspolitik und der Ausgestaltung der Erinnerungskultur insgesamt.

4. Erinnerungskultur in Spanien und Chile: Ein Vergleich

Das folgende Kapitel hat zum Ziel, aus vergleichender Perspektive die während des spanischen und chilenischen Transitionsprozesses getroffenen vergangenheitspolitischen Maßnahmen, genauso wie die offiziellen Strategien und diskursiven und symbolischen Manifestationen in der kollektiven Erinnerung in den Blick zu nehmen. Der Vergleich beider Länder soll zu einem Erkenntnisgewinn über die Verankerung der Diktaturerfahrung in der Erinnerungskultur Spaniens und Chiles und die Langzeitfolgen für die politische Kultur beitragen. Welche Gemeinsamkeiten und Unterschiede lassen sich in der Erinnerungskultur Spaniens und Chiles – trotz des in beiden Ländern vollzogenen ‚paktierten Transitionsprozesses' feststellen?

Meine zentrale These lautet hierbei, dass die Übergänge zur Demokratie in Spanien und Chile aus vergleichender Perspektive umgekehrt gelagert waren: Während in Spanien zunächst die Demokratisierung der politischen Institutionen im Vordergrund stand, die Menschenrechtsverletzungen der Franco-Diktatur allerdings ausgeblendet und nicht aufgearbeitet wurden, so war die Auseinandersetzung mit den Regimeverbrechen eines der zentralen Themen während des chilenischen Übergangsprozesses, die in vergangenheitspolitischen Maßnahmen im Sinne der Aufklärung und Entschädigungsmaßnahmen ihren Ausdruck fanden, bei gleichzeitiger Weiterexistenz zahlreicher institutioneller autoritärer Verfassungsenklaven.

Spanien und Chile eignen sich besonders zu einer komparativen Analyse des öffentlichen Umgangs mit Diktaturfolgen, da nicht nur die jeweiligen Systemwechsel formal ähnlich verlaufen sind – es handelte sich bei beiden Transitionsprozessen um einen ‚paktierten Übergang', der von politischen Eliten ausgehandelt worden war –, sondern vielmehr auch aufgrund der Ähnlichkeit der repressiven Regime und ihrer historischen Entstehungsgeschichten: So sind beide Militärdiktaturen durch einen Putsch gegen eine demokratisch legitimierte Linksregierung entstanden, beide basierten auf einem hohen Personalisierungsgrad der Diktatoren und beide waren durch eine antimarxistische Ideologie gekennzeichnet. Zudem waren beide autoritären Regime von einer vergleichsweise langen Herrschaftsdauer geprägt, so dass die Namen der Diktatoren jeweils zum Synonym für die Militärdiktaturen wurden (Arenhövel 1998: 124). Ein hervorstechendes Merkmal ist die lange Existenz und Anpassungsfähigkeit bzw. Dynamik, besonders des Franco-Regimes, aber auch – insbesondere im Vergleich etwa zu den zeitgleich errichteten Militärregimes im *Cono Sur* – der Pinochet-Diktatur, die letztlich jedoch auch daran scheiterten, dass sie sich als unfähig erwiesen, auf den gesellschaftlichen Wandel und die entstehende Protestbewegung zu reagieren, so dass eingeschränkte Liberalisierungsmaßnahmen folgten.

Es gibt allerdings auch fundamentale Unterschiede zwischen dem spanischen und dem chilenischen Fall, die sich aus den jeweiligen historischen Zeitpunkten der Diktaturerrichtung, ihrer Dauer, dem Ausmaß und den Repressionsformen sowie dem internationalen Kontext und der konkreten politischen Ausgestaltung des paktierten Transitionsprozesses ergeben, aus denen sich der unterschiedliche Umgang mit der Diktaturvergangenheit und deren Präsenz in der gegenwärtigen Erinnerungskultur erklären lässt. Andererseits existieren zahlreiche Gemeinsamkeiten, die beide Fälle vergleichbar machen.

Die zentrale Frage ist, welchen Stellenwert die Auseinandersetzung mit den während der Diktaturen begangenen Menschenrechtsverletzungen im Demokratisierungsprozess einnimmt, wird doch oft von der Prämisse ausgegangen, dass eine gesellschaftliche Auseinandersetzung mit den Hinterlassenschaften der Diktaturvergangenheit dazu beiträgt, eine Wiederholung der Diktaturverbrechen zukünftig zu verhindern. Die hervorstechenden Unterschiede in den Aufarbeitungsprozessen beider Länder scheinen allerdings die zunächst paradox erscheinende These zu bestätigen, der zufolge keine zwangsläufige Abhängigkeit zwischen dem eingeschlagenen Transitionsmodus, der Konsolidierung der Demokratie und dem damit einhergehenden Umgang mit der Diktaturvergangenheit besteht. Zum Zusammenhang zwischen Vergangenheitspolitik als möglichem Gradmesser der institutionellen Demokratisierung gelangen Aguilar, Barahona de Brito und González in ihrer vergleichend angelegten Studie zu folgendem überraschenden Befund:

> „We did not find any direct correlation between the implementation of policies of backward looking truth and justice and the global functioning of democracies, in the sense that those are neither necessary nor sufficient for a democratic regime to take root. [...] [F]inding a cause-effect mechanism of the impact of certain measures in the quality of the functioning of specific institutions should require further analysis, with a cross-country-

approach, establishing more strict distinctions among different truth and justice policies and focusing on particular institutions." (vgl. Aguilar/Barahona de Brito/González-Enríquez 2001: 312f.)[1]

Der offizielle Umgang mit den Hinterlassenschaften der Diktatur werde zwar durch den Transitionsmodus beeinflusst, doch kann von einer Determiniertheit kaum gesprochen werden. Obgleich der ähnlich verlaufenden, formal auf paktierten Transitionsprozessen basierenden Übergängen zur Demokratie, gestalteten sich die institutionelle Demokratiekonsolidierung sowie die Mechanismen des politisch-rechtlichen Umgangs mit dem Erbe der Diktatur in Spanien und Chile sehr unterschiedlich. Die Differenzen ergeben sich aus den eingeschlagenen Wegen der Vergangenheitspolitik und der Ausgestaltung der Erinnerungskultur.

Im Folgenden werde ich auf relevante Vergleichskriterien des öffentlichen Umgangs mit den Diktaturen beider Länder eingehen: Dabei werden zunächst die verschiedenen historischen Kontexte und die zeitliche Dauer der Diktaturen sowie die Zeitspanne zwischen der Hochphase der Repression und dem Transitionsprozess in den Blick genommen (4.1). Sodann werde ich die vergangenheitspolitischen Maßnahmen und außerdem den politischen Einfluss der ehemaligen Machthaber während des Transitionsprozesses (4.2) sowie anhand einiger ausgewählter Beispiele die symbolische Präsenz der Diktaturvergangenheit im öffentlichen Raum bis in die Gegenwart vergleichen (4.3). Darauf werden in komparativer Perspektive einige zentrale Aspekte geschichtspolitischer Auseinandersetzung mit den Diktaturvergangenheiten und ihren Einfluss auf die gegenwärtigen Erinnerungsdiskurse kurz dargelegt (4.4), um abschließend auf die Bedeutung einer zivilgesellschaftlichen lokalen und transnationalen Menschenrechtsbewegung, die eine Aufklärung der Diktaturverbrechen fordert, welche als ein klares Unterscheidungsmerkmal hervorsticht, einzugehen (4.5). Im Folgenden werden diese Untersuchungsparameter vergleichend näher betrachtet und in den Gesamtzusammenhang des öffentlichen Umgangs mit den Diktaturvergan-

1 Insbesondere die ausbleibende Auseinandersetzung mit der Diktatur in Uruguay scheint dieses zunächst widersprüchlich scheinende Ergebnis zu bestätigen: Obgleich hier im Bereich der Vergangenheitspolitik während der paktierten Transition, vergleichbar zur Situation im postfranquistischen Spanien, zunächst nur bescheidene Ergebnisse erzielt werden konnten, gilt Uruguay im lateinamerikanischen Vergleich als eine der stabilsten Demokratien. Zu einer Diskussion des Einflusses und Zusammenhangs von Demokratisierung und Vergangenheitspolitik s. a. Fuchs/Nolte (2004: 66ff.), Barahona de Brito (1997: 213-223).

genheiten sowie unterschiedlicher offizieller Vergangenheitsdiskurse und deren Einfluss auf die symbolische Repräsentation der Diktaturvergangenheit gestellt.

4.1 Historischer Kontext der Diktaturen und Repressionsformen

Betrachtet man die Formen und das Ausmaß der von den Diktaturen angewendeten Repression sowie die zeitliche Nähe bzw. Distanz der repressiven Hochphase der Militärdiktaturen zum Demokratisierungsprozess, lassen sich entscheidende Unterschiede zwischen Spanien und Chile feststellen. Ausschlaggebend ist dabei die zeitliche Dauer der Militärdiktaturen: Während das fast vierzig Jahre andauernde franquistische Herrschaftssystem das Ergebnis eines dreijährigen, äußerst brutalen Bürgerkrieges von 1936 bis 1939 war, welches sich bis 1975, dem Todesjahr Francisco Francos, an der Macht hielt und damit eine der längsten Diktaturen des 20. Jahrhunderts darstellte, blieb die chilenische Militärdiktatur unter Pinochet fast 17 Jahre, von 1973 bis 1990, an der Macht.[2] War der Franco-Diktatur nach dem Staatsstreich 1936 ein Bürgerkrieg vorausgegangen, so traf der Militärputsch vom 11. September die UP-Regierung und die linken Kräfte unvorbereitet, sie besaßen kaum eine Strategie, mit der es möglich gewesen wäre, den putschenden Militärs flächendeckenden Widerstand zu leisten.

Die offensichtliche Gewalt im Spanischen Bürgerkrieg, in welchem ganze Städte zerstört wurden, kontrastiert zunächst mit der systematischen Anwendung klandestiner Repressionspraktiken in Chile. Im Gegensatz zur öffentlich sichtbaren Zerstörung im Spanischen Bürgerkrieg hinterließ die pinochetistische Repression zumeist keine derart „sichtbaren Wunden" (Schindel 2004: 176) in der chilenischen Erinnerungslandschaft. Die durch die siegreichen Franquisten ausgeübte Gewalt der Nachkriegsjahre war öffentlich und legal als Rachejustiz durchgeführt worden. Die chilenische Militärdiktatur dagegen führte einen nicht offen deklarierten Kampf gegen vermeintliche Regimegegner, der weitestgehend im Verborgenen stattfand, die Menschenrechtsverbrechen wurden geheim gehalten und offiziell bestritten (Aguilar/Hite 2004: 204). Mit der Schaffung des chilenischen Geheimdienstes DINA im August 1974 setzten sich das gezielte Verschwindenlassen und die anschließende Ermordung politischer Gegner als zentrales Repressionsinstrument durch. Die Strategie der klandestinen Repressions-

2 Zum Vergleich des Franco-Regimes mit der Pinochet-Diktatur s. etwa Huneeus (1994), Arenhövel (1998: 117-131), Tusell (2003), zur vergleichenden Analyse mit den Militärdiktaturen des *Cono Sur* allgemein und deren Einfluss auf den folgenden Demokratisierungsprozess siehe Waisman/Rain (2005: 2f.).

technik, welche sich mit dem *Operación Cóndor* auf den gesamten *Cono Sur* erstreckte, mit der die Militärjuntas systematische Verhaftungen, Folter und begangene Morde vertuschten, weise – so haben Aguilar und Hite betont (2004: 205) – einen substantiellen Unterschied zur Repression im Spanischen Bürgerkrieg und der franquistischen Nachkriegsgewalt der 1940er Jahre auf. Hier sei die massive Repression in Form von Massenerschießungen und unrechtmäßigen Verurteilungen der ‚Besiegten' vor Militär- oder Standgerichten sowie durch willkürliche Arbeitsentlassungen öffentlich als Rachejustiz durchgeführt worden (ebd). Auch nach den 1940er Jahren über die massive Nachkriegsrepression des Franco-Staates hinaus seien im franquistischen Spanien geheime Verhaftungen, Folterungen und Exekutionen von Oppositionellen angewendet worden, Aguilar und Hite weisen jedoch darauf hin, dass diese größtenteils gesetzlich geschützt waren; so wurde etwa die Todesstrafe legalisiert und massenhaft angewendet (ebd.).[3] Obgleich es hingegen in Spanien infolge der Repressionsmaßnahmen des Bürgerkrieges zwar zahlreiche republikanische Verschwundene zu beklagen gab, war – so haben zudem Aguilar und Hite im Unterschied zu Chile festgehalten –, ein großer Teil der franquistischen Repression öffentlich durchgeführt und staatlich als Racheakt legitimiert worden. Auch wenn sich die historischen und sozialen Kontextbedingungen unterscheiden, kann aus heutiger Perspektive jedoch kaum bezweifelt werden, dass das Verschwindenlassen ebenfalls eine zentrale Repressionsstrategie, besonders während der ersten Bürgerkriegsmonate, gebildet hat, dies ist Gegenstand des sechsten Kapitels (vgl. bes. Kap. 6.4).

Ein ebenso wichtiger wie schwer einzuschätzender Unterschied stellt der zeitliche Abstand zur Hochphase der Repression zum Zeitpunkt des einsetzenden Demokratisierungsprozesses dar. Obgleich Spanien und Chile in der Transitionsforschung formal zur ‚Dritten Welle der Demokratisierung' (Huntington 1991) gezählt werden, zeigen sich fundamentale Differenzen zwischen der chilenischen Militärdiktatur und dem Franco-Regime. Die zeitliche Nähe bzw. Distanz zur Repression umfasst mindestens zwei auf die Maßnahmen des Umgangs mit der Diktaturvergangenheit negativ einwirkende Faktoren: Einerseits setzen sich die für die Menschenrechtsverletzungen Verantwortlichen gegen eine

3 Neuere Schätzungen gehen davon aus, dass während des Franco-Regimes, insbesondere der Nachkriegsrepression, unter Missachtung jeglicher juristischer Mindeststandards 50.000 Menschen offiziell zum Tode verurteilt worden sind (s. Aguilar 2007: 2), die Todesstrafe wurde bis in die letzten Tage der Diktatur noch angewendet. Auch während der Pinochet-Diktatur war die Todesstrafe institutionalisiert, sie ist insgesamt vier Mal in Fällen ohne eindeutigen politischen Hintergrund angewendet worden (ebd.: 25), was – so hebt Aguilar hervor – wiederum auf den klandestinen Charakter der Repression in Chile verweise.

mögliche Demokratisierung, trotz der in Aussicht gestellten Amnestiegesetze, um so mehr zur Wehr, wenn sie aufgrund des geringen Zeitabstandes weiterhin politische Schlüsselpositionen besetzen und den Demokratisierungsprozess maßgeblich steuern können. Andererseits verbleiben mit zunehmendem Zeitabstand immer weniger direkt betroffene Opfer, die Gerechtigkeit in Form von symbolischer Rehabilitierung, Entschädigungsmaßnahmen und strafrechtlicher Verfolgung der Täter einfordern könnten.

Eine wichtige Differenz stellt daher die größere zeitliche Distanz seit Beginn des Bürgerkrieges zum einsetzenden Transitionsprozess im spanischen Fall dar, die sich auf die kollektive Erinnerung an die Repression und die Diktaturvergangenheit auswirkte. Die Beziehungen zwischen der kulturellen und der kommunikativen Erinnerung[4], die eng mit dem Generationenwechsel verbunden sind, stellen sich als äußerst komplex dar. In Spanien endete die Hochphase der Nachkriegsrepression dreißig Jahre vor Francos Tod, auch wenn die Diktatur bis zu ihrem Ende ein repressives Regime darstellte, war die Bürgerkriegsgeneration am Demokratisierungsprozess kaum direkt beteiligt. Während in Chile die kommunikative Erinnerung an die Repression mit Beginn des Redemokratisierungsprozesses noch äußerst lebendig war und Aufklärung und Gerechtigkeit konsequent zentrale Forderungen von Menschenrechts-, Angehörigen- und Opferorganisationen wurden, hatte sich während der fast vierzigjährigen Franco-Diktatur ein Generationenwechsel vollzogen, ein Faktor, der den ‚Schweigepakt' – Aguilar findet für die politische Ebene die treffende Formel des ‚Pakts der politischen Nicht-Instrumentalisierung' der Franco-Vergangenheit (2004: 26) – begünstigte und einer öffentlichen Auseinandersetzung mit der Diktatur langfristig entgegenstand. Im Gegensatz zu Spanien waren in Chile zum Zeitpunkt des Systemwechsels die für die Menschenrechtsverletzungen der Diktatur Verantwortlichen „persönlich noch greifbar" (vgl. Thiery 2000: 278), andererseits besaßen sie jedoch genügend Machtressourcen, um sich zunächst einem justiziellen Ver-

4 Jan Assmann hat als Formen kollektiver Erinnerung die Funktionen des ‚kulturellen Gedächtnis' und des ‚kommunikativen Gedächtnis' unterschieden. Ersteres benötige die Zeitzeugen und den zwischenmenschlichen Kontakt innerhalb einer Erinnerungsgemeinschaft (1992: 19f.), letzteres ist auf spezialisierte Erinnerungsträger als Speichermedien angewiesen (ebd.: 48ff.), die der Überlieferung dienen. Mit dem Übergang vom kommunikativen zum kulturellen Gedächtnis, welcher dadurch verursacht wird, dass die eine Erinnerungsgemeinschaft bildenden Zeitzeugen versterben, rückt die Bedeutung kollektiv verbindlicher politischer Entscheidungen für die Ausgestaltung der Sphäre öffentlichen sowie offiziellen Gedenkens in den Fokus des Interesses. Zur begrifflichen Differenzierung und Konzeptionalisierung siehe auch A. Assmann (2007: 29-60).

fahren zu entziehen. In Spanien dagegen war es nach 1975 weitestgehend eine neue Generation, die sich mit den Bürgerkriegsverbrechen hätte auseinandersetzen müssen. Die mahnende Bürgerkriegserinnerung und die diskursivierte Angst vor dessen Wiederholung bewogen die politischen Akteure zu Mäßigung und Konsens (vgl. etwa Aguilar 2008, Waisman/Rain 2005: 3), auch über die Repression der Franco-Diktatur wurde offiziell geschwiegen, was ebenso auf die fortwährende politische und diskursive Dominanz der ehemaligen franquistischen Eliten verweist. Die im offiziellen Diskurs des spanischen Transitionsprozesses hegemoniale, auf den Bürgerkrieg bezogene Kollektivschuldthese, welche das Schweigen über das Franco-Regime begründete, hatte nicht nur eine Ausblendung der franquistischen Repression während des Spätfranquismus selbst zur Konsequenz, sondern führte ebenso dazu, dass auch die politische Gewalt in den Jahren des Übergangs zur Demokratie nicht aufgearbeitet worden ist. Bisher weitestgehend unbeachtet in Transitionsstudien, besonders jenen, die den modellhaften und friedlichen Charakter des spanischen Transitionsprozesses zu betonen pflegen, blieben die zahlreichen Todesopfer, die während des Übergangs zur Demokratie zu beklagen waren.[5] Paloma Aguilar nennt 460 Tote, die in den Jahren zwischen 1975 bis 1980 politisch motivierter Gewalt zum Opfer fielen, und 63 Personen, welche in diesem Zeitraum durch ehemalige franquistische Sicherheitskräfte, etwa bei der Auflösung von Kundgebungen und oppositionellen Demonstrationen, getötet wurden, bei denen es sich zu über der Hälfte um Basken handelte (2001a: 97). Der in klassischen Transitionsstudien viel gepriesene friedliche Charakter des Übergangs zur Demokratie in Spanien wird eingedenk dessen nicht nur fragwürdig, es wird auch deutlich, dass die Gewalt der Spätphase der Franco-Diktatur und des Übergangsprozesses an sich bisher ebenfalls kaum aufgearbeitet worden ist.

4.2 Vergangenheitspolitik: Staatlich-administrativer Umgang mit der Diktaturvergangenheit

Während die politischen Eliten in Spanien den Schwerpunkt zunächst auf eine institutionelle Transformation der Diktatur legten und eine Aufarbeitung der diktatorischen Vergangenheit vermieden, stand zu Beginn des Transitionsprozesses in Chile eine von chilenischen Menschenrechtsorganisationen massiv eingeforderte Aufklärung der Menschenrechtsverletzungen im Vordergrund. Die von der chilenischen Transitionsregierung der *Concertación* umgesetzten vergangen-

5 Colomer etwa merkt die „escasez de violencia" (1998: 180) während des spanischen Transitionsprozesses an; s. a. Huntington (1991: 194f.).

Gewalt am Ende Franco

Vergangenheitspolitik Aufarbeitung

heitspolitischen Maßnahmen gestalteten sich als wesentlich komplexer als die in der spanischen *transición*, auch gefördert durch den Druck einer international vernetzten Menschenrechtsgemeinschaft (vgl. Kap. 4.5). Der offizielle vergangenheitspolitische Diskurs während der chilenischen Redemokratisierung war von einer Rhetorik geprägt, mit der die Regierung versuchte, die politischen Aufarbeitungsforderungen der Menschenrechtsbewegung zwar zur Kenntnis zu nehmen und einerseits die Aufklärung der Verbrechen voranzutreiben, zugleich aber andererseits von einer Bestrafung der Täter grundsätzlich abzusehen. Nicht nur aufgrund der verfassungsrechtlichen Beschränkungen, sondern auch der zunächst reformunwilligen, da dem Militärregime gegenüber loyalen Justiz (Matus 1999, Hilbink 2007) schien die juristische Aufarbeitung der Menschenrechtsverletzungen ausgeschlossen. Die Blockadehaltung der weiterhin stark parlamentarisch im Wahlbündnis *Alianza por Chile* vertretenen Anhänger der Pinochet-Diktatur sorgte immer wieder dafür, dass die rhetorische Figur, eine Auseinandersetzung mit der Vergangenheit könne den Demokratisierungsprozess gefährden, im Vergangenheitsdiskurs aktiviert wurde.

Obgleich dieser denkbar schlechten Ausgangsbedingungen einer „extremely constrained transition" (Linz/Stepan 1996: 206) brachte die chilenische Transitionsregierung unter dem ersten demokratisch gewählten christdemokratischen Präsidenten der *Concertación,* Patricio Aylwin (1990-1994) ein ‚Programm nationaler Versöhnung' hervor, deren vergangenheitspolitische Maßnahmen von der Einsetzung einer Wahrheitskommission zur Aufklärung des Schicksals der Verschwundenen und Ermordeten über ein Reintegrationsprogramm rückkehrender Exilierter und Entschädigungen bis zur Befreiung politischer Gefangener der Diktatur aus den Gefängnissen reichte (Lira/Loveman 2005: 43-204). Eine strafrechtliche Aufarbeitung der Diktaturverbrechen erfolgte mit der Entscheidung, das Amnestie-Dekret nicht aufzuheben, jedoch nicht – die Aufarbeitung der Diktatur verblieb, wie Präsident Patricio Aylwin wiederholt betonte, „en la medida de lo posible" (vgl. etwa Brett 1999), d. h. im Rahmen des Möglichen, und damit der bestehenden politischen Machtverhältnisse.

Bezüglich der Aufklärung der Menschenrechtsverletzungen ist im Gegensatz zum spanischen Pendant in Chile bereits zu Beginn des demokratischen Wandels die *Comisión Nacional de Verdad y Reconciliación* (CNVR) – nach ihrem Vorsitzenden, dem Juristen Raúl Rettig auch als *Rettig*-Kommission bezeichnet, – eingesetzt worden, die zumindest das Schicksal der während der Pinochet-Diktatur Getöteten aufklären sollte, wobei allerdings die Namen der Täter nicht öffentlich bekannt gegeben wurden.[6] Die Arbeit der Kommission beschränkte

6 Die der kommunistischen Partei nahe stehende Wochenzeitung *El Siglo* hingegen veröffentlichte die Namen der als Täter belasteten Militärs (de Brito 1997: 174-84, Elster

sich auf die Aufklärung der extremsten Fälle von Gewalt mit Todesfolge: Die der Verschwundenen und der Exekutierten, während die zahlreichen Folteropfer, aber auch andere Opfergruppen, keine Beachtung fanden. Auch wenn damit die Leidensgeschichten vieler verschwundener Opfer dokumentiert wurden, konnte das Schicksal von über 1.000 *detenidos desaparecidos* (zum Begriff s. Kap. 6.1) nicht abschließend aufgeklärt werden.

Der Abschlussbericht der Kommission umfasste drei Teile, neben der Darstellung der begangenen Menschenrechtsverletzungen beinhaltete er Empfehlungen[7] für Entschädigungsmaßnahmen sowie eine namentliche Aufstellung der Opfer. Die Strategie der Implementierung einer hochkarätig mit ehemaligen Gegnern und Unterstützern der Pinochet-Diktatur besetzten Wahrheitskommission zur Aufklärung des Schicksals der *desaparecidos,* ein minimalistisches Modell zur Konstruktion einer historischen Erinnerung im Sinne eines offiziellen Geschichtsnarratives über die Repression, fand stets im engen Rahmen der Amnestiegesetze statt.

Das Militär zeigte indessen keine Reue: Die Militärführung wies den Abschlussbericht der Wahrheitskommission als einseitig zurück, und die verschiedenen Waffengattungen der Streitkräfte veröffentlichten wenige Wochen nach Bekanntgabe des Berichts eine Gegendarstellung, die den Putsch als patriotische Pflicht rechtfertigte[8], was wiederum darauf verweist, dass die ehemaligen Mitglieder des Militärregimes sich weiterhin ihrer großen Machtfülle sicher waren. Dennoch bildete der mehrbändige Abschlussbericht eine wichtige Grundlage,

---

2004: 65). Der Chefredakteur der Zeitung publizierte 2002 zudem den so genannten *Informe Gitter* (als implizite Kritik an dem Regierungsbericht umgekehrt Rettig zu lesen), indem ebenfalls die Namen und Identitäten der wegen Menschenrechtsverletzungen belasteten Militärs offen gelegt wurden. Vgl. Persönliches Interview mit Julio Oliva in der Redaktion des *El Siglo*.

7 Den direkten Familienangehörigen der getöteten Opfer wurde eine monatliche Rente zugesichert sowie kostenloser Zugang zum Gesundheitssystem. Das Entschädigungsprogramm umfasste zudem Ausbildungsstipendien, eine Befreiung der männlichen Nachkommen vom obligatorischen Wehrdienst sowie eine Entschädigung derjenigen, die aus politischen Gründen entlassen worden waren (Klumpp 2001: 255-246).

8 Die rechtfertigenden Erklärungen der unterschiedlichen Waffengattungen der Streitkräfte sind abgedruckt in der Zeitschrift des *Centro de Estudios Públicos*, Nr. 41, S. 476, veröffentlicht auf www.cepchile.cl. Zuvor wurden Auszüge aus diesen in unterschiedlichen chilenischen Tageszeitungen veröffentlicht: El Mercurio: *Consejo de Generales (R) del Ejército: "Informe Rettig, en mejor de los casos, dice verdad incompleta"*, 20. März 1991; ebd.: *Almirantes (R) dicen que Informe Rettig está vaciado desde su origen*, 27. März 199, zu finden in Nolte (1991: 28f.).

unbestreitbare Fakten über die während der Diktatur begangenen gravierenden Menschenrechtsverletzungen öffentlich zu machen und anzuerkennen.

In der am 4. März 1991 von allen Fernseh- und Rundfunkanstalten übertragenen Rede des Präsidenten Aylwin[9], die sich zeremoniell an das gesamte chilenische Volk richtete, wurden die Ergebnisse öffentlich bekannt gegeben. In der emotional gehaltenen Ansprache betonte Präsident Aylwin die Verantwortung des chilenischen Staates für die begangenen Menschenrechtsverletzungen sowie das Recht der Opfer auf Rehabilitierung und bat im Namen der Opfer um Vergebung (Klumpp 2001: 172ff.). Diese „öffentliche Katharsis" (Wehr 2009: 107) der ersten Aufarbeitungsversuche und geschichtspolitischen Diskussionen fanden durch die Ermordung Senators Jaime Guzmáns, des Gründers der pinochetnahen UDI und Ideologen des Pinochet-Regimes, zunächst schnelles Ende (Roniger/Sznajder 2005: 141, Neier 1998: 39). Erst mit der Verhaftung Pinochets in London und der erhöhten öffentlichen – auch internationalen – Aufmerksamkeit im Herbst 1998 kam das Menschenrechtsthema wieder auf die politische Tagesordnung (vgl. Kap. 5).

Infolge des ‚Falles Pinochet' rief Verteidigungsminister Edmundo Pérez Yoma im August 1999 zur Einsetzung eines Gremiums zum Thema Menschenrechte auf. Der daraufhin eingesetzte *Runde Tisch für den Dialog (Mesa de Diálogo)*, an dem sich Angehörige des Militärs, Anwälte und Kirchenvertreter, Vertreter von Menschenrechtsorganisationen sowie der Zivilgesellschaft und Psychologen beteiligten, sollte dazu dienen, eine Aufklärung des Schicksals der Verschwundenen zu erreichen. Man konnte sich auf das Minimalziel einigen, alle verfügbaren Informationen zusammenzutragen, um den Verbleib der weiterhin Verschwundenen aufzuklären. Um sich der Zusammenarbeit der Militärs zu versichern, legte das Dialogforum fest, dass die preisgegebenen Informationen über die Verschwundenen dem Berufsgeheimnis unterliegen würden. Die Namen der Täter sollten demnach zum wiederholten Mal unbekannt bleiben, um somit eine strafrechtliche Verfolgung auszuschließen. Dies führte dazu, dass das Thema der Verschwundenen Anfang des Jahres 2001 in den Fokus des öffentlichen Interesses rückte. Jedoch blieb der Abschlussbericht weit hinter den Erwartungen zurück: Die von den Militärs vermittelten „Hinweise" erwiesen sich nicht nur als lücken- und fehlerhaft, sie enthielten auch eine Reihe bewusster Fehlinformationen, insbesondere bezüglich der Leichenzuweisungen (Wenzl: 2001: 116ff., Ruderer 2010: 236f.).[10]

9 Die vollständige Rede in der deutschen Übersetzung ist abgedruckt in Nolte; Hg. (1996: 128-138).

10 Mindestens 120 der als verschwunden geltenden Chilenen und Chileninnen seien von Hubschraubern aus ins offene Meer geworfen worden, dies zumindest war ein Ergeb-

Im September 2003 setzte die Lagos-Regierung unter Vorsitz des emeritierten Bischofs Sergio Valech die *Comisión Nacional sobre Prisión Política y Tortura* (CNPT) ein, welche sich ausschließlich mit der von der vorangegangenen Kommission ausgeklammerten ‚politischen Haft' und ‚Folter' beschäftigte. Über 28.000 ehemalige politische Gefangene wurden als Folteropfer anerkannt, insgesamt 1.200 Gefangenenlager und Folterzentren ausfindig gemacht.[11] Als Staatspräsident Ricardo Lagos die Ergebnisse des im November 2004 veröffentlichten Abschlussberichtes offen legte, erkannte er die Rolle des Staates für die systematisch angewendete Folterpraxis als institutionalisiertes Repressionsinstrument während der Pinochet-Diktatur an. Klar ersichtlich sei, dass es sich keinesfalls – wie von der politischen Rechten und Anhängern der Diktatur immer wieder behauptet – um vereinzelte ‚Exzesse' gehandelt, die Folter vielmehr einen integralen Bestandteil der repressiven Staatspolitik dargestellt habe[12], war doch ein wichtiges Ergebnis des Kommissionsberichts, welcher die Aussagen von 35.865 Personen berücksichtigte, dass 94 Prozent der politischen Gefangenen nachweisen konnten, Opfer von Folter geworden zu sein.[13] Der Bericht der Wahrheitskommission enthält überdies anonyme Beschreibungen von Opfern, in denen detailliert und in schonungsloser Offenheit unterschiedliche Folterpraktiken geschildert werden. Die Offenlegung der Ergebnisse leistete einen wichtigen Beitrag zur Aufklärung der repressiven Praxis der Diktatur.

In einer historischen Erklärung erkannte der Oberkommandierende des Heeres Juan Emilio Cheyre im Vorfeld der Veröffentlichung des *Valech*-Berichtes die institutionelle Verantwortung des Militärs für die Menschenrechtsverletzungen an, die durch nichts zu rechtfertigen seien.[14] Dennoch lehnten die Marine und die *Carabineros* ebenso wie die Rechtsparteien UDI und RN die Anerken-

nis des Runden Tisches. Viele Informationen der Streitkräfte zur Aufklärung des Verschwindenlassens erwiesen sich in diesem Zusammenhang als falsch oder unzureichend, so dass die Einzelschicksale vieler Verschwundener bis heute weiterhin nicht aufgeklärt sind (zit. n. Aguilar/Hite 2004: 213).

11 Vgl. *Informe Comisión Nacional sobre Política y Tortura*, 2 Bd., war der vollständige Bericht unter http://www.comisiontortura.cl auf der Webseite der chilenischen Regierung einsehbar, so wurde er nach Amtsantritt Sebastián Piñeras 2010 von der offiziellen Regierungshomepage entfernt (Stand: 15.03.2010).

12 Rede von Ricardo Lagos bei der Vorstellung des Berichtes, zit. n. La Nación: *Lea el discurso completo del Presidente Lagos: Para nunca más vivirlo, para nunca más negarlo"*, 28. November 2004.

13 Zu den Ergebnissen des Berichts s. a. Straßner (2005: 39-64).

14 Vgl. etwa: La Tercera: *El ‚nunca más' de Cheyre*, 13. Juni 2003.

nung einer institutionellen Schuld weiterhin ab und sprechen von einer individuellen Schuld der Täter.

Insgesamt wurde durch die Einsetzung der *Rettig*-Kommission und der *Valech*-Kommission ein komplexes Bild der Repression der Pinochet-Diktatur erstellt, auch wenn der Schwerpunkt der chilenischen Vergangenheitspolitik auf der Aufklärung der Wahrheit lag, war es nicht gelungen, den Verbleib der Verschwundenen lückenlos aufzuklären.

Das Einsetzen von Wahrheitskommissionen zur Dokumentation und Aufklärung der Fälle von Menschenrechtsverletzungen im postautoritären Chile fand in der spanischen *transición* kein Pendant. Die einzige offizielle Kommission nach Ende der Franco-Diktatur, die aus Historikern bestand, wurde zur Erforschung der am 26. April 1937 erfolgten Bombardierung der baskischen Stadt Guernica im Jahr 1976 eingesetzt und war somit mehr auf ein spezifisches Ereignis des Bürgerkrieges – für das vor allem das nationalsozialistische Deutschland verantwortlich gemacht werden konnte – als auf die franquistische Repression an sich gerichtet (Aguilar 1996: 114). Obgleich sich seit der Jahrtausendwende einige zivilgesellschaftliche und lokal begrenzte Initiativen zur Einsetzung einer Wahrheitskommission gebildet haben[15], gibt es bisher keinen umfassenden Versuch der offiziellen Wahrheitsfindung durch den spanischen Staat.

In Bezug auf Entschädigungsmaßnahmen folgte die chilenische Regierung den Empfehlungen der Wahrheitskommissionen: Infolge des *Rettig*-Berichtes wurde 1992 zunächst die *Corporación Nacional de Reparación y Reconciliación* (CNRR) eingesetzt, die für die Implementierung und Koordination der Reparationsleistungen zuständig war. Sie reichten von einer Rente für Angerhörige der *detenidos desaparecidos* über Gesundheitsfürsorge für direkte Familienmitglieder bis hin zu Ausbildungsförderung der betroffenen Angehörigen (Lira/Loveman 2005). Ebenso wurde eine *Oficina para el Retorno* eingerichtet, um Rückkehrer aus dem Exil zu unterstützen (Lira 2006: 73).

Der *Valech*-Bericht von 2004 empfahl drei Formen von Entschädigungsmaßnahmen: (1) institutioneller Art, durch die Einrichtung eines *Nationalen In-*

15 Erste Versuche stammen aus den peripheren Grenzregionen des Landes: Im Februar 2007 wurde in Valencia eine regional begrenzte Wahrheitskommission zur Erforschung der franquistischen Nachkriegsrepression im Zeitraum von 1939 bis 1953 eingesetzt, ein Abschlussbericht liegt jedoch bis heute nicht vor. Ebenso lag dem baskischen Parlament, einer Initiative baskischer Regionalparteien folgend, im März 2009 ein umfassender Vorschlag zur Einsetzung einer Wahrheitskommission vor. Vgl. *Bases para la puesta en marcha de una Comisión de la Verdad en Euskadi*, Dirección de Derechos Humanos Departamento de Justicia, Vitoria, 31. März 2009, www.procesosdepaz.org (Stand: 30.03.2010).

stituts für Menschenrechte, welches die gesammelten Informationen archivieren sollte, (2) symbolische und kollektive Maßnahmen, um die moralische Anerkennung des Staates und der Gesellschaft gegenüber den Opfern auszudrücken, und (3) waren individuelle finanzielle Entschädigungen vorgesehen. Daraufhin kündigte Präsident Ricardo Lagos Entschädigungsmaßnahmen an, welche einem staatlichen Rentenanspruch von umgerechnet etwa 150 Euro und Entschädigungen bei Gesundheits- und Bildungsmaßnahmen umfassen. Sie blieben hinter den Erwartungen der Opfer- und Menschenrechtsvereinigungen weit zurück.

In Spanien gestaltete sich die materielle Entschädigung der Opfer aus den 1930er bis 1940er Jahren als schwieriger, war doch nach beinahe vierzigjähriger Diktatur ein Großteil der Betroffenen bereits verstorben oder verblieb im Exil. Obgleich es einige parlamentarische Initiativen gegeben hat, um Reparationen für unterschiedliche Opfergruppen des Bürgerkrieges durchzusetzen, kamen sie in den meisten Fällen zu spät und blieben unzureichend.[16] Erst 1990 sollte ein Gesetz für Entschädigungszahlungen je Haftjahr an politische Gefangene der Franco-Diktatur verabschiedet werden (Aguliar 2008: 422), während die Familienangehörigen der während der Diktatur aus politischen Gründen zum Tode Verurteilten von Entschädigungsmaßnahmen im postfranquistischen Spanien ausgeschlossen blieben. Im Vergleich zur Vergangenheitspolitik in den ersten Jahren der chilenischen Postdiktatur haben weder die Folteropfer Pensionen erhalten, noch die Exilierten eine Form der Unterstützung zur Reintegration bei ihrer Rückkehr nach Spanien (Aguilar 2007: 28). Erst mit dem im Jahr 2007 verabschiedeten Erinnerungsgesetz sollte es zu einem „quantitativen und qualitativen Sprung" (Aguilar 2008: 423) hinsichtlich der Entschädigungsmaßnahmen für die Opfer der Franco-Diktatur und ihrer symbolischen Anerkennung kommen.[17]

Insgesamt führten hinsichtlich der rechtlich-administrativen Aufarbeitung die historische Distanz zur Hochphase der Repression, das Ausbleiben einer mobili-

Entschädigungen in Spanien

16 Die Sozialistische Partei etwa stellte 1978 einen Parlamentsantrag zur gesetzlichen Regelung einer Entschädigung der republikanischen Lehrer, die nach dem Putsch der franquistischen Truppen entlassen worden waren. Nach unterschiedlichen Gesetzesinitiativen zur Zahlung von Pensionen der republikanischen Armeeangehörigen wurde 1978 ein Gesetz zur rechtlichen Gleichbehandlung beider Bürgerkriegslager eingebracht (Aguilar 2001a: 113f.). Insgesamt blieben die während des spanischen Transitionsprozesses durchgesetzten vergangenheitspolitischen Entschädigungsmaßnahmen auf den Bürgerkrieg beschränkt, die Opfer der Franco-Diktatur erreichten sie nicht.

17 Eine synoptische Aufstellung der zwischen 1975 bis 2007 implementierten materiellen Entschädigungsmaßnahmen sowie betreffenden Gesetze und Verordnungen findet sich bei Aguilar (2008: 506-520).

sierten Zivilgesellschaft, die Wahrheit und Gerechtigkeit eingefordert hätte und das Fehlen internationalen Druckes im spanischen Fall dazu, dass nur sehr beschränkte vergangenheitspolitische Maßnahmen im Sinne einer Aufklärung der während der Franco-Diktatur begangenen Menschenrechtsverletzungen sowie Rehabilitierung und Entschädigung der Opfer umgesetzt worden sind.

Die in beiden Ländern durchgesetzten Generalamnestien als integrale Bestandteile der paktierten Transitionsprozesse, mit denen sich die belasteten politischen Eliten der Diktaturen gegen zukünftige Strafverfolgung absicherten, symbolisieren das politische Kräfteverhältnis während des Demokratisierungsprozesses. Vergleicht man allerdings den gesellschaftlichen Umgang mit dem Amnestiegesetz in Spanien, welches auf keinen sozialen Protest stieß, mit den Reaktionen auf die Amnestie nach den Militärdiktaturen in Chile und auch dem *punto final* in Argentinien, könnte der Gegensatz kaum größer sein. In beiden Ländern des *Cono Sur* war eine breit mobilisierende Zivilgesellschaft anzutreffen, die forderte, politisch Verantwortliche für begangene Menschenrechtsverbrechen justiziell zur Rechenschaft zu ziehen. Die während der beiden lateinamerikanischen Transitionsprozesse zentrale Forderung nach Gerechtigkeit und einem Ende der *impunidad,* der Straflosigkeit im Sinne einer strafrechtlichen Verfolgung der Täter, wurde in Spanien kaum erhoben.[18]

Jedoch galt eine Amnestierung der politischen Häftlinge des Franco-Regimes der antifranquistischen Opposition bereits seit den 1960er Jahren als eine zentrale Forderung und als eine unabdingbare Voraussetzung für die Demokratisierung (Aguilar 1997: 332). Das Amnestiegesetz von 1977 war – bis auf von einer kleinen, diesem ablehnend gegenüberstehenden Minderheit baskischer Nationalisten, die zunächst eine konsequente Auflösung der franquistischen Verwaltungs- und Polizeistrukturen forderte (Aguilar 2001: 22) – im hegemonialen gesamtspanischen Vergangenheitsdiskurs weitestgehend unwidersprochen. Als Teil des sich etablierenden Schweigepaktes wurde auch von den Opfern der Repression zunächst nicht öffentlich in Frage gestellt.

Der Umstand, dass die Generalamnestie in Spanien, der ein königlicher Gnadenerlass vorausgegangen war, unmittelbar nach den ersten freien Wahlen durch ein demokratisch gewähltes Parlament unter Einschluss der ehemaligen Opposi-

18 Vergleichbar mit dem postfranquistischen Spanien verfolgten die politischen Eliten in Uruguay nach dem Ende der Militärdiktatur eine auf Erinnerungsverzicht basierende Vergangenheitspolitik. Ähnlich der Situation während des spanischen Transitionsprozesses waren hier menschenrechtspolitische Forderungen nach Aufklärung und Gerechtigkeit kaum zu vernehmen. Uruguay ist das einzige Land, in dem das Amnestiegesetz per Volksentscheid von der Bevölkerung legitimiert und damit der offizielle Kurs der Nicht-Aufarbeitung besiegelt wurde (Barahona de Brito 1997: 191-211).

tion einstimmig verabschiedet worden war, schien der vergangenheitspolitischen Entscheidung zu einer beidseitigen Amnestie Legitimation zu verleihen.[19]

Dagegen handelte es sich bei der chilenischen Gesetzgebung von 1978, unter Rückgriff auf den kurz zuvor verabschiedeten spanischen Vorläufer um ein Gesetzesdekret zur Selbstamnestierung der Täter noch während der Militärdiktatur.[20] Während der ersten fünfzehn Jahre, nach Inkrafttreten des Gesetzesdekretes, welches die Verbrechen der Pinochet-Diktatur bis zur Verabschiedung des Gesetzes im Mai 1978 umfasst – wurde die Amnestie ausnahmslos angewandt. Die Kritikpunkte von Menschenrechtsorganisationen und Gegnern der Diktatur an der Selbstamnestie der chilenischen Militärs bezogen sich auf die fehlende demokratische Legitimierung, die Unzulässigkeit einer Autoamnestie durch das Militär und nicht zuletzt den Verstoß gegen das Völkerrecht. Dementsprechend war, im Kontrast zu Spanien, während der chilenischen *transición* eine gut organisierte Zivilgesellschaft anzutreffen, die sich konsequent für eine Aufhebung der durch das Amnestiegesetz institutionalisierten Straflosigkeit, die sich die Täter selbst verordnet hatten, einsetzte.

Zu Beginn des Demokratisierungsprozesses hatte der während der Pinochet-Diktatur regimetreue Oberste Gerichtshof das Amnestiegesetz zunächst konsequent zur Anwendung gebracht und mehrmals dessen Gültigkeit bestätigt, womit auch – so wurde argumentiert – eine Aufklärung der Menschenrechtsverletzungen ausgeschlossen sei (Nolte 1991: 3). Wurde das Amnestiegesetz in Chile bis 1998 ausnahmslos angewendet,[21] so setzte sich beeinflusst von den Ergebnissen

19 Die zentralen Absätze, welche die Amnestierung der Franquisten betreffen, finden sich im zweiten Artikel, nach denen (2e) „die Straftaten, welche die Autoritäten, Angestellten und Agenten der öffentlichen Ordnung mit Motiv der Erforschung oder Verfolgung der in diesem Gesetz verankerten Taten" amnestiert werden. Des weiteren (2f) „die Delikte und Verstöße, welche von Angestellten und Beamten der öffentlichen Ordnung gegen die Ausübung der Personenrechte" verübt wurden, nicht strafrechtlich geahndet werden (Ley 46/1977).

20 Das chilenische Amnestiedekret (Ley 2.191) amnestiert „Täter, Teilnehmer oder Begünstiger" von Delikten, die während der Dauer des Belagerungszustands zwischen dem 11. September 1973 und dem 10. März 1978 begangen worden waren (zit. n. Wehr 2009: 126).

21 Die einzige Ausnahme bildete die Verurteilung des ehemaligen DINA-Chefs Manuel Contreras und seines Geheimdienstmitarbeiters Pedro Espinoza aufgrund ihrer Verantwortung für den Mord an dem Mitglied der Allende-Regierung Orlando Letelier und seiner Mitarbeiterin Ronnie Moffitt in Washington 1976. Dieser Fall war auf Druck der USA explizit vom Amnestiegesetz ausgeschlossen worden und der erste, der von der chilenischen Justiz verhandelt wurde und zu einer Verurteilung der Täter

der ersten Wahrheitskommission sowie einer 1997 durchgeführten Justizreform und der internationalen Wirkmacht des ‚Falles Pinochet', zunehmend eine juristische Neuinterpretation durch. Die Rechtsprechung von Menschenrechtsanwälten, der sich einige Richter anschlossen, ermöglichte eine juristische Neuauslegung der Amnestiegesetzgebung, indem sie erst eine Aufklärung der Verbrechen verlangten, bevor das Amnestiegesetz angewendet werden könne. Der öffentliche Druck von Menschenrechtsorganisationen und deren ambitionierten Anwälten führte dazu, dass das Amnestiegesetz in Chile ab 1998 teils umgangen und belastete Militärs des Pinochet-Regimes verurteilt wurden. Einige Richter stellten das Amnestiegesetz – beeinflusst durch den ‚Fall Pinochet' (s. Kap. 5.2) – darauf gänzlich in Frage, da es hinsichtlich der Amnestierbarkeit gravierender Menschenrechtsverbrechen gegen internationales Recht verstoße. In einigen Fällen wurde der 1951 von Chile ratifizierten Genfer Konvention Vorrang vor dem Amnestiegesetz eingeräumt. Es schien, als habe sich ein Bruch mit dem engen Korsett des Amnestiegesetzes vollzogen. Durch die juristische Neuinterpretation des Verfassungsrichters Juan Guzmán Tapia setzte sich ansatzweise eine alternative Interpretation der *desaparición forzada* durch: Indem er das Verschwindenlassen als andauernde Entführung (*secuestro permanente*) interpretierte, galten die Fälle der Verschwundenen rechtlich immer noch als entführt, damit dauerte die Straftat an, solange keine Leiche gefunden wurde – die Verfahren konnten weder eingestellt noch die Menschenrechtsverbrechen amnestiert werden (s. Kap. 5.4).

Im Gegensatz zur Situation in Chile, wo zunächst Richterposten am Obersten Gerichtshof vorsorglich neu besetzt wurden, um einer strafrechtlichen Aufarbeitung der Diktaturverbrechen vorzubeugen, zeigt die Tatsache, dass die Militärs in Spanien nicht die Notwendigkeit sahen, sich noch während der Diktatur eine Autoamnestierung zu verordnen, ihre Sicherheit an, den Übergangsprozess kontrollieren zu können (vgl. Aguilar 2007: 24). In Spanien wurde das Amnestiegesetz, das Opfer und Täter nivellierte, durch den hegemonialen politischen und medialen Konsensdiskurs der Transition gestützt und nicht öffentlich in Frage gestellt und stand damit einer justiziellen Bestrafung der Täter des Franco-Regimes langfristig entgegen. Es ist bis heute uneingeschränkt in Kraft, obgleich es unterdessen nicht nur von Juristen kontrovers diskutiert und in Frage gestellt

führte. Im September 1993 verurteile der Oberste Gerichtshof Contreras zu sieben Jahren Haft (Huhle 1996: 182ff.). Er weigerte sich allerdings, die Haftstrafe anzutreten. Während der Jahre des Prozesses hatte es mehrere Drohgebärden des Militärs gegeben um seinen Haftantritt zu verhindern. Im Juni 2008 verurteilte ein chilenisches Gericht Contreras abermals zu zweimal lebenslänglicher Haft, die höchste Strafe, die für Menschenrechtsverletzungen der Diktatur verhängt worden war.

wird, auch von der zivilgesellschaftlichen Erinnerungsbewegung wird regelmäßig eine Annullierung gefordert (s. Kap. 6).

Ein Unterscheidungsmerkmal erwies sich als dominant: In Chile war die Präsenz Augusto Pinochets als symbolisches und reales Erbe der Diktatur während der 1990er Jahre zentral. Durch die direkte Beteiligung des Ex-Diktators am Demokratisierungsprozess als politischem Machtfaktor war die Überwindung der Institutionen der Diktatur während der ersten beiden Legislaturperioden unmöglich. Pinochet konnte, nicht nur als Befehlshaber über die Streitkräfte bis 1998, sondern sollte auch als Senator auf Lebenszeit, maßgeblichen Einfluss auf den Transitionsprozess nehmen. Er spielte im politischen Leben des Landes bis zu seiner Verhaftung in London weiterhin eine zentrale Rolle.[22]

Die sich auch aus diesem Umstand ergebenden zahlreichen ‚autoritären Enklaven‘[23] standen einer umfassenden Demokratisierung entgegen. Im institutionellen Bereich betraf dies vor allem die autoritäre Verfassung von 1980, die auch weit über das Ende der Diktatur hinaus weiterhin Gültigkeit besaß. Die von Pinochet designierten Senatoren (*senadores designados*), das binominale Wahlrecht, welches *de facto* die in den Rechtsparteien organisierten Anhänger des alten Regimes bevorteilt[24] sowie die weiterhin aufrechterhaltene Autonomie der

22 Da Pinochet offenbar nicht mit einer Niederlage rechnete, setzte er – anders als Franco – seiner Machtausübung mit dem in der autoritären Verfassung von 1980 verankerten Plebiszit ein mögliches Ende, während das zeitliche Ende der Franco-Diktatur mit seinem Tod zusammenfiel.

23 Der chilenische Soziologe Manuel Antonio Garretón Merino, der den Begriff der ‚autoritären Enklaven‘ in die Forschung eingeführt hat, um damit das gesellschaftspolitische Vermächtnis der Pinochet-Diktatur zu beschreiben, unterscheidet folgende Kategorien: (1) Die Menschenrechtsfrage, (2) das institutionell-justizielle Erbe, welches durch autoritäre Verfassungsenklaven das Funktionieren der Demokratie einschränke, (3) die weiterhin abgesicherte Vormachtstellung der Militärs als zentrale Akteure der Diktatur sowie (4) die Verbreitung autoritärer Werte, Mentalitäten und Einstellungen (1996: 29f.).

24 Das binominale Wahlrecht bevorzugt automatisch die zweitstärkste Partei und damit in der Regel das rechte Parteienbündnis aus RN und UDI. Die bei der Stimmenabgabe erzielten Mehrheitsverhältnisse schlagen sich nicht entsprechend in Parlament und Senat wieder: In jeden Wahldistrikt werden zwei Sitze vergeben, wobei ein Wahlbündnis nur dann beide Sitze gewinnt, wenn es doppelt so viele Wahlstimmen auf sich vereinigen kann. Dies führt dazu, dass sich die großen Parteienbündnisse *Concertación* und das rechte Wahlbündnis *Alianza* trotz unterschiedlicher Stimmenzahl meist die Sitze eines Wahlkreises teilen. Damit werden kleine Parteien, wie die Kommunistische Partei Chiles, von der parlamentarischen Repräsentation strukturell ausge-

Streitkräfte waren die institutionellen Enklaven der Diktatur, mit denen das politische System Chiles in den 1990er Jahren behaftet war.

Im Gegensatz zu Pinochets aktiver Rolle während des Übergangs zur Demokratie war durch Francos Tod der Diktatur in Spanien symbolisch ein Ende gesetzt. Als ein Unterschied gestaltet sich die Rolle seines Nachfolgers König Juan Carlos I, der einer Demokratisierung zumindest offen gegenüberstand und sowohl dem Militär als auch der gemäßigten demokratischen Opposition vorübergehend als symbolische Integrationsfigur dienen konnte (Sánchez 2003: 78).[25] Während er von Franco designiert, die Kontinuität mit der Diktatur veranschaulichte, stellte in Chile Ex-Diktator Augusto Pinochet selbst weiterhin den Dreh- und Angelpunkt der chilenischen *transición* dar, in der er eine überaus mächtige Position innehatte, so dass es gelang, die Transition über weite Strecken zu steuern und die eigene Position vor Machtverlust abzusichern.

Bildete in Chile die Verfassung der Diktatur in vielen Punkten ein Hindernis der Demokratisierung, so konnten dagegen in Spanien wichtige institutionelle Reformen innerhalb weniger Jahre durchgeführt werden, auch wenn die spanische Verfassung von 1977 zahlreiche Fragen, etwa zur künftigen territorialen Gestaltung des Staates, offen gelassen hatte.[26] Während in Spanien ab 1978 wesentliche Schritte in Richtung einer institutionellen Demokratisierung in Form der neuen Verfassung erzielt werden konnten, ließ eine grundlegende Änderung der pinochetistischen Verfassung von 1980 auf sich warten – trotz der verschiedenen Verfassungsreformen von 1989, 1991 und 1997. In Chile bestanden damit zahlreiche autoritäre Verfassungsenklaven fort, welche die Militärs privilegierten und vor Strafverfolgung und Machtverlust absicherten und erst in einer Ver-

---

schlossen, während die großen Wahlbündnisse bevorteilt werden (zum binominalen Wahlrecht s. die Beiträge in Huneeus 2006).

25 Hatten Kommunisten und Sozialisten zunächst ein Plebiszit in dieser Frage gefordert, so sollten sie schließlich die Einführung der parlamentarsichen Monarchie als Staatsform hinnehmen.

26 Entscheidend war Artikel 8, der die spanischen Streitkräfte verpflichtete, die Lösung der Autonomiefrage und damit die Regionalisierung des Staates zu akzeptieren. Der die Autonomiefrage behandelnde Artikel stieß besonders auf Ablehnung der Militärs, da diese ein Verlust ihrer Sonderrechte und eine Auflösung des spanischen Territoriums und damit ihrer Privilegien befürchteten. So hatten etwa im Dezember 1978 im Senat die drei ranghöchsten Generäle gegen die Verabschiedung der Verfassung gestimmt, was verdeutlichte, dass die Demokratisierung Spaniens von Teilen des Militärs nicht mitgetragen wurde (Bernecker 2006: 427).

fassungsreform im Jahr 2005[27] teilweise aufgehoben wurden, auch wenn etwa das binominale Wahlrecht als institutionelles Erbe der Diktatur bis heute weiter besteht.

Aus dem Modus des Transitionsprozesses erwächst, dass in beiden Ländern in unterschiedlichem Maß ‚autoritäre Enklaven' (Garretón) fortbestanden, welche sich auch auf die vergangenheitspolitischen Maßnahmen auswirkten. Die mächtige Ausgangssituation der ehemaligen Eliten ermöglichte es ihnen, den Transitionsprozess maßgeblich zu bestimmen, was in beiden Ländern zunächst dazu führte, dass vergangenheitspolitische Maßnahmen strafrechtlichen Aufarbeitung der Diktaturverbrechen unterbunden werden konnten. Der Übergang zur Demokratie vollzog sich insgesamt im Rahmen einer *reforma*-Strategie: Die politischen Kräfte und sozialen Bewegungen, die in der Anfangsphase einen Bruch mit der Diktatur verfolgten, mussten ihre Positionen an die gemäßigteren Haltungen der oppositionellen Parteien abtreten.[28]

Das Militär spielte eine unterschiedliche Rolle im Verlauf der *transición*. Während es in Chile die Regeln des Übergangs in der während der Diktatur erlassenen Verfassung vorgab, war der ausgehandelte Übergang in Spanien nicht an Bedingungen des Militärs geknüpft, die spanischen Streitkräfte hatten keinen aktiven Einfluss auf die Ausarbeitung der demokratischen Verfassung von 1978, während der von der chilenischen Militärjunta qua Verfassung festgelegte Fahrplan den gesamten Redemokratisierungsprozess hemmte, nicht zuletzt deshalb, weil Ex-Diktator Pinochet noch bis 1998 als Oberbefehlshaber der Streitkräfte

27 Nach zahlreichen Versuchen der *Concertación*-Regierungen, nach 1990 die undemokratischen Elemente aus der Verfassung zu beseitigen, die stets am Widerstand der Rechtsparteien gescheitert waren, wurden im August 2005 durch eine Verfassungsreform etwa die designierten Senatoren und die Benennung von Richtern des Obersten Gerichtshofs abgeschafft. Der Nationale Sicherheitsrat COSENA wurde zwar nicht vollends aufgelöst, aber auf ein Beratungsorgan zurückgestutzt, welches nunmehr nur der Präsident einberufen darf. Vgl. etwa Garretón (2007: 178-185); Frankfurter Rundschau: *Chile befreit seine Verfassung von den Spuren der Diktatur*, 8. August 2005; El País: *Chile cierra la transición con una reforma constitucional que elimina la huella de Pinochet*, 14. Juli 2005.

28 Dem Vorhaben eines von oben gelenkten und graduellen Umbaus der institutionellen Hinterlassenschaften der Diktatur (*reforma*) trat in beiden Ländern zunächst das oppositionelle Ziel eines eindeutigen Bruchs mit der Vergangenheit (*ruptura*) gegenüber. Zu der in der Frage der Redemokratisierung zwischen *ruptura* und *reforma* schwankenden Strategiedebatten, bei der sich in beiden Ländern schließlich eine Reformstrategie durchsetzte, für Chile vgl. etwa Nolte/Krumwiede (1988:16ff.), für Spanien vgl. etwa Kraus/Merkel (1998: 41).

im Amt verblieb. Ein wesentlicher Unterschied in der *transición* beider Länder besteht demzufolge insgesamt darin, dass das Militär sich im chilenischen Fall durch eine eigens erlassene Verfassung als Institution absicherte und so weiterhin politische Vetorechte ausüben konnte. Die chilenischen Streitkräfte haben sich damit ihre faktische Macht über das Ende der Diktatur hinaus bewahrt. Trotz des Redemokratisierungsprozesses blieb das Militär durch eine frühzeitige institutionelle Absicherung in Chile als faktische Macht bestehen, es konnte sich ein hohes Maß an politischer und finanzieller Autonomie sichern. Obgleich des sich ab 1988 abzeichnenden Regimewechsels war es in der Lage, seine politische Vormachtposition und Veto-Bastionen aufrechterhalten.[29]

Gleichwohl sah sich auch die spanische Transitionsregierung gezwungen, den Interessen der Streitkräfte als *poder fáctico* zu entsprechen, damit diese den Demokratisierungsprozesses nicht in Gefahr brächten. Wie Agüero in Bezug auf den spanischen Fall betont,

> „[...] la mayor parte de los militares eran contrarios a que se alteraran las características fundamentales de las instituciones franquistas, [...ya que la transición] surgió de la legalidad franquista y estuvo caracterizada por importantes continuidades. Uno de los elementos de continuidad mas visibles fue el ejército, que no sufrió las purgas a las que fue sometido en Grecia, Portugal o Argentina." (Agüero 1995: 22f.)

Die spanische Regierung versuchte, sowohl auf die demokratische Integration und damit die Beseitigung der die zivile Suprematie bedrohenden Macht des Militärs hinzuarbeiten als auch gleichzeitig gänzlich auf politische Restitutionen im Militärapparat, zu verzichten. Sowohl der spanische König als integratives Element als auch die Ernennung Manuel Gutiérrez Mellados zum Verteidigungsminister im Juli 1977, dessen Ziel es war, die Streitkräfte zu kontrollieren (Bernecker 2006: 426f.), konnte die Kooperationsbereitschaft des Militärs beeinflussen, womit sich die formale Unterordnung des Militärs unter die zivile Kontrolle in Spanien teils erklärt. Dem offiziellen hegemonial von Konsens und Versöhnung geprägten politischen Diskurs der Transition entsprach es, dass auch die

29 Das politische Forum zur Ausführung des in der Verfassung verankerten Wächteramts bot der *Nationale Sicherheitsrat* (COSENA) (Art. 95/96), der bis zu seiner Reform keinerlei übergeordneten demokratischen Kontrolle unterworfen war (Zusammensetzung: vier zivile und vier militärische Repräsentanten: Oberkommandierende der drei Teilstreitkräfte, Chef der *Carabineros* sowie als zivile Vertreter der Präsident der Republik, des Senats, des Obersten Gerichtshofs sowie der *controlador general* (Leiter des Rechnungshofes), und vier Minister (Außen-, Innen-, Wirtschafts-, Verteidigungs- und Finanzressort, ohne Stimmrecht).

nach dem gescheiterten Putschversuch des Oberstleutnant Tejero 1981, der die Fragilität des politischen Systems schlagartig ins Bewusstsein rückte, weiterhin francotreuen Befehlshaber nicht aus ihren Ämtern suspendiert wurden, eine umfassende Militärreform wurde vertagt. Auch wenn zunächst eine Militärreform aufgeschoben und nur vereinzelte personelle Änderungen vorgenommen worden waren, so setzte die neue Regierung nach dem gescheiterten Putschversuch und dem Wahlsieg des sozialistischen Ministerpräsidenten Felipe González, Pensionierungen im Militär zur Machtverringerung und Demokratisierung der Streitkräfte ein.[30] Tiefgreifende Reformen im militärischen Bereich erfolgten entsprechend erst unter der PSOE-Regierung ab 1982.[31] In Spanien wie in Chile bestand damit eine hohe personelle Kontinuität; die meisten belasteten Militärs konnten auch über die *transición* hinaus in ihren Ämtern verbleiben.

Kam es während der spanischen *transición* im militärischen Lager wiederholt zu im Untergrund geplanten Umsturz- und Putschversuchen, die ihren Höhepunkt in dem die historische Erinnerung zutiefst prägenden gescheiterten Putschversuch des Oberstleutnant Tejero im Parlament fand, so war auch der chilenische Transitionsprozess von zahlreichen zivil-militärischen Spannungen geprägt, die in öffentlichen Machtdemonstrationen ihren Ausdruck fanden. Der spanische *Tejerazo* am 23. Februar 1981 sollte die Fragilität des Übergangs zur Demokratie bewusst machen, der nicht ohne Konfrontationen vonstattenging. Hingegen hat es in Chile, trotz permanenter und offener Drohgebärden der Militärs, keinen dem *Tejerazo* vergleichbaren konkreten Putschversuch gegeben. Lange Zeit jedoch hatte der harte Kern des Pinochet-Regimes immer wieder versucht, eine Aufarbeitung der Diktaturverbrechen durch öffentliche Machtdemonstrationen des Militärs zu verhindern. Bei diesen Machtdemonstrationen handelte es sich nicht um tatsächliche Putschversuche, sondern vielmehr um öffentlich wirksame Drohgebärden, mit der eine politische Abkehr von den das Militär privilegierenden Zugeständnissen der paktierten Transition verhindert werden sollte. Mit Truppenübungen und Manövern demonstrierten die chilenischen Streitkräfte immer wieder ihr Widerstreben gegenüber einer Unterordnung

30 Erst 1985 wurde die *reserva transitoria* eingeführt, eine Art Frühpensionierung, die viele Offiziere der Franco-Zeit bis 1989 in den Vorruhestand versetzte (Fischer 1998: 173-184).

31 Das erst 1984 erlassene Verteidigungsgesetz (*Ley de Defensa Nacional*), das erstmals die Trennung der Kompetenzen im militärischen Bereich zwischen König und Regierung klar aufteilte, brachte schließlich eine grundlegende Reform des Militärs. Die 1989 erfolgte gesetzliche Festlegung des Vorrangs der Zivilgerichtsbarkeit über die militärische Rechtsprechung brachte grundlegende Veränderungen.

unter zivile Gewalt und der Demokratisierung des Landes.[32] Auch in Spanien verübten die antidemokratischen Strömungen des Militärs als *poder fáctico* immer wieder Angriffe auf die *transición* und es gelang ihnen während des Demokratisierungsprozesses abermals Druck auf demokratische Politiker auszuüben, um Reformen zu verhindern. Waren die militärischen Machtdemonstrationen von Regierung und Bevölkerung beider Länder mehrheitlich als äußerst beunruhigend empfunden worden, so stellten sie ein ums andere mal eine Bewährungsprobe für die Demokratisierung dar.

Insgesamt hat das chilenische Militär während des Übergangs zur Demokratie allerdings in weitaus größerem Maße die institutionellen Spielregeln bestimmt, als im spanischen Fall, wo die Unterordnung militärischer Gewalt unter zivile Suprematie ab Mitte der 1980er Jahre als vollzogen galt, während das Militär in Chile seine formale Position als Verfassungswächter noch lange besaß.

Zusammenfassend wird jedoch deutlich, dass die in Chile getroffenen vergangenheitspolitischen Instrumente und Maßnahmen bezüglich der Aufklärung der während der Diktatur begangenen Menschenrechtverletzungen aus vergleichender Perspektive, trotz wesentlich schwierigerer institutioneller Ausgangsbedingungen und auch widersprüchlichen und ambivalenten Ergebnissen und fortbestehender autoritärer Enklaven in der Verfassung, weiter vorgedrungen sind, als dies in Spanien der Fall war. Nicht nur Wahrheitskommissionen sind zu diesem Zweck eingesetzt worden, auch ist es gelungen, den engen Rahmen des Amnestiegesetzes teilweise zu umgehen und unter Anwendung internationaler Rechtsnormen den massiven zivilgesellschaftlichen Forderungen nach einer justiziellen Aufarbeitung teilweise zu entsprechen. Institutionelle Reformen der noch während der Diktatur verabschiedeten chilenischen Verfassung waren allerdings wesentlich schwieriger durchzusetzen, als während der spanischen *transición*. Die weiterhin stark parlamentarisch repräsentierten pinochetnahen Rechtsparteien und die Streitkräfte konnten sich gegen eine Abschaffung der sie privilegierenden institutionalisierten Vetomacht immer wieder erfolgreich zur Wehr setzen.

Angesichts der unbezweifelbaren politischen Stabilität, die die konsolidierte spanische Demokratie prägt, überrascht es, dass Rehabilitierungs- und Entschädigungsmaßnahmen im Sinne der Opfer der Franco-Diktatur inkonsequent und im Vergleich zu Chile nur sehr zögerlich und spät umgesetzt worden sind. Wie sich deutlich zeigt, hatten Rehabilitierung und Entschädigung der Opfer in den ersten drei Jahrzehnten nach Francos Tod kaum vergangenheitspolitische Beach-

32 Zu den zivil-militärischen Beziehungen während des Transitionsprozesses und den Machtdemonstrationen und Drohgebärden der chilenischen Militärs vgl. etwa Fuentes (2006: 69-84), Weeks (2003), Radseck (2001, 2004: 316ff.).

tung gefunden. Staatliche Versuche der Aufarbeitung der Franco-Vergangenheit sollten erst mit der Regierung Rodriguez Zapatero ab März 2004 beginnen, wobei eine strafrechtliche Aufarbeitung und eine Verurteilung der Täter der Franco-Diktatur weiterhin durch die Amnestiegesetze ausgeschlossen sind.

Hatten viele erinnerungskulturelle Initiativen ihre Hoffnungen in den Regierungswechsel gesetzt, so machte sich nach dem überraschenden Wahlsieg der PSOE unter José Luis Rodriguez Zapatero am 14. März 2004 die neue sozialistische Regierung daran, ein Gesetz auszuarbeiten, das sie als ein zentrales Wahlversprechen verkündet hatte und welches darauf zielte, die zahlreichen vergangenheitspolitischen Forderungen der seit der Jahrtausendwende entstandenen Erinnerungsverbände aufzunehmen: Das so genannte ‚Gesetz zur historischen Erinnerung.'[33] Die Sozialistische Partei, die sich im geschichtspolitischen Diskurs während ihrer 14-jährigen Amtszeit in Zurückhaltung geübt hatte, griff mit den Parlamentswahlen die zentrale vergangenheitspolitische Forderungen der unlängst entstandenen Erinnerungsassoziationen (vgl. Kap. 6.3) auf und stellte in Aussicht, diese im Fall eines Wahlsieges in legislative Maßnahmen zu übersetzen. Per Gesetzesdekret beschloss sie die Einsetzung einer Interministeriellen Kommission zur Erforschung der Situation der Opfer des Bürgerkrieges und der Franco-Diktatur, die einen detaillierten Bericht über die gegenwärtige Lage und Entschädigungsmöglichkeiten ausarbeiten sollte und die Betroffenen moralisch und gesetzlich zu rehabilitieren verpflichtet. Nachdem die Kommission, welche auch die verschiedenen zivilgesellschaftlichen Erinnerungsverbände anhören sollte, im September 2004 ihre Arbeit aufgenommen hatte (vgl. Brinkmann 2008), legte sie im Juli 2006 sowohl den Abschussbericht als auch einen ersten Gesetzesentwurf vor. Neben dem für die entstandene zivilgesellschaftliche Bewegung zentralen Themenkomplex des Umgangs mit den Verschwundenen, bzw. der Aushebung von Bürgerkriegsgräbern, auf welche in Kapitel 6.3 noch ausführlich einzugehen sein wird, enthält das Gesetz eine Reihe vergangenheits-

33 Der offizielle und sperrige Titel des Gesetzes lautet: „Ley 52/2007, de 26 de diciembre, por la que se reconocen y amplían derechos y se establecen medidas en favor de quienes padecieron persecución o violencia durante la guerra civil y la dictadura" (zu deutsch: „Gesetz zur Anerkennung und Erweiterung der Rechte jener, die während des Bürgerkriegs und der Diktatur Verfolgung und Gewalt erlitten haben"). Im Folgenden wird das Gesetz als Erinnerungsgesetz (*Ley de Memoria*) bezeichnet, gemäß der umgangssprachlichen Kurzform, mit der es in der öffentlichen Debatte diskutiert wird. Der Gesetzestext ist im *Boletín Oficial del Estado* (BOE), Nr. 310 am 27 Dezember 2007, S. 53410 veröffentlicht und findet sich im Internet unter: http://www.boe.es/aeboe/consultas/bases_datos/doc.php?id=BOE-A-2007-22296 (Stand: 20.10.2009).

politischer Regelungen, die – so formuliert es die Präambel – auf eine „Anerkennung und Erweiterung der Opferrechte“ zielten.[34] Damit war in der spanischen Öffentlichkeit eine umfassende gesetzliche Maßnahme zur Aufarbeitung der Franco-Vergangenheit implementiert worden, die jedoch auf harsche Kritik der zivilgesellschaftlichen Erinnerungsbewegung stieß und in der politischen Öffentlichkeit für zahlreiche Kontroversen sorgen sollte.[35]

34 Die wichtigsten Maßnahmen des Erinnerungsgesetzes lauten folgendermaßen: Im Sinne einer symbolischen Anerkennung derjenigen, die unter Bürgerkrieg und Diktatur gelitten haben, werden die franquistischen Strafurteile für ‚illegitim‘ erklärt (Art. 2-3). Neben einer Erweiterung bereits bestehender Maßnahmen, sieht das Gesetz Entschädigungsleistungen, etwa für Zwangsarbeiter und Gefangene vor, die mindestens einen Zeitraum von über drei Jahren in franquistischen Konzentrationslagern und Haftanstalten verbracht haben. Den Ehepartnern derjenigen, die zum Tode verurteilt worden waren, wird eine Entschädigung zugesprochen, die Waisenrente wird aufgestockt, Nachkommen von zwischen 1968 und 1977 getöteten antifranquistischen Aktivisten wird eine einmalige Entschädigung zuerkannt (Art. 4-10). Franquistische Symbole, Gedenktafeln, Inschriften, Denkmäler und Straßennamen sollen aus dem öffentlichen Raum entfernt werden, obgleich aus architektonischen Gründen, etwa in Kirchen oder bei Kunstwerken, Ausnahmen zugelassen sind (Art. 15). Politisch motivierte Veranstaltungen von Altfranquisten im *Tal der Gefallenen*, dem gigantischen Mausoleum Francos, werden untersagt (Art. 16). Es wird darüber verfügt, dass die Regierung in Zusammenarbeit mit den öffentlichen Autoritäten eine Erhebung über die unter Einsatz von Zwangsarbeitern und von Strafbataillonen erstellten Bauten ausarbeitet (Art. 17). Den Internationalen Brigaden wird die spanische Staatsangehörigkeit zuerkannt, ohne dass sie auf ihre eigene Staatsbürgerschaft verzichten müssen. Auch den Kindern und Enkelkinder von Exilierten wird die Möglichkeit zugesprochen, die spanische Staatsbürgerschaft zu erlangen (Art. 18). Vereine, Stiftungen und Organisationen, die sich für die Verteidigung der Würde der Opfer der politischen Gewalt, einsetzen, werden staatlich subventioniert (Art. 19). Das Generalarchiv des Spanischen Bürgerkrieges in Salamanca wird zu einem Dokumentationszentrum umgestaltet, in welchem alle relevanten Dokumente der politischen Repression zusammengetragen sind; der öffentliche Zugang zum Archiv soll gewährleistet werden (Art. 20-22).

35 Neben weiteren Kritikpunkten wurde besonders beklagt, dass die franquistischen Rechtsurteile nicht grundsätzlich aufgehoben wurden – sie gelten lediglich als ‚illegitim‘, allerdings nicht als ‚illegal‘– womit implizit die Legalität der Franco-Diktatur weiterhin akzeptiert und die Straflosigkeit fortgesetzt werde. Eine umfassende Analyse des Gesetzes findet sich bei Escudero Alday/Martín Pallín; Hg. (2008). Zu den Parlamentsdebatten, die zur Verabschiedung des Erinnerungsgesetzes geführt haben, vgl.

4.3 Erinnerungspolitik und Gedächtnisorte in vergleichender Perspektive

Im Handlungsfeld der Erinnerungspolitik im Sinne der symbolisch-repräsentativen Dimension öffentlicher Erinnerung kristallisieren sich die Folgen des eingeschlagenen Transitionsprozesses und der damit verknüpften vergangenheitspolitischen Entscheidungen. Im Folgenden soll der öffentliche Umgang mit einigen wichtigen konflikthaften Erinnerungsorten in Chile und Spanien skizziert und aus vergleichender Perspektive dargestellt werden. Der diskursive Umgang mit topografischen und kalendarischen Erinnerungsorten der Diktaturen in Spanien und Chile, dem ich anhand exemplarischer Beispiele nachgehe, verweist auf den gegenwärtigen Stellenwert der Diktaturvergangenheiten, der sich öffentlich-symbolisch in der Erinnerungslandschaft manifestiert.

In beiden Ländern wurde, durch den Kompromisscharakter der Transition und die weiterhin dominante Rolle der Eliten der Diktatur bedingt, die in der Erinnerungslandschaft symbolisch repräsentierte Diktaturvergangenheit zunächst weitestgehend ignoriert. Der bruchlose Übergang von der Diktatur zur Demokratie verhinderte symbolische Rehabilitationsakte, wie etwa das konsequente Umbenennen von Straßen und Plätzen in der Erinnerungslandschaft. Es ist jedoch auffällig, dass sich in der chilenischen Öffentlichkeit wesentlich früher Forderungen nach einer kommemorativen Repräsentanz der Diktaturopfer artikulierten, als dies in Spanien der Fall war.

Die Erinnerungspolitik des ersten demokratisch legitimierten chilenischen Präsidenten Patricio Aylwin hatte von Anfang an eine eindeutige symbolische Komponente, deren zentrales Element auf eine offizielle Anerkennung des widerfahrenen Leids der Opfer der Repression zielte. Nicht nur nahm er in der im staatlichen Fernsehen übertragenen Rede anlässlich seiner Amtsübernahme Bezug auf die Menschenrechtsverletzungen während der Pinochet-Diktatur und erklärte die Aufarbeitung der Diktaturverbrechen zur zentralen Aufgabe der Regierungspolitik, auch die tags drauf stattfindende Zeremonie im Nationalstadion, dem größten Internierungs- und Folterlager, welches unmittelbar nach dem Putsch eingerichtet worden war, sollte mit vielen symbolischen Elementen zu einer öffentlichen Anerkennung des Leides der Verschwundenen beitragen. So galt es als sehr bewegender symbolischer Akt, als Ehefrauen von *detenidos desaparecidos* – allein – den traditionellen chilenischen Volkstanz *Cueca* tanzten (Wilde 2002: 9).

Kap. 5.7, zur Verankerung der Exhumierung von Bürgerkriegsopfern aus Massengräbern, s. Kap. 6.3.

In Chile gibt es mittlerweile landesweit zahlreiche öffentliche und private Erinnerungsstätten, Mahnmale und Museen, mit denen den Repressionsopfern gedacht wird. Bezüglich der Konstruktion von Erinnerungsorten akzeptierte die chilenische Regierung in der Amtszeit des Präsidenten Patricio Aylwin im Jahr 1991 eine Initiative der *Agrupación de Familiares de Detenidos Desaparecidos* (AFDD) und der *Agrupación de Familiares de Ejecutados Políticos* (AFEP) zur Einrichtung eines Mahnmals und Mausoleums für die Toten und verschwundenen Opfer der Diktatur auf dem Zentralfriedhof in Santiago de Chile. Bereits Ende 1990 war eine Kommission für die Errichtung einer Gedenkstätte aus Vertretern der Regierung, AFEP und AFDD gegründet worden. Der Errichtung gingen polarisierte Parlamentsdebatten voraus, bei denen immer wieder der Opferstatus in Frage gestellt wurde, es habe sich nicht um Opfer politischer Gewalt, sondern vielmehr um Terroristen gehandelt, die die staatliche Ordnung umstürzen wollten (Lira/Loveman 2002: 116ff.). Dennoch wurde auf Drängen der Opferorganisationen hin im Februar 1994 das Denkmal – eine Steinwand mit den Namen der Ermordeten – eingeweiht. An dem Erinnerungsort sind seither zahlreiche sterbliche Überreste von Opfern beigesetzt worden, und es finden hier regelmäßig Gedenkveranstaltungen statt. Mit der Errichtung des Memorials für die Verschwundenen und Exekutierten legte die erste Regierung der *Concertación* – auch um den massiven Forderungen der Angehörigenverbände nachzukommen – einen wichtigen Grundstein für die staatliche Gedenk- und Erinnerungspolitik.

Außerdem wurde während der ersten demokratischen Regierung als wichtige symbolische Geste ein Mausoleum für die Überreste des sozialistischen Präsidenten Salvador Allende auf dem Zentralfriedhof eingeweiht. War er bisher anonym in seiner Geburtsstadt Valparaíso beerdigt, wurde er nun in ein Familiengrab umgebettet und eine offizielle Begräbnisfeier in der Kathedrale initiiert (Wilde 2002: 9). Ebenfalls um eine Regierungsinitiative des Sozialisten Ricardo Lagos' (2000-2004) handelte es sich bei der Einrichtung einer Statue für Salvador Allende im politischen Zentrum Santiagos im Jahr 2000 vor dem Regierungspalast *La Moneda* (vgl. etwa Schindel 2004: 159-161). War bereits 1991 das Museum *Solidaridad Salvador Allende* eingeweiht worden, so bot der 30. Jahrestag des Militärputsches im September 2003 während der Regierung Lagos den Anlass für zahlreiche Gedenkveranstaltungen im Andenken an den beim Putsch getöteten Salvador Allende. In der *Moneda* wurde am 10. September im Beisein der Witwe Allendes eine Gedenktafel enthüllt, in einem Festakt wurde als zentrale symbolische Geste die Seitentür der *Moneda* zur Straße Monradé Nr. 80 hin geöffnet, die – nachdem am 11. September 1973 der Leichnam Allendes durch diese Tür aus dem Präsidentenpalast getragen worden war – von der Militärregierung verschlossen gehalten wurde (Joingnant 2007: 103ff.), zudem wurde ein Saal des Regierungsgebäudes nach dem Ex-Präsidenten benannt. Diese während der Präsidentschaft des Sozialisten Ricardo Lagos vollzogenen symbolischen Handlungen und Gedenkakte galten als ein wichtiger Schritt zur Rehabilitierung der UP-Regierung (Wehr 2003: 134f.).

Wenngleich die historischen Zusammenhänge unterschiedlich sind, so ist Manuel Azaña als Staatspräsidenten der spanischen Zweiten Republik während des Bürgerkrieges, im Gegensatz zu Salvador Allende, bisher kein Monument in der spanischen Hauptstadt gewidmet worden und auch ein Museum in Erinnerung an ihn wurde nicht eingerichtet. Lediglich eine Büste in seiner Geburtsstadt Alcalá de Henares und eine hier nach ihm benannte Straße erinnern an den demokratisch gewählten Präsidenten Azaña, der nach dem franquistischen Putsch 1939 ins französische Montauban ins Exil geflohen war, wo er kurze Zeit später verstarb (Aguilar 2008: 429f.). Dem republikanischen Präsidenten der Exilregierung, Juan Negrín, der am Ende des Bürgerkrieges nach Paris geflüchtet war, wird ebenfalls mit einer Statue und einer Büste in seiner kanarischen Heimatstadt Las Palmas gedacht.

Nahm der christdemokratische Präsident Chiles Eduardo Frei Ruiz-Tagle (1994-2000) bezüglich des Umgangs mit den Menschenrechtsverletzungen eine eher pragmatische und passive Haltung ein[36] – erinnerungspolitische Maßnahmen gerieten in seiner Amtszeit in den Hintergrund (vgl. Wilde 2002: 10) – so knüpfte der sozialistische Präsident Ricardo Lagos an der Symbolpolitik seines Vorgängers Aylwin an: Während seiner Amtszeit wurden einige wichtige symbolische Gesten zur Rehabilitierung der Diktaturopfer vollzogen. Zum 30. Jahrestag des Putsches 2003 wurde etwa das Nationalstadion in Santiago, in welchem in den ersten Tagen nach dem Putsch ein Konzentrationslager und Folterzentrum für politische Gegner eingerichtet war, zum nationalen Kulturerbe erklärt und unter Denkmalschutz gestellt. Das ältere und kleinere Chile-Stadion, in dem neben vielen weiteren Opfern auch der bekannte Protestsänger, Schauspieler und Unterstützer der UP-Regierung Victor Jara von Militärs zu Tode gefoltert worden war, wurde als Hommage an ihn im September offiziell in *Estadio Victor Jara* umbenannt.

Neben weiteren Erinnerungsorten, welche an das Schicksal der *detenidos desaparecidos* erinnern, wurde auf Druck einer privaten Initiative eine Gedenkstätte am ehemaligen Folterzentrum *Villa Grimaldi* eingerichtet. Die Villa im Kolonialstil war nach dem Putsch unter dubiosen Umständen in die Hände der

36 Politische Initiative übernahm der im Umgang mit den Menschenrechtsverletzungen der Diktatur eher passive chilenische Präsident Eduardo Frei nach der Festnahme Pinochets in London, indem er sich vehement für dessen Rückkehr nach Chile einsetzte und so eine Verurteilung in Spanien verhindern konnte (vgl. Kap. 4.4).

DINA übergegangen. Während ihrer Nutzung als Gefangenen- und Folterlager der DINA unter dem Decknamen *Cuartel Terranova* ‚verschwanden' dort 225 Menschen, 5.000 politische Gefangene durchliefen das Zentrum insgesamt (Aguilar 2000, zit. n. Schindel 2004: 162). Eine zivilgesellschaftliche Initiative aus Überlebenden und Nachbarschaftsorganisationen konnte zwar den Abriss nicht verhindern, allerdings konnten einige übrig gebliebenen Beweise für die begangenen Verbrechen erhalten bleiben. Nachdem der Ort 1994 zunächst der Öffentlichkeit zugänglich gemacht wurde, verabschiedete das chilenische Parlament nach jahrelangen Debatten 1997 ein Gesetz zur Einrichtung des *Parque de la Paz* und einer Gedenkstätte am Ort der *Villa Grimaldi.* Auf einer Wand der Namen (*muro de los nombres*) sind unter der Inschrift *Das Vergessen ist voller Erinnerung* (*el olvido está lleno de memoria*), ein Zitat des uruguayischen Autors Mario Benedetti, 230 Namen von Verschwundenen aufgeführt. Die Einweihung fiel in die Regierungszeit des Christdemokraten Eduardo Frei, der im Bereich der symbolischen Gedenk- und Erinnerungspolitik keinerlei besondere Maßnahmen ergriffen hatte, so war kein offizieller Regierungsvertreter bei der Eröffnung der Gedenkstätte am 21. Dezember 1998 erschienen. Lazzara (2003) merkt zwar kritisch an, dass es vor allem ausländische Besucher seien, die Interesse am Friedenspark zeigten, ein Umstand, der auf die Interesselosigkeit eines großen Teiles der chilenischen Gesellschaft verweise, sich mit dem Erbe der Diktatur auseinanderzusetzen. Dennoch soll die Gedenkstätte weiterhin ausgebaut und um ein Besucherzentrum, das der Jugendarbeit und der Menschenrechtserziehung dienen soll, ergänzt werden (Aguilar 2005: 20). Seit 2007 finden hier zudem Theateraufführungen des *Teatro por la vida*, Performances, mit denen den Opfern der Diktatur, in erster Linien den Verschwundenen gedacht wird, statt, zu dessen Prämiere die sozialistische Präsidentin Michelle Bachelet anwesend war. Sie ist nicht nur die erste Regierungschefin, die diesen Ort besucht (Aguilar 2008: 428), vielmehr waren sie und ihre Mutter während der Diktatur an diesem Ort selbst gefoltert worden, bevor sie ins Exil in die DDR flohen. Sie ist Tochter des verfassungstreuen Luftwaffengenerals Alberto Bachelet, der sich dem Putsch widersetzte und 1974 zu Tode gefoltert worden war.

In Spanien dagegen wurden während des Transitionsprozesses, abgesehen von dem aus der Franco-Diktatur weiterhin bestehenden monumentalen *Tales der Gefallenen*, mit dem einseitig der franquistischen Bürgerkriegsopfer, bzw. dem Bürgerkriegssieg gedacht wird, und dem gewaltigen *Triumphbogen*, der im Zentrum Madrids bis heute dem Sieg der franquistischen Truppen gewidmet ist, als offensichtlichstem Siegeszeichen der Diktatur, keine offiziellen Erinnerungsorte mit einer ähnlichen symbolischen Bedeutung und Prägnanz wie in Chile eingerichtet, die der franquistischen Erinnerungslandschaft einen neuen Deutungsrahmen entgegen gesetzt hätten. Der einzige Erinnerungsort, der eine gesamtspanische Tragweite symbolisieren sollte, war das 1985 durch den König zum 10. Jahrestag seiner Inthronisierung an der Madrider *Plaza de la Lealtad* eingeweihte Mahnmal für die Getöteten beider Bürgerkriegslager. Um dem *Tal der Gefallenen* ein Symbol der Versöhnung entgegenzusetzen, wurde zehn Jahre nach Francos Tod an diesem Ehrenmal, welches ursprünglich für die Opfer des Aufstands gegen die napoleonischen Truppen am 2. Mai 1808 errichtet worden war, ein Monolith in Madrid eingeweiht, welcher ‚allen im Bürgerkrieg Gefallenen' gewidmet ist.[37] Bis heute gibt es in Spanien im Unterschied zu Chile jedoch weiterhin kein offizielles Mahnmal, welches an die Repressionsopfer der franquistischen Diktatur erinnern würde.[38]

Die Franco-Diktatur bietet vielmehr ein besonders anschauliches Beispiel dafür, dass Diktaturen ihre mangelnde Legitimation durch öffentliche Selbstrepräsentation symbolisch zu kompensieren versuchen, auch um damit den Personenkult zu befördern. In Bezug auf die Beseitigung von Monumenten und Symbolen der Franco-Diktatur in der Öffentlichkeit waren die postfranquistischen Regierungen auffällig inkonsequent, konnte hier doch die während der Diktatur etablierte Erinnerungslandschaft aufgrund des fehlenden Bruchs mit der Diktatur fast ausnahmslos fortbestehen, die ikonographische Präsenz der Franco-Vergangenheit wurde ignoriert. Erst in den letzten Jahren sind die im imperialen Gestus gehaltenen, insgesamt acht Franco-Reiterstandbilder von öffentlichen Plätzen

Erinnerung von Kriegsopfern

37 Mit der Inschrift *Honor a todos los que dieron su vida por España* (Zu Ehren aller, die ihr Leben für Spanien gaben) und einer ständig dort brennenden Flamme wurde es am 22. November 1985, dem zehnten Jahrestag der Amtseinweihung des Königs Juan Carlos I als ein Versuch eingerichtet, die Monarchie symbolisch mit der Politik der Versöhnung zu verknüpfen. Die Einweihung des unauffälligen Monoliths mit seiner kaum sichtbaren Inschrift, welcher der König, Lokalpolitiker und Veteranen beider Bürgerkriegslager beiwohnten, verlief ohne großes öffentliches Aufsehen zu erregen. Wie Aguilar feststellt, wird das Denkmal von der Öffentlichkeit kaum wahrgenommen (1996: 284).

38 Ein solches Denkmal existiert dagegen auf regionaler Ebene in Katalonien, wo mit dem *Fossar de la Padrera* in Barcelona auf dem Friedhof von Montjuic ein Mausoleum für den letzten katalanisch-repulikanischen Präsidenten Lluís Companys und ein Zentraldenkmal für die katalanischen Opfer franquistischer Repression eingerichtet wurde. Während des Bürgerkrieges und der ersten Diktaturjahre waren hier 4.000 Getötete begraben worden. Das Mahnmal wurde bereits 1985 offiziell eingeweiht, was „landesweit einzigartig" ist und sich auch aus der besonderen Rolle Kataloniens im kulturellen und politischen Widerstand gegen die Franco-Diktatur erklärt (Brinkmann 2007: 134ff.).

entfernt worden, etwa 2003 die Statue auf der *Plaza de España* im galizischen Ferrol, der Geburtsstadt Francos, oder die im zentralen Madrider Regierungsviertel und der Militärakademie in Zaragoza.[39] Erst infolge des 2007 erlassenen Erinnerungsgesetzes wurden die noch verbleibenden Franco-Statuen, welche die Transition überdauert hatten, abgebaut, zuletzt im August 2010 die in der spanischen Exklave Melilla. Das Erinnerungsgesetz soll zwar zu einer konsequenten Beseitigung franquistischer Erinnerungsorte beitragen, doch sieht das Gesetz vor, dass bei unter Denkmalschutz stehenden Gebäuden aus künstlerischen oder architektonischen Motiven Ausnahmeregelungen geltend gemacht werden können.[40] Es bestehen in zahlreichen Provinzen und Städten Straßennamen, Monumente und Denkmäler für die franquistischen ‚Gefallenen' des Bürgerkrieges, die einseitig den Opfern des nationalen Lagers gedenken, fort. In vielen Kirchen und Kathedralen existieren weiterhin Gedenktafeln, welche eine Auflistung der ‚Gefallenen für Gott und für das Vaterland' beinhalten und damit einseitig an die Toten des nationalen Bürgerkriegslagers erinnern.

Aufgrund der wesentlich längeren Dauer des Franco-Regimes konnten sich Symbole der Diktatur flächendeckend und konsequenter in der Erinnerungslandschaft manifestieren, als dies während der 16 ein halb jährigen Pinochet-Diktatur der Fall war, war doch die Franco-Diktatur von Anfang an von einem expliziten Kriegs- und Siegeskult und einer ausgeprägten den Bürgerkrieg glorifizierenden nationalen Symbolpolitik geprägt (Bernecker/Brinkmann 2006: 212ff.).

Jedoch versuchte auch die Pinochet-Diktatur durch öffentliche Selbstrepräsentation ihre fehlende demokratische Legitimation zu kompensieren. So wurde zum zweiten Jahrestag des Militärputsches, am 11. September 1975, auf dem Hügel von Santa Lucía im Zentrum Santiagos, mythischer Gründungsort der chilenischen Hauptstadt im Jahre 1541, begleitet von einer offiziellen Zeremonie ein Denkmal und eine ständig lodernde Fackel der chilenischen Militärdiktatur installiert, welche in den Worten des Hauptredners Eduardo Boetsch, die „Hygiene der chilenischen Gesellschaft, die dank ihrer Säuberung erreicht worden" sei, symbolisieren solle (zit. n. Joignant 2007: 59). Außerdem war in Santiago die *Avenida 11 de Septiembre,* eine zentrale Verkehrsstraße der Hauptstadt, welche die Kommune Providencia durchkreuzt, seit 1980 nach dem Datum des Militärputsches von 1973 benannt, auch wenn es mit Beginn des Transitions-

39 De Andrés, der die Präsenz von Franco-Statuen in Spanien untersucht, kommt zu dem Ergebnis, dass im Baskenland und in Katalonien, den Autonomen Gemeinschaf-ten der peripheren Nationalismen, die franquistische Symbolik am konsequentesten aus dem öffentlichen Raum entfernt worden ist (2004: 183f.).

40 Vgl. Ley 52/2007, Art. 15 Símbolos y monumentos públicos, vgl. Kap. 4.2, Fußnote 34.

prozesses Anfang der 1990er Jahre Vorschläge gab, den umstrittenen Straßennamen zu ändern.[41]

Das spanische Äquivalent, die Madrider *Avenida del Generalísimo,* wurde 1980 nach einer Entscheidung der von den Sozialisten gestellten Lokalregierung zusammen mit weiteren 27 Straßennamen im Stadtzentrum, die sich positiv auf die franquistischen Truppen im Bürgerkrieg und das Franco-Regime bezogen, beseitigt. Die zentrale Hauptstraße wurde nunmehr wieder in *Paseo de la Castellana* umbenannt, so wie sie vor der Ausrufung der Zweiten Republik 1931 geheißen hatte. Dass diese Entscheidung gegen die Stimmen der Zentrumspartei UCD gefallen war, galt als eine Überraschung: 33 Stimmen von PSOE und PCE standen den 24 Stimmen der UCD gegenüber, die geschlossen gegen die Beseitigung der franquistischen Namensnomenklatur aus dem politischen Stadtzentrum Madrids votierte. Der Sprecher der UCD Jaime Cortezo ließ zur Begründung verlauten, man könne sich nicht gegen die Geschichte wenden, zudem sei die Maßnahme unpopulär und teuer.[42]

Während jedoch die Straßennamen, die positiv auf die Franco-Diktatur und das franquistische Bürgerkriegslager Bezug nehmen, künftig durch das Erinnerungsgesetz beseitigt werden dürften – obgleich die tatsächliche Umsetzung von den konkreten politischen Machtverhältnissen auf lokaler Ebene abhängt – so schien es, als könne eine der zentralen Straßen der wohlhabenden Kommune Santiagos *Las Condes* – nicht zufällig die Straße, in welcher die seinerzeit amtierende sozialistische Präsidentin Michelle Bachelet ihren Wohnsitz hatte, in ‚Presidente Augusto Pinochet' umbenannt werden[43], eine Provokation der pinochetnahen UDI-Bezirksverwaltung, war doch die Forderung vor dem Hintergrund der nicht verhängten Staatstrauer zu Pinochets Tod am 10. Dezember 2006 zu deuten, welche hiermit kompensiert werden sollte (Joignant 2007: 170).

Während in Chile im Jahr 1998 der 11. September als kontroverser Nationalfeiertag abgeschafft wurde, nachdem im Kongress im August desselben Jahres

41 2012 setzte sich Josefa Errazuritz nach ihrer Wahl zur parteilosen Bürgermeisterin Providencias, gestützt von einem zivilgesellschaftlichen Bündnis, für eine Umbenennung des Straßennamens ein. Nach einer heftig mit den lokalen Vertretern der Rechtsparteien geführten Debatte – die UDI-Bezirksabgeordneten blieben der Abstimmung in der Bezirksversammlung aus Protest fern – wurde die Straße in der Nacht zum 14. Juli 2013 in ihren ursprünglichen Namen *Nueva Providencia* umbenannt. Vgl. CNN *Chile: Municipio instaló las señaléticas de la calle Nueva Providencia*, 15. Juli 2013.

42 El País: *Generalísimo se convierte en paseo de la Castellana. UCD: "No se puede ir contra la historia"*, 26. Januar 1980.

43 La Tercera: *Las Condes estudia rebautizar calle de Bachelet como ‚Pdte. Pinochet'*, 13. Dezember 2006.

eine Mehrheit dafür gestimmt hatte, war der 18. Juli als zentraler franquistischer Gründungsmythos und Nationalfeiertag während des Franco-Regimes bereits 1978 und damit vorzeitiger aus dem politischen Feiertagskalender entfernt worden. In diesem Sinne hat die chilenische Transitionsregierung im Vergleich zu Spanien länger gebraucht, den Gründungsmythos der Diktatur aus dem politischen Festtagskalender zu streichen. Nichts desto trotz handelte es sich um einen bedeutenden symbolischen Sieg für all jene, die dieses Datum mit traumatischen Erfahrungen verknüpften. Während nämlich in Chile jahrelange Debatten um die zukünftige symbolische Gestaltung und Umbenennung des Feiertages geführt worden waren, wurde der Feiertag dagegen in Spanien kommentarlos von der Feiertagsliste gestrichen.

Deutlich wird, dass die über das Ende der Pinochet-Diktatur bewahrte Vormachtstellung der alten Machthaber der Diktatur ihren Ausdruck auch in einem fehlenden eindeutigen symbolischen Bruch findet. Anstatt einer ersatzlosen Streichung des 11. September aus dem Feiertagskalender sollte er in einer Übereinkunft zwischen *Concertación*, rechter Opposition und den Streitkräften durch einen *Día de la unidad nacional* (Tag der nationalen Einheit) ersetzt werden, der jeweils in der ersten Septemberwoche begangen werden sollte (Lira/Loveman 2002: 210-221). Menschenrechtsorganisationen protestierten gegen diese Maßnahme und als 1999 das erste Mal der neu eingeführte ‚Tag der nationalen Versöhnung' begangen wurde, kam es – wie in den Jahren zuvor – bei der alljärlichen *Marcha* am 11. September erneut zu zahlreichen Ausschreitungen und Auseinandersetzungen zwischen Pinochet-Anhängern, der Polizei und Gegnern der Diktatur mit dem Unterschied, dass sie sich nun auf mehrere Tage erstreckten (ebd.: 273-276).

In den letzten Jahren wurden in Chile zahlreiche institutionelle Gedächtnisorte eingerichtet, die ihren Höhepunkt in der Schaffung von Museen und Archiven und damit langfristigen Einschreibung im kulturellen Gedächtnis (A. Assmann) finden. Die Regierung Bachelets hat während ihrer ersten Amtszeit die Errichtung des Menschenrechtszentrums, des am 14. Januar 2010 eingeweihten *Museo de la Memoria y los Derechos Humanos* umgesetzt, welches auch die Dokumente der *Valech*- und der *Rettig*-Kommission archiviert. Am in der Innenstadt Santiagos gelegenen ehemaligen Folterzentrum, *Londres 38* wird als Erinnerungsort eine Gedenkstätte errichtet. Eine der wichtigsten erinnerungspolitischen Maßnahmen der Regierung Michelle Bachelets stellte zudem die Einführung des 30. August als nationalem Gedenktag des *Detenido Desaparecido* im Jahr 2007 dar[44], mit welchem alljährlich offiziell den Opfern des Verschwindenlassens gedacht werden soll.

Im Folgenden sollen aus komparativer Perspektive zusammenfassend geschichtspolitische Diskurse und zentrale Deutungsmuster und über die Diktaturerfahrung und den Transitionsprozess in beiden Ländern aufgezeigt werden.

4.4 Geschichtspolitik: Die Bewertung der Diktatur – ‚Nunca más' als Deutungsmuster

Eine erkennbare Parallele zwischen Spanien und Chile besteht in der durch die Putsch- und Diktaturerfahrung tief greifend geprägten kollektiven Erinnerung, die zutiefst traumatisiert ist. Beide Länder waren durch den Militärputsch von einem hohen Maß an politischer Gewalt und Staatsterror geprägt; in beiden Ländern besteht bis heute eine gespaltene Erinnerung an die Diktaturvergangenheit fort. Die zentralen Unterschiede der spanischen und der chilenischen geschichtspolitischen Narrative während des Transitionsprozesses fasste Linz Anfang der 1990er Jahre insgesamt folgendermaßen zusammen:

> „In the background of the Spanish transition was the memory of the civil war and the errors and crimes by both parts instituted a 'never again' type of philosophy and the searching of political formulas based on consensus and, insofar as possible, in mutual trust. In the Chilean case, the memory of the crisis that led to the breakdown of democracy is more proximate in time and the hard repression has continued up to the transition itself, with violations of human rights, and those who hold power fear justice." (Linz 1992: 456)

Ein wesentlicher Unterschied besteht, neben der unterschiedlichen Distanz zum Zeitpunkt der begangenen Menschenrechtsverletzungen, demnach auch in der von Linz für den spanischen Fall angeführten geschichtspolitischen Verwendung des zentralen, den Erinnerungsdiskurs beider Länder auf unterschiedliche Weise prägenden programmatischen Schlagwortes des ‚nunca más' (niemals wieder). Das aus der Holocaust-Erinnerung erwachsene Postulat bezog sich während des spanischen Transitionsprozesses im Vergangenheitsdiskurs des Spätfranquismus und der Transition als zentrale Maxime auf den Bürgerkrieg (Aguilar 1996: 359), während sie sich im postautoritären Diskurs Chiles auf die Menschenrechtsverletzungen der Diktatur selbst bezog (Aguilar/Hite 2004: 195). Bereits in den frühen 1980er Jahren war die Forderung des ‚nunca más' als „kategori-

44 Das Gesetz wurde am 10. Oktober 2006 mit dem Dekret Nr. 121/2006 angenommen und der Feiertag 2007 zum ersten Mal begangen.

sche[r] Imperativ" (Oettler 2004a: 56) lateinamerikanischer Opfer- und Menschenrechtsorganisationen zentral geworden, geknüpft an die Forderung nach Aufklärung und Gerechtigkeit. In Spanien war sie als offizielle diskursive Strategie während des Spätfranquismus aktualisiert worden und während des Transitionsprozesses über Parteigrenzen hinweg hegemonial, um die Voraussetzung für den in einen Versöhnungsdiskurs eingebetteten politischen Konsens über das politisch-institutionelle Schweigen über die Diktaturvergangenheit zu bilden. Der Bürgerkrieg, der im Legitimationsdiskurs der Franco-Diktatur zunächst als heroische Leistung der franquistischen Armee dargestellt worden war, wurde nun mehr und mehr als ein tragisches Ereignis, als ‚nationale Tragödie', uminterpretiert (Aguilar 2008: 214ff.). Gegen Ende der Franco-Diktatur galt der Krieg im offiziellen Diskurs als nationale Tragödie, ‚wir alle waren schuldig' (*todos fuimos culpables*) lautete der implizite Konsens hinsichtlich der Grausamkeiten des Krieges (ebd.). Dass der Krieg als Tragödie betrachtet wurde und dass man die Schuld für seinen Ausbruch teilte, war – zusammen mit dem Fakt, dass jegliche Form der wirklichen Versöhnung während des Franquismus unmöglich schien, da sie den Gründungsmythos und damit die Legitimation des Regimes unterminiert hätte – der Ausgangspunkt für die Versöhnungsstrategie der politischen Eliten im postfranquistischen Spanien. Der ‚Nie wieder'-Diskurs bewog die politischen Akteure zu Mäßigung und Konsens. Das Motiv des ‚niemals wieder' bildete damit eine grundlegende Voraussetzung für den sich herausbildenden ‚Pakt des Schweigens' über die franquistische Repression, der das postfranquistische Spanien prägen sollte.

In Chile dagegen bezog sich die zentrale von Menschenrechtsorganisationen verfochtene Forderung des ‚nunca más' als mahnende Maxime in erster Linie auf die Verschwundenen und die Aufklärung ihres Verbleibs sowie auf die eklatanten, während der Diktatur begangenen Menschenrechtverletzungen insgesamt, auch im Sinne einer präventiven in die Zukunft gerichteten Erinnerungsverpflichtung (Aguilar/Hite 2004: 204).

Demgegenüber stellte das Geschichtsnarrativ im politischen Diskurs der spanischen *transición* des auf den Bürgerkrieg bezogenen ‚todos fuimos culpables' (‚wir alle waren schuldig') eine diskursive Übereinstimmung über die kollektive Schuld und beidseitige Verantwortung an der Bürgerkriegsgewalt her. Die an franquistische Geschichtsbilder geknüpfte, mahnende Bürgerkriegserinnerung und die Angst vor einer erneuten Polarisierung wurden damit, der zentralen Argumentationsline Aguilars folgend (2008), zwar diskursiv für den friedlichen Übergang zur Demokratie in Spanien nutzbar gemacht, Fragen nach historischer Verantwortung und Schuld jedoch ausgeblendet, um langfristig eine gesellschaftliche Debatte über die Repression der Franco-Diktatur zu vermeiden. Der

Modus der verhandelten Transition wirkte sich entscheidend auf den Umgang mit der Diktaturvergangenheit in Spanien aus: Die spanische *transición* hat sich auf Kosten einer umfassenden geschichtspolitischen Auseinandersetzung mit den Menschenrechtsverbrechen vollzogen. Die Grausamkeiten des Bürgerkrieges und die während der Diktatur begangene Repression waren insgesamt einem durch einen Konsens- und Versöhnungsdiskurs geprägten offiziellen Verschweigen unterworfen.

Während die spanische Konsenspolitik auf einem gesellschaftlichen ‚Schweigepakt' basierte, waren Gerechtigkeit und Aufklärung der Diktaturverbrechen für Angehörige der Opfer und Menschenrechtsorganisationen in Chile von Anfang an zentraler Bestandteil ihrer Aufarbeitungsforderungen, welche verstärkt durch den ‚Fall Pinochet' öffentlich ausgetragen wurden, ein vorübergehender Konsens – und sei er noch so brüchig – war hier wesentlich schwerer durchsetzbar. Chilenische Menschenrechts- und Angehörigenorganisationen haben seit den ersten demokratischen Wahlen und dem Amtsantritt Aylwins im März 1990 die Regierung unter Druck gesetzt, die Aufarbeitung der Diktaturverbrechen und die Aufklärung der Menschenrechtsverletzungen, trotz der institutionellen und machtpolitischen Beschränkungen, voranzubringen. Obgleich zahlreicher Rückschläge, gelang es ihr immer wieder durch das öffentliche Anklagen der Verbrechen, das Thema auf der politischen Tagesordnung zu platzieren.

Nicht nur der ‚Fall Pinochet' hat die Auseinandersetzung mit der Diktatur verstärkt, auch erreichte die gesellschaftliche Debatte um die Militärdiktatur in Chile zum 30. Jahrestag des Militärputsches 2003 als Diskursanlass eine neue Qualität (vgl. Kap. 4.3).

Vor dem Hintergrund des 2003 anstehenden Jahrestages des Militärputsches erhielt die Aufarbeitung der Diktaturvergangenheit auch „einen Impuls von ungewöhnlicher Seite" (Wehr 2009: 15): Der Parteivorsitzende Joaquín Lavín modifizierte im Namen der *bis dato* pinochettreuen UDI strategisch ihren apologetischen Diskurs gegenüber den Menschenrechtsverletzungen der Diktatur. Wie Wehr herausarbeitet, versuchte sich die Partei mit dem Ziel, sich ein positiveres Image aufzubauen, die vorherrschende Unzufriedenheit von Menschenrechtsakteuren und Hinterbliebenen mit der bisherigen staatlichen Aufarbeitung der Vergangenheit zu Nutze zu machen (ebd.). So kündigte Lavín in einem im Mai 2003 ausgestrahlten Fernsehinterview die Ausarbeitung eines Vorschlags zur Bearbeitung der Menschenrechtsproblematik an (Wehr 2003: 126). Offensichtlich war der geschichtspolitische Schachzug der oberflächlichen Annahme des Themas durch die UDI in erster Linie davon geleitet, im Gegenzug die Gültigkeit des Amnestiegesetztes nicht anzutasten und die Straffreiheit für belastete Militärs zu zementieren (ebd.: 128). Obgleich dieser strategischen Inititiative, kommt der geschichtspolitischen Legitimation der Pinochet-Diktatur der Rechtsparteien weiterhin große Bedeutung im öffentlichen Diskurs zu.

In Spanien werden die langfristigen gesellschaftlichen Auswirkungen der Generalamnestie, die an ein Schweigen über die Verbrechen der Diktatur geknüpft war, erst seit der Jahrtausendwende gesellschaftlich diskutiert. Während die Aufarbeitung der Diktaturvergangenheit in der klassischen Transitionsforschung kaum Beachtung fand, lautet eine lange hegemoniale Position, dass die Entscheidung, auf eine Vergangenheitsaufarbeitung zu verzichten im spanischen Fall notwendig gewesen sei, da eine Auseinandersetzung mit den Verbrechen der Diktatur einen friedlichen Übergang zur Demokratie unmöglich gemacht hätte. Dass in Spanien die belasteten Eliten der Diktatur nicht zur Verantwortung gezogen und die Repression des Franquismus nicht thematisiert wurde, hatte– so eine dominante Lesart – kurzfristig eine pragmatisch-stabilisierende Funktion (etwa Juliá 2003).

Erst in jüngerer Zeit wird der Transitionsmythos öffentlich diskutiert und erneut zur Dispostion gestellt. Als einer der ersten Kritiker des hegemonialen Deutungsmusters der *transición* war es Gregorio Morán (1991), der das Ausblenden der Diktaturverbrechen während des Übergangsprozesses als „Preis der Transition" bezeichnete, welchen die anitfranquistische Opposition für die Demokratisierung des Landes in Kauf nahm. Für die Kritiker des von ihnen als ‚Schweigepakt' *(pacto de silencio)* gegeißelten Zustandes stellt die fehlende juristische und politische Aufarbeitung der franquistischen Vergangenheit einen inakzeptablen Kompromiss dar, der negative Auswirkungen auf das politische System und die Gesellschaft insgesamt zeitige. Kritik wird aus heutiger Sicht vor allem aufgrund der fehlenden Rehabilitierung der Opfer franquistischer Repression und der nicht erfolgten juristischen Auseinandersetzung mit den Diktaturverbrechen geübt.

Gemeinsam ist den Erinnerungskulturen beider Länder, dass sich weiterhin kaum ein gesellschaftlicher Grundkonsens über die Bewertung der Pinochet- bzw. Franco-Diktatur herausgebildet hat, ein verbindliches Geschichtsnarrativ hinsichtlich der Ursachen des Putsches und der historischen Verantwortung für die begangenen Menschenrechtsverbrechen konnte sich nicht etablieren. Die Konsequenz dieses fehlenden Minimalkonsenses über eine Verurteilung der während der Diktatur begangenen Menschenrechtsverletzungen ist, dass in der Bevölkerung beider Länder im rechten Lager ein weiterhin verhältnismäßig hohes Maß an positiven oder ambivalenten Bewertungen der Diktaturvergangenheit vorherrscht. Ex-Diktator Pinochet verfügte, besonders bis zum ‚Fall Pinochet' und dem ‚Caso Riggs' – der Aufdeckung geheimer Bankkonten Pinochets in den USA im Jahr 2004 – über eine recht große Anhängerschaft im rechtskonservativen Spektrum der chilenischen Bevölkerung.[45]

Als geschichtspolitische Konsequenz wird in Spanien wie in Chile das Militärregime von der diktaturnahen und konservativen Rechten weiterhin als Periode wirtschaftlicher Stabilität und der Modernisierung verklärt. Wie in Spanien hat sich auch in Chile kein Grundkonsens über die Verurteilung der fast 17-jährigen Pinochet-Diktatur durchgesetzt. In beiden Ländern blieben ähnliche Mythen als Formen einer unkritischen Apologetik der Diktatur lange Zeit unhinterfragt. Mit dem Modus des paktierten Übergangs zur Demokratie verbindet sich, dass keine tief greifende diskursive Delegitimierung des alten Systems stattfand. Das Ausbleiben einer intensiven Debatte über die Diktaturvergangenheit in Spanien verhinderte eine gesellschaftliche Auseinandersetzung, der Kollektivschulddiskurs in Bezug auf den Bürgerkrieg begünstigte das Beschweigen der Diktaturvergangenheit im postfraquistischen Spanien.

In Chile waren die öffentlichen Debatten über die während der Diktatur begangenen Menschenrechtsverletzungen dagegen gesellschaftlich stark polarisiert. Geschichtskontroversen waren dagegen in Spanien mit dem etablierten offiziellen Konsens über die „politische Nicht-Instrumentalisierung der Diktaturvergangenheit" (Aguilar 2004: 26) lange aufgeschoben worden. In beiden Gesellschaften ging mit dem ‚paktierten Übergang' einher, dass positive Einstellungen gegenüber der Diktatur bestimmter Statusgruppen und der politischen Eliten des alten Systems gesellschaftspolitisch nicht sanktioniert worden sind.

Im Gegenteil, besonders in Chile konnte die über den Demokratisierungsprozess hinaus wirkende soziale und ökonomische Vormachtstellung der Eliten aus der Pinochet-Diktatur und die Medienkonzentration in ihrem Besitz die Herausbildung eines Gegendiskurses verhindern, mit der Folge, dass sich kein Mini-

45 Huneeus, der die Bewertungen der Pinochet-Diktatur in der chilenischen Gesellschaft in statistischen Befragungen des Meinungsforschungsinstituts CERC analysiert, kommt aus vergleichender Perspektive zu dem Ergebnis, dass nach einer Befragung im Zuge des ‚Falles Pinochet' im September 2002 22 Prozent der befragten Chileninnen und Chilenen eine positive und 20 Prozent eine negative Auffassung zu Ex-Diktator Pinochet hatten, während im selben Jahr 17 Prozent der spanischen Bevölkerung eine positive und 38 Prozent eine negative Bewertung Francos vorgenommen habe (2003: 71f.). Laut der Umfragen des spanischen Meinungsforschungsinstitutes CIS von Dezember 2000 bewerteten weiterhin 10,5 Prozent der Bevölkerung das Franco-Regime positiv, 46,5 Prozent gelangen dagegen zu einem gemischten, ambivalenten Urteil (zit. n. Aguliar/Hite 2004: 220). Somit fiel die Bewertung der Franco-Diktatur insgesamt zwar etwas negativer aus, dennoch waren auch die positiven und ambivalenten Positionen über die Beurteilung der Franco-Diktatur auffallend hoch.

malkonsens bezüglich der politischen Verantwortung für den Militärputsch herausgebildet hat. Die Polarisierung der historischen Erinnerung verhindert weiterhin eine gemeinsame Bewertung der historischen Ereignisse über die Ursachen des Putsches, wobei etwa das den Militärputsch legitimierende Geschichtsnarrativ, es habe ein bürgerkriegsähnlicher, innerer Kriegszustand während der Allende-Regierung geherrscht, aktualisiert wird.[46]

Insgesamt zeigt sich, dass der Umgang mit den Menschenrechtsverletzungen der Diktatur der *Concertación*-Regierungen in Chile sich seit Beginn der Redemokratisierung an einer Aufarbeitungspolitik orientierte, die – mit Einschränkungen vor allem während der Regierungszeit des Christdemokraten Eduardo Frei –, eine Entschädigungs- und symbolische Gedenkpolitik im Sinne der Opfer vorantrieb, wenn diese auch nicht nur kontinuierlich von der parlamentarisch repräsentierten Rechtsparteien versucht wurde zu blockieren und den sabotierenden Anfeindungen der Pinochet-Anhänger und der Militärs ausgesetzt war, sondern auch unter erschwerten institutionellen Bedingungen verlief. Es zeigt sich deutlich, dass in Chile, trotz der schwierigeren institutionellen Ausgangsbedingungen, innerhalb eines kürzeren Zeitraums weitreichendere Maßnahamen bei der staatlichen Vergangenheitspolitik erzielt werden konnten, als in Spanien, wo einige Opferorganisationen weiterhin um die Anerkennung ihres Status als Opfer schwerer Menschenrechtsverletzungen kämpfen und eine justizielle Auseinandersetzung mit der Franco-Diktatur ausgeschlossen ist.

In Spanien fand vor dem Hintergrund der traumatisierenden Erfahrung des Bürgerkrieges über Jahre keinerlei offizielle Aufarbeitung oder öffentliche Auseinandersetzung mit den Verbrechen der Franco-Diktatur statt. Allerdings gelang eine relativ schnelle erfolgreiche Demokratisierung der Institutionen, so dass sich die *transición* nicht nur zum wichtigsten diskursiven Gründungsmythos der spanischen Demokratie entwickeln konnte, sondern auch aus transnationaler Perspektive als paradigmatisch und vorbildlich für die Transitionsprozesse lateinamerikanischer Länder herangezogen wurde. Der formalen Demokratisierung der politischen Institutionen war dagegen in Chile sehr enge Grenzen gesetzt, ein Faktor, der wiederum der Unzufriedenheit der Menschenrechtsbewegung und ihren Forderungen immer wieder neuen Auftrieb verlieh und den internationalen Druck auf die staatlichen vergangenheitspolitischen Maßnahmen erhöhte.

---

46 Die den Putsch rechtfertigende These vom ‚inneren Kriegszustand', der den Militärputsch unausweichlich gemacht habe, wird bis heute durch das Pinochetlager vertreten und findet sich u. a. in den Schriften R. Valdiviesos (1988) oder dem pinochetnahen Kolumnisten Hermógenes de Arce sowie mit weniger Nachdruck teils bei Autoren, die der christdemokratischen Partei nahe stehen, wie E. Boeninger (1997).

Aus langfristiger Perspektive wird deutlich, dass auch der scheinbare politische Konsens über das Beschweigen der Franco-Vergangenheit, der den ‚paktierten Transitionsprozess' geprägt hatte, u.a. durch internationale Einflüsse bedingt, brüchig geworden ist. Veränderungen der politischen Parteienkonstellationen, internationale Dynamiken, Generationenwechsel und damit einhergehend sich verändernde Erinnerungsdiskurse und schließlich die entstandene zivilgesellschaftliche Erinnerungsbewegung, welche sich seit der Jahrtausendwende für eine Suche nach den verschwundenen Bürgerkriegsopfern und die Öffnung von Massengräbern einsetzt, haben in Spanien zu einer neuen öffentlichen Debatte über die Diktatur und einer Infragestellung dominanter franquistischer Geschichtsnarrative sowie Neuverhandlungen über hegemoniale Deutungsmuster der spanischen *transición* beigetragen.

4.5 Transnationale Menschenrechtsbewegung: Forderungen nach Aufarbeitung und Gerechtigkeit

Ein fundamentaler Kontrast zwischen dem spanischen und dem chilenischen Umgang mit der Diktaturvergangenheit besteht in der Herausbildung einer einflussreichen und transnational organisierten Menschenrechtsbewegung, getragen von weitverzweigten zivilgesellschaftlichen Erinnerungsorganisationen in Chile bereits während der Pinochet-Diktatur, dessen Forderungen die Transitionsregierung nicht ohne weiteres ignorieren konnte, entgegen der langen Abwesenheit erinnerungspolitischer Menschenrechtsinitiativen in Spanien.

In Chile hat sich bereits während der Diktatur eine zivilgesellschaftliche Menschenrechtsbewegung, auch in Form von Opfer- und Angehörigeninitiativen, und eine aktive und international gut vernetzte Exilgemeinde formiert. Sicherlich ist dieses hohe Maß an politischer Organisation auch erklärbar aufgrund der langen demokratischen Tradition, auf die der chilenische Staat vor dem Militärputsch 1973 als Fundament aufbauen und an welche die politischen Parteien im Exil und zum demokratischen Neubeginn anknüpfen konnten[47] (vgl. etwa Huneeus 1981: 4). In auffälligem Kontrast steht dagegen die spanische Nationalgeschichte, in der es – bis auf die kurze demokratische Erfahrung der Zweiten Republik von 1931 bis 1939 – demokratischer Traditionen ermangelte. Chile

47 Auch im lateinamerikanischen und internationalen Vergleich galt Chile – wie etwa Constable und Valenzuela betonen – seit der Unabhängigkeit 1818 bis 1973, von kurzen Ausnahmen abgesehen, als im konstiutionellen Rahmen regiertes Land mit nahezu ununterbrochener demokratischer Stabilität, bereits im 19. Jahrhundert seien demokratische Institutionen und Verfahren eingeführt worden (1991: 20).

verfügt bis heute auch im lateinamerikanischen Vergleich über eine äußerst differenzierte Menschenrechtsbewegung, die aus einer Vielzahl unterschiedlicher Menschenrechts- und Opferorganisationen besteht (vgl. Straßner 2007: 234ff.), welche von unterschiedlichen sozialen Bewegungen, Teilen der katholischen Kirche und Politikern des linken Spektrums, vor allem des *Partido Comunista* und des linken Wahlbündnisses *Juntos Podemos Más* sowie des *Partido Socialista,* unterstützt werden.

Wurde die spanische *transición* von der noch ganz durch den Kalten Krieg geprägten, in Aussicht gestellten Westintegration, d. h. dem Beitritt Spaniens zur NATO und Europäischen Gemeinschaft vorangetrieben, so gab es in Chile keinen ähnlich gelagerten wirtschafts- und sicherheitspolitischen Integrationsanreiz.

Mit dem Ende des Ost-West-Konflikts hat sich in den letzten zwei Jahrzehnten auch international eine differenzierte und komplexe Menschenrechtsbewegung herausgebildet, die im Gegensatz zur 1975 einsetzenden spanischen *transición,* den Demokratisierungsprozessen in Chile durch die transnationale Zusammenarbeit von NGO's mit lokalen Menschenrechtsorganisationen die staatliche Vergangenheitspolitik beeinflussen konnte. Ohne die entstandenen Menschenrechts- und Exiliertennetzwerke, die bereits zum externen Druck auf die chilenische Militärdiktatur beitrugen, welche auch nach dem Ende der Diktatur fortbestanden, und ihre Lobbyarbeit, wäre etwa die Verhaftung Pinochets 1998 in London undenkbar gewesen. So stellt Genaro Arriagada, ehemaliger Botschafter Chiles in den USA und Koordinator der *Kampagne für das Nein*[48] fest:

„Finalmente, creo que el proceso chileno se inscribe dentro de un cambio global en materia de justicia. Aún cuando el juicio a Pinochet es enteramente nacional, en su legislación, en su tribunal, creo que se inscribe dentro de un proceso universal tendente a establecer que hay delitos que no serán amnistiados o perdonados hacia el futuro. En este sentido, tal vez nosotros hemos tenido suerte de que nuestra transición haya ocurrido a partir de los

48 Das im Februar 1988 von Vertretern der gemäßigten Opposition gegründete *Comando por el NO* hatte vor dem Hintergrund des in der autoritären Verfassung von 1980 festgelegten Plebiszits über eine weitere Amtszeit der Militärjunta im Rahmen einer landesweiten Mobilisierung der Bevölkerung dazu aufgerufen, gegen eine Fortführung der Diktatur zu stimmen. Bedeutete dies den riskanten Versuch, anstatt eines radikalen Bruchs, das Regime ‚mit seinen eigenen Waffen' schlagen zu wollen und implizit die autoritäre Verfassung zu akzeptieren, um eine demokratische Öffnung des Landes zu erreichen, so stimmten am 5. Oktober 55 Prozent der chilenischen Bevölkerung mit Nein, und damit gegen eine Fortführung der Pinochet-Diktatur, bei einer Wahlbeteiligung von 92 Prozent und 43 Prozent Ja-Stimmen (Zahlen vgl. Krumwiede 2004: 253).

90. La experiencia de las décadas anteriores fue normalmente que los dictadores salían impunes de aquellos crímenes que cometían." (Genaro Arriagada 2002: 97)

Dabei zeigte der ‚Fall Pinochet' auch für die spanische Vergangenheitsvergegenwärtigung politische Konsequenzen (vgl. Kap. 5.6). Ein zentraler Faktor, der sich auf die juristische Aufarbeitung der Regimeverbrechen auswirkte, stellte demnach der Wandel im internationalen Kontext dar: Erst nach Ende des Ost-West-Konfliktes in den 1990er Jahren konnte sich ein internationales Menschenrechtsregime etablieren, ein System von ratifizierten Menschenrechtsabkommen und -konventionen sowie regionaler Menschenrechtssysteme durchsetzen und ein Netzwerk nationaler und transnationaler, im Menschenrechtsbereich aktiver NGO's herausbilden:

„By the late 1980s and early 1990s [...] the scenario had changed significantly. Human Rights had become a universal language even if not a universally cherished concept. Conventions covered not only the classical crimes against humanity in wartime, but also torture and disappearance and other crimes in peacetime. [...] At the same time, powerful transnational networks focusing on normative issues created in the 1970s were by then well developed, complementing and pushing forward the work of formal national, regional and international institutions as well as boosting the influence of national HRO's." (Aguilar/Baharona de Brito/González 2001: 20f.)

Ein Vergleich der Aufarbeitungsprozesse Spaniens und Chiles muss die Bedeutung des internationalen Kontextes in den Blick nehmen und ihren historischen Moment berücksichtigen: Mit dem Wegfall des Ost-West-Konfliktes hat sich der Schutz der Menschenrechte und die internationalen Instrumente zur Ahnung begangener Menschenrechtsverletzungen Völkerrecht und in der Rechtspraxis stark verändert, internationale Menschenrechtsregime haben sich verdichtet. Seit Ende der 1990er Jahre kann ein Anstieg supranationaler Gerichtsverfahren bei von staatlichen Institutionen begangenen Menschenrechtsverletzungen verzeichnet werden, völkerrechtliche Prinzipien und das internationale Strafrecht wirken auch auf die Auseinandersetzung mit Diktatur- und Menschenrechtsverletzungen ein.[49]

Aufgrund der unterschiedlichen historischen Zeitpunkte der Diktaturen, wie der Transitionsprozesse und der damit einhergehenden verschiedenen globalen Kontexte waren die Länder insgesamt anderen internationalen Einflüssen ausgesetzt. Die chilenische Transitionsregierung wurde von einer internationale Dy-

49 Zur allmählichen Übernahme internationaler Strafrechtsnormen in das spanische Recht s. Gil (2009), zu Chile s. Huhle (2006) und Ambos et al. (2008).

namik beeinflusst, welche es den Übergangsregierungen erschwerte, auf positive vergangenheitspolitische Maßnahmen zu verzichten, eingebettet in einen globalen Kontext, in welchem, verstärkt seit Ende des Kalten Krieges, ein internationales Menschenrechtssystem entstanden ist, das Einfluss auf die innenpolitische Implementierung vergangenheitspolitischer Maßnahmen nimmt, – auch, da es Opfern von Menschenrechtsverletzungen eine Instanz bietet, auf die sie sich berufen können. Die Aktivitäten der Menschenrechtsorgane der UNO und des sich heraus bildenden Interamerikanischen Menschenrechtssystems, der Menschenrechtskommission und des Gerichtshofs für Menschenrechte wirken sich auf die nationale Rechtsprechung, die Einsetzung von Wahrheitskommissionen oder die zur Anwendung kommenden Reparationsschemata grundsätzlich aus (Roth-Arriaza 2001: 41-44).

Mit dem sich seit den 1980er Jahren und verstärkt seit Ende des Ost-West-Konfliktes etablierenden internationalen Menschenrechtssystem konnte zunehmender internationaler Druck auf die chilenische Militärdiktatur ausgeübt werden, gestützt von einer lokalen und transnational vernetzten Menschenrechtsbewegung und ihre internationalen Mobilisierungskampagnen[50] (Keck/Sikkink 1998: 90ff.).

Eine entscheidende Rolle spielte der Rekurs auf das völkerrechtliche Bestimmungen und die innovative Rechtsauslegung chilenischer Richter, beeinflusst durch internationale Normbildungsprozesse, in einem globalen Kontext, welcher der Straflosigkeit gegenüber zunehmend ablehnend gegenübersteht. Die chilenische Vergangenheitspolitik sah sich damit einer internationalen Dynamik ausgesetzt, welche die postautoritären Regierungen zusätzlich unter Druck setzte, zu vergangenheitspolitischen Maßnahmen, wie Aufklärung und Bestrafung der während der Diktatur begangenen Menschenrechtsverbrechen zu greifen, im Gegensatz zu den während des in den siebziger Jahren außenpolitisch vom Ost-West-Gegensatz geprägten spanischen Transitionsprozesses.

Eine herausragende Rolle bei der Verteidigung der Repressionsopfer sowie dem Schutz der Menschenrechte, aber auch bei der Dokumentation und Öffentlichmachung der staatlich verantworteten Verbrechen spielte in Chile etwa das ökumenische Solidaritätsvikariat, das nur wenige Wochen nach dem Putsch ge-

50 Die Formierung einer solchen transnationalen Menschenrechtsbewegung sehen Aguilar und Hite als notwendige Bedingung für die Durchführung positiver vergangenheitspolitischer Maßnahmen in Demokratisierungsprozessen an (2004: 211). So führen sie etwa als paradigmatisches Beispiel die *Mütter der Plaza de Mayo* in Argentinien an, die mit öffentlicher Präsenz eine Aufklärung des Schicksals ihrer verschwundenen Kinder forderten, für ein Ende der Diktatur kämpften und zum internationalen Symbol einer auch global organisierten Menschenrechtsbewegung avancierten (ebd.).

gründete *Comité de Cooperación para la Paz* (COPACHI). Nachdem es seine Informationen auch an internationale Menschenrechtsorganisationen übermittelt hatte, wurde es nach wachsendem politischem Druck seitens der Militärjunta im November 1975 verboten. Bereits im Januar 1976 gründete Kardinal Raúl Silva Henríquez als Nachfolgeorganisation die *Vicaría de la Solidaridad,* welche die Aufgaben der Vorgängerorganisation weiterführte.[51] Diese oppositionellen von der Kirche getragenen Menschenrechtsvereinigungen in Chile, deren Positionen gegenüber der Diktatur gewiss nicht für die der katholischen Amtskirche insgesamt zu verallgemeinern sind, finden in Spanien keine Entsprechung. Hier arbeitete die katholische Kirche mit dem Franco-Regime eng zusammen und fungierte von Beginn an als Legitimationsinstanz der Diktatur. Bereits der Bürgerkrieg galt in franquistischer Diktion in erster Linie als ein Glaubenskrieg: Er wurde zu einem ‚heiligen Kreuzzug' (*cruzada*) stilisiert, die franquistischen Bürgerkriegsopfer galten als ‚Gefallene für Gott und für das Vaterland' (*caídos por Dios y por la patria)* (Bernecker/Brinkmann 2006: 131-144). Erst in der Spätphase des Franquismus distanzierten sich seit dem zweiten vatikanischen Konzil auch Teile der katholischen Kirche zunehmend von der Franco-Diktatur. Allerdings hat sich die katholische Kirche bis heute nicht offiziell von den von ihr mitgetragenen Verbrechen der Diktatur distanziert.[52]

Hatte sich in Chile eine einflussreiche, international unterstützte Menschenrechtsbewegung formiert, so haben die in Spanien erst seit dem Jahr 2000 – sechzig Jahre nach Bürgerkriegsende und 25 Jahre seit Beginn des Demokratisierungsprozesses – entstandenen erinnerungspolitischen Bürgerinitiativen bisher keine derartige Mobilisierungskapazität wie in Chile erreicht.

---

51 Zur zentralen Rolle der katholischen Kirche innerhalb der Menschenrechtsbewegung während der chilenischen Militärdiktatur s. etwa Cruz (2004: 1-26), Straßner (2007: 234), s. a. Krumwiede/Nolte (1988: 97). Große Teile der katholischen Kirche standen während der chilenischen Diktatur, im diametralen Gegensatz zu ihrer tragenden Rolle während des Franco-Regimes, von Beginn an in Opposition zum Pinochet-Regime, indem sie sich für die Wahrung der Menschenrechte einsetzten.

52 So ließ die spanische Bischofskonferenz im Oktober 2007 im Rahmen der größten Massenseligsprechung der katholischen Kirchengeschichte 498 Priester als ‚Opfer religiöser Verfolgung' in den Stand von „Märtyrern des Bürgerkriegs" erheben. Vor dem Hintergrund der zeitgleichen Beratungen über das Erinnerungsgesetz, bei denen die Anerkennung der Bürgerkriegsopfer und der franquistischen Repression im Vordergrund stand, handelte es sich um einen symbolischen Akt im Kampf um die historische Deutungshoheit über die Gewaltausübung im Bürgerkrieg (Bernecker 2008: 62), welcher für gesellschaftlichen Protest gesorgt hatte.

Jedoch zeigt auch der sich zunehmend international durchsetzende Menschenrechtsdiskurs in den gegenwärtigen spanischen Aufarbeitungsdebatten seine Wirkungen: Im derzeitigen Erinnerungsdiskurs beziehen sich – wie noch zu zeigen sein wird – zivilgesellschaftliche Basisorganisationen, insbesondere bei der Suche und Identifizierung der Verschwundenen aus dem Spanischen Bürgerkrieg systematisch auf das internationale Recht und greifen auf die Länder des *Cono Sur* zurück, um ihre in jüngster Zeit verstärkt erhobenen Forderungen nach Aufklärung und Gerechtigkeit durchzusetzen und ihnen Nachdruck zu verleihen (vgl. Kap. 6.3 bis 6.7).

Ein offensichtliches Manko bei der Analyse des öffentlichen Umgangs mit Diktatur und Menschenrechtsverletzungen ist die verbreitete Tendenz, die Auseinandersetzung mit der Diktaturvergangenheit in Spanien und Chile als ausschließlich länderspezifisches, nationales Problem zu betrachten und nicht in einen breiteren Kontext transnationaler Prozesse und Einflussfaktoren, wie der Entwicklung im internationalen Recht und der zunehmenden transnationalen Vernetzung von internationalen Menschenrechtsorganisationen und lokalen Erinnerungsakteuren einzubeziehen. So vermag eine transnationale Perspektive auf die Aufarbeitungsprozesse Spaniens und Chiles sowie eine Analyse der wechselseitigen Beeinflussung durch diskursive Transfervorgänge neue Einsichten zu eröffnen. Dies ist das Ziel der folgenden Kapitel.

III Transnationale Perspektiven auf länderspezifische Aufarbeitungsdiskurse

5. Der ‚Fall Pinochet' als Beispiel einer ‚transnationalen Aufarbeitung' von Diktaturvergangenheit?

Der ‚Fall Pinochet'[1] – die durch den spanischen Ermittlungsrichter Baltasar Garzón veranlasste Verhaftung des Ex-Diktators in London und die Effekte nicht nur auf die chilenische, sondern mittelbar auch auf die spanische Auseinandersetzung mit der Diktaturvergangenheit – hat die Bedeutung internationaler Einflussfaktoren auf die Auseinandersetzung mit Diktatur und Menschenrechtsverletzungen verdeutlicht. Die Festnahme Pinochets markiert als Präzedenzfall transnationaler Aufarbeitungspolitik einen Wendepunkt im Umgang mit nationalen Amnestiegesetzen und steht für Möglichkeiten und Grenzen der Anwendung universeller Gerichtsbarkeit, beeinflusst von globalen Normbildungsprozessen in

1 Ausführliche Darstellungen über die Entwicklungen im ‚Fall Pinochet' geben aus juristischer Perspektive: Wilson (1999), Häußler (1999), Bianchi (1999), Brotóns (1999), Waltz (2001), Brinkmeier (2003: 7-11), Roht-Arriaza (2005, 2009b), Millaleo (2007), hier insbesondere im Abschnitt *Internationales Strafrecht und der Fall Pinochet.* Aus sozialwissenschaftlicher Perspektive siehe folgende Monografien und Fachartikel: Nash (2007), Matear (2005), Burbach (2003), Nolte (2003), Golob (2003), Wenzl (2001), Wehr (2001), Davis (2000), Malamud (2000), Webber (2000), Lira/Loveman (2002), hier insbesondere Kap.: *La mundialización de la justicia.* Siehe auch die Sammelbände von Ahlbrecht/Ambos (1999), Delgado (2000), Woodhouse (2000), Davis (2003) und Rojas Aravena/Stefoni (2001) sowie als journalistische Publikationen Dorfman (2002) auch in deutscher Übersetzung (2003), Drago (1999), García Arán et al. (2000), Bermúdez/Gasparini (2000), Montoya/Pereyra (2000), Gerdtzen/Pérez (2000), Coloane (2000). Siehe auch die aufschlussreiche Tagungsdokumentation von Brett (2008).

einem internationalen Kontext, welcher der Straflosigkeit zunehmend ablehnender gegenüber tritt.[2]

Im Folgenden werde ich die Möglichkeiten einer Erweiterung der nationalstaatlich begrenzten Perspektive im öffentlichen Umgang mit Diktaturvergangenheit in Spanien und Chile am Beispiel der Debatten um die Festnahme des chilenischen Ex-Diktators Pinochet in London erörtern, die sich aus der Rekonstruktion wechselseitiger Impulse, transnationaler Transferprozesse sowie internationaler Rückkopplungen ergeben. Beide Länder waren im Verlauf der paktierten Transitionsprozesse von durch Amnestiegesetze abgesicherter Straflosigkeit geprägt, welche nicht nur die justizielle Verfolgung der Täter langfristig verhindern sollte, sondern eine gesellschaftliche Auseinandersetzung mit der Erblast der Diktaturen insgesamt blockierte und einer öffentlichen Anerkennung der Opfer entgegenstand.

Auf der Grundlage einer komparativen Perspektive auf die Erinnerungskulturen beider Länder (Kap. 4) prüfe ich nun, inwiefern sich während der Verhandlungen im ‚Fall Pinochet' eine transnationale Aufarbeitung von Diktatur und Menschenrechtsverletzungen herausgebildet hat. Die sich langfristig herauskristallisierenden Veränderungen der Aufarbeitungsdiskurse Spaniens und Chiles lassen sich nicht allein innenpolitisch erklären, denn auf die länderspezifischen Erinnerungsprozesse wirkten in beiden Ländern ebenso internationale Entwicklungen und transnationale Faktoren ein. Daher vermag eine transnationale Perspektive auf die Erinnerungsdiskurse sowie eine Analyse ihrer wechselseitigen Beeinflussung neue Einsichten zu eröffnen. Anhand der dynamisierenden Auswirkungen des ‚Falles Pinochet' im Oktober 1998 auf die chilenische und auf die spanische Auseinandersetzung mit der Diktaturvergangenheit soll die These einer ‚transatlantischen Auseinandersetzung' mit Diktatur und Menschenrechtsverletzungen erörtert, andererseits ebenso die Grenzen transnationaler Aufarbeitungspolitik herausgearbeitet werden. Dabei gehe ich von der Annahme aus, dass transnationale Prozesse zu einer erneuten innenpolitischen Auseinandersetzung

2 Beim ‚Fall Pinochet' handelte es sich um die Verfolgung von ‚Verbrechen gegen die Menschlichkeit' durch die externe, nationale Gerichtsbarkeit eines anderen Landes, um die Straflosigkeit in Chile unter Berufung auf das Völkerrecht zu umgehen. Nach einer Definition von Davis (2006) soll *externalised justice* verstanden werden als „efforts to bring individuals to trial in national courts outside the country where the crimes were committed" (ebd.: 246). Eine detaillierte und präzise Definition von universeller Gerichtsbarkeit findet sich unter: The Princeton Principles on Universal Jurisdiction, Program in Law and Public Affairs, Princeton University, 2001, S. 28. Siehe www.pa.princeton.edu/hosteddocs/unive_jur.pdf (Stand: 24.05.2012), vgl. auch Kap. 1.4.a.

mit Staatsterrorismus und Diktaturfolgen beitragen können, nationale vergangenheitspolitische Entscheidungen demnach zunehmend mit internationalen Normen und entsprechend zirkulierenden Menschenrechtsdiskursen verschränkt sind. Die Auseinandersetzung mit Diktatur- und Menschenrechtsverletzungen steht verstärkt in einem globalen Kontext und kann ohne eine Betrachtung transnationaler Transfer- und Einflussprozesse nicht verstanden werden.

Der Versuch einer Verflechtung der Erinnerungsprozesse beider Länder, welche bisher vorwiegend aus einer national begrenzten Perspektive behandelt wurden, kann m. E. zu einer Differenzierung der Analyse des öffentlichen Umgangs mit Diktatur und Menschenrechtsverletzungen beitragen. Neben der Zusammenführung beider Einzelfälle soll am Beispiel der Verhaftung Pinochets in London als Knotenpunkt der Einfluss transnationaler Akteure auf die innerstaatliche Auseinandersetzung mit Diktaturvergangenheit beleuchtet werden. Im Vordergrund steht dabei die Frage, wie es in Folge des ‚Falles Pinochet‘ in beiden Ländern zu einer erneuten Thematisierung der Diktaturvergangenheit und einem öffentlichen Bruch mit dem Schweigepakt kam. Es soll geprüft werden, inwiefern die länderspezifischen Debatten zunehmend von transnationalen Impulsen und Prozessen beeinflusst werden, und wie sich diese zunächst auf die chilenische Vergangenheitspolitik auswirkten. Wichtig erscheint, ob der Einfluss transnationaler Transferprozesse die Herausbildung eines innergesellschaftlichen Gegendiskurses begünstigt. Der ‚Fall Pinochet‘ wirkte dabei wie ein Katalysator[3] nicht nur auf die chilenische, sondern auch auf die spanische Auseinandersetzung mit der Diktaturvergangenheit und eröffnete in beiden Ländern erneute geschichtspolitische Debatten um hegemoniale Deutungsmuster. Indem die sich ergebenden Rückwirkungen auf die chilenische und die spanische Auseinandersetzungen mit den während der Diktatur begangenen Menschenrechtsverletzungen herausgearbeitet werden, soll untersucht werden, inwiefern der ‚Fall Pinochet‘ als Initialzündung auch in Spanien für eine Aktualisierung der Auseinandersetzung mit der Franco-Vergangenheit gedient hat.

Nach einer kurzen Rekonstruktion der juristischen Grundlagen des ‚Falles Pinochet‘ sowie der Geschehnisse im Vorfeld seiner Festnahme (5.1) stehen folgende Fragen im Vordergrund: Welche transnational agierenden zivilgesellschaftlichen und menschenrechtspolitischen Akteure Spaniens und Chiles waren entscheidend am ‚Fall Pinochet‘ beteiligt, wie konstituierten sie sich und welche erinnerungspolitische Bedeutung kommt diesen Netzwerken zu (5.2)? Hierbei

3 Den Begriff des Katalysator-Effektes verwenden in diesem Zusammenhang etwa Davis (2005: 867f.; 2006: 252), Blakeley (2005: 45f.), Pion-Berlin (2004), Arceneaux/Pion-Berlin (2005: 146f.), Burbach (2003: 116), Wilde (2003: 3), Encarnación (2008: 132).

sollen die Prozessvorbereitungen im Vorfeld des ‚Falles Pinochet' in den Blick genommen werden. Nach einer Darstellung der Geschehnisse des gegen Pinochet geführten Auslieferungsverfahrens (5.3) beleuchte ich, wie sich die länderübergreifende Zusammenarbeit von internationalen Menschenrechtsorganisationen und lokalen Erinnerungsakteuren im ‚Fall Pinochet' unmittelbar auf die innenpolitische Situation des öffentlichen Umgangs mit der Diktaturvergangenheit in Chile auswirkte. Hierbei sollen anhand der hegemonialen Diskurse in chilenischen Tageszeitungen zunächst die innenpolitischen Abwehrreaktionen herausgearbeitet werden. Ich nehme dabei besonders die konträren Haltungen gegenüber dem transnationalen Engagement der spanischen Justiz in der chilenischen Tagespresse bis zu Pinochets Rückkehr nach Santiago im März 2000 in den Blick, welche zu einer tief greifenden Krise in den bilateralen Beziehungen beider Länder führte (Kap. 5.4). Wie aber beeinflusste die Festnahme Pinochets in London die juristische Aufarbeitung der während der Diktatur begangenen Menschenrechtsverletzungen in Chile und wie wirkte sie sich auf die politische und gesellschaftliche Auseinandersetzung mit der Pinochet-Diktatur aus? Es soll gezeigt werden, wie der transnational induzierte ‚Fall Pinochet' als Wendepunkt zu einer Verschiebung des sozialen Rahmens der kollektiven Erinnerung beitrug und neue Diskursräume eröffnete (5.5).

Anschließend wende ich mich den in der spanischen Öffentlichkeit durch den ‚Fall Pinochet' ausgelösten Debatten zu: Inwiefern trug die Festnahme Pinochets durch den spanischen Ermittlungsrichter Garzón mittelbar auch zu einer erneuten Auseinandersetzung mit der tabuisierten Franco-Diktatur in Spanien bei? Wie wirkten sich die Ereignisse auf den bisher vorherrschenden Schweigekonsens aus und welche transnationalen Impulse und Anknüpfungspunkte ergaben sich für die Thematisierung der bisher nicht aufgearbeiteten Franco-Diktatur (5.6)? Dabei lautet meine zentrale These, dass der ‚Fall Pinochet' als Diskursanlass durch die Herstellung von Parallelen und Bezugnahmen auch die Defizite der spanischen Vergangenheitsvergegenwärtigung auf die politische Tagesordnung gebracht und Neuverhandlungen über die franquistische Diktaturvergangenheit angestoßen hat. Es soll gezeigt werden, dass die Verhaftung Pinochets als Initialzündung auch in der spanischen Öffentlichkeit für eine erneute Auseinandersetzung mit der Diktatur gedient hat. Hierbei werde ich als vergangenheitspolitische Konsequenzen auf nationaler Ebene auf die hergestellten Bezüge zum Pinochet-Fall und dem chilenischen Aufarbeitungsprozess in den Parlamentsdebatten um das Erinnerungsgesetz im *Congreso de los Diputados* eingehen (5.7). Schließlich soll nach diesem Fokus auf die länderspezifische spanische und chilenische Auseinandersetzung mit der Diktaturvergangenheit ausblickend beleuchtet werden, wie sich der ‚Pinochet Effekt' auf internationaler Ebene in den Debatten über Immunität von Staatsoberhäuptern und globaler Strafgerichtsbarkeit im Umgang mit Diktatur und Menschenrechtsverbrechen in anderen Ländern niederschlug (5.8). Die Möglichkeiten und Grenzen einer internationalen Verfolgung von Menschenrechtsverletzungen geraten hier in den Blick.

Im Folgenden werden zunächst einige juristische Grundlagen für die transnationalen vergangenheitspolitischen Bemühungen, dem chilenischen Ex-Diktator in Madrid den Prozess zu machen, erläutert, um danach darauf einzugehen, wie sich der Pinochet-Fall auf den länderspezifischen Umgang mit der Diktaturvergangenheit auswirkte und die These einer ‚transatlantischen Aufarbeitung' von Diktatur und Menschenrechtsverletzungen beider Länder zu überprüfen. Die Frage nach der Bedeutung der Festnahme Pinochets über Ländergrenzen hinaus ist dabei zentral.

5.1 Die Klagen vor der *Audiencia Nacional*: Juristischer Vorgang

Als in der Nacht des 16. Oktobers 1998 der chilenische Ex-Diktator Augusto Pinochet in einer Londoner Klinik festgenommen wurde, sorgte dieses Ereignis weltweit für Aufsehen. Ausgangspunkt der Verhaftung war eine von juristischen und zivilgesellschaftlichen Vereinigungen gegen Augusto Pinochet Ugarte und fünf weitere Mitglieder der chilenischen Militärjunta[4] 1996 in Spanien vorgelegte Anklage, in der gegen sie der Vorwurf des Genozids, des Terrorismus, der Folter und der ‚Verbrechen gegen die Menschlichkeit' erhoben wurde. Damit war bereits mehr als zwei Jahre vor seiner Inhaftnahme Klage gegen Pinochet vor dem spanischen Nationalen Gerichtshof in Madrid, der *Audiencia Nacional de España* (AN), eingereicht worden. Am 25. Juli 1996 hatte die spanische Justiz das Gericht für die Fälle der Folter, Geiselnahme, Tötung und des Verschwindenlassens von spanischen Staatsbürgern während der chilenischen Militärdikta-

4 Die Klage erwähnte neben Augusto Pinochet Ugarte (Oberbefehlshaber über die Streitkräfte) explizit fünf Mitglieder der chilenischen Militärjunta: Die Generäle Gustavo Leigh Guzmán (Luftwaffe) und César Mendoza Durán (Carabineros) sowie Admiral José Toribio Merino (Marine), Fernando Matthei Aubel (Luftwaffe, ab 1978) und Rodolfo Stange Oelckers (Carabineros, ab 1985) sowie zwei weitere hochrangige Militärs, die persönlich für die Planung der Entführung, Folter, Ermordung oder das Verschwindenlassen spanischer Staatsbürger in Chile verantwortlich gemacht wurden. Vgl. Caso Pinochet. España. Querella inicial, 5 de julio de 1996, al juzgado central de Instrucción de Guardia de la Audiencia Nacional. Siehe: http://www.elclarin.cl/fpa/pdf/p_050796.pdf.

tur für zuständig erklärt, juristische Präzedenzfälle gab es in der spanischen Rechtsprechung bisher nicht.

Grundlage dieses Ermittlungsverfahrens war eine 1985 umgesetzte Reform des spanischen Strafrechts, welche im Sinne der universellen Gerichtsbarkeit die Verfolgung von ‚Verbrechen gegen die Menschlichkeit' weltweit ermöglichte und zudem keine Verjährung der Straftaten vorsah. Nach diesen Vorschriften des Gerichtsverfassungsgesetzes[5] waren spanische Gerichte für bestimmte Straftaten, wie Genozid und Terrorismus zuständig.[6] Demnach konnten Menschenrechtsverletzungen, wenn sie gegen internationale Abkommen verstoßen, von der *Audiencia Nacional* verurteilt werden, auch wenn sie außerhalb Spaniens verübt wurden. Überdies eröffnet das Prinzip der so genannten *acción popular* (Popularklage), auf welches sich die Kläger bezogen, allen spanischen Staatsangehörigen die Möglichkeit, ebenso als nicht direkt Betroffene Klagen, die von allgemeinem öffentlichem Interesse sind, vorzulegen oder sich laufenden juristischen Verfahren anzuschließen.[7]

Die ursprünglich bei der *Audiencia Nacional* eingereichten Klagen erwähnten zunächst lediglich Opfer spanischer Nationalität, sie basierten demnach auf dem die Regierung verpflichtenden Prinzip, das spanische Staatsbürger auch außerhalb der nationalen Grenzen zu schützen sind. Das wichtigste Argument für das Eingreifen der spanischen Justiz waren demnach zunächst die an spanischen

5 Ley Orgánica de Poder Judicial (LOPJ), 1. Juli 1985, Artikel 23. Absatz 4, dokumentiert in Ahlbrecht/Ambos: „Ebenso ist die spanische Gerichtsbarkeit zuständig, die von Spaniern und Ausländern außerhalb des nationalen Hoheitsgebietes begangenen Taten abzuurteilen, welche sich nach dem spanischen Strafrecht unter einen der folgenden Tatbestände fassen lassen: a) Völkermord, b)Terrorismus, [...] g) und jede andere, die nach internationalen Verträgen und Übereinkommen in Spanien verfolgt werden muss" (1999: 237).

6 Der spanische Kongress entschied, nachdem als Konsequenz der Pinochet-Verhaftung zahlreiche weitere Verfahren gegen Militärs und Regierungsvertreter anderer Länder vor der *Audiencia Nacional* eingeleitet worden waren, im Mai 2009 die Kompetenzen der universellen Gerichtsbarkeit des LOPJ, besonders die mögliche Strafverfolgung von Völkermord und Folter, stark zu beschränken. Zukünftig sollen nur noch solche Ermittlungen erlaubt sein, die sich auf gegen spanische Staatsangehörige gerichtete Verbrechen auf spanischem Hoheitsgebiet beziehen, oder solche Taten mit einem relevanten Bezug zu Spanien, verhandelt werden. Zur Kritik s. *Plataforma contra la impunidad y por la Justicia Universal: Manifesto contra la impunidad – por la justicia universal*, s. a. Chinchón (2009).

7 Nähere Informationen zu den Rechtsmöglichkeiten der ‚acción popular' finden sich bei Wilson (1999: 934f., Fußnote 4) und Sugarman (2002: 109).

Staatsangehörigen während der chilenischen Militärdiktatur verübten Menschenrechtsverbrechen, insbesondere des Verschwindenlassens.[8] Hierbei handelte es sich sicherlich auch um eine Strategie, eine breitere Unterstützung der spanischen Öffentlichkeit zu erreichen (vgl. Malamud 2002: 76).[9]

Anfangs wurden im Fall der Anklage gegen die chilenische Militärjunta namentlich sieben Opfer spanischer Nationalität bzw. doppelter Staatsbürgerschaft[10] angeführt, welche darauf hin um über 4.000 chilenische Repressionsopfer ergänzt wurden (vgl. Garcés 1996: 9). Indem die Kläger sukzessive nichtspanische Staatsbürger als Opfer aufnahmen, wurden sie juristisch in Richtung universeller Gerichtsbarkeit ausgeweitet (Davis 2000: 4, Wilson 1999: 951). Dem lag die Interpretation zugrunde, der zufolge die spanische Justiz unabhängig von der Staatsbürgerschaft der Opfer gegen Täter jeder Nationalität vorgehen könne. Dennoch blieb die Bezugnahme auf die spanischen Opfer – insbesondere ihr erzwungenes Verschwindenlassen während der Pinochet-Diktatur – ein zentrales Argument für die Ermittlungen der *Audiencia Nacional* und das Eingreifen der spanischen Justiz.

---

8 So titelte etwa ABC, Garzón wolle „interrogar a Pinochet sobre las desapariciones de españoles durante el régimen militar", 18. Oktober 1998.

9 Zudem war besonders der 1958 zwischen Spanien und Chile abgeschlossene Vertrag über die doppelte Staatsbürgerschaft von Bedeutung, auf den die Anklage Bezug nahm. Er erlaubt es chilenischen wie spanischen Staatsbürgern, unabhängig davon, ob sie in Spanien ihren Wohnsitz haben, rechtlich gleichermaßen, Klagen vor der *Audiencia Nacional* zu erheben (vgl. Davis 2000: 3).

10 Namentlich erwähnt wurden folgende spanische Staatsangehörige: Priester Joan Alsina Hurtos (getötet am 19.09.1973), José Tohá González (getötet 15.03.1974), Carmelo Soria y Espinosa (festgenommen am 14.07.1976), Enrique López Olmedo (getötet am 11.11.1977), Priester Antonio Llidio Mengual (getötet im Oktober 1973), Michelle Peña Herreros (verschwunden am 24.06.1973) und ihr vermutlich in Gefangenschaft geborenes Kind; sie war zum Zeitpunkt ihrer Verhaftung im neunten Monat schwanger. Antonio Elizondo Ormaechea und seine Ehefrau Elisabeth Rekas Urrúa (verschwunden am 26.05.1976) (siehe: http://www.elclarin.cl/fpa/pdf/p_050796.pdf, Stand: 27.11.2009). Diese Fälle wurden später um acht weitere Opfer spanischer Staatbürgerschaft ergänzt (vgl. Rojas et al. 1998: 35-48).

5.2 Die transnationalen Netzwerke hinter dem ‚Fall Pinochet' und ihre Vorarbeit

Die vorgelegten Anklagen gegen hochrangige argentinische und chilenische Militärs waren das Ergebnis jahrelanger Zusammenarbeit lateinamerikanischer und europäischer Menschenrechtsorganisationen, internationaler Nichtregierungsorganisationen (NGO's), Exilierten-Netzwerken, lokaler Opfer- und Angehörigenorganisationen sowie Richter und Anwälte und deren andauernder politischer Lobbyarbeit. Im Laufe der Jahre hatte eine zunehmende Professionalisierung der Menschenrechtsgruppierungen stattgefunden; sie verbesserten ihre Infrastruktur, konnten immer mehr Spezialisten (Juristen, Therapeuten, Wissenschaftler etc.) beschäftigen und bauten ihre Kommunikations- und Publikationsmöglichkeiten aus (Straßner 2007: 58).[11] Durch das chilenische Exil in Europa waren transnationale Netzwerke zu Menschenrechtsorganisationen, wie *Amnesty International* und *Human Rights Watch* sowie lokalen erinnerungspolitischen Gruppierungen in Chile und Exilierten-Vereinigungen entstanden. In den Aufnahmeländern wiederum hatten sich politische und soziale Verbindungen, etwa zu Solidaritäts-Komitees aus Gewerkschaften, entsprechenden Parteien aus dem linken Spektrum, zivilgesellschaftlichen Menschenrechtsinitiativen, Studierendenorganisationen, Künstlern oder kirchlichen Vereinigungen gebildet, welche sich der Solidaritätsarbeit anschlossen, breite Netzwerke[12], an welche nach dem Ende der Diktatur angeknüpft werden konnte.[13]

---

11 Die involvierten Angehörigenorganisationen, etwa die Organisation der Angehörigen Verhafteter Verschwundener (AFDD), welche sich den in Madrid vorgebrachten Klagen von Santiago aus anschloss, unterscheidet sich innerhalb der Menschenrechtsbewegung von anderen Menschenrechtsgruppierungen durch ihr Selbstverständnis: So handele es sich, wie Straßner hervorhebt, bei den Opferorganisationen in der Regel um *one-issue*-Organisationen, in denen sich Angehörige z. B. politischer Gefangener oder *desaparecidos* zusammenfanden, die sich auf das spezifische Anliegen einer Opfergruppe konzentrieren, während „Menschenrechtsorganisationen häufig eher den technisch-operativen Teil, wie beispielsweise die Ausarbeitung von Klagen oder juristischen Strategien" übernähmen (Straßner: 2007: ebd.).

12 Zu den weit verzweigten Solidaritätsnetzwerken der chilenischen Diaspora nach 1973 siehe Roniger/Snajder (2009: 229f.).

13 In diesem Sinne bemerkt Pion-Berlin: „Soon an entire network of Chilean and Spanish organisations had crystallised devoted to building a legal case and Chileans were travelling to Spain to offer testimony" (2004: 482).

Transnationalen Netzwerken zwischen europäischen und lateinamerikanischen NGO's im Menschenrechtsbereich, wie sie sich mit den Klagen vor der *Audiencia Nacional* und dem ‚Fall Pinochet‘ verstetigt hatten, wird in den internationalen Beziehungen zunehmende Bedeutung beigemessen. Hatte bereits der Kampf gegen die Militärdiktaturen im *Cono Sur* in einem internationalen Kontext gestanden, so setzte sich dies mit der Aufarbeitung der Diktaturen fort. Roht-Arriaza bezeichnet die sich herausbildende Menschenrechts- und Solidaritätsbewegung nach dem Militärputsch 1973 in Chile, an welche die Aktivitäten anknüpften[14], als „text book example of the effective interplay between the international and national spheres of action" (2005: 208) für die Arbeit von transnationalen *advocacy*-Netzwerken (TAN's). Der ‚Fall Pinochet‘ vermag Einsichten darüber zu liefern, wie transnationale Kontakte und Akteurskoalitionen zwischen spanischen und chilenischen NGO's, Anwälte und lokalen Menschenrechtsinitiativen als Voraussetzung für diese über Ländergrenzen hinweg reichenden Kooperationen wirkten (etwa Roht-Arriaza 2005: 208-218), was sich in dem Versuch einer internationalen Durchsetzung von Menschenrechtsstandards in Form einer transnationalen Kooperation zur Aufarbeitung der Diktaturverbrechen vor spanischen Gerichten äußerte. Lutz und Sikkink beschreiben dieses TAN als „transnational justice network" im Sinne von „actors working internationally on an issue, who are bound together by shared values, a common discourse, and dense exchange of information and services" (2001: 29f.). Die an dem transnationalen Netzwerk beteiligten spanischen und chilenischen Akteure formierten eine ihren Einfluss erhöhende Diskurskoalition, um ihren gegen die Straflosigkeit gerichteten Menschenrechtsdiskurs auf die politische Tagesord-

14 Vor dem Hintergrund der in Madrid angestrengten Klagen gegen die chilenische Militärjunta führt der chilenische Menschenrechtsanwalt Eduardo Contreras Mella die sich herausbildenden transnationalen Aktivitäten auf die internationale Solidaritätsbewegung während der Pinochet-Diktatur zurück: „Durante la dictadura se creó en el mundo un gran movimiento de solidaridad con el pueblo chileno en todas partes. Este movimiento está vivo todavía. Entonces cuando empezamos el proceso, la misma gente que antes se había solidarizado con nosotros, contra la dictadura se solidarizaron ahora con nosotros a favor de la justicia, la verdad y el castigo. [...] Ahora sin duda la detención de Londres marca un hito muy importante y a partir de lo de Londres los juicios se aceleran en Chile. Fue una gran contribución internacional, lo de la orden del juez Baltasar Garzón en España. Es muy difícil imaginar que hubieran habido procesos judiciales rápidos y condena moral sino hubiera habido el apoyo internacional. Fue para nosotros decisivo, influye en la conciencia de los jueces y de los gobernantes." Persönliches Interview mit Menschenrechtsanwalt Eduardo Contreras Mella in seiner Anwaltskanzlei in Santiago.

nung zu bringen und dem aus der Diktatur herrührenden hegemonialen Geschichtsnarrativ entgegenzusetzen. Der Gebrauch neuer Medien und Technologien, wie das zu diesem Zeitpunkt noch in seinen Anfängen steckende Internet mit seiner potentiell globalen Reichweite erleichterte die Handlungsfähigkeit dieser transnationalen Netzwerke (Roht-Arriaza 2001a: 50). So entwickelte sich die Online-Koordinierung im Verlauf des ‚Falles Pinochet' zu einem lebendigen Werkzeug der Nachrichten- und Informationsverbreitung.[15] Als Menschenrechtsvereinigungen, die über weit verbreitete Kontakte verfügten, waren sie besonders in der Lage, in Schlüsselmomenten konzentriert zu reagieren und dadurch Öffentlichkeit zu generieren (Roht-Arriaza 2005: 210ff.). Den sich im Verlauf des ‚Falles Pinochet' organisierenden transnationalen Menschenrechtsnetzwerken gelang es, gemeinsame Kampagnen zu lancieren und als transnationale Diskurskoalition die Auseinandersetzungen mit der Diktaturvergangenheit über Ländergrenzen hinweg auf die Tagesordnung zu setzen und zu beeinflussen. Diese transnational aktive Zivilgesellschaft sollte eine zentrale Rolle bei der grenzüberschreitenden Verfolgung der während der Pinochet-Diktatur begangenen Menschenrechtsverletzungen spielen.

Angestoßen wurden die Ermittlungen gegen Staatsterrorismus, Folter und Genozid während der Militärdiktaturen in den Ländern des *Cono Sur* von der spanischen *Union progressiver Staatsanwälte* (*Unión Progresista de Fiscales*, UPF). Im Umfeld des 20. Jahrestages des argentinischen Militärputsches am 28. März 1996 legte zunächst ihr Vorsitzender, der Anwalt Carlos Castresana im Namen der UPF der *Audiencia Nacional* eine Anklage wegen des Verschwindenlassens spanischer Staatsangehöriger während der argentinischen Militärdiktatur vor.[16] Unterdessen arbeiteten die spanischen Rechtsanwälte Manuel Murillo und Joan E. Garcés im Namen der in Madrid ansässigen *Salvador Allende-Stiftung* (*Fundación Salvador Allende*, FSA) eine entsprechende Klage wegen Völkermords, Terrorismus und des Verschwindenlassens spanischer Staatsange-

15 Das *Equipo Nizkor* etwa stellte die zentralen Originaldokumente des laufenden Verfahrens ins Netz und das *Chile Information Project* veröffentlichte allgemeine Informationen zu den Menschenrechtsverletzungen während der Pinochet-Diktatur mit hohen Zugriffszahlen. So verdeutlichten etwa die auf den Online-Auftritten der spanischen und chilenischen Tageszeitungen einsehbaren Leserkommentare den zunehmenden Gebrauch des Internets als interaktives Diskussionsforum, an dem sich ebenso Exilierte weltweit beteiligten (Sorensen 2009: 15).

16 Denuncia de la Asociación Progresista de Fiscales de España con la que se inicia el juicio por los desaparecidos españoles en Argentina de la fecha 28 de marzo de 1996, s. http://www.derechos.org/nizkor/arg/espana/inicial.html (Stand: 20.11.2009).

höriger während der Pinochet-Diktatur aus und legten sie der UPF vor[17], die diesen Fall unterstützte. Im Juli 1996 erhob sie durch den valencianischen Staatsanwalt Miguel Miravet Anklage wegen des Verdachts der ‚Verbrechen gegen die Menschlichkeit‘, des Genozids und des Terrorismus und weiterer zwischen 1973 und 1990 begangener Verbrechen. Im Juni 1996 hatte Baltasar Garzón als Ermittlungsrichter des *Juzgado de Instrucción No. 5* (5. Untersuchungsgericht) der *Audiencia Nacional* zunächst die Klage gegen hochrangige Militärs der argentinischen Militärjunta zugelassen. Einen Monat später eröffnete der Ermittlungsrichter des *Juzgado de Instrucción No. 6* Manuel García Castellón das Ermittlungsverfahren im Fall der chilenischen Militärjunta.

Die transnationalen, von gegenseitigen Exil- und Migrationserfahrungen geprägten historischen Verwobenheiten zwischen der chilenischen und der spanischen Diktaturgeschichte sind zentral, um die Bemühungen spanischer und chilenischer zivilgesellschaftlicher Akteure sowie die daraus resultierenden Diskussionen und Diskrepanzen zu verstehen, Pinochet in Spanien zu verurteilen. Dies spiegeln auch die involvierten Vereinigungen und erinnerungspolitischen *pressure groups* wider: Die zentrale Vorarbeit für die Anklage gegen belastete Mitglieder der chilenischen Militärjunta hatte die *Fundación Salvador Allende* in Madrid geleistet, die den Fall anhand des spanischen und internationalen Rechts geürüft hatte. Deren Vorsitzender, der katalanische Jurist und Anwalt Joan E. Garcés, war bis 1973 Rechtsberater und enger Vertrauter des chilenischen Staatspräsidenten Salvador Allende Gossens.[18] An der Pariser Sorbonne in Politikwissenschaft promoviert, war Garcés 1969 zur Unterstützung der Wahlkampagne Allendes nach Chile gelangt. Unmittelbar nach dem Militärputsch Pinochets gegen die Volksfrontregierung, bei dem er sich im bombardierten Präsidentenpalast aufgehalten hatte, floh er über die spanische Botschaft in Santiago nach Europa. 1990 gründete er in Madrid die *Fundación Salvador Allende,* gemeinsam mit Gründungsmitglied Victor Pey Casado, der wiederum als republikanischer Bürgerkriegsflüchtling im August 1938 nach Chile geflohen war. Der 1915 in Madrid geborene und in Barcelona aufgewachsene Pey, der im Bürgerkrieg nach dem Putsch der nationalen Truppen Francos auf Seiten der Zweiten Republik in der sich aus dem anarchosyndikalistischen Gewerkschaftsbündnis

17 Zur juristischen Begründung, s. Garcés (1996). Die zentralen Dokumente und Klagen im chilenischen Fall finden sich auf der Webpage des Menschenrechtsnetzwerkes Equipo Nizkor: http://www.derechos.org/nizkor/chile/juicio/#ju. Zu den Nizkor-Berichten über die Auseinandersetzung mit der Franco-Dikatur vgl. Kap. 6.4.

18 Für seine Bemühungen, den chilenischen Ex-Diktator Augusto Pinochet vor die spanische *Audiencia Nacional* zu bringen, erhielt Joan E. Garcés 1999 den *Right-Livelihood-Award*, den alternativen Friedensnobelpreis.

CNT (*Confederación Nacional del Trabajo*) formierenden *Kolonne Durruti* gekämpft hatte, war als Flüchtling zunächst in ein französisches Auffanglager gelangt. Er zählte zu den von Pablo Neruda, dem damaligen chilenischen Sonderbotschafter in Paris und späteren Literaturnobelpreisträger, 2.366 auserwählten republikanischen Exilspaniern, denen 1939 die Ausreise auf dem Flüchtlingsschiff *Winnipeg* ins chilenische Valparaíso ermöglicht worden war, um so dem Spanischen Bürgerkrieg und der drohenden franquistischen Repression zu entkommen. In Chile unterstützte Pey fortan die Wahlkampagne des Volksfrontbündnisses des Präsidentschaftskandidaten Carlos Aguirre Cerda 1938 und später des sozialistischen Präsidentschaftskandidaten Salvador Allende. Er übernahm 1972 die linksgerichtete, regierungsnahe Tageszeitung *El Clarín.*[19] Wie Garcés musste auch Pey unmittelbar nach dem Militärputsch Pinochets und dem Tod Allendes 1973 Chile wieder verlassen und wiederum in das politische Exil gehen, er floh nach Venezuela.[20] Als Gründungsmitglieder der FSA, haben sich Garcés und der mit doppelter Staatbürgerschaft ausgestattete Pey kurz nach Ende des Pinochet-Regimes von Madrid aus die Verfolgung der Menschenrechtsverbrechen der Diktatur zur Aufgabe gemacht.

Die FSA legte am 10. Mai 1997 gemeinsam mit der chilenischen *Vereinigung der Familienangehörigen Verhafteter Verschwundener* (AFDD) und der *Kommunistischen Partei Chiles* (PCCh) der *Audiencia Nacional* eine Erweiterungsklage gegen Pinochet wegen des Todes von 200 Menschen im Zusammenhang mit dem grenzüberschreitend agierenden Terrornetzwerk lateinamerikanischer Geheimdienste *Operación Cóndor*, mit dem unter Hauptverantwortung der DINA Oppositionelle verfolgt und getötet worden waren, vor, wodurch sich die Angelegenheit weiterhin internationalisierte.[21] Hierbei stützten sie sich auf die freigegebenen Dokumente der nordamerikanischen Geheimdienste, die im Zuge der Ermittlungen von der demokratischen Clinton-Administration zugänglich gemacht worden waren: Auf Nachdruck von Garcés ersuchte Ermittlungsrichter

---

19 Die von Pey übernommene UP-nahe Tageszeitung *El Clarín* wurde unmittelbar nach dem Putsch konfisziert, ihre Besitzer enteignet und das Verlagshaus sowie die Druckerei beschlagnahmt. Seit 1997 führt die FSA im Namen Victor Peys eine Entschädigungsklage gegen den chilenischen Staat. Erst 1995, fünf Jahre nach Ende der Diktatur, gelang es Pey, wieder an die Belege für seine Eigentumsrechte zu gelangen. Umfangreiche Quellenbestände und Dokumente zum Verlauf des Falles seit 1972 finden sich unter http://www.elclarin.cl/fpa/arbitraje.html

20 Biografisches Interview mit Victor Pey in seiner Privatwohnung in Ñuñoa-Santiago.

21 Siehe Equipo Nizkor: Ampliación de la denuncia por otros asesinatos cometidos durante la operación Cóndor, vgl. http://www.derechos.org/nizkor/chile/juicio/amp.html.

García Castellón die USA um Zugang zu Informationen aus ihren Geheimarchiven. Er erreichte, dass die Generalstaatsanwältin Janet Reno mit der spanischen Justiz zusammenarbeitete und die Offenlegung einiger zentraler CIA-Dokumente anordnete. Die Klage im Fall der *Operación Cóndor* gewann an Substanz, denn es gelang Garcés, immer mehr Beweise zusammenzutragen und weitere Betroffene der *Operación Cóndor* schlossen sich den Klagen an. Es konnten Informationen speziell zu den Morden an Orlando Letelier[22] und seiner Mitarbeiterin Ronnie Moffitt sichergestellt werden, so dass der spanische Richter daraufhin auch die US-amerikanischen Ermittler im Fall des Attentates gegen den ehemaligen chilenischen Außenminister als Zeugen vorlud. Die deklassifizierten Geheimdienstdokumente wurden dem spanischen Ermittlungsrichter allerdings erst zur Verfügung gestellt, nachdem sie zensiert und die Namen aller relevanten Beteiligten geschwärzt worden waren (Kornbluh 2003: 478).

Nachdem Ermittlungsrichter Baltasar Garzón, der zeitgleich gegen argentinische Generäle ermittelte, Anfang 1998 in dem in Asunción entdeckten ‚Terror-Archiv‘ Beweismaterial zur *Operación Cóndor* sichergestellt hatte[23], übernahm er, als er den Auslieferungsantrag gegen Pinochet gestellt hatte, am 20. Oktober 1998 auch den chilenischen Fall von dem ursprünglich dafür zuständigen Ermittlungsrichter García Castellón (Roht-Arriaza 2006: 114). Zuvor hatte Garcés bereits erreicht, dass Garzón, der ursprünglich lediglich für den argentinischen Fall zuständig war, die Klage gegen Pinochet in seine Ermittlungen mit aufnahm, bezogen auf die chilenischen Staatsbürger, die in Argentinien verschwunden waren. Damit weitete Garzón im Laufe der Recherchen seinen Kompetenzbereich beachtlich aus. Der ebenso schillernde wie umstrittene Ermittlungsrichter hatte durch seine Tätigkeit in zahlreichen politisch bedeutenden und kontroversen

22 Innerhalb der Allende-Regierung hatte Orlando Letelier unterschiedliche Posten bekleidet: er war Außen- und zuletzt Verteidigungsminister gewesen. Er wurde in Washington 1976 von der DINA durch eine Autobombe getötet, vgl. Informe de la Comisión Nacional de Verdad y Reconciliación, Bd. 2, S. 292f (Kap. 4.2, Fußnote 21).

23 Zu den 1992 in der paraguayischen Hauptstadt entdeckten Dokumenten des Terror-Archivs, welche die grenzüberschreitende Kollaboration der zur Verhaftung und Vernichtung politischer Gefangener in die *Operación Cóndor* involvierten Geheimdienste lateinamerikanischer Militärdiktaturen offen legte, s. Dinges (2004), Nickson (1995), Slack (1996) und Calloni (1999, Kap. 10). Zur Rolle des nordamerikanischen Geheimdienstes CIA, besonders der umfassenden Mitwisserschaft US-Außenministers Henry Kissinger, s. Kornbluh (2003: 354-363) und Hitchens (2001: 67ff.).

Verfahren[24] in Spanien aber auch im Ausland eine außergewöhnlich hohe Medienpräsenz erreicht, was ihm immer wieder den gegnerischen Vorwurf einbrachte, übermäßig ehrgeizig, eitel und medienversessen zu sein.

Als weitere in den ‚Fall Pinochet' involvierte Akteure in Spanien traten das Menschenrechtsekretariat der linksgerichteten Partei *Izquierda Unida* (Vereinigte Linke, IU), die Vereinigung *Jueces por la democracia* sowie die *Asociación por los Derechos Humanos en Andalucía* (APDHA) auf. Außerdem haben zahlreiche Menschenrechtsorganisationen, wie etwa die spanische Sektion von *Amnesty International* und zentrale zivilgesellschaftliche Gruppierungen in Chile, wie *Servicio Paz y Justicia*-Chile (SERPAJ), eine auch in Argentinien aktive Menschenrechtsvereinigung, die Klagen unterstützt: Eine der ersten Menschenrechtsorganisationen, die sich von Chile aus der in Madrid angestrengten Klage gegen Pinochet und die chilenische Militärjunta anschloss, war die 1980 v. a. zur Unterstützung von Gefangenen- und Folteropfern gegründete *Corporación de Promoción y Defansa de los Derechos del Pueblo* (CODEPU), die auch Familienmitglieder von Verschwundenen vor chilenischen Gerichten vertrat. Sie steuerte nicht nur weiteres Material bei, sondern legte eine zusätzliche Anklage im Namen von 35 Angehörigen von *desaparecidos* vor.[25] Ebenso schloss sich die seit 1975 aktive, von unterschiedlichen evangelischen Kirchen getragene *Fundación de Ayuda Social de las Iglesias Cristianas* (FASIC) den Klagen an

---

24 So hatte er etwa im ‚Fall Nécora' 1990 gegen Drogenschmuggel in der nordwestlichen Provinz Galizien, sowie 1996 im so genannten GAL (Grupos Antiterroristas de Liberación)-Verfahren, der von der sozialistischen Regierung unterstützten Liquidierungen mutmaßlicher ETA-Kader gegen PSOE-Politiker ermittelt. Andererseits hatte er auch ETA-Mitglieder angeklagt und – vielfach kritisiert – in Isolationshaft nehmen und abhören lassen. 1998 verfügte er über die Schließung der baskischen Zeitung. *Egin*. Zudem ermittelte er 2002 wegen Geldwäsche und illegaler Auslandskonten gegen die *Banco Bilbao Vizcaya*. Einen weiteren Höhepunkt bildeten 2009 die Ermittlungen im so genannten ‚Fall Gürtel' gegen hochrangige Funktionsträger der PP, die in Korruptionsskandale, besonders in Madrid und Valencia verwickelt waren. 1993 hatte er für die PSOE kandidiert und daraufhin als Abgeordneter neun Monate einen Sitz im *Congreso de los Diputados* inne und arbeitete als Staatsekretär unter Innen- und Justizminister Juan Alberto Belloch. Zur Arbeit und Bedeutung des Ermittlungsrichters Baltasar Garzóns im ‚Fall Pinochet' und der Anwendung universeller Gerichtsbarkeit siehe: Sugarman (2002), Marsh (2002) sowie aufschlussreich das von Rothenberg geführte Interview (2002). Für biografische Darstellungen, s. Urbano (2002), De la Cruz (2000) sowie autobiografisch Garzón (2005).

25 Persönliches Interview mit der CODEPU-Vorsitzenden Paz Rojas Baeza in Santiago.

und unterstütze die Kläger in Madrid mit weiteren Dokumenten und Beweismaterialien.[26]

Transnationale Akteurskoalitionen und Kontakte zwischen NGO's, Anwälten und lokalen Menschenrechtsorganisationen bildeten die Voraussetzung für diese über Ländergrenzen hinweg reichenden Kooperationen. Mit dem Ziel, Druck auf die chilenische Vergangenheitspolitik und die vorherrschende Straflosigkeit auszuüben, wurden über internationale Netzwerke Informationen an die sich in Großbritannien organisierenden Aktivisten sowie die Ermittlungsrichter in der spanischen Hauptstadt weitergeleitet. Vertreter der Menschenrechtsorganisationen reisten nach Madrid, um dort direkte Unterstützung zu leisten, und chilenische Exilierte aus ganz Europa, auch aus der zweiten Generation (Dorfman 2003: 39) – versammelten sich während der Festnahme Pinochets in London, um mit dem *Piquete de Londres*[27] öffentlichen Aktionen und Demonstrationen, auf die Straflosigkeit in Chile aufmerksam zu machen. Die Herausbildung der transnationalen Akteurskonstellationen, in deren Folge sich Dynamiken entfalteten, die scheinbar stillgelegte oder blockierte Prozesse wieder in Gang setzten, verdeutlicht, dass es auch auf einzelne Gruppierungen bzw. Personen ankommt, deren Handeln unter bestimmten gesellschaftlichen Bedingungen zu stärkeren Verschiebungen im öffentlichen Umgang mit der Diktaturvergangenheit führen und einen diskursiven Wandel beeinflussen können. Die sozialen Gedächtnisrahmen hatten sich mit dem ‚Fall Pinochet' verlagert, indem er als Katalysator auf eine Ausdifferenzierung der lokalen Erinnerungsdiskurse einwirkte.

War der juristische Weg einer Aufarbeitung der Menschenrechtsverletzungen in Chile durch die Selbstamnestierung der Militärs und eine pinochetnahe Justiz bislang versperrt, so sagten Hunderte von Zeugen, Opfern der chilenischen Diktatur und deren Angehörige, Menschenrechtsaktivisten, Politiker und Militärs bereits im Vorfeld der Verhaftung Pinochets vor dem Nationalen Gerichtshof in Madrid aus. In der spanischen und chilenischen Öffentlichkeit wurde unterdes-

26 Für Hintergrundinformationen über die Zusammenarbeit dieser unterschiedlichen Organisationen und Akteure im Vorfeld der Festnahme Pinochets siehe etwa Roht-Arriaza (2005: 25-29, 208-223), Matear (2003: 118ff.), Sugarman (2002: 108f.), Davis (2000: 3ff.), Wilson (1999: 934ff.) und *Special Report on the preparation and development of General Pinochet's detention and Spanish Judges ruling recognizing the principle of universal criminal jurisdiction for domestic courts*, Madrid, 5. November 1998, www.derechos.org/nizkor/chile/juicio/report.html.

27 Über die zivilgesellschaftliche sich nach Pinochets Verhaftung in London formierende, für seine Auslieferung eintretende Präsenz einerseits, andererseits aber auch die auf den Plan gerufenen Pinochet-Anhänger während der ersten Monate seiner Festsetzung, s. Beckett (2002), insbesondere Kap. 15: *Pinochet in Piccadilly*.

sen ausführlich über die von Opferangehörigen, insbesondere der Verschwundenen der Militärdiktaturen vorgebrachten Aussagen vor der *Audiencia Nacional* berichtet und die Geschehnisse in nachfolgenden Pressekonferenzen kontextualisiert (Wilson 1999: 933). Ein umfangreicher Bestand an Dokumenten und Beweismitteln konnte zusammengetragen und den spanischen Ermittlungsrichtern vorgelegt werden. Außerdem rekurrierten die spanischen Ermittlungsrichter auf den Abschlussbericht der chilenischen Wahrheitskommission CNVR, die ihnen ein erstes Bild der begangenen Menschenrechtsverletzungen lieferte (Davis 2000: 6, Wilson 1999: 945).

Als Eduardo Fungairiño in seiner Funktion als Generalstaatsanwalt der *Audiencia Nacional* im Mai 1998 das Ermittlungsverfahren wegen angeblich fehlender Zuständigkeit der spanischen Justiz für abgeschlossen erklärte und die Einstellung des Verfahrens beantragte, wurde er explizit durch den PP-Innenminister Jaime Mayor unterstützt.[28] Die Privatkläger Garcés und Murillo forderten dagegen die unverzügliche Wiedereröffnung des Verfahrens und die Fortführung der Ermittlungen. Schließlich hob die *Audiencia Nacional* die Entscheidung über den Abschluss des Ermittlungsverfahrens am 13. Juli 1998 wieder auf (Millaleo Hernández 2007: 390).[29]

Um die transnationale Bedeutung der angestoßenen Prozesse aufzuzeigen, sollen im Folgenden exemplarisch anhand einiger im Vorfeld der Festnahme Pinochets gemachter Zeugenaussagen vor der *Audiencia Nacional*, die sich vorwiegend auf Opfer spanischer Staatsangehörigkeit beriefen, die Prozessvorbereitung dargestellt werden.[30] Bereits 1996 wurden die ersten Zeugen von Richter García Castellón in Spanien und vor dem spanischen Konsul in Santiago vernommen. In den zwei Jahren vor Pinochets Festnahme waren Delegationen chi-

28 Zuvor hatte er bereits den so genannten *Informe Fungairiño* vorgelegt, in welchem er die argentinische und chilenische Militärdiktatur legitimierte und gegen die Zuständigkeit der *Audiencia Nacional* argumentierte (vgl. Rojas et al. 1998: 131ff.).

29 La Tercera: *Causa por los presuntos delitos de ‚genocidio y terrorismo de Estado': Reabren proceso a Pinochet en España*, 14. Juli 1998.

30 Bei diesen Opfern der chilenischen Diktatur handelte es sich um Menschen, die bereits in der zweiten oder dritten Generation in Chile lebten. Der Rekurs auf diese folgte strategischen Motiven, um den formalen Voraussetzungen der Anklage gerecht zu werden. Dies betonte Paz Rojas Baeza (CODEPU), in dem sie erklärte, dass das Verfahren vor der spanischen *Audiencia Nacional* eine formale Bezugnahme auf spanische Opfer oder solche doppelter Staatsbürgerschaft zunächst erforderlich machte, um eine Eröffnung der Verfahren überhaupt zu ermöglichen, keinesfalls aber das Leid der chilenischen verschwundenen, getöteten und ermordeten Opfer als zweitrangig erscheinen sollte. Persönliches Interview mit Paz Rojas Baeza in Santiago.

lenischer Menschenrechtsaktivisten und Opferangehöriger nach Madrid gereist, um gemeinsam mit Vertretern der Sozialistischen und Kommunistischen Partei Chiles, etwa den PS-Abgeordneten Isabel Allende, Tochter Salvador Allendes und Juan Pablo Letelier, Sohn Orlando Leteliers, vor der *Audiencia Nacional* auszusagen.

Ein emblematischer Fall eines Verschwundenen spanischer Staatsangehörigkeit, auf welchen sich die Anklage bezog, war der des katholischen Priesters Antonio Llidió Mengual aus Valencia.[31] Unmittelbar nach bekannt werden der Anklage gegen die chilenische Militärjunta, am 29. Juli 1996, schloss sich Josefina Llidió, Schwester des spanischen Priesters, als Klägerin dem Prozess *Juzgado Central de Instrucción No. 6* vor der *Audiencia Nacional* an. Antonio Llidió war nach seiner Festnahme am 24. September 1974 von Agenten der DINA gefoltert worden und galt seither als verschwunden. Er war in den 1960er Jahren nach Chile emigriert und seit 1969 praktizierender Priester in der chilenischen Kleinstadt Quillota, wo er sich als Mitglied der *Grupo Cristianos por el Socialismo* besonders für die Rechte der Armen und der Unterschichten eingesetzt hatte (vgl. ebd.). Die chilenischen Behörden hatten seine Festnahme stets geleugnet. Es gilt anhand von Zeugenaussagen Überlebender als erwiesen, dass er in das geheime Haftzentrum José Domingo Cañas 1315 in der Kommune Nuñoa verschleppt und nach schwerer Folter in das klandestine Konzentrationslager der DINA *Cuatro Álamos* ebenfalls in Santiago verlegt worden war und vermutlich hier an den Folgen der Folter zu Tode kam (Rojas et al.: 1998: 38). Er besaß keine weiteren Familienangehörigen in Chile, so wurden bis 1992 keine Ermittlungen in seinem Fall aufgenommen.[32]

Ebenso schloss sich die Witwe des spanischen UNO-Diplomaten Carmelo Luis Soria Espinoza, Laura Gonzáles Vera, der Klage wegen der illegalen Verhaftung, Folter und der Ermordung ihres Mannes an, der zur Zeit des Militärputsches für die UN-Wirtschaftskommission CEPAL in Santiago tätig gewesen war. Nachdem der von ihr zuvor in Chile angestrengte Prozess mit einer Amnestierung der beschuldigten DINA-Funktionäre der *Brigada Mulchén* ausgegangen

---

31 Detenidos Desaparecidos, Documento de Trabajo Arzobispado de Santiago, Vicaría de la Solidaridad, Región Metropolitana, S. 1204-1207, Bd. 4/8, 1993, eingesehen am 22. Mai 2007.

32 Der lutheranische Bischof Wolfgang Frenz gab im Februar 1998 vor der *Audiencia Nacional* an, dass Pinochet 1974 in einem Gespräch mit einem Mitarbeiter von *Comité pro paz* (COPACHI) die Folter von Marxisten und Leninisten mit der Begründung gerechtfertigt habe, dass man sie foltern müsse, da sie sonst nicht aussagen würden. Hinsichtlich des Verschwindens des Spaniers Antonio Llidio soll er geantwortet haben, „este no es cura, es marxista" (zit. n. Wilson 1999: 949).

war, lag jetzt eine weitere Anklage gegen den chilenischen Geheimdienst aufgrund des am 16. Juli 1976 getöteten Soria vor. Dieser war 1946 von Spanien nach Chile emigriert, um sich als Oppositioneller vor franquistischer Repression zu schützen. Die DINA war in seinem Fall, da er diplomatische Immunität besaß, besonders bemüht, ihre Taten zu vertuschen und täuschte einen Autounfall Sorias in Trunkenheit vor. Wie die nachträgliche Obduktion durch einen amerikanischen Gerichtsmediziner herausstellen sollte, war das Mitglied der PS, der mit seinem Diplomatenstatus politisch Verfolgten zur Flucht verholfen hatte, in das Haus des US-amerikanischen DINA-Agenten Michael Townley entführt worden, wo Soria nach schwerer Folter getötet worden war (Arceneaux/Pion-Berlin 2005: 130). Im Jahr 1995, nach Ende der Diktatur, wurden zwar sechs in den Fall verwickelte DINA-Agenten angeklagt, diese sprach ein Militärgericht jedoch frei. Internationale Aufmerksamkeit erlangte der Fall des getöteten spanischen UNO-Diplomaten Carmelo Soria im Juni 1996, als chilenische Gerichte – trotz der belastenden Beweislage – erneut entschieden, dass die Taten unter das Amnestiegesetz fielen, um daraufhin das Verfahren gegen die Beschuldigten gänzlich einzustellen. Einen Monat später hatten FSA und UPF die Klage gegen Mitglieder der chilenischen Militärjunta bei der *Audiencia Nacional* eingereicht, unter den aufgeführten Opfern befand sich auch Soria. Nachdem seine Angehörigen erfolglos an die konservative Regierung José María Aznars in Spanien appelliert hatten, brachte die Parlamentsfraktion der PSOE am 2. September 1996 im *Congreso de los Diputados* einen nichtgesetzlichen Antrag ein, mit welchem sie die Auslieferung der Täter verlangte, die während der südamerikanischen Diktaturen – insbesondere Chile – Menschenrechtsverletzungen an spanischen Staatsbürgern begangen hatten und focht damit die Gültigkeit des chilenischen Amnestiegesetzes vor spanischen Gerichten an.[33]

Daraufhin wandte sich die Tochter des UNO-Diplomaten, Carmen Soria, 1997 an die *Interamerikanische Kommission für Menschenrechte*, welche die

33 Unter Punkt 3 heißt es, dass "[El Congreso de los Diputados] Considera que, en el caso concreto de Chile, al no haber sido juzgados los hechos en este país, ni tampoco por los tribunales internacionales, el Estado Español puede y debe actuar con carácter subsidiario con el fin de asegurar la tutela judicial efectiva." Mit Bezug auf das chilenische Amnestiegesetz lautet Punkt 4.: "[...] la aplicación de la Ley de Aministía dictada en 1978 por el régimen de Augusto Pinochet, en contradicción con los compromisos internacionales asumidos por Chile y los principios constitucionales vigentes no vincula la acción del Estado Español en el ejercicio de la defensa de los ciudadanos, para garantizar sus derechos e impedir su indefensión. Vgl. El grupo parlamentario socialista pide la extradición de los responsables de violaciones de los derechos humanos en Chile, http.//www.derechos.org/nizkor/chile/juiciios/extra.html.

Legitimität des Amnestiegesetzes in Chile erstmals grundsätzlich in Frage stellte (Wilson 1999: 953). Das europäische Parlament hatte die Anwendung der Amnestie im ‚Fall Soria‘ ebenso für nicht rechtmäßig erklärt und sprach der Familie des Opfers ihre Solidarität aus.[34] So war ein Beitrag zu den in Spanien begonnenen Ermittlungen zuvor vom EU-Parlament ausgegangen, das am 18. September 1993 einstimmig eine Resolution verabschiedete, mit welcher es die Aufklärung des Schicksals der während der chilenischen Militärdiktatur verschwundenen, insbesondere des spanischen UNO-Diplomaten Carmelo Soria, verlangte. Nach über dreißig Jahren andauernden Kontroversen um diesen Fall und langjährigen Blockaden des chilenischen Rechtsbündnisses entschied der chilenische Senat am 18. Juli 2007 mit 16 Für- und 14 Gegenstimmen, die Familienangehörigen Sorias mit einer Summe von eine Million Dollar zu entschädigen, um damit u. a. eine Stiftung in Erinnerung an den getöteten UNO-Diplomaten ins Leben zu rufen.[35] Dies ist sicherlich auch mit der hohen internationalen Aufmerksamkeit des Falles zu erklären, stellt die Entschädigungssumme doch – gerade im Vergleich zu Reparationen chilenischer Opferangehöriger – eine einsame Ausnahme dar. Angesichts der Tatsache, dass die Täter weiterhin straffrei blieben, hatte Carmen Soria die Entschädigungszahlungen zuvor entsprechend u. a. als einen Erpressungsversuch in Form von Schweigegeld kritisiert.[36]

Im August 1997 erschienen im spanischen Konsulat in Santiago Mitglieder der chilenischen Organisation Familienangehöriger Verhafteter Verschwundener (AFDD) sowie die Kongressabgeordnete María Maluenda Campos, die Mutter von José Manuel Prada, der von DINA-Funktionären entführt, gefoltert und 1985 getötet worden war, um in dem Verfahren gegen die Militärjunta auszusagen. Die damalige Vorsitzende der AFDD, Sola Sierra Henríquez, sagte im spanischen Konsulat in Santiago aus und schloss sich als Ehefrau eines Verhafteten-Verschwundenen den vor dem Nationalen Gericht in Madrid geführten Klagen an (vgl. Rojas et al. 1998: 107).

Der chilenische Menschenrechtsanwalt der COPACHI, bzw. *Vicaría de la Solidaridad*, Roberto Garretón Merino, wurde am 22. September in den Zeugenstand der *Audiencia Nacional* geladen. Er legte Beweismittel vor, welche die angeklagten chilenischen Militärs schwer belasteten. Seine Aussagen konzentrierten sich zudem auf die Todesumstände des spanischen Priesters Joan Alsina

34 Die Resolution findet sich unter: El parlamento europeo condena a Chile por el Caso Soria, http://www.derechos.org/nizkor/chile/soria3.html.

35 El País: *El Senado chileno ratifica la indemnización por el asesinato en 1976 de Carmelo Soria*, 20. Juli 2007.

36 Die Zeit: *Aus Opfern werden Jäger. Eine Million für das Schweigen*, Dossier, Nr. 50, 3. Dezember 1998.

Hurtos.[37] Der katalanische Priester wurde am 19. September 1973 von einer Militäreinheit in das Haft- und Folterzentrum *Diego Barros Arana* verschleppt und hier gefoltert, woraufhin er in Santiago auf der Brücke *Puente Bulnes* hingerichtet wurde.[38]

Im Oktober 1996 sagten auch Mitglieder der chilenischen Menschenrechtsorganisation CODEPU vor dem spanischen Generalkonsul in Santiago aus. Die Menschenrechtsanwältin und Gründerin der Organisation Fabiola Letelier del Solar, Schwester Orlando Leteliers, schloss sich dem in Madrid angestrengten Prozess an und sagte daraufhin in der spanischen Hauptstadt vor der *Audiencia Nacional* aus (Rojas et al. 1998: 119, 114).[39] Die Vorsitzende María Paz Rojas Baeza legte der *Audiencia Nacional* Dokumente über das Ausmaß der während der Diktatur angewendeten Folterpraxis vor. Des Weiteren ging sie auf die wichtigsten, sich auf das chilenische Territorium erstreckenden Gefangenen- und Folterzentren ein. Sie legte die Namen Verantwortlicher für begangene Menschenrechtsverletzungen vor, insbesondere derjenigen, die in die Fälle verschwundener spanischer Staatsbürger involviert waren. Dabei konzentrierte sie sich auf den Fall der Tochter spanischer Einwanderer Michelle Peña Herreros (Rojas et al. 1998: 110). Die im französischen Exil in Toulouse geborene Tochter republikanischer Exilierter aus dem Spanischen Bürgerkrieg hatte sich als Studentin in der sozialistischen Jugend engagiert. Sie wurde am 24. Juli 1975 in Las Rejas nahe Santiago im hochschwangeren Zustand zusammen mit ihrem Lebensgefährten Ricardo Lagos von Agenten der DINA verhaftet und in das Folterzentrum *Villa Grimaldi* verschleppt – hier wurde sie zuletzt von der überlebenden MIRistin Gladys Díaz[40] gesehen –, woraufhin sich ihre Spuren verwischen. Ob-

37 Zu den Aussagen chilenischer Opfer und Zeugen vor der *Audiencia Nacional* Spaniens siehe etwa Rojas et al. (1998: 107-118), Martín de Pozuelo/Tarín (1999: 187ff.).

38 An der Puente Bulnes, dem Ort seiner Hinrichtung, findet sich heute als Erinnerungsort eine durch den Künstler und Fotografen Claudio Pérez eingerichtete ‚Mauer der Erinnerung', der Platz wurde nach dem getöteten spanischen Priester Joan Alsina benannt (Lira/Loveman 2004: 219). Am 18. Oktober 2005 wurde der Offizier Donato López wegen der Ermordung Joan Alsinas zu fünf Jahren Freiheitsstrafe verurteilt.

39 El País: *Fabiola Letelier acusa a Pinochet de ordenar el asesinato de su hermano*, 16. Dezember 1997.

40 Die Journalistin, Gewerkschafterin und Anhängerin des MIR Gladys Díaz konnte, nachdem sie das über achtzig Tage andauernde ‚Verschwinden' durch die DINA und schwerste Folter im Haftzentrum Villa Grimaldi sowie mehrere Verlegungen an andere Haftorte überlebt hatte, gerettet werden. Ihr war im Rahmen einer internationalen Solidaritätsaktion von *Amnesty International* und der *Stiftung Mitbestimmung*, der heutigen *Hans-Böckler Stiftung*, namentlich dem zur Unterstützung von Exilchilenen

gleich ihre Familienangehörigen ihr Verschwinden vor der *Corte de Apelaciones de Santiago* anzeigten, ein *habeas corpus* einreichten und sich u. a. an den chilenischen Innenminister und die spanische und französische Botschaft in Chile wandten, war die offizielle Antwort stets, dass Michelle Peña nie verhaftet worden sei, so dass der Fall am 14. Juli 1976 in Chile endgültig eingestellt worden war.[41]

Jedoch reisten auch Anhänger der chilenischen Militärdiktatur nach Madrid, um in Verteidigung Pinochets vor der *Audiencia Nacional* auszusagen: Zu diesen zählte der umstrittene Besuch des damaligen obersten Militärrichters Fernando Torres Silva, enger Vertrauter und Berater Pinochets, am 3. Oktober 1997. Er übergab dem spanischen Ermittlungsrichter ein Dossier mit Dokumenten zur Rechtfertigung des Putsches, die den internen Kriegszustand, der während der Zeit der Allende-Regierung geherrscht habe, demonstrieren sollten und verwies zur Relativierung der Schuld der angeklagten *Junta*-Mitglieder auf das gegen Pinochet gerichtete Attentat des *Frente Patriótico Manuel Rodríguez* (FPMR) von 1986 (Sepúlveda/Sapag 2001: 28ff.). Sein Besuch, den er zunächst geleugnet hatte, galt auch innerhalb der pinochetnahen Gegner des Verfahrens in Chile als besonders umstritten, da Torres Silva mit seiner Aussage – so die Kritiker aus den eigenen Reihen – implizit die in Spanien eingeleiteten Untersuchungen gegen die chilenische Militärjunta anerkenne.

Der tatsächlichen Festnahme Pinochets in London ging eine jahrelange Debatte über die Auseinandersetzung mit der Repression der Pinochet-Diktatur, insbesondere der Fälle von Verschwundenen, und der völkerrechtlichen Legitimation sowie der verfahrensmäßigen Grundlagen der in Spanien angestoßenen Prozesse voraus. Das eingeleitete Ermittlungsverfahren gab den Diktaturopfern und ihren Angehörigen auf internationaler Ebene erstmals eine Stimme und aufgrund der ausführlichen weltweiten Berichterstattung die Möglichkeit, ihre leidvollen Erinnerungen und Repressionserfahrungen der Weltöffentlichkeit zu offenbaren:

---

eigens eingerichteten Soli-Fonds, ein Arbeitsplatz verschafft worden. Nach einem langen diplomatischen Tauziehen und der Blockadehaltung des Auswärtigen Amtes war ihr 1977 die Ausreise nach Hamburg ins Exil ermöglicht worden. Vgl. http://www.menschenrechte.org/lang/en/lateinamerika/akteneinsicht-gladys-diaz?output=pdf (Stand: 29.03.2013).

41 Vgl. Akten der Vicaría de la Solidaridad, Santiago: Detenidos Desaparecidos, archiviert in: Documentos de Trabajo, Arzobispado de Santiago, Vicaría de la Solidaridad, Región Metropolitana, eingesehen am 22. Mai 2007.

„The symbolic and expressive significance of the case has been tremendous, not least because the enormous world interest has enabled victims to tell their stories on a world stage and moreover in a context which is about pursuing not only truth but retribution and justice - hitherto largely impossible in Chile itself." (Davis 2000: 19)

Die Weltöffentlichkeit sah sich plötzlich mit Forderungen nach Aufklärung und Gerechtigkeit für die während der chilenischen Militärdiktatur begangenen Menschenrechtsverletzungen konfrontiert. Die umfangreiche Berichterstattung über die Ermittlungen vor der *Audiencia Nacional* haben sowohl in Chile als auch in Spanien bereits im Vorfeld der Festnahme Pinochets für Diskussionen über Verantwortung, Gerechtigkeit und Straflosigkeit, besonders bezogen auf die Fälle von Verschwundenen, aber auch über die Reichweite und Legitimität universeller Gerichtsbarkeit gesorgt und mittelbar eine Auseinandersetzung mit den Menschenrechtsverbrechen der Militärdiktatur angestoßen. Die in Madrid eingeleiteten Ermittlungen waren von den Anhängern Pinochets in ihrer potenziellen Wirkung unterschätzt worden. Auch viele Menschenrechtsakteure selbst räumten ihnen bis zu Pinochets Verhaftung kaum langfristige Erfolgschancen ein (Collins 2006: 724). Da die *Audiencia Nacional* zwar die Einleitung von Ermittlungen, aber keine Verurteilungen *in absentia* erlaubt (Rothenberg 2002: 928, Jouet 2007: 512), rückte erst die weltweit mit enormer Überraschung und intensiver Berichterstattung aufgenommene Festnahme Pinochets und das gegen ihn daraufhin geführte Auslieferungsverfahren einen Prozess vor der *Audiencia Nacional* in realistische Reichweite. Der ‚Fall Pinochet' wird seither als ein Meilenstein in der internationalen Verfolgung von Menschenrechtsverletzungen angesehen und entfachte in der chilenischen Öffentlichkeit und vielen weiteren Ländern eine erneute Diskussion über die Auseinandersetzung mit repressiver Vergangenheit und das Problem der Straflosigkeit.

5.3 Das Auslieferungsverfahren: Ringen um universelle Gerichtsbarkeit

Als Augusto Pinochet Ugarte im September 1998 zur medizinischen Behandlung eines Bandscheibenvorfalls in der privaten *The London Clinic* nach England reiste, beantragte Baltasar Garzón kurz vor dessen beabsichtigter Rückkehr nach Chile bei den britischen Behörden gemäß der Bestimmungen des europäischen Auslieferungsübereinkommens[42] seine vorläufige Auslieferungshaft. Dieser An-

42 Der in Spanien gestellte Auslieferungsantrag basierte auf dem Europäischen Auslieferungsübereinkommen vom 13. Dezember 1957. Gemäß Art. 2 Abs. 1 wird eine Per-

trag stützte sich auf eine Erweiterungsklage des Menschenrechtssekretariats der *Izquierda Unida* vom 13. Oktober 1998, die als Popularklage erhoben worden war, nachdem die Londoner Sektion von *Amnesty International* die Antragsteller von Pinochets Englandaufenthalt informiert hatte.[43] Die Ermittlungsrichter García Castellón und Garzón beantragten bei den britischen Behörden zunächst eine Befragung Pinochets in den laufenden Verfahren. Um Pinochets frühzeitige Abreise zu verhindern, verfasste Garzón darauf einen Haftbefehl wegen 80 Fällen von Getöteten und Verschwundenen im Rahmen der *Operación Cóndor* und verlangte seine Auslieferung an Spanien. Als *Interpol* einen internationalen Haftbefehl[44] gegen Pinochet ausgestellt hatte, wurde er, für die Weltöffentlichkeit völlig unerwartet, während seines Klinikaufenthaltes aufgrund des spanischen Auslieferungsgesuchs[45] von *Scotland Yard* am 16. Oktober 1998 festgenommen und unter Hausarrest gestellt. Am selben Tag nahm Richter Garzón die Erweiterung der Privatklage und eine weitere Klage der chilenischen AFDD an, am 22. Oktober erging schließlich ein weiterer Haftbefehl durch den *Magistrate Court*-Richter Ronald Bartle.

Die beantragte Auslieferung an Spanien erfolgte – trotz Pinochets Verhaftung – jedoch nicht. Er verblieb unter Hausarrest, den er in einer eigens für diesen Zweck angemieteten Luxusvilla verbrachte, da nun über das spanische Auslieferungsgesuch zu entscheiden war. Die Festnahme wurde von seinen Anwälten angefochten und zunächst in erster Instanz aufgehoben: Der *High Court of London* sprach Pinochet als ehemaligem Staatsoberhaupt und aufgrund seiner Position als Senator auf Lebenszeit (*senador vitalicio*) am 28. Oktober diploma-

son aufgrund solcher Taten ausgeliefert, die mit einer Freiheitsstrafe von mindestens einem Jahr bedroht sind. Die spanischen Behörden konnten sich direkt an die britische Justiz wenden, welche die Strafbarkeit Pinochets prüfte (Brinkmeier 2003: 19).

43 Wenige Tage zuvor, am 3. Oktober 1998, hatte die französische Regierung Pinochet bereits mit der Begründung die Einreise verweigert, dass gegen ihn Verfahren wegen Menschenrechtsverbrechen anhängig waren (Barahona de Brito 2001: 163).

44 Der Haftbefehl basierte auf dem Verdacht der begangenen Verbrechen der Folter, der Verschwörung zur Folter, der Geiselnahme, der Verschwörung zur Geiselnahme und der Verschwörung der Begehung von Morden. Garzón beschuldigte Pinochet des Völkermordes, in seiner Funktion als Koordinator der *Operación Cóndor* sowie des Terrorismus in 79 Fällen.

45 Bow Street Magistrates Court, Warrant for the Arrest of Augusto Pinochet, October 16, 1998. Auslieferungsbefehl im Original abgedruckt in Kornbluh (2003: 448).

tische Immunität zu, die seiner Strafverfolgung vor spanischen Gerichten entgegenstehe.[46] Die Festnahme galt somit zunächst als rechtswidrig.

Am 3. November 1998 beantragte die spanische Justiz durch Baltasar Garzón offiziell die Auslieferung Pinochets. Es kam allerdings weder zu dieser, noch zu seiner Freilassung, Pinochet verblieb bis auf weiteres unter Arrest. Eine Rückkehr nach Chile hing von einem Berufungsantrag ab, der von der Staatsanwaltschaft gestellt worden war. Als oberste richterliche Instanz würde das britische Oberhaus entscheiden. Die zuständigen Lordrichter des britischen *House of Lords* befanden am 25. November mit drei gegen zwei Stimmen in einer historischen und international Aufsehen erregenden Entscheidung, dass Pinochet für sich keine diplomatische Immunität beanspruchen könne, das Urteil des *High Court* konnte revidiert werden. Daraufhin stellten Pinochets Anwälte einen Befangenheitsantrag gegen einen der Richter, Lord Leonard Hoffman, in dem sie seine politische Unabhängigkeit bezweifelten, da er nicht öffentlich gemacht habe, *Amnesty International* nahe zu stehen, die Menschenrechtsoganisation hatte sich an der Klage beteiligt.[47] Ein weiteres Gremium des High Court erklärte daraufhin die Entscheidung für ungültig und gab dem Antrag auf Befangenheit statt.

Der Prozess musste von Neuem beginnen: Am 24. März 1999 kam es zur zweiten Entscheidung des *House of Lords*, in der mit sechs zu einer Stimme gegen den Immunitätsstatus Pinochets votiert wurde und somit für seine Auslieferung an Spanien.[48] Die Lordrichter gaben ein klares Statement ab: Ehemalige

46 High Court of Justice; Queens Bench Division (Divisional Court): In Augusto Pinochet Ugarte, s. http://www.Parliament.the-stationery-office.co.uk/pa/

47 Lord Hoffman war ehrenamtliches Mitglied eines *Amnesty International*-Gremiums, was den Richtern angesichts der Brisanz des Falles als Befangenheitsgrund genügte, die mit ihrer Entscheidung eine hitzige juristische Debatte in der britischen Öffentlichkeit provoziert hatten (Davis 2003: 133f., Roht-Arriaza 2005: 55f., Coloane 2000: 165).

48 Lord Nicholls fasste die Entscheidung wie folgt zusammen: „[I]nternational law has made plain that certain types of conduct, including torture and hostage taking, are not acceptable on the part of anyone. This applies as much to heads of state, or even more so, as it does to everyone else; the contrary conclusion would make a mockery of international law." Vgl. Entscheidung des House of Lords vom 24. März 1999: Judgment – Regina v. Bartle and the Commissioner of Police for the Metropolis and Others Ex Parte Pinochet Regina v. Evans and Another and the Commissioner of Police for the Metropolis and Others Ex Parte Pinochet (On Appeal from a Divisional Court of the Queen's Bench Division), s.:http://www.parliament.thestationery_office.co.uk/-pa/ld199899/ldjudgmt/jd990324/pino1.htm.

Staatsoberhäupter sollten wegen massiver Menschenrechtsverletzungen auch vor ausländischen nationalen Strafgerichtshöfen zur Verantwortung gezogen werden können. Damit begründeten sie das so genannte ‚Pinochet Modell', d. h. die Verfolgung von ‚Verbrechen gegen die Menschlichkeit' durch die Gerichtsbarkeit eines anderen Landes, um mit Berufung auf das völkerrechtlich verankerte Weltrechtsprinzip die Straflosigkeit zu umgehen.

Da Chile jedoch erst am 8. Dezember 1988 der Folterkonvention beigetreten war, wurden nur die nach diesem Zeitpunkt begangenen Taten verfolgt.[49] Mit dieser stark einschränkenden Entscheidung der Lordrichter entfielen 29 der 32 von der spanischen Justiz vorgelegten Anklagepunkte (Davis 2003: 138). Dies schloss den Großteil der Verbrechen aus, da diese in den Anfangsjahren der Diktatur begangen worden waren. Daraufhin fügte Ermittlungsrichter Baltasar Garzón seiner Anklageschrift dutzende von neuen Anklagepunkten hinzu, die nach diesem Zeitpunkt verübt worden waren. Das britische Innenministerium gab bekannt, dass die verbliebenen Vorwürfe ein Auslieferungsverfahren rechtfertigten.

Am 4. Juni 1999 wurde das Verfahren über die Auslieferung Pinochets an Spanien eröffnet. Als im Oktober der zuständige britische Richter Ronald Bartle die von Ermittlungsrichter Baltasar Garzón vorgebrachten Anklagepunkte akzeptierte und die Auslieferung bewilligte, intervenierte die chilenische Regierung, welche Pinochets Festnahme mehrheitlich als Angriff auf die nationale Souveränität abgelehnt hatte (vgl. Kap. 5.4), mit dem Argument des Gesundheitszustands Pinochets. Hatten innerhalb der *Concertación* Teile der Sozialistischen Partei (PS) eine Auslieferung Pinochets befürwortet, so bemühte sich die chilenische Regierung nun verstärkt um seine Rückkehr nach Chile und beantragte am 14. Oktober 1999 die Freilassung des Ex-Diktators aus humanitären Gründen. Der seinerzeitige britische Innenminister Jack Straw, der sich bis dahin aus der juristischen Auseinandersetzung herausgehalten hatte, nahm letzteren Einwand auf und forderte ein medizinisches Gutachten über die Gesundheit Pinochets an. Der von einem vierköpfigen Ärzte-Gremium erstellte Bericht ergab,

49 Grundlage dieser Beschränkung war das Kriterium der ‚doppelten Kriminalität', demzufolge sowohl in Spanien, als auch im ausliefernden Staat (England) die Kriminalität der Tat vorliegen muss (Woodhouse 2003: 99f.). Die UN-Folterkonvention (UNCAT, Convention against Torture) diente als Rechtsgrundlage des spanischen Auslieferungsgesuchs, da sie von den drei beteiligten Ländern, von Spanien und England bereits 1987, ratifiziert worden war, die zeitliche Einschränkung wurde von Spezialisten des internationalen Rechts allerdings vielfach kritisiert (vgl. Wehr 2001: 50), stellte Folter doch eine zentrale Repressionspraxis während der gesamten Zeit der chilenischen Militärdiktatur dar, die meisten Fälle hatte es zu Beginn der Diktatur gegeben.

dass Pinochet demenzkrank und daher verhandlungsunfähig sei. Die Ergebnisse des Gutachtens waren höchstumstritten und nach heftiger Kritik aus Belgien, Frankreich und der Schweiz – in diesen Ländern waren unterdessen ebenfalls Auslieferungsanträge gestellt worden – veröffentlichte der *High Court* Teile des medizinischen Dossiers. Die Forderung nach weiteren Gutachten wurde abgewiesen und Straw lehnte die Auslieferung ab: Der britische Innenminister teilte am 2. März 2000 schließlich mit, dass Pinochet aus humanitären Gründen nicht an Spanien ausgeliefert werden könne und ordnete seine Freilassung an. Pinochet kehrte noch am selben Tag in einem am Luftwaffenstützpunkt Waddington bereitstehenden Flugzeug der chilenischen Streitkräfte FACH (*Fuerza Aérea de Chile*) nach Santiago zurück, wo er nach 503 Tagen Hausarrest in London mit allen militärischen Ehren empfangen wurde. Kaum war er auf chilenischem Boden gelandet und hatte das Rollfeld betreten, erhob der Ex-Diktator sich aus dem Rollstuhl, den er noch in London benötigt hatte, und nahm über den für ihn ausgerollten roten Teppich schreitend, die Parade der salutierenden Truppen ab. Der politisch motivierte triumphale Empfang, welchen ihm seine Anhänger aus Politik und Militär bereiteten, rief nicht nur in der chilenischen Diskussion Kritik hervor, sondern wurde auch in der internationalen Öffentlichkeit scharf verurteilt.

Trotz des fehlgeschlagenen Auslieferungsverfahrens war ein juristischer Präzedenzfall geschaffen worden, der zukünftig die Auslieferung ehemaliger, für eklatante Menschenrechtsverletzungen verantwortlicher Staatsoberhäupter ermöglichen und für andere Länder gültig sein würde. Der paradigmatische ‚Fall Pinochet' begründete zum ersten Mal in der Geschichte der internationalen Beziehungen, dass ehemalige Diktatoren vor einem ausländischen Gericht für die während ihrer Herrschaft begangenen ‚Verbrechen gegen die Menschlichkeit' zur Verantwortung gezogen werden konnte und unterstrich damit die Anerkennung der universellen Gerichtsbarkeit. Nachdem die innenpolitischen von chilenischen Menschenrechtsorganisationen und Hinterbliebenenvereinigungen vorangetriebenen Versuche, die chilenische Amnestiegesetzgebung zu überwinden, gescheitert waren, sollte mit einem systematischen und strategischen Rekurs auf das internationale Recht und die internationale Jurisdiktion, dem sich Opfer- und Angehörigenverbände sowie Menschenrechtsorganisationen bedienten, auf internationale Normen rekurriert werden (Lefranc 2003: 245). Was die chilenischen Gerichte in acht Jahren postdiktatorischen Regimes nicht vermochten, nämlich die Menschenrechtsverletzungen und ihre Täter in Chile strafrechtlich zu verfolgen, sollte von der spanischen *Audiencia Nacional* übernommen werden. Die sich durch den ‚Fall Pinochet' herausbildende transnationale Strafverfolgung schwerer Menschenrechtsverletzungen vor ausländischen Gerichten stellte eine neue vergangenheitspolitische Variante zur grenzüberschreitenden justiziellen Aufarbeitung von Diktaturvergangenheit dar. Mit dem geschaffenen Präzedenzfall sollte vor Gericht eines anderen Landes zum ersten Mal ein ehemaliges Staatsoberhaupt für die während seiner Amtszeit begangenen Gewalttaten strafrechtlich verantwortlich gemacht werden können. Obgleich es mit der Begründung seines angeschlagenen Gesundheitszustandes weder in Spanien noch in Chile zu einer tatsächlichen gerichtlichen Verurteilung Pinochets kam und er am 10. Dezember 2006 – ausgerechnet am internationalen Tag der Menschenrechte – ohne juristisch zur Rechenschaft gezogen worden zu sein in Santiago verstarb, zeichnete sich durch den ,Fall Pinochet' ein neues, wirkmächtiges transnationales vergangenheitspolitisches Muster in der internationalen Rechtsprechung ab: Ehemalige Diktatoren und wegen Menschenrechtsverletzungen belastete Staatsoberhäupter sollten sich, trotz der Absicherung durch nationale Amnestiegesetzgebungen, fortan internationaler juristischer Verfolgung nicht mehr entziehen können. Als eine Variante der transnationalen Aufarbeitungspolitik konnte die Strafverfolgung bei ,Verbrechen gegen die Menschlichkeit' auch von nationalen Gerichten eines anderen Landes übernommen werden, um die interne Straflosigkeit zu umgehen.

Die Diskussionen, welche der ,Fall Pinochet' in der chilenischen und spanischen Öffentlichkeit von seiner Verhaftung an bis zu seiner Rückkehr auslöste, werde ich im Folgenden exemplarisch anhand der umfangreichen Presseberichterstattung skizzieren. Zunächst sollen hierbei die unmittelbaren Abwehrreaktionen auf die Festnahme Pinochets anhand des hegemonial rechtskonservativen chilenischen Pressediskurses in den ersten Wochen nach seiner Verhaftung und der innenpolitischen Konflikte nachgezeichnet werden, um daraufhin aufzuzeigen, dass der Vorfall zu fundamentalen Spannungen in den bilateralen Beziehungen und zu einer tief greifenden diplomatischen Krise zwischen der spanischen und der chilenischen Regierung geführt hat.

5.4 Auswirkungen auf die chilenische Öffentlichkeit und zwischenstaatliche Krise

Die transnationalen Aktivitäten der spanischen Justiz, exemplarisch einige für die schwersten Menschenrechtsverletzungen der chilenischen Militärdiktatur Verantwortliche vor Gericht zu bringen, lösten in Chile eine stark emotionalisiserte Diskussion aus. Die erste Zeit nach der Festnahme des Ex-Diktators war in Chile durch Protestkundgebungen seiner Anhänger und Freudenfeiern seiner

Gegner gekennzeichnet, was die Gespaltenheit der Bevölkerung offenbarte.[50] Während Menschenrechts- und Hinterbliebenenorganisationen von Opfern das Vorgehen begrüßten – sie unterstützten es teils als Nebenkläger aktiv (vgl. Kap. 5.2) –, wehrten sich die chilenische Rechte und Teile der Regierung strikt gegen das Eingreifen von Außen. Ein Großteil der europäischen Medien, Regierungen und der Bevölkerung reagierte äußerst positiv auf die Festnahme Pinochets, unterdessen lehnte vor allem das rechte Oppositionsbündnis, – gestützt von den konservativen Medien – das angestrengte Auslieferungsverfahren der spanischen Justiz grundsätzlich ab.

Auf parteipolitischer Ebene stellte die Verhaftung Pinochets in London eine Zerreißprobe für die regierende *Concertación* dar. Der christdemokratische Präsident Eduardo Frei Ruiz-Tagle reagierte verärgert auf die Ereignisse und verwies auf die diplomatische Immunität des Ex-Diktators, indem er auf dessen Status als Senator auf Lebenszeit – den ihm die autoritäre Verfassung von 1980 zusicherte – und den Diplomatenpass pochte, mit dem Pinochet vorsorglich gereist war.

Druck auf die Regierung übte – vor allem in der ersten Zeit nach der Verhaftung Pinochets – das parlamentarisch repräsentierte Rechtsbündnis *Alianza por Chile* aus. Aus Protest gegen die Festnahme brachten die Parteien des Rechtsbündnisses UDI und RN in Senat und Kongress die Arbeit zum Erliegen: So verlangte die UDI eine Gruppe sozialistischer Politiker aus dem Kongress auszuschließen, weil sie die ‚Ehre der Nation' verletzt hätten. Diese hatten die britischen Innenminister Jack Straw dazu aufgefordert, Pinochet an Spanien auszuliefern, weil in Chile wegen des bestehenden Amnestiegesetzes ein Prozess juristisch nicht möglich sei. Gegen eine Gruppe von Menschenrechtsanwälten und linken Abgeordneten erstattete die UDI Anzeige wegen der Bildung einer kriminellen Vereinigung (Volk, zit. n. Höchst 2003: 72). Der spätere UDI-Präsidentschaftskandidat Joaquín Lavín und andere Politiker der Rechtsparteien besuchten Pinochet in London, RN und UDI verfassten ein offizielles Schreiben, in dem sie die PS eines „Attentates auf die nationale Souveränität" bezichtig-

50 Ich habe insgesamt die Zeitungsberichterstattung zum ‚Fall Pinochet' in den ersten zwei Wochen nach seiner Festnahme in den Tageszeitungen *El Mercurio*, *La Tercera* und *La Nación* untersucht und eine punktuelle, ereignisbezogene Analyse bis zu Pinochets Rückkehr nach Chile am 3. März 2000 vorgenommen. Dabei konnte auf die umfangreichen Pressebestände des Archivs *Documentación del Área de Relaciones Internacionales* de FLACSO (CEDOC) von FLACSO-Chile zurück gegriffen werden, in welchem die Presseberichterstattung zum ‚Fall Pinochet' umfassend dokumentiert ist.

ten.[51] Außerdem rekonstituierte sich die rechtsextreme Bewegung *Patria y Libertad*, die sich einst mit dem Ziel gegründet hatte, die Allende-Regierung zu stürzen, welche als Reaktion auf die Entscheidungen der britischen *Law Lords* Gewaltaktionen durchführte (vgl. IRELA 1998: 9).

In der intensiven Debatte um den ,Fall Pinochet' dominierte im bürgerlichen, dominant rechts-konservativen chilenischen Pressediskurs unmittelbar nach seiner Festnahme eine nationalstaatliche Perspektive, welche die Verhaftung Pinochets als illegitimen und frontalen Angriff auf die Souveränität des Landes darstellte. *El Mercurio* lehnte die Verhaftung von Beginn an als nicht rechtens ab. Die hervorgebrachten Anklagen von schweren Menschenrechtsverletzungen wurden weitestgehend ausgeblendet, während das Hauptaugenmerk sich auf die möglichen Auswege zur Freilassung Pinochets und seinen Gesundheitszustand richtete. Auch *La Tercera* betonte die Immunität Pinochets und bewertete seine Festnahme mit den Worten, diese „lesiona el derecho internacional y la soberanía de Chile."[52] Beide Tageszeitungen favorisierten daher unmissverständlich eine Rückkehr Pinochets aus „humanitären Gründen". Beharrlich verwiesen sie auf den Status diplomatischer Immunität, welchen General Augusto Pinochet innehabe. Entsprechend fanden sich zwei Diskursstränge in den rechtskonservativen Tageszeitungen *El Mercurio* und *La Tercera* wieder:

Eine zentrale Argumentslinie innerhalb des hegemonial rechtskonservativen Diskurses, welche von der pinochetnahen Rechten und entsprechend gestützt von Artikeln in *El Mercurio* und *La Tercera* ins Feld geführt wurde, stellte der Vorwurf des moralischen, erneuten von Spanien ausgehenden Kolonialismus dar. Eine vermeintliche internationale marxistische Verschwörung sei für die Festnahme Pinochets verantwortlich.[53] Unterstützung fanden diese Positionen durch den chilenischen Philosophen der extremen Rechten Juan de Dios Vial Larraín, der die Menschenrechtsverletzungen in Chile als „einen Mythos der Rache" bezeichnete.[54]

---

51 El Mercurio: *Gobierno presentó protesta*, 18. Oktober 1998.

52 La Tercera: *Arrestan a Pinochet en Londres*, 16. Oktober 1998.

53 El Mercurio: *Amenaza a la transición*, 26. Oktober 1998.

54 S. auch einen späteren Artikel in El Mercurio: *,Juicio a Pinochet es Venganza de la Izquierda'*, 11. November 1998. Ebenso erklärte Hermógenes Pérez de Arce, ein notorischer Pinochet-Anhänger und Kolumnist des *El Mercurio* in einem eigens zur Verteidigung des Ex-Diktators verfassten Pamphlet, das spanische Gerichtsverfahren sei nichts weiter, als das Ergebnis der Rache der ,Sozialisten' Garzón und Garcés gegen das „Werk Pinochets" (Pérez de Arce 1999: 11). Stellvertretend für die Position des Pinochet-Lagers sah er in der Verhaftung einen ,marxistischen Komplott' (ebd.). Letztlich seien die „Exzesse", der von Pinochetanhängern gängige euphemistisch für

Ein zweiter Diskursstrang der Auslieferungs-Gegner bestand entsprechend darin, dass die von der spanischen Justiz veranlasste „illegale Verhaftung“ [55] des „Senators der Republik“[56] sich negativ auf den bereits erfolgreich abgeschlossenen chilenischen Transitionsprozess auswirke, da diese „Provokation“ längst verschlossene Wunden öffne. So erklärt Christian Larroulet, der während der Pinochet-Diktatur Wirtschaftsminister gewesen war:

„El país ha realizado una transición política y económica ejemplar. [...] La detención ilegal del senador Pinochet en Inglaterra es un atentado grave a esa exitosa transición. [...] La reacción de una gran mayoría del país está demostrando cómo valora la transición al oponerse a la detención ilegal de un senador de la República. [...] Las oportunidades futuras del país son enormes y si persistimos en un debate del pasado, ellas se esfumarán.“[57]

Nachdem Larroulet zunächst auf den aus seiner Sicht vorbildlich verlaufenden *transición* eingeht, nennt er die mutmaßlichen Gefahren, welche von der, wie er mehrfach betont, „illegalen Verhaftung“ Pinochets in London ausgingen.

„Todo esto está perturbando profundamente la tranquilidad interna. La ineficiencia que han demostrado hasta el momento los canales diplomáticos y judiciales y las argumentaciones fundadas en el derecho internacional público y en la doctrina de lo penal están generando un sentimiento de frustración cívica y militar capaz de alterar el curso de los acontecimientos internos chilenos.“ [58]

---

die Menschenrechtsverbrechen der Diktatur verwendeter Begriff, auf eine „Explosion des Hasses“ zurückzuführen, die sich durch das Klima des Hasses und der Illegalität während der Regierung Allende angestaut habe (ebd.).

55 Wie Ley herausgearbeitet hat, verwendet *El Mercurio* für Pinochet durchgängig die Zusatzbezeichnungen *General en retiro*, *Senador vitalicio* oder *Senador de la República*, auch *La Tercera* spricht kaum von *ex-dictador*. Auffällig sei ebenso die euphemistische Verwendung von „retención“ statt „detención“, das spanische Wort für Festnahme wird hier, wie auch in La Tercera, teilweise durch das stark abgeschwächte „Festhalten“, „retención“ ersetzt (Ley 2005: 59f.).

56 La Tercera: *Transición exitosa en peligro*, Cristián Larroulet, 25. Oktober 1998.

57 Ebd.

58 El Mercurio: *Amenaza a la transición*, 26. Oktober 1998. Am 22. Oktober hatte das Europäische Parlament mit 184 Für- und zwölf Gegenstimmen sowie 14 Enthaltungen eine Resolution verabschiedet, in der die spanische Regierung dazu aufgefordert wur-

Falls die diplomatischen Kanäle weiterhin versagten, um Pinochets Rückkehr nach Chile durchzusetzen und er von der spanischen Justiz verurteilt werde, sei die innere Sicherheit Chiles gefährdet. Eine solche Provokation der Streitkräfte könne eine militärische Reaktion hervorrufen und die politischen Ereignisse des Landes negativ beeinflussen (ebd.). Dies kommt implizit einer Putschdrohung gleich.

Diese Reaktionen des Pinochetlagers führten nicht nur eindrücklich deren zutiefst antidemokratische Haltung vor Augen, der ,Fall Pinochet' bedeutete auch einen Angriff auf das im chilenischen Pressediskurs hegemonial apologetische Narrativ über den chilenischen Transitionsprozess: Der ,paktierte Übergang' zur Demokratie, mit dem sich die ehemaligen Machthaber langfristig nicht nur gegen Strafverfolgung abzusichern suchten, sondern auch ihren politischen und ökonomischen Einfluss aufrecht erhielten und die Konditionen des Systemwechsels diktieren konnten, werde im europäischen Ausland nicht begriffen (ebd.). Die sich in der pinochetnahen Presse spiegelnde rechts-konservative Diskurshegemonie lancierte die Position des oppositionellen Rechtsbündnisses. Hatte diese einen massiven Einfluss auf die unmittelbar nach Pinochets Verhaftung ausgelöste Debatte, so konnte damit „die Rechte die Argumente für den Regierungsdiskurs vor[geben]" (Ruderer 2010: 216).

Entsprechend forderte etwa Außenminister Miguel Insulza (PS) in *El Mercurio*, dass sich Spanien aus den internen Angelegenheiten Chiles heraushalten sollte und kritisierte die Entscheidung des europäischen Parlaments scharf, die Auslieferung Pinochets an Spanien zu unterstützen.[59] Außenpolitisch nahm die chilenische Regierung damit eine eindeutige Haltung ein: Auch Präsident Frei forderte vehement die Freilassung des Ex-Diktators. Die Mehrheit der PDC-Politiker verurteilte die Verhaftung Pinochets und brachte gegenüber der spanischen Justiz den Vorwurf der Einmischung in interne Angelegenheiten hervor, welche die nationalstaatliche Souveränität Chiles verletze.

Anhand dieser Position verdeutlichte sich auch, dass die chilenische Regierung implizit die Straflosigkeit, zumindest Pinochets, als integralen Bestandteil

de, eine Auslieferung Pinochets zu unterstützen, sobald die spanische Justiz diese Entscheidung getroffen habe.

59 El Mercurio: *Afirmó Canciller Insulza: „Políticos europeos no entienden la transición"*, 26. Oktober 1998. Am 22. Oktober hatte das EU-Parlament eine Resolution verabschiedet, in der es die spanische Regierung dazu aufforderte, eine Auslieferung Pinochets zu unterstützen, sobald die spanische Justiz diese Entscheidung getroffen habe.

der chilenischen Transition akzeptierte. Die Position der Mitte-Links Regierung im ‚Fall Pinochet' und ihr Bemühen um seine Rückkehr wirkt umso absurder, wenn man sich vor Augen führt, dass viele Regierungsmitglieder der *Concertación* selbst von der Pinochet-Diktatur verfolgt worden waren, so befand sich etwa José Miguel Insulza während der Diktatur insgesamt vierzehn Jahre im mexikanischen und italienischen Exil (Huneeus 2003: 169f.), was wiederum auf die politischen Konsequenzen des fehlenden Bruchs mit der Diktaturvergangenheit und des fortbestehenden politischen Einflusses des Pinochet-Lagers verweist.

Auf Seiten der Sozialisten, Sozialdemokraten, Kommunisten und Linksliberalen begrüßte man die Festnahme. Die große Mehrzahl der chilenischen Sozialisten wie die nicht-parlamentarisch repräsentierte Linke sah endlich eine Chance auf Gerechtigkeit und unterstützte konsequent einen möglichen Prozess in Madrid, auch um den Preis, dass daran die Regierungskoalition zerbrechen würde. Während die christdemokratischen Regierungsanhänger für eine Verteidigung der Immunität Pinochets eintraten und sich gegen die juristischen Aktivitäten in Spanien versperrten, war dagegen für die politische Linke entscheidend, dass Pinochet überhaupt irgendwo der Prozess gemacht würde.

War die chilenische Presseberichterstattung um den ‚Fall Pinochet' unmittelbar nach seiner Verhaftung durch die Dominanz der rechtskonservativen Tageszeitungen von einem hegemonial pinochetnahen Diskurs geprägt, so nahm dagegen die regierungsnahe *La Nación* eine dieser Pinochet verteidigenden entgegen gesetzte Position ein.[60] Die linksliberale, wesentlich auflagenschwächere Tages-

---

60 Die zum Großteil im Besitz des Staates befindliche *La Nación* ist die einzige überregionale Tageszeitung außerhalb des Medienduopols von *El Mercurio*-Gruppe und COPESA, welche *La Tercera* herausbringt, die beiden Medienunternehmen der neoliberalen, konservativen Rechten. Zur chilenischen Presselandschaft s. Ruderer (2010: 68ff.). Im Zuge des ‚Falles Pinochet' gründete eine Gruppe junger Leute außerdem in Anspielung auf Pinochets Festnahme im Londoner Hospital die Satirezeitschrift *The Clinic*, welche sich über die Berichterstattung der Mainstream-Tageszeitungen hinwegsetzte, indem sie auch über die Menschenrechtsverletzungen berichtete, in ihren ersten Ausgaben griff sie etwa jeweils das Schicksal eines *desaparecido* auf. Waren die ersten Auflagen der bis heute bestehenden Monatszeitschrift gratis erhältlich, so verfügt die heute politisch der *Concertación* nahe stehende Zeitschrift mittlerweile freilich über einen Fanshop im Zentrum Santiagos – *El Bazar* genannt – und ein umfassendes Online-Angebot von Merchandise-Artikeln, um so ihre Weiterexistenz abzusichern (Sorensen 2009: 122-132, Alonso 2005).

zeitung betonte entsprechend von Beginn an den „impacto mundial“ [61], welchen der ‚Fall Pinochet' hervorrufe, zudem berücksichtigte sie auch Stimmen von Exilierten, Opferangehörigen und Menschenrechtsorganisationen.[62] *La Nación* legte insgesamt mehr Augenmerk auf die internationale Bewertung des ‚Falles Pinochet' und berichtete auch umfangreich über den *Piquete de Londres*, die Demonstrationen, Mahnwachen und öffentlichen Aktionen seiner Gegner, Menschenrechtsaktivisten und Exilierten in London, aber auch Madrid und Santiago.[63] Durch die eingenommene transnationale Perspektive kamen ebenso spanische und englische Akteure zu Wort, welche für eine Auslieferung Pinochets nach Spanien eintraten, auch aus Tageszeitungen dieser Länder wurde ausführlich zitiert. Die Forderungen der in den Pinochet-Fall involvierten chilenischen Menschenrechtsorganisationen nahmen breiten Raum ein. Nach der zunächst positiven Entscheidung der Lordrichter, Pinochet an die spanische Justiz auszuliefern, zitiert *La Nación* umfangreich aus Interviews mit der PS-Abgeordneten Isabel Allende und Viviana Díaz, damals Vizepräsidentin der AFDD[64]:

> „Lo que nosotros denunciamos en Chile por tantos años, ahora la humanidad nos ha escuchado y respaldado […]. Por eso lloramos de felicidad, porque tenemos a nuestros familiares en el recuerdo. Este es un fallo de enorme reparación para la sociedad chilena. Los criminales no tienen inmunidad ni pueden quedar impunes.“[65]

Habe man die Bestrafung Pinochets in Chile bisher kaum für möglich gehalten, so Díaz, deren Vater, der CUT-Gewerkschaftsführer und Mitglied der Kommunistischen Partei Victor Díaz López bereits 1973 verschwunden war, so verschafften sich die Forderungen der Menschenrechts- und Opferorganisationen nach einem Ende der Straflosigkeit mit den Diskussionen um die Verhaftung des Ex-Diktators durch die von der AFDD unterstützten Initiative der Anklagen in Madrid zum ersten Mal Gehör und erhielten gesellschaftliche Repräsentanz. Nachdem die Suche nach Gerechtigkeit in Chile gescheitert sei, so Díaz, sollte

---

61 La Nación: *Impacto mundial por arresto de Augusto Pinochet*, 19. Oktober 1998; dies: *Arresto de Pinochet: Batallas en tres paises*, 20. Oktober 1998; dies.: *La opinión pública europea frente a Pinochet. 25 años de fantasmas*, 25. Oktober 1998.

62 Vgl. etwa: La Nación: *Agrupaciones piden que gobierno no intervenga. Vícitmas: "Buena noticia"*, 18. Oktober 1998.

63 Ebd.: *Chilenos siguen frente a la clínica. Miles contra Pinochet*, 26. Oktober 1998.

64 La Nación: *Castigo moral* (Isabel Allende), 26. November 1998.

65 La Nación: *Tras 25 años lloraron de alegría. La humanidad nos escuchó* (Viviana Díaz), 26. November 1998.

nun das internationale Recht ermöglichen, dass die begangenen Menschenrechtsverbrechen gesühnt würden.[66]

Die sozialen Gedächtnisrahmen hatten sich zu verschieben begonnen, die veränderten Koordinaten des öffentlich Sagbaren waren zentral auf die transnationalen Rückwirkungen der versuchten Anwendung universeller Gerichtsbarkeit zurück zu führen. Die große internationale Aufmerksamkeit um die Ereignisse des ‚Falles Pinochet' legte weltweit offen, dass die chilenische Gesellschaft bezüglich der Diktaturvergangenheit zutiefst gespalten war. Für Wilde stellt die Verhaftung Pinochets einen wirkmächtigen Auslöser für „irruptions of memory" (2002) dar, welche sich als unmittelbare Konsequenz in sich gegenseitig ausschließenden geschichtspolitischen Diskursen ausdrückten und impliziert, dass ohne den externen Einfluss der Klagen in Madrid und der London-Festnahme Pinochets kaum eine Auseinandersetzung mit der Diktaturvergangenheit in der chilenischen Öffentlichkeit möglich gewesen sei. In den Worten Nelly Richards bedeutete der ‚Fall Pinochet' eine gesellschaftliche Befreiung des öffentlich Sagbaren:

> „[...][T]rajo el beneficio de convertir la memoria en una nueva zona de enunciación política de intervención social y de performatividad mediática. Abrió el recuerdo tanto a sus usos públicos (de la calle, la prensa y la tele) como a las rearticulaciones críticas de los textos y de las disciplinas (la historia, las ciencias sociales, etc.) que colocaron bajo rigurosa sospecha las suposiciones hegemóncas del discurso explicativo oficial." (2000: 10)

Richards betont den großen diskursiven Einfluss des ‚Falles Pinochet' und seine gesamtgesellschaftliche Wirkung auf die chilenische Auseinandersetzung mit der bis zu diesem Zeitpunkt blockierten Erinnerung an die Diktatur. Die globale Verurteilung des Ex-Diktators führte dazu, dass der dominante Verteidigungsdiskurs der pinochetnahen Rechten auf einen Gegendiskurs traf, der diesem klar widersprach. Die geschichtspolitischen Debatten um das Pinochet-Regime intensivierten sich und stellten das offizielle, hegemonial apologetische Narrativ über

66 Viviana Díaz kommentierte den ‚Fall Pinochet' retrospektiv folgendermaßen: „El momento de la detención y cuando dieron los fallos en Europa fueron días intensos de vigilia toda la noche con manifestaciones en la calle con pancartas. Fue un momento bastante lindo para nosotros porque llegaba la gente para apoyarnos y recibimos apoyo, no sólo nacional sino también internacional. Por fin los medios de comunicación chilenos y la sociedad se empezaron a interesar por nuestra lucha contra la impunidad, mientras Pinochet estaba detenido en Londres." Interview mit Viviana Díaz am 4. April 2007 in Santiago, Sitz der AFDD.

die Dikatur radikal in Zweifel. Die bis dahin kaum thematisierten belastenden Menschenrechtsverletzungen drängten erneut auf die politische Tagesordnung und ermöglichten erstmals kritische Neuverhandlungen über die in den Medien dominante apologetische Geschichtsdeutung der Pinochet-Diktatur, welche einen Angriff auf die bisher hegemoniale Geschichtskonstruktion darstellten. Die Vergangenheitsdiskurse haben sich seither ausdifferenziert, die Menschenrechtsverletzungen rückten in den Fokus des aktuellen politischen Geschehens, beeinflussten die kollektiven Erinnerung und führten zu erneuten Auseinandersetzungen über Verantwortung, Schuld und Straflosigkeit.

Der in Madrid angestoßene Versuch der transnationalen Aufarbeitungspolitik mittels universeller Gerichtsbarkeit, welcher mit der Verhaftung Pinochets in London seinen medialen Höhepunkt erreichte, führte zu schweren diplomatischen Spannungen in den bilateralen spanisch-chilenischen Beziehungen. Über 17 Monate hatte der ‚Fall Pinochet' die Situation Chiles in der internationalen Gemeinschaft, insbesondere die diplomatischen Beziehungen zu Spanien beeinträchtigt. Wäre in Spanien kein Auslieferungsbegehren an die britischen Behörden gestellt worden, so wäre der Ex-Diktator schließlich unbehelligt von seiner Rückenbehandlung aus England nach Chile zurückgekehrt. Die Kooperationen und Konfrontationen im transatlantischen Dreieck Madrid – London – Santiago machten die Frage nach dem strafrechtlichen Umgang mit ehemaligen Staatsoberhäuptern, die Menschenrechtsverletzungen begangen haben, zu einem eminenten Gegenstand internationaler Verhandlungen und bilateraler Vereinbarungen. Im Verlauf der Pinochet-Affäre kühlten sich die außenpolitischen Beziehungen zu Spanien spürbar ab, um sich zu einer der größten zwischenstaatlichen Krisen in der neuzeitlichen Geschichte beider Länder auszuweiten.

Wie *El Mercuro* und *La Tercera* ausführlich berichteten, wurden die Botschaften Spaniens und Großbritanniens von Anhängern Pinochets bedroht.[67] Der pinochetnahe Bürgermeister des wohlhabenden Stadtviertels Santiagos Providencia, Cristián Labbé, griff zu grotesk anmutenden Mitteln, in dem er u. a. die Einstellung der Müllabfuhr vor der britischen und spanischen Botschaft anordnete, die Parkgenehmigungen vor den Landesniederlassungen annullierte und medienwirksam zum Boykott von Produkten beider Länder aufrief, was lediglich die „Spitze des Eisbergs der diplomatischen Spannungen" darstellte (Wenzl 2001: 72). Die radikalsten Anhänger der pinochetnahen Opposition in Chile drohten mit einem Putschversuch, zu unterschiedlichen Gelegenheiten wurden bei Kundgebungen als irrationale Drohgebärden englische und spanische Flag-

67 Etwa: El Mercurio: *Masiva protesta ante embajada*, 19. Oktober 1998. La Tercera: *Vigilancia policial en residencias y empresas españolas y británcas*, 25. Oktober 1998.

gen öffentlichkeitswirksam verbrannt, ausländische Journalisten bedroht und Morddrohungen gegen linksgerichtete Politiker und Menschenrechtsaktivisten ausgesprochen, welche die Auslieferung Pinochets an Spanien öffentlich unterstützten (ebd.).[68] Bereits kurz nach der Verhaftung Pinochets hatte sein ältester Sohn im chilenischen Fernsehen verkündet, eine Kampagne zu initiieren, nach der spanische Importe nach Chile blockiert würden, wenn das Auslieferungsverfahren Garzóns nicht verhindert werde (Burbach 2003: 117). Der christdemokratische Verteidigungsminister José Florencio Guzmán äußerte in Santiago, dass ein solcher Angriff auf die Souveränität Chiles eine Revision der Rüstungsgeschäfte mit Spanien notwenig mache.[69] Die möglichen negativen wirtschaftlichen Folgen, die eine Auslieferung Pinochets an die spanische Justiz mit sich bringen könne, wurden in der chilenischen Presse ausgesprochen stark betont.[70]

Der chilenische Verdruss richtete sich insbesondere gegen den konservativen spanischen Außenminister Abel Matutes und dessen aus Sicht der chilenischen Regierung äußerst vertrauensunwürdiger Haltung. Er hatte darauf bestanden, die Regierung müsse die juristischen Entscheidungen akzeptieren und lehnte jede politische Geste ab, sich der chilenischen Regierung anzunähern.

68 Seltsam mutet auch eine Episode der sehr umfangreichen Berichterstattung in chilenischen Tageszeitungen an: Zwei spanische Urlauber, ein Vater mit seiner Tochter, die sich nach eigenen Verlautbarungen einen ‚Scherz' erlaubt hätten, hatten kurz nach der Verhaftung Pinochets in einer E-Mail an ihre Verwandten geschrieben, sie seien als Racheakt von Pinochet-Anhängern entführt und misshandelt worden. Sie hatten damit nicht nur eine Großfahndung der chilenischen Behörden ausgelöst, sondern waren daraufhin kurzerhand des Landes verwiesen und mit einem lebenslangen Einreiseverbot bestraft worden. Dies lieferte der rechts-konservativen Presse einen zusätzlichen Anlass für irrationale antispanische Berichterstattung. Vgl. etwa: El Mercurio: *Falso secuestro: Gobierno expulsó a turistas españoles*, 6. November 1998; La Tercera: *Padre e hija protagonistas de un fingido secuestro. Expulsados españoles bromistas*, 26. November 1998.

69 El Mercurio: *Dura crítica a la justicia de España*, Jenny del Río Román, 29. November 1998.

70 Schließlich tätigen zahlreiche spanische Firmen, etwa der Telekommunikationskonzern Telefónica, die Energiefirma Endesa, die Banken Banco Bilbao und Banco Vizcaya sowie Central Hispano, millionenfache Investitionen in das Land. Spanien ist auch ein wichtiger Rüstungslieferant für Chile: Zwischen 1982 und 1998 lagen die Militärexporte bei circa 740 Millionen Dollar (vgl. IRELA 1998). Jedoch sollte Spanien, trotz des aufgebauten Drohszenarios, weiterhin wichtigster Direktinvestor der chilenischen Wirtschaft bleiben, die spanisch-chilenischen Wirtschaftsbeziehungen blieben von der Pinochet-Krise unberührt (Roht-Arriaza 2005: 65).

Nachdem zunächst die Entscheidung des Ministerrates (*Consejo de Ministros*) in Spanien gefallen war, den Auslieferungsantrag zu unterstützen, reagierte die Frei-Regierung am 6. November 1998 mit dem Abzug des amtierenden chilenischen Botschafters Sergio Pizarro Mackay aus Madrid. Damit sollte der Verärgerung der chilenischen Regierung über den Umgang mit dem ,Fall Pinochet' in Spanien Ausdruck verliehen werden.[71] Der chilenische Außenminister Miguel Insulza sagte des Weiteren eine geplante Reise nach Madrid ab und nach ausgiebigen Sitzungen des *Nationalen Sicherheitsrates* (COSENA), welche die UDI wiederholt gefordert hatte, wurden ab Mitte Dezember 1998 sämtliche offiziellen Besuche oder bilateralen Zusammenkünfte mit der spanischen Regierung und der Englands suspendiert. Die chilenische Regierung drohte – unterstützt von dem argentinischen Präsidenten Carlos Menem – mit dem Boykott des Iberoamerikanischen Gipfeltreffens in La Havanna[72] und setzte sich bei der UNO und OAS[73] für die Freilassung Pinochets ein. Vor diesem Hintergrund kündigte der Oberst der chilenischen Marine Jorge Arancibia aus Protest an, das chilenische Kriegsschiff *Esmeralda* werde keine spanischen und britischen Häfen mehr ansteuern.[74] Pikanterweise war das Marineschiff in der ersten Zeit nach dem Militärputsch als Gefangenenlager und Folterzentrum genutzt worden, auf dem hunderte gefangene Männer und Frauen verschwunden waren.

Der neue chilenische Außenminister Juan Gabriel Valdés, der Insulza abgelöst hatte und während der Aylwin-Regierung als chilenischer Botschafter in Madrid tätig gewesen war, versuchte in der Folgezeit, eine außergerichtliche Lösung des Falles zu finden, die von seinem spanischen Amtskollegen Matutes jedoch nicht unterstützt wurde. Während der Verhandlungsmonate um die Auslieferung Pinochets und die Anwendung der universellen Gerichtsbarkeit in Madrid blieben die diplomatischen Beziehungen zwischen Spanien und Chile höchst angespannt. Anfang Juli 1999 lud die Regierung Eduardo Freis den spanischen Wirtschaftsminister Rodrigo Rato mit der Begründung aus, dass ein solcher Be-

71 El País: *Chile suspende toda visita oficial y contacto con España y el Reino Unido*, 12. Dezember 1998.

72 ABC: *La reunión de La Havana y el caso Pinochet divide a los líderes latinoamericanos*, 28. August 1999.

73 Der Generalsekretär der OAS, César Gaviria, zeigte sich besorgt über den „nuevo accidente de la aplicación unilateral de la extraterritorialidad de las leyes, en violación de la igualidad jurídica de los estados y la intervención en asuntos internos." Presseerklärung des Generalsekretärs der OAS, Washington D. C., 11. Dezember 1998 (zit. n. Wehr 2001: 52).

74 La Tercera: *Esmeralda no va a España e Inglaterra*, 29. September 1999.

such unter den derzeitigen Gegebenheiten unpassend sei.[75] Im September 1999 wurde der Nationale Sicherheitsrat COSENA erneut einberufen, um über mögliche Sanktionsmaßnahmen gegen die spanische Regierung zu beraten, woraufhin auch der spanische Außenminister Matutes mit dem Rückzug des spanischen Botschafters aus Santiago drohte.[76]

Zu diesem Zeitpunkt wurde von chilenischer Seite die Diskussion von der Möglichkeit eines *arbitraje*, eines Schiedsspruches durch das spanische Verfassungsgericht oder eines internationalen Gerichtshofes diskutiert.[77] Um diesen durchzuführen, hätte der spanische Staatsrat (*Consejo de Estado*) in Madrid einberufen werden müssen. Die spanische Regierung aber blieb auch in dieser Frage sehr zurückhaltend. Nachdem Matutes ein politisches Schiedsverfahren endgültig abgelehnt hatte[78], löste die chilenische Regierung den seit 1927 existierenden bilateralen Vertrag über das Schiedsgerichtsverfahren auf[79] und erklärte, sie werde einen Juristen nach Den Haag schicken, um beim *Europäischen Gerichtshof für Menschenrechte* die rechtliche Zuständigkeit spanischer Gerichte im ‚Fall Pinochet' prüfen zu lassen.[80]

Die Beziehungen zwischen Chile und Spanien entspannten sich mit einem Treffen der Außenminister im Rahmen der UNO-Generalversammlung, bei der Valdés erneut seinen Protest zum Ausdruck gebracht hatte.[81] Die Presse mutmaßte, dass es zu geheimen Verhandlungen hinter den Kulissen gekommen war, in welchen Valdés sich verpflichtete, gegen ein Auslieferungsurteil keinen Widerspruch einzulegen, um im Gegenzug Pinochet aus humanitären Gründen nach Chile zurückzuschicken.[82] Doch sowohl Matutes als auch Valdés wiesen die Vorwürfe zurück. Nach dem Amtsantritt des neuen Präsidenten Ricardo Lagos (PPD) wenige Tage nach der Rückkehr Pinochets im März 2000 normalisierten sich die bilateralen Beziehungen zwischen beiden Ländern.

---

75 ABC: *El senado rechaza una invitación de Matutes para hablar sobre Pinochet*, 23. Juli 1999.

76 El Mundo: *Matutes. Las cosas serán, como Chile quiera*, 16. September 1999.

77 La Tercera: *Chile presiona a España por arbitraje*, 4. September 1999.

78 El Mercurio: *España no ve motivos para un arbitraje*, 5. September 1999.

79 El Mercurio: *Se expresará malestar por ‚errática' política española*, 9. September 1999.

80 El Mercurio: *Chile emplaza a España a rápido trámite en La Haya*, 16. September 1999.

81 El Mercurio: *Ante la ONU: Chile rechazó paternalismo de España*, 26. September 1999.

82 Etwa: *La Nación: España niega un pacto secreto*, 4. März 2000.

Während der 17 Monate, die Pinochet im Londoner Hausarrest verblieb, hat nicht nur die chilenische, sondern auch die rechtskonservative spanische Regierung immer wieder die Anstrengungen des zuständigen spanischen Ermittlungsrichters Baltasar Garzón zu unterminieren versucht, Pinochet den Prozess zu machen. Wie noch zu zeigen sein wird (s. Kap. 5.6), wurde von chilenischer Seite der Vorwurf laut, dass gerade Spanien mit seiner juristisch nicht aufgearbeiteten Diktaturvergangenheit nicht die Legitimität beanspruchen könnte, Pinochet oder andere chilenische Militärs zu verurteilen.

Es wird hier deutlich, dass der von spanischen und chilenischen Menschenrechtsorganisationen versuchten transatlantischen Aufarbeitung der Diktaturvergangenheit mittels Anwendung universeller Gerichtsbarkeit klare diplomatische Grenzen gesetzt waren. Die mögliche Auslieferung des Ex-Diktators Pinochet an die spanische Justiz sollte von chilenischer Seite durch eine Infragestellung der Kompetenz spanischer Jurisdiktion unterbunden werden, während die spanische Regierung mit Verweis auf übergeordnete Staatsinteressen versuchte, die Rücknahme des Auslieferungsantrages zu erwirken. Was Menschenrechtler weltweit als Fortschritt sahen, die Anwendung des internationalen Rechts, wenn die nationale Gerichtsbarkeit versagt, wurde von der chilenischen Rechten und dem Militär aber auch Teilen der chilenischen Regierung der *Concertación* als Einmischung in innere Angelegenheiten disqualifiziert und auch von der spanischen Regierung nicht unterstützt und führte zu großen bilateralen Spannungen.

Trotz der letztendlichen Freilassung Pinochets waren die diskursiven Rückwirkungen und Transferprozesse auf die chilenische Auseinandersetzung mit der Diktaturvergangenheit, die von der universellen Gerichtsbarkeit als transnationalem vergangenheitspolitischem Auslöser ausgingen – wie ich im Folgenden zeigen werde – bemerkenswert.

5.5 Nach Pinochets Rückkehr: Konsequenzen für die chilenische Auseinandersetzung mit der Diktaturvergangenheit

Mit Pinochets Rückkehr nach Chile war der ‚Fall Pinochet‘ nicht abgeschlossen. Hatte vor seiner Festnahme kaum jemand an die Möglichkeit seiner Verhaftung geglaubt, so hatte sich während seiner Festsetzung in London die Situation in Chile verändert. Die „Unantastbarkeit der Institution des Militärs“ (Wenzl 2001: 79) war gebrochen. Das in Spanien eingeleitete Strafverfahren trug dazu bei, dass in Chile und in anderen lateinamerikanischen Ländern erste Schritte zur strafrechtlichen Aufarbeitung der Verbrechen der Militärdiktatur, insbesondere des Verschwindenlassens, unternommen wurden. So erklärt der Jurist und Gründer der FSA Joan E. Garcés die innenpolitischen Rückwirkungen des ‚Falles Pinochet' auf die Verfolgung der Menschenrechtsverletzungen in Chile wie folgt:

„Cuando el caso Pinochet se abrió en España en 1996 los tribunales chilenos estaban cerrados a las denuncias de las víctimas de la dictadura. Tras el caso en España hoy hay más de 350 oficiales militares que han sido investigados por crimenes por tribunales chilenos [...]. Esa es la contribución de España. La jurisdicción universal es procedente en los casos en que los tribunales del país en el que se cometieron los crímenes no quieran o no puedan investigar. Pero lo ideal es que sean estos. De hecho, tienen siempre prioridad. Lo que la jurisdicción universal permite es suplir la inactividad."[83]

Die Anwendung der internationalen Strafgerichtsbarkeit, die mit dem Ende des Ost-West-Gegensatzes möglich geworden sei (ebd.), sei als Maßnahme gegen interne Straflosigkeit legitim, dürfe allerdings – in Anspielung an das Subsidiaritätsprinzip, nachdem ausländische Gerichte nur dann initiativ werden könnten, wenn Prozesse von den zuständigen nationalen Gerichten nicht verfolgt werden – Gerichtsprozesse im betreffenden Land, falls diese möglich sind, keinesfalls ersetzen.

Die Pinochet-Verhaftung hat zwar nicht zu dessen strafrechtlicher Verfolgung im Ausland geführt, beeinflusste allerdings den justiziellen Umgang chilenischer Gerichte mit den Menschenrechtsverletzungen der Diktatur insgesamt und hat zu einer erneuten Dynamik in der öffentlichen Auseinandersetzung mit der Diktaturvergangenheit in der chilenischen Öffentlichkeit beigetragen, neben den Konsequenzen, die der ‚Fall Pinochet' für die internationale Rechtsprechung bedeutete.

Allerdings hatten chilenische Menschenrechtsanwälte bereits vor Pinochets Verhaftung Klage gegen den Ex-Diktator vor chilenischen Gerichten erhoben, die nach seiner Festnahme „bombas de tiempo" (Lira/Loveman 2002: 229) darstellten. So betont Menschenrechtsanwalt Eduardo Contreras Mella, der den öffentlichen Umgang mit der Diktatur in Chile prägende ‚Pakt des Schweigens' über die Vergangenheit sei schon vor dem ‚Fall Pinochet' brüchig geworden.[84] Bereits vor Pinochets Festnahme habe sich ein Wandel im Umgang mit der Diktaturvergangenheit in Chile angedeutet, welcher u. a. durch die allmähliche Ab-

83 Persönliches Interview mit dem Anwalt und Vorsitzenden der Fundación Salvador Allende Joan E. Garcés in Madrid.

84 Persönliches Interview mit Menschenrechtsanwalt Eduardo Contreras Mella in seiner Anwaltskanzlei in Santiago.

lösung der noch von Pinochet ernannten obersten Richter durch eine neue Generation zu erklären sei (ebd.).[85]

Zunächst aber hatte die Generalsekretärin der Kommunistischen Partei Chiles, Gladys Marín, die von Contreras vertreten wurde, aufgrund des Verschwindenlassens ihres Ehemannes Jorge Múñoz Poutays und vier weiteren führenden Mitgliedern der *Partido Comunista*, am 12. Januar 1998, d. h. bereits Monate vor Pinochets Festnahme in London, einen ersten Strafantrag gegen ihn gestellt. Bis zu seiner Verhaftung in England waren 12 Klagen gegen den Ex-Diktator in Chile anhängig, bis Dezember 1998 waren 17 Anklagen von Angehörigen der Opfer, Menschenrechtsorganisationen oder Parteien erhoben worden, Ende 1999 lag die Zahl bei 57, bei seiner Rückkehr im März 2000 hatte sich die Zahl bereits auf 232[86] erhöht.

Nach der von Gladys Marín erhobenen Anklage übernahm Juan Guzmán Tapia, Richter am chilenischen Berufungsgericht (*Corte de Apelaciones*), die Ermittlungen gegen Pinochet in Chile. Während seiner Abwesenheit hatte Guzmán die Untersuchungen eingeleitet und bis zur Rückkehr des Ex-Diktators ausreichend Belastungsmaterial zusammengetragen, um an das Appellationsgericht einen Antrag auf Entzug der Immunität Pinochets stellen zu können. Schien der Ex-Diktator, der noch bis März 1998 Oberbefehlshaber über die Streitkräfte gewesen und seither als Senator auf Lebenszeit in das chilenische Oberhaus eingezogen war, in Chile juristisch unantastbar, so stellte Ermittlungsrichter Guzmán Tapia unmittelbar nach Pinochets Rückkehr aus London einen Antrag zur Aufhebung seiner Immunität (*desafuero*). In den 17 Monaten seiner Inhaftnahme in London hatten die von spanischen und chilenischen zivilgesellschaftlichen Akteuren angestoßenen juristischen Aktivitäten in Europa die politische Situation in Chile beeinflusst und auf die chilenische Regierung den Druck erhöht, eine justizielle Verfolgung der Menschenrechtsverletzungen voranzubringen:

„The European Cases put the [...] coalition government in Chile in something of a bind. To argue for Pinochet's release they had to affirm that he could be fairly tried at home. It became fashionable for politicians to call for domestic trials, and even the right wing was

85 Die 1998 in Kraft tretende Justizreform hatte bereits zu weitreichenden Veränderungen in der Zusammensetzung des Obersten Gerichtshofes geführt, mit dem Generationenwechsel in der Richterschaft ging eine höhere Sensibilität gegenüber Menschenrechtsklagen einher (Thiery 2000: 277-278).

86 Eine genaue Auflistung der einzelnen, sowohl von Familienangehörigen als auch von Menschenrechtsorganisationen eingereichten Anklagen gegen Ex-Diktator Pinochet findet sich auf der Webseite von FASIC http://www.fasic.org/juri/quere2001.htm (Stand: 20.10.2009).

forced to go along. Once [Pinochet] returned they were under political pressure to show that he could get a fair trial, which made them more supportive of domestic prosecutions." (Roht-Arriaza 2001: 316)

Die in Madrid gegen Pinochet eingeleiteten Ermittlungen und sein Prozess in London offenbarten offenkundig die übereinstimmende Ablehnung Pinochets durch die Weltöffentlichkeit. Internationale Einflussfaktoren spielten insofern eine Rolle, als die verstärkten transnationalen Forderungen im Kontext des spanischen und britischen Verfahrens einen erhöhten Druck auf die Regierung Frei ausübte, die bisher kaum ein politisches Interesse an der juristischen Aufarbeitung der Menschenrechtsverletzungen gezeigt hatte. Das hauptsächlich von christdemokratischen Politikern vertretene Argument, chilenische Gerichte seien für die Verfahren gegen Pinochet zuständig, setzte die Vertreter der regierenden *Concertación* nach seiner Rückkehr unter erhöhten Handlungszwang. Zur Verteidigung der nationalen Souveränität gegenüber der extraterritorialen Gerichtsbarkeit, hatte die Regierung auf der Zuständigkeit der eigenen Gerichte bestanden (Wehr 2009: 14) und damit eine Prozessflut ausgelöst. Mit der Entscheidung des chilenischen Appellationsgerichtes vom 5. Juni 2000, welche durch den chilenischen Obersten Gerichtshof am 8. August mit vierzehn zu sechs Stimmen letztinstanzlich bestätigt worden war, wurde die Immunität Pinochets als Senator aufgehoben. Somit schien der Weg geebnet, ihm auch in Chile wegen Menschenrechtsverletzungen zur Verantwortung ziehen zu können. Begründet wurde die Entscheidung mit seiner Verantwortung für Fälle der verschwundenen Opfer der ‚Todeskarawane'. Dabei handelte es sich um eine Militäreinheit, die in den ersten vierzig Tagen nach dem Putsch 1973 unter General Sergio Arrellano Stark per Helikopter Chile durchkämmte, um politische Gefangene, Anhänger der *Unidad Popular*, darunter mehrheitlich Lokalpolitiker der Sozialistischen Partei, in Gefängnissen aufzuspüren und hinrichten zu lassen.[87] Neben der Einschüchterung der Bevölkerung zielte diese staatliche Terrorpraxis auf die konsequente Ausschaltung und Vernichtung des politischen Gegners.

Guzmán Tapia hatte während Pinochets Festnahme in London vor allem in der im Norden Chiles gelegenen Atacama-Wüste nach Beweismaterial gefahndet und Eshumierungen durchführen lassen, um dort nach sterblichen Überresten

87 Eine umfassende Studie zur Todeskarawane hat die Journalistin Patricia Verdugo bereits 1989 vorgelegt, welche nicht nur bei den Ermittlungen in Madrid, sondern auch im angestrengten Prozess in Chile als Beweismaterial verwendet wurde. Die englische Übersetzung von 2001 liegt vor unter dem Titel: *Chile, Pinochet, and the Caravan of Death*, Miami.

von in Massengräbern verscharrten Verschwundenen zu suchen. Am 8. Juni 1999 ließ Guzmán Tapia fünf bereits pensionierte ranghohe Heeresoffiziere verhaften, darunter Sergio Arellano Stark.[88] Die Anklage lautete auf andauernde Entführung der 19 im Rahmen der ‚Todeskarawane' weiterhin als verschwunden geltenden Opfer, deren Körper nie aufgefunden worden waren. Damit wurde als Konsequenz des ‚Falles Pinochet' erstmalig auf die Definition des Verschwinden-lassens als fortdauernde Entführung rekurriert (Wenzl 2001: 80), um somit das Amnestiegesetz zu umgehen. Nur mit dieser rechtlichen Handhabe – nach chilenischem Recht gilt die Entführung bis zum Zeitpunkt der Auffindung der Person als andauerndes Verbrechen – war es Richter Guzmán Tapia gelungen, einschließlich Pinochet wegen der im Zuge der Todeskarawane zu beklagenden Fälle von Verschwundenen anzuklagen, von welchen weiterhin keine Leichen und keine Hinweise auf ihre Schicksale gefunden worden waren (Brinkmeier 2003: 36). Mit der Interpretation der anhaltenden Entführung (*secuestro permanente*), nach der das Verbrechen so lange andauere, wie kein Aufschluss über das Schicksal der Verschwundenen gegeben werde, hatte es Guzmán Tapia infolge des ‚Falles Pinochet' ermöglicht, die chilenische Amnestiegesetzgebung zu umgehen. Die zentrale juristische Formel zur Überwindung des Amnestiegesetzes erklärte Guzmán Tapia wie folgt:

> „Al regresar Pinochet a Chile […] se le procesó por los delitos perpetrados con motivo de la caravana de la muerte. […] La llave maestra para poder procesar a Pinochet, como también a los demás agentes estatales que fueron más tarde condenados, consistió en no aplicar la amnistía […] porque en ese decreto ley, no se previó el caso de las desapariciones forzadas […]. En el caso de los secuestros que continuaban perpetrándose después de marzo 1978 no procedía, por ese tiempo, aplicar el decreto ley de amnistía. Fue, entonces, utilizando esta doctrina del secuestro permanente que se pudo procesar a Pinochet y a los demás imputados por esos delitos."[89]

Diese Argumentation ermöglichte, die Straflosigkeit in Chile erstmals zu umgehen, auch wenn das Amnestiegesetz weiterhin nicht grundsätzlich aufgehoben wurde und die Verfügungen der chilenischen Rechtsprechung bei der strafrechtlichen Ahndung von Menschenrechtsverletzungen der Diktatur widersprüchlich

88 Angeklagt wurden neben Arrellano Stark, General Sergio Espinoza Bravo, stellvertretender Direktor der DINA, Oberst Marcelo Moren Brito, ebenfalls Ex-DINA-Offizier, Oberst Sergio Arredondo und Hauptmann Patricio Díaz Araneda (Wenzl 2001: 80).

89 Persönliches Interview mit Untersuchungsrichter Juan Guzmán Tapia im Menschenrechtszentrum der Universidad Central in Santiago, dessen Vorsitz er innehatte.

und nicht konsequent sind. Im Juli 1999 legte ein Gericht erstmals fest, dass das Amnestiegesetz nicht in 19 Fällen von erzwungenem Verschwindenlassen im Zuge der ‚Todeskarawane' angewendet werden könne, da man die Leichen nie gefunden hatte. Zwei emblematische Fälle, in denen das Amnestiegesetz ebenfalls umgangen werden konnte, waren die Ermordung des Gewerkschaftsführers Tucapel Jiménez[90] am 25. Februar 1982 sowie die *Operación Albania*[91],bei der im Juni 1987 insgesamt 15 Mitglieder der FPMR getötet worden waren (Barahona de Brito 2001: 167). Nur wenige Tage nach der Verhaftung Pinochets, am 23. Oktober 1998, war außerdem der Fall des verschwundenen Kommunisten Carlos Humberto Contreras Maluje, der als Mitglied der Kommunistischen Jugend am 3. November 1976 von der DINA verhaftet worden war, wieder aufgenommen worden. Im Zuge der Verhandlungen ergaben sich wichtige Verschiebungen in der Rechtsprechung des Obersten Gerichtshofs, welche die Möglichkeiten der künftigen Rechtsprechung erweiterten. Das Oberste Gericht zitierte und bestätigte die Auslegung Guzmáns, nach der das Verschwindenlassen eine andauernde Entführung darstellte. Die *Sala Penal* berief sich dabei auch auf die Genfer Konvention, indem sie Aussagen von Militärs, man hätte sich mit dem Putsch in einem Kriegszustand befunden, anführte. Mit diesem Präzedenzfall konnten weitere Fälle des Verschwindenlassens, die zuvor bereits amnestiert worden waren, wieder aufgenommen werden (Barahona de Brito 2001: 168).

Schien es zunächst, als hätte sich ein Bruch mit dem engen Korsett des Amnestiegesetzes vollzogen, so stellten die Richter im Juli 2002 die laufenden Verfahren gegen Pinochet mit Verweis auf ein neuerliches medizinisches Gutachten, welches ihm Demenz attestierte und weiterhin für verhandlungsunfähig erklärte, wieder ein. In der Praxis hat sich gezeigt, dass die Menschenrechtsverfahren ermöglichende juristische Neuauslegung, um das Amnestiegesetz zu umgehen, vom jeweiligen Einzelfall abhängig ist und sich weiterhin keine eindeutige und konsequente Rechtsprechung durchgesetzt hat. Grundsätzlich besteht das Amnestiegesetz von 1978, welches die Straflosigkeit für während der Militärdiktatur begangene Verbrechen festschreibt, formal weiter, womit auch die sich nach der Verhaftung Pinochets in London herauskristallisierende juristische Strategie zu

90 Am 14. September 1999 wurden General Humberto Gordón, ehemaliger Direktor des Geheimdienstes CNI und Mitglied der Junta sowie der CNI-Vorsitzende in Santiago Jaime Schmied Zanzi, festgenommen, insgesamt wurde gegen 14 Personen in diesem Fall ermittelt.

91 Nachdem der Fall 1997 mit Berufung auf das Amnestiegesetz geschlossen worden war, wurde er nun neu aufgenommen: Im Oktober 1999 wurden insgesamt sieben Offiziere und hochrangige CNI-Generäle verurteilt (Barahona de Brito 2001: 168ff.).

dessen Umgehung in Bezug auf das Verschwindenlassen reversibel scheint (Collins 2009: 9, insbes. Fußnote 40).

Mit Bezug auf die *Operación Cóndor* und die Todeskarawane legten die Menschenrechtsanwälte Héctor Salazar (FASIC) und Hugo Gutiérrez (CODEPU) im Januar 2001 einen Bericht vor, in welchem sie die Verpflichtung des chilenischen Staates juristisch begründeten, die Fälle des Verschwindenlassen aufzuklären. Der mit Unterstützung von *Amnesty International* und der Internationalen Juristen-Kommission, ein Zusammenschluss führender Juristen und Menschenrechtsexperten mit Sitz in Genf, erarbeitete Report legte die Unvereinbarkeit des Amnestiegesetztes mit dem internationalen Recht dar, da die Hinrichtungen und das Verschwindenlassen ‚Verbrechen gegen die Menschlichkeit‘ darstellten.[92]

Insgesamt kann festgestellt werden, dass die chilenische Justiz begonnen hat, die ihr zur Verfügung stehenden juristischen Instrumente auszuschöpfen und zunehmend internationale Rechtsnormen in ihre Entscheidungen einfließen zu lassen (Golob 2003: 40, Barahona de Brito 2001: 167-170).[93] Die durch den ‚Fall Pinochet‘ erreichte internationale Dimension der Aufarbeitungspolitik gab den Forderungen der Menschenrechtsbewegung neuen Auftrieb, zeigte sie doch, dass die Anstrengungen, ihre Forderungen nach Gerechtigkeit, Wahrheit und Entschädigung durchzusetzen, grenzüberschreitend eingeklagt werden konnten. Zudem hatte Chile internationale und regionale Konventionen und Verträge ratifiziert, welche die nationale Souveränität in Menschenrechtsfragen beschränkten. Der Interamerikanische Menschenrechtsgerichtshof hatte die chilenische Regierung wiederholt aufgefordert, das Amnestiegesetz zu annullieren und ihre internationalen Verpflichtungen nach Aufklärung und Strafverfolgung nachzukommen. Zusätzlich zur Normendiffusion war diese Entwicklung möglich geworden, da transnationale Akteurskoalitionen von chilenischen, spanischen und internationalen Menschenrechtsorganisationen, Richtern und Anwälten mit den Klagen vor der spanischen *Audiencia Nacional* und Bezug auf die universelle Gerichtsbarkeit den Druck auf die chilenische Justiz und Regierung erhöhten, sich der juristischen Aufarbeitung der Vergangenheit nicht mehr zu verschließen. Die verstärkte internationale Aufmerksamkeit im Kontext der in Spanien von Ermitt-

92 Amnesty International: *Chile. Informe en derecho sobre la incompatibilidad del decreto ley 2191 de 1978 de Chile con el derecho internacional*, Sección chilena, 22. Februar 2001.

93 Etwa wurde Pinochet wiederholt zur Last gelegt, dass er nach dem Militärputsch gegen die Genfer Konvention verstoßen habe, die Folter, Entführung etc. verbietet, hatte die Junta doch selbst erklärt sich in einem Kriegszustand zu befinden (Huhle 1996: 191).

lungsrichter Garzón geführten Verfahren verstärkte den Druck zusätzlich und unterstreicht die Bedeutung des transnationalen Aktivismus und die diskursive Berufung auf völkerrechtliche Bestimmungen bei der Auseinandersetzung mit der Diktaturvergangenheit.

Eine weitere transnationale Facette des ‚Falles Pinochet' stellten die im Zuge der Ermittlungen aufgedeckten schwarzen Auslandskonten des Ex-Diktators dar. Es war wiederum die *Fundación Salvador Allende* (FSA) in Madrid und ihr Vorsitzender Joan Garcés, welche die US-amerikanische Riggs-Bank im Juli 2004 verklagte, da diese Pinochet ermöglicht hatte, während seiner Verhaftung in London, 10 Millionen Dollar aus dem chilenischen Staatsvermögen illegal in die USA zu transferieren. Mit ihr einigte sich Garcés nach einer Untersuchung des US-Senates außergerichtlich auf eine Zahlung von 9 Millionen US-Dollar an die *Salvador-Allende*-Stiftung, welche diese als Entschädigungsmaßnahmen weltweit an Opfer des Pinochet-Regimes auszahlte. Bis März 2008 wurde die in einen Fond eingezahlte Summe an 22.073 Opfer der chilenischen Militärdiktatur in über 50 Ländern als Entschädigung verteilt.[94]

Überdies ermittelte der spanische Ermittlungssrichter Baltasar Garzón bis über den Tod Pinochets hinaus wegen Geldwäsche und Unterschlagung gegen Familienmitglieder Pinochets. Als ebenfalls extern initiierte Situation hatte im April 2007 die FSA eine Erweiterungsklage bei der *Audiencia Nacional* eingereicht. Besonders gegen Pinochets Witwe Lucia Hiriart, aber auch ihren Anwalt und weitere Familienangehörige sowie 13 Militärs, die wiederholt in Untersuchungshaft genommen wurden,[95] wie auch Angestellte der *Banco de Chile* sind Verfahren vor dem Obersten Gericht Spaniens anhängig. Im Juni 2009 hatte die FSA einen Bericht vorgelegt, woraufhin auf Antrag der Stiftung und durch den Staatsanwalt Vicente González Mota AN-Ermittlungsrichter Baltasar Garzón Ende 2009 eine Untersuchungskommission in dieser Sache nach Chile entsandte. Weitere Verfahren sind vor chilenischen Gerichten gegen die Familie Pinochets anhängig, u. a. da 26 Millionen Dollar auf vier geheimen Konten in Miami und der spanischen *Banco de Santander* veruntreut worden waren.[96]

94 La Nación: *Riggs paga US$9 millones para que retiren demanda por Pinochet*, 25. Februar 2005. Zum formalen Prozedere s. http://www.elclarin.cl/fpa/ (Stand: 23.11.2009).

95 El País: *Detenidos la viuda y los cinco hijos de Pinochet por malversación de fondos*, 5. Oktober 2007.

96 Bei den in Chile eingeleiteten Ermittlungen wurde geprüft, ob Pinochet Wirtschaftsverbrechen, wie die Unterschlagung öffentlicher Gelder, Steuerbetrug und Bereicherung durch illegale Waffengeschäfte, zur Last gelegt werden konnten. Die Gesamtsumme, die Pinochet auf geheimen Konten im Ausland besitzen sollte, erhöhte sich

Der ‚Fall Riggs‘, mit dem die geheimen Konten und die Steuerstraftaten aufgedeckt wurden – es konnten weitere Konten in Spanien und der Karibik nachgewiesen werden[97] – „verwandelte Pinochet auch bei vielen seiner Anhänger von einem verkannten Helden in einen Dieb“ (Quiroga/Ruderer 2006: 2). Konnte Pinochet sich im Zusammenhang mit der Klage bezüglich der *Operación Cóndor* noch auf die Unterstützung seiner Gefolgschaft verlassen, so begann diese mit dem Bekannt werden der Betrugsfälle zu bröckeln. Erst jetzt fand auch bei Teilen seiner Anhängerschaft ein zunehmendes Umdenken statt, der Meinungswechsel war bezeichnenderweise nicht aufgrund der bekannten Menschenrechtsverletzungen zustande gekommen (ebd.). Hatten seine Unterstützer zuvor stets die wirtschaftliche Kompetenz und Verantwortung Pinochets beschwört, so stellte die Aufdeckung der schwarzen Konten und der Steuerhinterziehung seine Integrität auch auf diesem Feld um so offensichtlicher in Frage. Die aufgedeckten Auslandskonten lösten in Chile nicht nur eine heftige öffentliche Debatte über die Person Pinochets aus, die nicht nur mit einem endgültigen Reputationsverlust auch für seine Anhänger und seiner Isolation einhergingen, sie brachten auch die juristischen Verfahren wieder in Bewegung.

Hatte der Ex-Diktator am 26. August 2004 wegen Steuerhinterziehung zum zweiten Mal die Immunität verloren[98], so hob das Oberste Gericht Chiles am 20. Oktober 2005 überraschend die Immunität des Ex-Generals erneut auf, da Pinochet wiederholt vorgeworfen wurde, in die *Operación Cóndor* verwickelt gewesen zu sein.[99] Kurz zuvor hatte das Appellationsgericht von Santiago seine Im-

im Laufe der Ermittlungen im Jahr 2005 auf fast 28 Millionen Dollar, so dass der Ex-Diktator am 20. Oktober 2005 wegen Steuerhinterziehung die Immunität verlor.

97 Zusätzlich wurden Goldvorräte Pinochets auf einer Bank in Hongkong entdeckt, deren Wert sich auf 160 Millionen Dollar belaufen sollte. Auch der Verdacht auf illegalen Waffenhandel und persönliche Aneignung öffentlicher Mittel konnte bestätigt werden. Am 18. August 2006 wurde die Immunität Pinochets auch hinsichtlich der Veruntreuung öffentlicher Gelder aufgehoben (vgl. Millaleo 2007: 428).

98 El País: *Garzón persigue por blanqueo a la familia Pinochet y al Banco de Chile*, 30. November 2009.

99 Einen Auslöser dafür bildete, dass Pinochet dem spanischsprachigen Fernsehsender WDLP-22 in Miami am 23. November 2003 ein umfassendes Interview gegeben hatte, indem er sich erneut als „Retter der Nation“ zu stilisieren versuchte, womit er nicht nur „gegen das informelle Verbot der politischen Abstinenz“ (Wehr 2009: 13) verstieß, sondern auch Guzmán veranlasste, erneut Pinochets Verhandlungsunfähigkeit in Frage zu stellten, der auf die Wiederaufnahme der Verfahren drängte. Schließlich hatte Pinochet demonstriert, dass er durchaus in der Lage war, komplexe Antworten zu

munität in den Fällen der im argentinischen Exil getöteten ehemaligen Innenministers der Allende-Regierung Carlos Prats und seiner Ehefrau Sofía Cuthbert aufgehoben. In der Folgezeit stimmten chilenische Gerichte nach einer neuen medizinischen Untersuchung der Aufhebung der Immunität Pinochets in weiteren Menschenrechtsfällen zu. Das Urteil, das Guzmán im Dezember 2004 verkündet hatte, welches Pinochets anhaltende Verhandlungsfähigkeit bestätigte, stellte einen frontalen Angriff auf die Immunität des ehemaligen Diktators dar. Im Laufe des Jahres 2006 wurde seine Immunität in weiteren Fällen begangener Menschenrechtsverletzungen aufgehoben: Den Anfang machte am 11. Januar 2006 die Entscheidung des Berufungsgerichtes, den bereits eingestellten Prozess wegen der Todeskarawane in zwei Fällen erneut aufzunehmen. Im Februar folgte das Urteil, Pinochet sei bei ausreichender Gesundheit, um auch im *Colombo*-Prozess, der gezielten Vertuschung des Mordes an 119 Personen[100], zur Verantwortung gezogen zu werden. Am 19. Juni akzeptierte der Oberste Gerichtshof des Weiteren eine Klage wegen des Mordes an zwei ehemaligen Vertrauten Salvador Allendes. Nachdem im September 2006 die Immunität Pinochets zunächst bezüglich seiner Täterschaft bezogen auf Folter im Gefangenenlager *Villa Grimaldi* aufgehoben wurde, war er zum wiederholten Mal von Richter Víctor Montiglio, an welchen Guzmán Tapia nach seiner Pensionierung die Fälle übergeben hatte, als mittelbarer Täter angeklagt. Am 8. Oktober bestätigte der Oberste Gerichtshof die Entscheidung. Kurz darauf, am 27. Oktober 2006 erließ Richter Alejandro Solís Haftbefehl, Pinochet wurde erneut unter Hausarrest gestellt. Am 8. November 2006 erreichte die Anwältin Fabiola Letelier außerdem, dass Pinochet die Immunität im Fall der Folter und des Verschwindenlassens des spanischen Priesters Antonio Llidió Mengual (vgl. Kap. 4.2) entzogen wurde. Damit

liefern und auch im Zusammenhang mit den schwarzen Konten bewies er zu seiner Selbstverteidigung ein hohes Maß an Geistesgegenwart.

100 Im Rahmen der *Operación Colombo* waren zwischen Mai 1974 und Februar 1975 insgesamt 119 Regimegegner, 100 Männer und 19 Frauen, von der DINA getötet worden, welche als verschwunden galten. In einer groß angelegten medialen Täuschungsaktion – inszeniert und gestützt von der brasilianischen und argentinischen Presse, die zu diesem Zweck eigene, einmalig erschienene Zeitschriften publizierten – wurden die Verbrechen auf bizarre Weise kaschiert: Die linken Oppositionellen seien nach Argentinien geflohen und dort einer Fehde mit anderen linken Guerilla-Gruppen zum Opfer gefallen. Pinochet persönlich hatte innerhalb dieser insbesondere von *El Mercurio* und *La Segunda* unter der Schlagzeile „Exterminan como ratas a MIRistas" („MIRistas werden wie Ratten ausgerottet") aufgegriffenen Propagandalüge behauptet, dass es sich bei den Leichen um MIR-Angehörige gehandelt habe, die sich gegenseitig umgebracht hätten (Guzmán Tapia 2009: 43).

war es Ende 2006 gelungen, einige Verfahren gegen Pinochet in Chile zu eröffnen: Er musste sich wegen Mordes, Verschwindenlassens, Folter, Entführung, Geldwäsche, Steuerhinterziehung und weiteren Verbrechen vor Gericht verantworten (vgl. Rauchfuss 2009: 129f., Davis 2006: 249). Der Tod Pinochets am 10. Dezember 2006 setzte den zahlreichen Versuchen ein Ende, ihn wegen seiner Verantwortung für Staatsterrorismus und Menschenrechtsverletzungen in Chile zu verurteilen. Gegen Pinochet, der sich bis zu seinem Tod in Hausarrest befand, wurde aufgrund von 400 Anklagen ermittelt. Auch wenn die Fälle nach seinem Tod nicht weiter verfolgt worden waren, so wurden jedoch die gegen in diesem Zusammenhang weitere Angeklagte eingeleiteten Untersuchungen fortgesetzt.

Die justizielle Verfolgung von durch Menschenrechtsverletzungen belasteten Militärs vor chilenischen Gerichten hat infolge des ‚Falles Pinochet‘ stark an Dynamik gewonnen: Im Mai 2002 waren insgesamt 298 Klagen zugelassen[101], während Mitte des Jahre 2004 gegen 311 ehemalige Staatsbeamte ermittelt wurde, oder diese bereits bestraft waren. Im August 2009 waren 276 rechtskräftig verurteilt, 554 waren angeklagt und gegen zahlreiche weitere wurde ermittelt.[102] Im September 2009 folgte eine Massenklage gegen insgesamt 120 Militärs und DINA-Agenten, die an den Operationen ‚Condor‘, ‚Colombo‘ und ‚Calle Conferencia‘ beteiligt waren,[103] bei letzterer Militäraktion war im Mai 1976 die im Untergrund arbeitende Führungsspitze der Kommunistischen Partei an ihrem klandestinen Treffpunkt aufgespürt, entführt und getötet worden. Die sich bereits während der Regierung Frei abzeichnende Interpretation des Verschwindenlassens als ‚andauernde Entführung‘ kam während der Amtszeit Ricardo Lagos’ und Michelle Bachelets in weiteren Fällen zur Anwendung.

Aus einer langfristigen Perspektive wird deutlich, dass es in Chile – auch wenn Pinochet bis zu seinem Tod letztlich nicht mehr rechtskräftig verurteilt wurde – als Konsequenz seiner Festsetzung in London zu einigen substantiellen

---

101 Leider wurden die Angaben der Menschenrechtsorganisation FASIC nach diesem Zeitpunkt nicht weiter aktualisiert, vgl. Proceso Rol nº 2.182-98 Ministro de Fuero: Juan Guzmán Tribunal: Corte de Apelaciones Santiago http://www.fasic.org/juri/quere 2002.htm.

102 Aktualisierte Angaben finden sich in den regelmäßigen Berichten des *Observatorio de Derechos Humanos*: Demnach wurden im Zeitraum von 1998 bis September 2013 in über 1.350 Fällen Ermittlungen eingeleitet, 140 ehemalige Militärs sind bereits rechtskräftig verurteilt und 64 befinden sich derzeit in Haft. Vgl. *Verdad, Justicia y memoria por violaciones de Derechos Humanos en tiempos de dictadura*, Centro de Derechos Humanos, Universidad Diego Portales, Observatorio de Derechos Humanos, s. www.derechoshumanos.udp.cl (Stand: 30.09.2013).

103 La Nación: *120 Ex-DINA procesados en histórica resolución*, 2. September 2009.

Verurteilungen von belasteten Militärangehörigen gekommen ist und das Amnestiegesetz infrage gestellt und umgangen werden konnte. In entscheidendem Maße war dies m. E. auf die transnationalen Aktivitäten der Diskurskoalition von Angehörigen- und Menschenrechtsorganisationen, die in Spanien ihren Ausgangspunkt genommen hatten, sowie der internationalen Öffentlichkeit und dem zunehmenden Einfluss des internationalen Strafrechts, beeinflusst durch das gegen Pinochet geführte Auslieferungsverfahren, begründet mit der Anwendung universeller Gerichtsbarkeit zurückzuführen. Die Netzwerke zwischen europäischen und lateinamerikanischen NGO's im Menschenrechtsbereich hatten sich mit dem Kampf gegen die Straflosigkeit vertieft und führten ebenso dazu, dass der von ihnen verfochtene Menschenrechtsdiskurs sich gesamtgesellschaftlich und instituionell zunehmend verbreitete und aufgegriffen wurde. Als Rückwirkung auf die chilenische Innenpolitik schied Pinochet, der als ‚Senator auf Lebenszeit' nach London gereist war, als realer Machtfaktor aus der chilenischen Politik aus und legte seinen Abgeordnetensitz – offiziell begründet mit seinen geistigen und körperlichen Gebrechen – nieder.[104] Selbst die pinochetistische Rechte distanzierte sich im Kontext des 1999 anlaufenden Wahlkampfes aus strategischen Gründen von ihrem Ziehvater. Als Wahlkampfthema und der gefürchteten ungünstigen Auswirkungen – eine offene Unterstützung Pinochets war mit zunehmenden politischen Einbußen verbunden – wollte man die Angelegenheit möglichst unerwähnt lassen. Der Präsidentschaftskandidat der *Alianza por Chile* Joaquín Lavín (UDI), Verfechter des Gremialismus und bedingungsloser Unterstützer der Diktatur, erklärte im Verlauf des Wahlkampfes überraschend, dass die Situation Pinochets für den Fortgang des Landes irrelevant sei (Wenzl 2001: 72).

Neben den vermehrten Verfahren gegen Militärangehörige war eine weitere Veränderung in der juristischen Bearbeitung der Menschenrechtsverletzungen feststellbar: Die erstmalige juristische Aufarbeitung der Folter. Dieses ‚Verbrechen gegen die Menschlichkeit' war in der chilenischen Öffentlichkeit über Jahre ignoriert worden. Erst im Zusammenhang mit der Inhaftierung Pinochets in London begannen die ehemaligen politischen Gefangenen sich ihrer eigenen Op-

---

104 In diesem Sinne verwies auch der Soziologe Manuel Antonio Garretón Merino darauf, dass Pinochets *desafuero*, der Verlust seiner Immunität im August 2000, bereits eine gesellschaftliche Verurteilung des Ex-Diktators und damit öffentliche Delegitimierung und eine Form der symbolischen Bestrafung impliziert habe. Persönliches Interview in der Universidad de Chile. In den Worten des Soziologen Moulián „después del caso, Pinochet se ha hundido en el silencio", die wichtigste Konsequenz sei die „muerte pública en vida [de Pinochet] por el juez Garzón y los procedimientos judiciales ingleses" (2002: 10).

ferrolle bewusst zu werden und ihre Forderungen zu artikulieren (vgl. Straßner 2007: 279), deren Anliegen über Jahre hinweg keinerlei öffentliche Beachtung gefunden hatte. Da die ehemaligen politischen Gefangenen über keine politische Lobby verfügten, war das Thema der Folter in der Haft jahrelang weitgehend ausgeblendet worden. Ein Entschädigungsprogramm gab es nicht, lediglich eine kostenlose medizinische Versorgung durch das *Programa de Reparación y Atención* (PRAIS). Infolge der politischen Mobilisierung und der zunehmenden Auseinandersetzung mit der Repression während der Diktatur wurde die erste Anzeige wegen Folter am 19. Januar 2000 von 15 ehemaligen politischen Gefangenen eingereicht, gefolgt von zahlreichen weiteren Strafanträgen (Höchst 2005: 82). Im Jahr 2001 gründete sich die von unterschiedlichen Menschenrechtsgruppen unterstützte *Comisión ética contra la Tortura* (CECT), welche u. a. die Einsetzung einer Wahrheitskommission zur Aufklärung politischer Haft und Folter forderte. Eine weitere Konsequenz der einsetzenden Auseinandersetzung mit den während der Diktatur begangenen Menschenrechtsverletzungen in diesem Zusammenhang bestand demnach in einer Ausdifferenzierung der chilenischen Opferorganisationen, die ebenfalls eine neue Dynamik erfuhren: So begann sich erst im Kontext der Inhaftierung Pinochets in London die *Ex-Presos Políticos de Chile* (ExPP) zu organisieren, die sich im Jahr 1999 konstituierten (Straßner 2007: 238). Ebenso lässt sich die Gründung der *Comisión FUNA* in diesen Zusammenhang einordnen, in welchem sich die Kinder der *desaparecidos* und *ejecutados* 1999 zusammengeschlossen haben.[105] Sie verfolgt die Strategie der öffentlichen Bloßstellung von Menschenrechtsverbrechern, um angesichts der verbreiteten Straflosigkeit öffentlich vor dem Haus der Täter die begangenen Menschenrechtsverletzungen öffentlich anzuklagen, eine Praxis, die bereits das Netzwerk HIJOS in Argentinien[106] verfolgte.

105 Das Verb *funar* bedeutet umgangssprachlich ,bloßstellen' oder ,öffentlich brandmarken'. Gewissermaßen als Ersatz für das, was die Justiz nicht leiste, findet eine Mobilisierung vor dem Haus oder Arbeitsplatz der Person statt und es werden öffentlich die begangenen Taten verlesen. Dabei stützen sich die meist Jugendlichen Aktivisten auf Informationen aus öffentlichen Archiven, um die Menschenrechtsverbrecher ausfindig zu machen. Persönliches Interview mit dem Gründungsmitglied der chilenischen FUNA, Julio Oliva am 27. April 2007 in der Redaktion der linksgerichteten Wochenzeitschrift *El Siglo*, Santiago.

106 Vor dem Hintergrund der argentinischen Organisation lässt sich auch der Name der Aktionsgruppe ableiten: *Acción Verdad y Justicia, HIJOS Chile*. Eine Frage, die sich aufdrängt ist, warum sich im Zuge der Audifferenzierung der zivilgesellschaftlichen Erinnerungsorganisationen in Spanien bisher keine ähnliche zivilgesellschaftliche Bewegung gegründet hat.

Auch die *Mesa de Diálogo,* der infolge der Pinochet-Verhaftung eingesetzte *Runde Tisch,* bei dem es – mit beschränktem Erfolg – eine Aufklärung des Schicksals der *detenidos desaparecidos* erreicht werden sollte, verstand sich ausdrücklich als eine Reaktion auf die mit dem ‚Fall Pinochet' angestoßenen Debatten (siehe Kap. 4.2).

Der von außen induzierte ‚Fall Pinochet' machte die Defizite des chilenischen Transitionsprozesses offen sichtbar, die institutionellen Hinterlassenschaften der Diktatur, darunter die ‚autoritären Enklaven', wurden seither weltweit thematisiert. Die teilweise Abschaffung der ‚autoritären Enklaven' aus der chilenischen Verfassung im August 2005 (Kap. 4.2) kann daher ebenfalls als eine Folge des ‚Falles Pinochet' betrachtet werden, auch wenn das binominale Wahlrecht weiterhin nicht reformiert wurde.

Insgesamt hatten die in Spanien angestoßenen Verfahren einen großen Einfluss nicht nur auf die Aufnahme der Strafverfolgung in Chile, sondern auch auf die Wiederaufnahme und Vertiefung der gesellschaftlichen Auseinandersetzung mit den während der Pinochet-Diktatur begangenen Menschenrechtsverletzungen. Unzweifelbar hatte der ‚Fall Pinochet' das innenpolitische und juristische Klima des Landes verändert. Es scheinen diese internen Dynamiken, die katalytische Fähigkeit, neue Strafverfahren im Zielland zu bewirken, welche als das wichtigste Argument für die Anwendung universeller Gerichtsbarkeit angeführt werden können. Als Konsequenz transnationaler Einflussfaktoren brachten der ‚Fall Pinochet' lange blockierte und verdrängte Facetten der kollektiven Erinnerung erneut auf die politische Tagesordnung. Er diente zudem als Modell für weitere Strafverfolgungsaktivitäten in anderen Ländern, in denen die interne Gerichtsbarkeit durch Amnestiegesetze verhindert war.

Als transnationales Medienereignis (zur Def. vgl. Kap. 1.2) füllte der ‚Fall Pinochet' im Oktober 1998 weltweit die Schlagzeilen und wurde in zahlreichen Ländern intensiv verfolgt und öffentlich diskutiert. Damit sollte der juristische und zivilgesellschaftliche Versuch der Aufarbeitung der chilenischen Militärdiktatur in Form der Festnahme Pinochets, welche über Monate auch die spanischen Debatten bestimmte, mittelbar auch für die spanische Auseinandersetzung mit der Franco-Vergangenheit nicht folgenlos bleiben. Im Folgenden werde ich anhand von spanischen Presseressourcen und Parlamentsdebatten die öffentliche Diskussion über den ‚Fall Pinochet' in Spanien und die Positionen der verschiedenen politischen und zivilgesellschaftlichen Akteure während der transnationalen Verhandlungen nach seiner Festnahme in London nachzeichnen. Dabei sollen die Rückwirkungen, die sich für die öffentliche Diskussion über den Umgang mit der Franco-Vergangenheit ergaben, aufgezeigt werden. Hierbei möchte ich zeigen, dass die mit Bezug auf die universelle Jurisdiktion angestoßene Aufarbeitung der während der Pinochet-Diktatur begangenen Menschenrechtsverletzungen vor spanischen Gerichten als Ausgangspunkt, bzw. Initialzündung für Neuverhandlungen der überkommenen Geschichtsbilder über die Franco-Diktatur gesorgt und auf den Schweigekonsens, der die spanische *transición* beherrscht hatte, einwirken konnte.

5.6 Transnationale Rückwirkungen: Neuverhandlungen über die Franco-Vergangenheit in der spanischen Öffentlichkeit

Die Verhaftung Pinochets und die eingeleiteten Ermittlungen über die begangenen Menschenrechtsverbrechen der Militärdiktaturen im *Cono Sur* vor der *Audiencia Nacional* hatten zu einer breiten Thematisierung der chilenischen Diktaturvergangenheit in der spanischen Öffentlichkeit und einer großen gesellschaftlichen Unterstützung des laufenden Auslieferungsverfahrens geführt.[107] Während sich Repräsentanten der spanischen Justiz allerdings aktiv in die strafrechtliche Aufarbeitung der chilenischen Militärdiktatur einschalteten, war die juristisch-administrative Aufarbeitung der Franco-Diktatur von der durch das Amnestiegesetz von 1977 abgesicherten Straflosigkeit determiniert, eine offizielle Erinnerung an die Opfer der franquistischen Repression gab es nicht. Jedoch sollte der zivilgesellschaftliche und juristische Versuch der transatlantischen Aufarbeitung der chilenischen Militärdiktatur vor der *Audiencia Nacional* die Diskrepanz der ausbleibenden Auseinandersetzung mit der Franco-Diktatur offen legen und zu einer Aktualisierung der franquistischen Diktatur in der spanischen Debatte beitragen. Nach einer langen Phase der öffentlichen Nicht-Thematisierung hat der ,Fall Pinochet' als Initialzündung auch eine gesellschaftliche Debatte über die Franco-Diktatur angestoßen und zu zivilgesellschaftlichen Aufarbeitungsforderungen beigetragen.

Die Berichterstattung über den ,Fall Pinochet' in der spanischen Presse war in Folge seiner Verhaftung in London äußerst umfangreich und intensiv. Die Presse, insbesondere die Tageszeitungen, welche die Auslieferung Pinochets an Spanien unterstützten, wie etwa die linksliberale *El País* und in moderaterem Ton die zentristische *El Mundo*, entwickelte sich zu einem einflussreichen in-

---

107 In diesem Sinne bemerkt Rojas, freilich ohne eine Bezugnahme auf die Vergangenheitsvergegenwärtigung der Franco-Diktatur herzustellen: „Es en España donde el proceso llevado por la Audiencia Nacional ha tenido mayor repercusión. Los medios de comunicación se refieren a el a diario y en la práctica todos los sectores políticos y sociales lo han apoyado" (1998: 130f.).

nenpolitischen Druckinstrument, während die monarchistisch-konservative *ABC* das gegen Pinochet angestrengte Auslieferungsverfahren gänzlich ablehnte.

Als zentraler Diskursstrang erwies sich die Diskussion darüber, ob die spanische Justiz legitimiert sei, die Diktatoren anderer Länder zu verurteilen, während die Verbrechen aus dem Bürgerkrieg und des Franco-Regimes in Spanien nicht untersucht, geschweige denn strafrechtlich aufgearbeitet worden seien[108], die spanische Justiz aufgrund der nicht vollzogenen Auseinandersetzung mit der Franco-Vergangenheit auch keine Legitimation zur Aufarbeitung der Diktaturen im *Cono Sur* aufweisen könne.

Auf dem achten *Iberoamerikanischen Gipfeltreffen* im portugiesischen Porto, welches unmittelbar nach der Verhaftung Pinochets stattfand, waren der spanische Ministerpräsident José María Aznar und sein chilenischer Amtskollege Eduardo Frei Ruiz-Tagle vom ‚Fall Pinochet' überrascht worden. Aznar betonte in einer öffentlichen Erklärung, dass der Handlungsspielraum seiner Regierung sehr gering sei und er die juristischen Entscheidungen seines Landes respektiere. Er rief zu „responsabilidad y prudencia"[109], Verantwortung und Besonnenheit, auf und versuchte sich konsequent aus der Angelegenheit heraus zu halten. Mariano Fernández, stellvertretender chilenischer Außenminister, kritisierte die von der spanischen Justiz ausgehende juristische Initiative prompt als Verstoß gegen die nationale Souveränität des Landes, denn nach seiner Ansicht:

> „Chile no permitiría que un tribunal chileno abriese una causa por crímenes cometidos por el franquismo en España."[110]

---

108 Die diskursiven Rückwirkungen der Diskussion um den ‚Fall Pinochet' auf den spanischen Umgang mit der Franco-Vergangenheit und der Einfluss auf die Aufarbeitung der Franco-Diktatur sind noch nicht systematisch untersucht worden. Auch die Studie zum ‚Fall Pinochet' in Spanien (Serrano Maíllo 2002) nimmt keinen Bezug auf die in Spanien ausgelöste Debatte über die Diktaturvergangenheit. Kaum empirisch belegte Anmerkungen und Bezüge stellen unlängst etwa Golob (2008), Encarnación (2008, 2007/8), Roht-Arriaza (2005: 219), Davis (2006: 253), Blakeley (2005) und Sugarman (2002: 119f.) her.

109 El Mundo: *Aznar reclama a Garzón fundamentos reales para tramitar la extradición*, 19. Oktober 1998, El País: *Aznar rehuye hablar del arresto de Pinochet porque afecta muchas sensibilidades*, 19. Oktober 1998.

110 El País: *El Gobierno de Chile, contrario a la legislación extraterritorial*, 19. Oktober 1998.

Die Vorwürfe, es handele sich um eine unbefugte Einmischung in interne Angelegenheiten, vermengten sich mit solchen der Heuchelei gegenüber der spanischen Regierung: Der Fakt, dass Spanien die Auslieferung Pinochets verlange und sich die spanische Justiz gegen das chilenische Amnestiegesetz von 1978 stelle, gleichzeitig aber ebenso strikt am spanischen Äquivalent, dem Amnestiegesetz von 1977 festgehalten werde, welches die Straffreiheit für die während der Franco-Diktatur begangenen Verbrechen garantiere, wurde wiederholt als Widerspruch thematisiert.[111] Indem chilenische Politiker der spanischen Regierung in der öffentlichen Diskussion einen Spiegel vorhielten, brachte die Pinochet-Verhaftung mittelbar auch Spaniens Franco-Vergangenheit auf die politische Agenda. Auf dem kurz darauf stattfindenden Gipfeltreffen des *Christdemokratischen Weltverbandes* im galizischen Bayona kritisierte der chilenische Präsident Frei Ruiz-Tagle scharf die in Spanien herrschende „mala memoria“ an das Franco-Regime, „que duró cuarenta años y del que nace la institucionalidad española“, welches niemals durch Menschenrechtsprozesse aufgearbeitet worden sei „que tanto exigen ahora a los países latinoamericanos.“[112] Zur Untermauerung seines Argumentes erinnerte er an die „un millón de muertos“ (ebd.) aus dem Spanischen Bürgerkrieg. Schließlich seien die Repression und die zu verzeichnenden Opferzahlen faktisch größer in Spanien gewesen.[113] Außerdem verlangte er „respeto a la soberanía y las leyes chilenas“, denn „los delitos que se cometen en Chile deben ser juzgados por los tribunales chilenos“, es handele

---

111 El País: *La responsabilidad de Aznar*, Charo Otegui, 27. Oktober 1998. In diesem Sinne kommentiert Malamud: „En España en todo caso si se quiere celebrar un juicio político (que no es ni fue el caso) debería haberse realizado contra el régimen de Franco” (Malamud 2002: 80).

112 El Mundo: *Frei pide que se trate a Pinochet como a los dirigentes franquistas*, Marisa Cruz, 20. Oktober 1998. Vgl. auch El País: Editorial. España y Pinochet, 20. Oktober 1998.

113 Der argentinische Innenminister Carlos Corach sollte sich – wie ABC zitiert – wenig später ähnlich äußern: „Es absurdo que un país como España, que tuvo un millón de muertos en su Guerra Civil, que asistió a fusilamientos y torturas sin haber juzgado absolutamente a nadie, pretenda arrojarse ahora una especie de gendarmería inter-nacional.” Vgl. ABC: *Cuba critica el fallo, el gobierno boliviano calla y el argentino lo califica de genarmería inernacional*, 9. Oktober 1999. Die symbo-lische Zahl von einer Million Toten fand durch den bekannten Romantitel *Un millón de muertos* von José María Gironella aus dem Jahr 1961 Verbreitung und wurde seither von der franquistischen Geschichtsschreibung aufgegriffen, obgleich sie von der Zeitgeschichtsforschung mittlerweile nach unten korrigiert worden ist.

sich um eine klare Verletzung des internationalen Rechts und der nationalstaatlichen Souveränität Chiles, die nicht hinnehmbar sei.[114]

So wurden nach der Festnahme Pinochets immer wieder Parallelen zwischen den Militärdiktaturen Pinochets und Francos gezogen, die sich zu diskursiven Leitlinien in der öffentlichen Diskussion entwickelten. Der spanische Schriftsteller Javier Marías setzte sich in einem *El País*-Artikel mit den Äußerungen Freis auseinander. Nach einem Vergleich zwischen den Transitionsprozessen beider Länder gelangte er zu dem Schluss, dass wenn Franco anhand der Prinzipien internationaler Gerichtsbarkeit in einem anderen Land verurteilt worden wäre, sofern dieser nicht verstorben wäre, oder etwa hochrangige Franquisten im Ausland festgenommen würden, viele Spanier zutiefst dankbar dafür seien:

„[...] muchísimos españoles a diferencia de lo que le ocurre al señor Frei con Pinochet, nos habríamos puesto locos de contento, y por partida doble: no sólo por la posibilidad de ver al dictador o a sus secuaces juzgado, sino por la inmensa fortuna de no tener que mancharnos nosotros, en semejante proceso, con los más que probables rencor y odio."[115]

Auf chilenisch-spanische Parallelentwicklungen und historische Gemeinsamkeiten geht etwa Francisco Umbral in einem Leitartikel ein, in dem er die Frage aufwirft, ob nicht mit dem chilenischen Diktator gewissermaßen symbolisch Franco verurteilt, bzw. im Nachhinein die Tatsache kompensiert werden solle, dass dieser ungestraft verstarb:

„Para nosotros, los españoles, la detención de Pinochet es el sueño vicario de un imposible histórico, la detención de Franco en la cama, que bien pudo haberse hecho [...]."[116]

Hier wird auf die existierenden Gemeinsamkeiten zwischen den Diktatoren Franco und Pinochet angespielt, schließlich hatte Pinochet selbst immer wieder den Vorbildcharakter des Franco-Regimes für die Errichtung des autoritären Regimes in Chile betont und sich ausdrücklich an der Franco-Diktatur als Modell orientiert (s. Kap. 3.1). Außerdem wird nahe gelegt, dass als Transfervorgang mit dem ‚Fall Pinochet' die nicht vollzogene Auseinandersetzung mit der spanischen Diktaturvergangenheit kompensiert werden solle und auf einen spanischen

114 El País: Frei: *"Los chilenos deben ser juzgados en Chile"*, 18. Oktober 1998.

115 El País: *El señor Frei se equivoca*, Javier Marías, 22. Oktober 1998.

116 El Mundo: *El Caudillo*, Francisco Umbral, 20. Oktober 1998.

Verdrängungs- und Übertragungseffekt[117] rekurriert: „Qué fuego se despierta en nosotros, qué tardía revancha, qué cuchillo" (ebd.). Indem in der spanischen Debatte die Aufarbeitung der chilenischen Diktatur mit der Franco-Vergangenheit verknüpft und auf diese projiziert wird, geraten auch Parallelen und Verbindungen zwischen beiden Diktaturen ins Blickfeld der öffentlichen Auseinandersetzung. Nach dem Ende der Franco-Diktatur habe diese ihre Fortsetzung in der chilenischen Militärdiktatur gefunden:

„Pero a Pinochet [...] en este país lo hemos sentido como una dramática y ridícula prolongación de Franco. Cuando Franco moría, [...] su leyenda negra y devastadora la vimos resucitar de nuevo en una figura de otro dictador, chileno para más señas, de nombre Pinochet."[118]

Die Herrschaft Pinochets sei aus spanischer Perspektive als eine absonderliche Fortführung der Franco-Diktatur empfunden worden. Damit wird implizit darauf abgehoben, dass die franquistische Ideologie mit der Errichtung des Pinochet-Regimes in Chile erneut reaktiviert wurde, während sie sich in der Endphase der Franco-Diktatur Anfang der siebziger Jahre in einer tief greifenden Krise befand. In der Sekundärliteratur hat Encarnación in diesem Zusammenhang den „historical symbolism in this projection by the spanish public" hervorgehoben (2008: 139). Ähnlich argumentiert auch Medina, der den ‚Fall Pinochet' und die ausgelösten Debatten in der spanischen Öffentlichkeit als Beispiel für einen historischen Verdrängungsprozess darstellt und die These vertritt, dass hier indirekt die nicht-aufgearbeitete Franco-Vergangenheit kompensiert werden solle:

„El caso Pinochet funcionaría en realidad como suplemento del modelo español. El arresto de Pinochet resultaría un momento clave de la misma transición española, un modo indirecto de lidiar con el propio pasado y sus secuelas. [...] La venganza nacional es desplazada a un contexto global. Enfrentándose a un pasado ajeno, el juez español [Baltasar

117 Eine ähnliche Verbindung hat Pelinka zwischen den nicht-aufgearbeiteten Menschenrechtsverletzungen der Franco-Diktatur und der Rolle der spanischen Justiz im ‚Fall Pinochet' hergestellt: „Man kann die Rolle Spaniens im ‚Fall Pinochet' ja auch so sehen, dass hier Spanien diese Problematik, Stabilisierung zu suchen, indem die Aufarbeitung nicht geleistet wird, nach außen projiziert. Die Verbrechen des Franco-Regimes werden aus innenpolitischen Gründen nicht thematisiert, dafür werden die Verbrechen des Pinochet-Regimes aufgegriffen" (Pelinka 2000: 26). Ähnlich argumentiert auch Burbach (2003: 116).

118 El País: *El dictador ya no tiene quien le escriba*, Nuria Amat, 30. Oktober 1998.

Garzón, Anm. d. Verf.] no deja de habitar una narrativa propia, local. Pero el único modo de confrontar la propia memoria traumática es, primero, a través de la analogía y la mediación de la historia del otro y, segundo, a través de un ejercicio de universalización. [...] Es la vía que el arresto de Pinochet ha abierto en Chile y simultáneamente cerrado en España." (Medina 2001: 180-191)

Im Gegensatz zu Medina, der insinuiert, dass am ‚Fall Pinochet', der letztlich ein spanisches Geschichtsnarrativ über die Franco-Diktatur aktiviere, die kollektive Erinnerung an die franquistische Vergangenheit abgehandelt und abgeschlossen werden sollte, indem im Gegenzug eine Auseinandersetzung mit der chilenischen Diktaturvergangenheit angestoßen werde, legt m. E. gerade die Thematisierung dieser Verdrängungsthese den Schluss nahe, dass die Verhaftung Pinochets in London den Schweigepakt über das Erbe der Franco-Diktatur – wenn auch unfreiwillig – beeinflusst hat. Auf einen Übertragungseffekt spielt auch Rosales an, der die Verhaftung Pinochets durch den spanischen Ermittlungsrichter und die mehrheitliche Einstellung für seine Verurteilung in Spanien in der spanischen Bevölkerung ebenfalls in Zusammenhang mit dem Franco-Regime stellt:

„Quizá el mal recuerdo y las perturbadoras huellas que dejó la dictadura presidida por Francisco Franco en la sociedad española hizo que la opinión pública en ese país se inclinará mayoritariamente por la extradición y enjuiciamiento de Pinochet a su país: el autoritarismo, represión y falta de respeto por los Derechos Humanos de la época franquista, todavía eran una herida no sanada en la mente de los españoles que veían en la persona de Augusto Pinochet, una figura similar a la que representó Franco para España por lo que la sociedad de ese país no hubiera accedido a declinar su idea de justicia para permitir al ex-dictador chileno escapar al veredicto de los tribunales." (Rosales Herrera 2007: 82)

In diesem Sinne betont Davis, die die einsetzende Auseinandersetzung mit der Franco-Diktatur in Spanien ebenfalls als Konsequenz der Debatten über den ‚Fall Pinochet' betrachtet, zugespitzt den

„psychological transference factor at work – the impulse to do to Pinochet what was not done to Franco. [...] One clear effect has been a revival of public and political debate about the dictatorship, the civil war and the nature of the transition." (Davis 2006: 252f.)

Es handele sich um einen psychologischen Transferprozess, anstatt Franco nun stellvertretend Pinochet für die Verbrechen der Franco-Diktatur zur Verantwortung ziehen zu wollen. Malamud urteilt ebenfalls, dass vor dem Hintergrund der während des spanischen Transitionsprozesses ungesühnten Verbrechen der Franco-Diktatur anstatt des spanischen Diktators stellvertretend der chilenische Ex-Diktator Pinochet verurteilt werden solle:

> „The message sent out to public opinion was clear; as it was not possible to punish those who repressed us, given the exigencies of the transition process in Spain, now that it is possible let's do it to others, irrespective of their own process of transition." (Malamud 2003: 157)

Durch die diskursiven Bezugnahmen auf die Aufarbeitung der chilenischen Militärdiktatur in der öffentlichen Debatte und die Herstellung historischer Parallelen hat der ,Fall Pinochet' auch in der spanischen Öffentlichkeit zu einer erneuten Dynamik in der Auseinandersetzung mit der Franco-Vergangenheit geführt und die Aufarbeitung von Diktatur und Bürgerkrieg auf die politische Tagesordnung gebracht. Der ,Fall Pinochet' als Initialzündung hat auf die öffentliche Vergangenheitsvergegenwärtigung zurück gewirkt, eine Diskussion über die nicht-aufgearbeitete franquistische Diktaturerfahrung forciert und damit die lang hegemoniale Nicht-Thematisierung der Franco-Diktatur durchbrochen.

Die innenpolitischen Machtkonstellationen sorgten zusätzlich dafür, dass der „Pakt der politischen Nicht-Instrumentalisierung" (Aguilar 2004: 26) der Franco-Vergangenheit unter einer absoluten Regierungsmehrheit der rechtskonservativen PP zerbrach. Auf innenpolitischer Ebene versuchten die spanischen Oppositionsparteien, die Verhaftung Pinochets geschichtspolitisch zu nutzen, indem sie ihre Positionen diskursiv mit Assoziationen konnotierten, die an Spaniens Diktaturvergangenheit anknüpften. Zum Zeitpunkt der Verhaftung Pinochets in London war die Regierung um die politische Modernisierung der PP bemüht, um als Mitte-Rechtspartei langfristig das politische Zentrum besetzen zu können und sich von ihren franquistischen Wurzeln loszusagen.[119] Mit der Verhaftung Pinochets geriet Ministerpräsident José María Aznar auf politisches Glatteis, denn die

119 Die Mehrzahl der führenden Politiker der Vorgängerpartei Alianza Popular hatte während des Franco-Regimes politische Posten bekleidet. Viele PP-Politiker stammen aus während des Franquismus politisch einflussreichen Familien. Ihr langjähriger Ministerpräsident Aznar war seit 1970 als Vorsitzender der franquistischen Studentenorganisation Frente de Estudiantes Sindicalistas aktives Mitglied franquistischer Organisationen (Casals i Meseguer 1998: 263).

überragende Mehrheit der spanischen Öffentlichkeit setzte sich für eine Auslieferung Pinochets an die spanische Justiz ein. Auf seiner „Reise in die politische Mitte" (Gerdtzen/Pérez 2000: 231) konnte der konservative Regierungschef José Maria Aznar den chilenischen Ex-Diktator kaum öffentlich verteidigen und sich damit gegen den Druck der internationalen Menschenrechtspolitik stellen. Mit Blick auf die am 12. März 2000 anstehenden Parlamentswahlen lehnte es die Volkspartei von Beginn an ab, sich auf eine politische Debatte zum ‚Fall Pinochet' einzulassen. „Respeto a las decisiones judiciales"[120] war der zentrale Leitsatz der PP-Regierung, mit dem sie ihre Passivität öffentlich legitimierte. Diese vermeintliche Neutralität wurde von ihren politischen Gegnern wiederholt als faktischer Versuch ausgelegt, die Arbeit Garzóns zu sabotieren, so argumentiert etwa der chilenische Schriftsteller Ariel Dorfman:

> „In Spain, however, the conservative government of Premier José María Aznar is doing all it can to obstruct and even sabotage Garzón's case. [...] But the overwhelming antifascist popular sentiments – 90 to 95 percent of those polled want to see Pinochet tried in Madrid, the Spanish doing to the Chilean admirer and disciple of Franco what they were unable to do to Franco himself – is keeping Aznar at bay." (Dorfman 2002: 42f.)

Hätte die PP sich eindeutig gegen die Auslieferung Pinochets gewandt, hätte dies der oppositionellen PSOE wiederum die Möglichkeit geboten, den undemokratischen Charakter der PP mit ihren franquistischen Wurzeln zu entlarven und sie damit geschichtspolitisch in die Nähe der franquistischen Rechten zu rücken, eine diskursive Strategie, welche die PP immer wieder in Bedrängnis brachte:

> „Si Pinochet vuelve sano a Santiago de Chile, podemos dar por perdida la democracia en España. [...] Aznar es un gobernante que viene de Fraga, que venía de Franco, etc.."[121]

Der vermeintlich undemokratische und profranquistische Charakter der amtierenden *Partido Popular* entwickelte sich alsbald zu einem zentralen Diskursstrang der Opposition in der durch den ‚Fall Pinochet' ausgelösten Diskussion. Diese die Auseinandersetzung um den ‚Fall Pinochet' prägenden geschichtspolitischen Diskurselemente in der innenpolitischen Debatte durchbrachen den lang-

120 Vgl. etwa El País: *Aznar rehuye hablar del arresto de Pinochet porque afecta a muchas sensibilidades*, 19. Oktober 1998, ebd., *El Gobierno de Aznar asegura que no irá en contra de las decisiones judiciales según declaraciones del ministro Rato*, 20. Oktober 1998.

121 El Mundo: *El Caudillo*, Francisco Umbral, 20. Oktober 1998.

jährigen, von seinen Kritikern als ‚Pakt des Schweigens‘ (*pacto de silencio*) gegeißelten Zustand, der den Umgang mit der Franco-Diktatur während des Transitionsprozess geprägt hatte.

Die außenpolitische Krise der Regierung kam den Sozialisten wiederum zugute, um ihre Position als Oppositionspartei geltend machen zu können, indem sie die PP anhand ihrer uneindeutigen Haltung im ‚Fall Pinochet‘ als Franco-Nachfolgepartei bloßzustellen versuchte und auf ihre franquistischen Wurzeln verwies, um sie damit öffentlich zu stigmatisieren. Von dem Zeitpunkt der Verhaftung Pinochets in London an kritisierten Politiker der PSOE, dass die PP das Auslieferungsverfahren behindere. Der Generalsekretär der Sozialistischen Partei, Joaquín Almunia, forderte wiederholt, dass die PP sich dem Auslieferungsgesuch gegen Pinochet nicht in den Weg stellen dürfe.[122] Alfredo Pérez Rubalcaba, parteipolitischer Sprecher der PSOE, begrüßte die Festnahme Pinochets in London mit den Worten: „Ojalá hubiéramos podido hacer lo mismo con Franco“[123], um darauf die ‚beschämende Haltung‘ (ebd.) der PP in dieser Angelegenheit zu beanstanden.

Die linksgerichteten Oppositionsparteien legten die betonte Neutralität der rechtskonservativen Regierung Aznar von Beginn an so aus, als würde die PP mit den Anhängern der chilenischen Diktatur und Unterstützer Pinochets in Chile sympathisieren, welche die Auslieferung um jeden Preis verhindern wollten. Auch in der Parlamentsdebatte unmittelbar nach der Festnahme Pinochets, als im spanischen Senat über das mögliche Auslieferungsverfahren diskutiert wurde, machte der sozialistische Abgeordnete Juan José Laborda der Regierungspartei den Vorwurf, eine profranquistische Ideologie zu vertreten, indem die PP demokratische Werte vorgeblichen nationalen Interessen unterordne.[124]

Als alle parlamentarisch repräsentierten Parteien – ausgenommen die rechtskonservative PP – per Eilantrag positiv über eine vorgelegte Parlamentsinitiative entschieden, mit der das Pinochet-Regime offiziell verurteilt und die Aktivitäten der *Audiencia Nacional* unterstützt werden sollten, kritisierte der PP-Abgeordnete Fernando Castelló das Vorgehen als voreilig und nicht mit seiner Partei abgestimmt. Er setzte sich dafür ein, dass die Resolution nicht nur die chilenische und argentinische Militärdiktatur verurteile, sondern vielmehr auf „alle ge-

---

122 El Mundo: *Pinochet, detenido: la polémica jurídica. Almunia pide a Aznar que no interfiera*, 20. Oktober 1998.

123 El País: *Aznar esperará a ver el „fundamento“ para pronunciarse sobre la extradición de Pinochet*, 19. Oktober 1998.

124 ABC: *Sigue la controversia política en España por el caso*, 23. Oktober 1998.

genwärtig existierenden ‚totalitären Regime' erweitert werden" solle.[125] Die Linkspartei IU, die selbst als Klägerin gegen argentinische Militärs in das Verfahren vor der *Audiencia Nacional* involviert war, machte der PP-Regierung, allen voran Regierungschef Aznar, wiederholt den Vorwurf, Pinochet schützen zu wollen. Unmittelbar nach der Verhaftung Pinochets ließ etwa IU-Koordinator Víctor Ríos verlauten, dass Ministerpräsident Aznar nun die Gelegenheit habe zu beweisen, dass er tatsächlich ein Demokrat sei.[126] Auch Rosa Aguilar, parlamentarische Sprecherin der IU, rief die Regierung dazu auf, die juristischen Entscheidungen zu respektieren und das Auslieferungsverfahren nicht zu behindern.[127] Die Regionalparteien, die baskische PNV und die CiU setzten sich ebenfalls für eine Auslieferung Pinochets an Spanien ein (Serrano 2002: 78).[128] Der spanischen Opposition, die eine Auslieferung Pinochets forderte, wurde andererseits von chilenischer Seite ein ums andere mal vorgeworfen, zwar gegen ausländische Ex-Diktatoren wie Pinochet vorzugehen, die Franco-Vergangenheit allerdings nicht aufarbeiten zu wollen[129], womit auch die Legitimität der spanischen Justiz zur Verurteilung chilenischer Militärs in Frage gestellt wurde.

Im Gegensatz zu der um Neutralität bemühten offiziellen Regierungsposition waren auch Stimmen aus den Reihen der rechtskonservativen Volkspartei zu vernehmen, die quer zu dem Diskurs um vermeintliche Objektivität standen. So erklärte etwa der damalige PP-Ministerpräsident Galiziens und ehemalige Innen- und Informationsminister während der Franco-Diktatur, Manuel Fraga Iribarne, niemand habe das Recht, sich in die internen Angelegenheiten anderer Staaten einzumischen. Fraga sprach sich entschieden gegen eine Auslieferung Augusto

125 El País: *El PP quiere que se condenen todas las dictaduras y no sólo la de Chile*, 27. Oktober 1998.

126 El Mundo: *Almunia pide a Aznar que no interfiera*, 20. Oktober 1998.

127 El País: *Aznar esperará a ver el „fundamento" para pronunciarse sobre la extradición de Pinochet*, 19. Oktober 1998.

128 El Mundo: *Almunia pide a Aznar que no interfiera*, 20. Oktober 1998.

129 In diesem Zusammenhang schreibt Nolte: „Am Fall Pinochet haben auch einzelne westeuropäische Länder ihre eigene Geschichte abgearbeitet [...] im Fall Spaniens wurde den Spaniern in Südamerika immer wieder vorgeworfen, zwar gegen die Ex-Diktatoren in Argentinien und Chile Prozesse zu führen, die eigene franquistische Vergangenheit allerdings nicht aufgearbeitet zu haben. Stellt sich somit die hintergründige Frage: Sollte mit dem greisen chilenischen Diktator gewissermaßen symbolisch Franco auf die Anklagebank gesetzt werden, bzw. die Tatsache kompensiert werden, dass dieser friedlich im Bett verstarb?" (2002/3: 48)

Pinochets an Spanien aus und warnte eindringlich davor, einen Präzedenzfall in der internationalen Rechtsprechung zu schaffen.[130]

Auch die PSOE war in dieser Frage gespalten: Gegenstimmen zu der offiziellen, das Auslieferungsverfahren unterstützenden Position waren zu vernehmen. Innerhalb der sozialistischen Partei wurde diskutiert, ob nicht vielmehr der im Entstehen begriffene Internationale Strafgerichtshof oder ein anderes international legitimiertes Gericht eingesetzt werden solle oder – wenn möglich – Pinochet von chilenischen Gerichten verurteilt werden müsse (Burbach 2002: 118). Der ehemalige sozialistische Ministerpräsident Felipe González etwa zweifelte die Legitimität der spanischen Justiz, lateinamerikanische Militärs für die von ihnen begangenen Menschenrechtsverletzungen zu verurteilen, ebenfalls an.[131] Die Sozialisten, die von Beginn an eine Auslieferung Pinochets an Spanien befürwortet hatten, distanzierten sich von der Position des ehemaligen sozialistischen Ministerpräsidenten, so etwa in den Worten des parteipolitischen Sprechers und Abgeordneten der PSOE Alfredo Pérez Rubalcaba: „Desde que se inició este proceso creemos que Pinochet debe ser juzgado, y si la justicia española lo reclama tiene que venir aquí."[132] Auch Vertreter der IU und der UPF kritisierten die das Auslieferungsverfahren ablehnende Position von Felipe González:

„Desde Izquierda Unida, las críticas también fueron unánimes. ,González tiene un sentido muy humanista cuando se trata de crímenes de estado', afirmó el secretario general del PCE, Francisco Frutos. Los fiscales fueron unánimes. ,Las manifestaciones no son de re-

130 El Mundo: *Fraga defiende a Pinochet*, 21. Oktober 1998. Beinahe fünfzehn Jahre später sollte Fraga selbst ins Visier der universellen Gerichtsbarkeit geraten: Im Zuge der 2010 in Buenos Aires präsentierten Klage (vgl. Kap. 6.7), mit der eine juristischen Aufarbeitung der Franco-Diktatur erreicht werden sollte, hatte die zuständige Richterin von der spanischen Regierung die Daten franquistischer Minister verlangt. Nachdem die Anfrage unbeantwortet geblieben war, präsentierte die *Comisión por la Recuperación de la Memoria Histórica de A Coruña* dem argentinischen Konsulat in Vigo im Januar 2012 Material, um Fragas „Komplizenschaft" und zentrale Verantwortung für die franquistische Repression während seiner 35-jährigen Tätigkeit für die Franco-Diktatur in unterschiedlichen Ämtern zu belegen, darunter u. a. die von ihm angeordnete Einsetzung des *Tribunal del Orden Público* (TOP) und die 1963 erfolgte Hinrichtung des Kommunisten Julián Grimau. Der 89-jährige Fraga verstarb wenige Tage darauf. El País: *„Fraga no pasaba por ahí...“*, 5. Januar 2012.

131 El Mundo: *Felipe González contra la extradicción de Pinochet*, 14. November 1998.

132 El País: *El PSOE se desmarca de González*, 30. August 1999.

cibo. Son totalmente contrarias a lo que defienden los socialistas españoles y de todo el mundo', dijo Adrián Salazar, Presidente de la Unión Progresista de Fiscales."[133]

Auffällig ist dabei, dass während der Amtszeit des Ministerpräsidenten Felipe González von 1982 bis 1996 die sozialistische Regierung keinerlei Initiativen zur Aufarbeitung der Verbrechen der Franco-Diktatur übernommen hatte. Nachdem Pinochet bereits, ohne an die spanische Justiz ausgeliefert, geschweige denn vor der *Audiencia Nacional* verurteilt worden zu sein, nach Chile zurückgekehrt war, verteidigte González seine über Jahre währende offizielle ‚Politik des Vergessens' in einem Artikel der linksliberalen *El País*, in welchem er sich mit der Aufarbeitung der Diktaturen im *Cono Sur* am Beispiel der ersten chilenischen Wahrheitskommission *Comisión Rettig* befasst:

> „Nosotros decidimos no hablar del pasado. Si lo tuviera que repetir con la perspectiva de estos 25 años desde la desaparición del dictador lo volvería a hacer. [...] [V]eo con respeto lo que han hecho países hermanos en la desgracia de soportar la brutalidad de la dictadura. Es precisamente ese respeto el que me turba, atenazado por la vergüenza de haber visto a algunos españoles dando lecciones de democracia a estos países. Exigen a otros lo que no hubieran osado insinuar siquiera en España. [...] Creo firmemente que los españoles lo hicimos bien, en nuestras cirunstancias, pero de ninguna manera mejor que los chilenos o los argentinos en las suyas."[134]

In defensiver Haltung äußert González, neben dem Bekenntnis, dass er ein bewusstes Beschweigen der Franco-Vergangenheit als notwendige Bedingung und unabdingbar für das Gelingen der *transición* ansieht und dementsprechend genauso erneut handeln würde, die Scham darüber, dass spanische Politiker für die Länder des *Cono Sur* Lektionen über den Umgang mit ihrer Diktaturvergangenheit erteilten, was ihnen keinesfalls zustünde. Nachdem er den umgesetzten vergangenheitspolitischen Maßnahmen in Chile und Argentinien Respekt zollt, betont er überdies die Kontextabhängigkeit der Aufarbeitung von Menschenrechtsverletzungen und impliziert damit für den spanischen Fall, dass eine Auseinandersetzung mit der Franco-Diktatur unter den gegebenen Umständen nicht möglich gewesen sei.

Vor dem Hintergrund der Verhaftung des chilenischen Ex-Diktators Pinochet und des gegen ihn eingeleiteten Auslieferungsverfahrens gelangte die Frage nach

133 Ebd.

134 El País: *Chile, Argentina y las Comisiones de la Verdad*, Felipe González, 23. April 2001.

der Franco-Vergangenheit mittelbar auf die politische Agenda. Die durch die Pinochet-Affäre ausgelösten Vergangenheitsdebatten, welche die spanische Öffentlichkeit bezüglich des Umgangs mit Diktaturvergangenheit und der kollektiven Erinnerung an die Franco-Diktatur sensibilisiert hatten, intensivierten auch öffentliche Forderungen nach einer Auseinandersetzung mit den während der Franco-Diktatur begangenen Menschenrechtsverletzungen.

Der ‚Fall Pinochet‘ hat gezeigt, dass die transnationale vergangenheitspolitische Verfolgung von Menschenrechtsverletzungen diskursiv auch auf die Aufarbeitungsnarrative in dem Land zurückwirken kann, von dem der juristische Druck ausgeht. Während die meisten Analysen der Auswirkungen von transnationalen Menschenrechtaktivitäten sich auf den Zielstaat konzentrieren, konnte nachgewiesen werden, dass der ‚Fall Pinochet‘ auch im spanischen Diskurs zu einer Reaktualisierung über die Franco-Diktatur geführt hat. Eine Konsequenz der durch den ‚Fall Pinochet‘ ausgelösten Debatten lag darin, dass der politische ‚Pakt des Schweigens‘ (*pacto de silencio*) der Franco-Vergangenheit, der den spanischen Transitionsprozess geprägt hatte, auch durch externe Einflüsse bedingt, brüchig geworden ist.

Insgesamt machen die Ausführungen über die transnationalen Einflüsse des ‚Falles Pinochet‘ auf die innenpolitischen Auseinandersetzungen über die Diktaturvergangenheiten in Spanien und Chile deutlich, dass nationale Grenzen und damit Diskursräume brüchig wurden. Der ‚Fall Pinochet‘ brachte nicht nur die chilenische Diktaturvergangenheit wieder auf die politische Agenda, sondern wirkte als Diskursanlass auch in Spanien wie ein Katalysator auf die Thematisierung der bislang nicht-aufgearbeiteten Franco-Vergangenheit. Durch die gegenseitigen Bezugnahmen auf das andere Land und die Herstellung von Parallelen hat die Pinochet-Affäre in beiden Ländern zu einer erneuten Dynamik in der öffentlichen Auseinandersetzung mit der Diktaturvergangenheit geführt und als Impuls für Neuverhandlungen über überkommene Geschichtsbilder gedient. Die sich in langfristiger Dynamik herauskristallisierenden Veränderungen der Aufarbeitungsdiskurse Spaniens und Chiles lassen sich nicht allein innenpolitisch erklären. Neben endogenen Faktoren waren für beide Länder ebenso transnationale Entwicklungen zwischen Spanien und Chile sowie internationale Veränderungen und die zunehmende Durchsetzung internationaler völkerrechtlicher Bestimmungen sowie Menschenrechtsparadigmen für die Aufarbeitung von Diktaturvergangenheit bedeutsam.

War es den transnationalen Menschenrechtsnetzwerken zunächst gelungen, Druck auf die chilenische Vergangenheitspolitik auszuüben, so wurde mit dem ständigen Verweis auf die ungestraften Menschenrechtsverbrechen der Franco-Vergangenheit beinahe ein Vierteljahrhundert nach Ende der Diktatur auch eine

Auseinandersetzung mit der spanischen Diktaturvergangenheit angestoßen. Der ‚Fall Pinochet' hat zu einer Reaktualisierung der belastenden Diktaturvergangenheit in Spanien geführt und zu einem öffentlichen Bruch mit dem bisher vorherrschenden Schweigen über die Franco-Diktatur beigetragen. Die durch die Pinochet-Affäre ausgelösten Vergangenheitsdebatten intensivierten auch zivilgesellschaftliche Forderungen, die während der Franco-Diktatur begangenen Menschenrechtsverletzungen aufzuarbeiten (s. Kap. 6). Der ‚Fall Pinochet' verweist auf transnationale Verwobenheiten und Transferprozesse sowie ihre Bedeutung für länderspezifische Aufarbeitungsprozesse. Er impliziert allen voran eine Kritik an der Straflosigkeit als Konsequenz paktierter Transitionsprozesse, welche einer Verfolgung der Täter langfristig entgegenstand. Damit bedeutete er auch einen indirekten Angriff auf das spanische Transitionsmodell[135], das Golob treffend mit den Worten „reconciliation without truth, transition without transitional justice" (2008: 127) charakterisiert. Der zunehmende globale Imperativ, sich mit der belastenden Diktaturvergangenheit auseinanderzusetzen, wirkte mit der Pinochet-Verhaftung als Ausgangspunkt auch auf die spanische Vergegenwärtigung der Franco-Diktatur zurück. Vor dem Hintergrund der durch die Festnahme Pinochets ausgelösten Bezugnahmen auf Parallelen und transnationale Verbindunglinien zur Franco-Diktatur Ende der 1990er Jahre und der Sensibilisierung der spanischen Öffentlichkeit bezüglich des postfranquistischen Schweigepaktes als Konsequenz des verhandelten Transitionsprozesses begann sich um die Jahrtausendwende in Spanien eine zivilgesellschaftliche lokale Erinnerungsbewegung zu formieren, die zunächst aus einer subalternen Position einen Gegendiskurs zum bisher dominanten Schweigen über die Repression formulierte, und damit auch das hegemoniale Konsens- und Versöhnungsnarrativ der erfolgreichen *transición* fundamental in Frage stellte (s. Kap. 6.3). Blakeley (2005) betont vor diesem Hintergrund in Anlehnung an Sidney Tarrow die „political opportunity structure", welche nicht nur den Transitionsprozess ermöglicht habe, sondern aus langfristiger Perspektive auch zeige, dass dieser nicht „set in stone" (ebd.: 56) sei. Sie führt weiter aus: „Pacts that may be necessary, and indeed laudable at the time of transition may unravel later on at the process of democratization" (ebd.) und führt dies, begründet mit dem zentralen Argument Tarrows – wonach Veränderungen in den politischen Opportunitätsstrukturen

135 Was Golob an anderer Stelle (2002) mit Bezug auf die Wirkung des Pinochet-Falles in Chile fromuliert, kann als *boomerang effect* ebenso für den spanischen Fall geltend gemacht werden: „What the Pinochet case underscores is the uncomfortable fact, that even successfull pacts sometimes have to be renegotiated or amended [...]. It also demonstrates, how the impetus for such a revisiting of domestic agreements can come from outside the national jurisdiction" (ebd.: 47).

Anlässe für kollektive Handlungen schüfen – auf die außenpolitisch induzierte Wirkung des ‚Falles Pinochet‘ zurück: Die spanische Zivilgesellschaft sei durch internationale Ereignisse beeinflusst aktiv geworden (ebd.). Angestoßen von den durch den Pinochet-Fall ausgelösten Debatten, brachte die sich herausbildende spanische Erinnerungsbewegung auch Aufarbeitungsforderungen nach Wahrheit und Gerechtigkeit in der spanischen Öffentlichkeit auf die politische Agenda.

Das schließlich Ende 2007 verabschiedete Erinnerungsgesetz[136] bezeichnet Golob als das Ergebnis einer „globalized post transitional justice culture“ (Golob 2008: 136) und interpretiert das Zustandekommen des Gesetzes als von „both the universalist and particularist elements“ geprägt. Golob hebt in diesem Kontext das Zusammenspiel von „two propitous moments for cultural change, one international and one domestic“ (ebd.: 128) hervor und betont demnach das Zusammenwirken von lokalen und internationalen Einflussfaktoren bei der Auseinandersetzung mit der Franco-Vergangenheit in Spanien.[137] Die Rückwirkungen der unterschiedlichen lokalen, nationalen und internationalen Ebenen werden hier offensichtlich. Mit dem ‚Fall Pinochet‘ war Spanien für die Weltöffentlichkeit zum Mittelpunkt der Durchsetzung universeller Gerichtsbarkeit bei der Auseinandersetzung mit Diktatur und Menschrechtsverletzungen in Lateinamerika geworden, was mittelbar in einer gesellschaftlichen Konfrontation mit der Franco-Vergangenheit münden sollte, die in zivilgesellschaftlichen Forderungen lokaler Bürgerinitiativen ihren Ausdruck fand (vgl. Kap. 6.3). Das Zusammenwirken lokaler und internationaler diskursiver Prozesse und Akteure verdeutlicht, dass die Forderungen nach einer Auseinandersetzung mit der Franco-Diktatur auch von durch den ‚Fall Pinochet’ beeinflussten internationalen Impulsen hervorgebracht wurde.

Im Folgenden werde ich als Konsequenz der Diskussionen um die Auseinandersetzung mit der Franco-Diktatur auf die im spanischen Parlament geführten Debatten um das Erinnerungsgesetz eingehen, um zu zeigen, dass Bezugnahmen auf den ‚Fall Pinochet‘ sowie der Tod des chilenischen Diktators wenige Tage zuvor eine zentrale Rolle einnahmen.

136 Ley 52/2007, vgl. Kap. 4.2, zu den einzelnen Maßnahmen s. Fußnote 34.

137 Ähnlich kommentiert Davis die Entwicklungen in der spanischen Zivilgesellschaft, sich mit der Diktaturvergangenheit auseinanderzusetzen als „product of a combination of internal and external factors that nobody could have predicted“ (2005: 880).

5.7 Das Erinnerungsgesetz: Diskursive Einflüsse auf vergangenheitspolitische Entscheidungen in Spanien

Mit der im September 2004 von der Zapatero-Regierung beschlossenen Einsetzung einer *Interministeriellen Kommission* sollte in Spanien erstmals eine umfassende Gesetzesinitiative für Entschädigungsmaßnahmen zur öffentlichen Rehabilitierung der Bürgerkriegs- und Diktaturopfer auf den Weg gebracht werden, welche die Aufarbeitungsforderungen der zivilgesellschaftlichen Akteure aufgriff. Während sich zivilgesellschaftliche Bürgerinitiativen jedoch enttäuscht zeigten[138] und *Izquierda Unida* sowie die linksgerichteten Regionalparteien das geplante Gesetz als zu zaghaft kritisierten, wurde es von der rechtskonservativen PP komplett zurückgewiesen. Die PP blockierte und boykottierte das Vorhaben, den Linksparteien ging es dagegen nicht weit genug.

Der ‚Fall Pinochet' wurde in den parlamentarischen Abstimmungsdebatten als transnationaler Bezugspunkt sowohl von Regierungsseite zur Verteidigung des Gesetzesvorhabens als auch von den Gegnern des Gesetzes geschichtspolitisch genutzt. Als nach mehrfacher Verschiebung der spanische Kongress am 16. Dezember 2006 über den Gesetzesentwurf debattierte, verteidigte die stellvertretende sozialistische Ministerpräsidentin María Teresa Fernández de la Vega das Gesetzesvorhaben und führte es auf den Abschlussbericht der *Interministeriellen Kommission* zurück, welcher sie vorgesessen hatte. Ihren die Debatte eröffnenden Parlamentsbeitrag schließt Fernández de la Vega mit einem Bezug zum Tod Pinochets vier Tage zuvor und fordert, indem sie ein Zitat des uruguayischen Schriftstellers Mario Benedetti heranzieht und gegen das Vergessen appelliert, die Parlamentarier zur Zustimmung für das auf den Weg gebrachte Gesetz auf:

> „Hace unos días, a propósito de la muerte de Pinochet, afirmaba el poeta Mario Benedetti que la muerte había ganado a la justicia. Pues bien, para que al horror de tanta muerte, tanta humillación y tanta represión injusta no añadamos el oprobio del olvido, les pido el voto para esta ley."[139]

Mittels einer Verschränkung der historischen Zusammenhänge wird, auf den Tod Pinochets Bezug nehmend, eine Verbindungslinie zwischen beiden Diktat-

138 Siehe beispielsw. *Comunicado ante el proyecto de ley aprobado por el gobierno. Federación estatal de Foros por la Memoria*, 30. Juli 2006. Siehe http://www.foroporlamemoria.info/documentos/2006/ ffm_30072006.htm (Stand: 15.06.2010).

139 Diario de Sesiones del Congreso de los Diputados (DSCD): Redebeitrag María Teresa Fernández de la Vega, 14. Dezember 2006, S. 11246.

urerfahrungen hergestellt, um die Unterstützung für das Gesetz zu erwirken: Nachdem auch im Falle des chilenischen Diktators der Tod die Gerechtigkeit besiegt habe, dürfe dem nicht, hinsichtlich der ebenso ungesühnten Repression der Franco-Diktatur, die Vergessensschande hinzugefügt werden.

Auch der Abgeordnete Joan Tardá i Comá von *Esquerra Republicana de Catalunya* (ERC) stellte in der Parlamentsdebatte zum Erinnerungsgesetz Bezugnahmen zum ,Fall Pinochet' und der Rolle der spanischen Justiz bei der Anwendung universeller Gerichtsbarkeit her. Zur Eröffnung seiner Rede zog er unter dem unmittelbaren Eindruck des Todes Pinochets eine vergleichende Bilanz und verortete das Erinnerungsgesetz vor dem Hintergrund der Pinochet-Affäre und das gegen den chilenischen Diktator gerichtete Auslieferungsverfahren:

„hoy discutimos una ley trascendente; una ley que coincide con el año de la memoria histórica — que así se aprobó —; una ley que discutimos en la semana en que ha muerto un dictador, Pinochet, en el Día internacional de los Derechos Humanos y ocho años después de que la justicia española solicitase su extradición. Esta coincidencia nos ha permitido que en una misma semana hayamos oído voces lamentando que el dictador hubiese muerto, sin ser juzgado y condenado, y a la vez se ha negado, no ya la posibilidad de condenar a nuestros pinochet, sino la posibilidad de anular sentencias de nuestra represión."[140]

Vor dem Hintergrund der zeitlichen Nähe zum Tod Pinochets konstatiert Tardá den zu vernehmenden Widerspruch, wenn einerseits im Zusammenhang mit dem von der spanischen Justiz eingeleiteten Auslieferungsverfahren gegen den chilenischen Diktator öffentlich beklagt werde, dass Pinochet letztlich starb, ohne juristisch zur Rechenschaft gezogen worden zu sein, während andererseits bis heute die Verbrechen der Franco-Diktatur weder rechtlich verfolgt werde, noch die franquistische Rechtsprechung annulliert worden sei. Nachdem Tardá das allgemeine Beklagen in der spanischen Öffentlichkeit darüber feststellt, dass Pinochet ungestraft geblieben sei, brandmarkt er die franquistischen Täter als „nuestros Pinochet", um damit auf das Wissen um die Parallelen beider Diktaturen zu rekurrieren.

„Pero, sobre todo, como demócratas, nos indigna que desde la justicia española se haya invocado en su día el principio de jurisdicción universal de los derechos humanos para dictar una orden de detención del general Pinochet, y que al mismo tiempo se reclame el

140 DSCD: Redebeitrag Juan Tardá i Comá, 14. Dezember 2006, S. 11259.

principio de seguridad jurídica de la legislación franquista para oponerse a la anulación de los consejos de guerra." [141]

Mit diesem Missverhältnis – einerseits habe die spanische Justiz auf das zur Festnahme Pinochets angewendete Prinzip der universellen Jurisdiktion rekurriert, andererseits allerdings würden die von franquistischen Sondergerichten gesprochenen Gerichtsurteile mit dem Gesetzesentwurf weiterhin nicht annulliert – begründete er im Sinne seiner Fraktion die Ablehnung des vorliegenden Gesetzesentwurfs. Das Gesetz in dieser Form basiere weiterhin auf dem Fundament der Straflosigkeit. Es sei eine bittere Enttäuschung, welche die ERC mit den Opferorganisationen und Familienangehörigen von Verschwundenen teile (ebd.), dass die spanische Justiz für die Festnahme Pinochets auf das Prinzip der internationalen Gerichtsbarkeit zurückgegriffen habe, um die Straflosigkeit in Chile zu umgehen, während dagegen das Gesetz der Forderung vieler zivilgesellschaftlicher Organisationen nicht nachkomme, die vor Sondergerichten gesprochenen Urteile aus dem Bürgerkrieg und der Franco-Diktatur zu annullieren.

Tardá spielt hier nicht nur auf das in Spanien weiterhin bestehenden Amnestiegesetz an, an dem auch das Erinnerungsgesetz, welches an der Legalität der Franco-Diktatur festhalte, nicht rütteln sollte, er stellt ebenso immer wieder Bezüge zu Menschenrechtsdiskursen und völkerrechtlichen Bestimmungen her. So kritisiert Tardá implizit, der Gesetzesentwurf würde den UN-Menschenrechtsnormen und des internationalen Rechts nicht entsprechen, obgleich die spanische Verfassung dies vorschreibe:

„Esquerra Republicana ha batallado a lo largo de esta legislatura para acabar de manera definitiva con la situación de las víctimas de los crímenes del franquismo; hasta diecisiete iniciativas ha presentado nuestro grupo [...]. Ha llegado, pues, el momento de aplicar a las víctimas de las violaciones de los derechos humanos cometidas por el franquismo el mismo trato que establece la legalidad internacional, fijada por Naciones Unidas, tarea que ya han llevado a cabo todos los Estados que sufrieron en el pasado un régimen totalitario. El artículo 10.2 de la Constitución española establece que las normas relativas a los derechos fundamentales se interpretarán de conformidad con la Declaración Universal de los Derechos Humanos."[142]

Hatte ERC, die linke katalanische Regionalpartei, die Ausarbeitung des *Ley de Memoria* zunächst zur Bedingung ihrer Regierungsunterstützung gemacht, so

141 DSCD: Ders., 14. Dezember 2006, S. 11262.

142 DSCD: Redebeitrag Tardá i Comá, 14. Dezember 2006, S. 11263.

legte sie im November 2005 einen eigenen, hinsichtlich der Opferrechte wesentlich weitrechenderen Gesetzesvorschlag, betitelt mit „Proyecto de ley sobre memoria histórica republicana y antifascista“ vor.[143] So verwundert die ablehnende Haltung der ERC, besonders vor dem Hintergrund, dass das geplante Gesetz weder eine juristische Strafverfolgung, noch eine Annullierung der franquistischen Gerichtsurteile vorsah, nicht.

Der Abgeordnete Herrera Torres von *Izquierda Verds* erinnerte daran, dass „nuestra memoria se ha horrorizado recordando los métodos de la dictadura chilena, pero desconoce el genocidio que, según los ministros franquistas de turno, alcanzó a más de 300.000 personas, que supuso de 30.000 desaparecidos."[144] Die Menschenrechtsverbrechen der Pinochet-Diktatur würden in Spanien öffentlich erinnert, der Genozid und die Verschwundenen der Franco-Diktatur dagegen jedoch ausgeblendet. Auch im Umgang mit dem *Tal der Gefallenen*, dem pompösen Mausoleum Francos, gehe – erneut wird ein Bezug zur Situation in Chile, nämlich zum unterdessen umgestalteten Folterzentrum *Villa Grimaldi* in der chilenischen Hauptstadt hergestellt – der Gesetzesentwurf nicht weit genug:

> „En este mismo año hemos vibrado con Bachelet cuando anunciaba que en el centro de tortura de Villa Grimaldi acabará haciendo un teatro por la vida, pero nos vamos a resignar con que en el Valle de los Caídos, a lo sumo, no se realicen más actos de homenaje a Franco. Hoy mismo nos han advertido de los riesgos de reabrir viejas heridas. Nos hablarán de la guerra de las esquelas, después de contrastar que en el año 1998, tras la pretensión de enjuiciar al dictador Pinochet, las consecuencias para la democracia chilena fueron precisamente que sus raíces democráticas eran mucho más sólidas, en contra el vaticinio de muchos."[145]

Die Tatsache, dass das Erinnerungsgesetz lediglich politische Veranstaltungen zu Ehren Francos am *Tal der Gefallenen* künftig untersage, eine grundsätzliche Umgestaltung allerdings weiterhin ausgeschlossen ist, verdeutliche einmal mehr die offensichtliche Diskrepanz, schließlich seien in der symbolisch umgestalteten

143 Dieser Gesetzesvorschlag basierte grundsätzlich auf der Anwendung des Völkerstrafrechtsprinzips der Verbrechen gegen die Menschlichkeit (Art. 1), auf die während der Franco-Diktatur begangenen Verbrechen. Vgl. http://www.derechos.org/nizkor/espana/doc/esqley.html (Stand: 21.04.2010).

144 Redebeitrag Joan Herrera i Torres als Kongressabgeordneter und Sprecher von Izquierda Unida-Iniciativa per Catalunya, DSCD: 14. Dezember 2006, S. 11272.

145 Ebd.

Villa Grimaldi, verfügt durch die chilenische Regierungschefin Michelle Bachelet, unterdessen Theateraufführungen in Erinnerung an die Folteropfer angekündigt worden. Im Kontrast dazu werde in der spanischen Debatte immer wieder die Gefahr beschworen, alte Wunden würden geöffnet, während gleichzeitig argumentiert werden könne, dass die chilenische Demokratie mit dem ‚Fall Pinochet' gestärkt worden sei.

> „Cuando intentaron enjuiciar a Pinochet muchos se preocuparon por la reacción de la derecha, pero lo cierto es que el intento de enjuiciar a Pinochet sirvió para que en Chile las cosas fueran mejor. Yo les pido una cosa, aprendan lecciones, aprendamos lecciones de lo que ha pasado en otros sitios, porque quizás así tengamos reacciones furibundas, pero lo que consigamos es que este país no sea tan anormal y tan atípico, hasta el punto de que seamos un país tan desmemoriado habiendo padecido lo que hemos padecido."[146]

Zwar sei die Reaktion der Rechten in Chile nach seiner Festnahme zunächst gefürchtet worden, doch tatsächlich habe sich gezeigt, dass die Verhaftung Pinochets als Anstoß gedient habe, um sich mit der Diktaturvergangenheit auseinanderzusetzen. Man solle nun schließlich von den Aufarbeitungserfahrungen anderer Länder lernen, um damit endlich den spanischen Sonderfall des Vergessens der Diktatur zu durchbrechen.

In der zweiten Abstimmungsdebatte im Parlament im Herbst 2007 spielte der ERC-Abgeordnete Tardá erneut auf die Diskrepanz der Aktivitäten der spanischen Justiz bei der Verfolgung der Menschenrechtsverletzungen im *Cono Sur* an, bei gleichzeitiger weiterhin fortbestehender Straflosigkeit in Spanien:

> „Es posible perseguir a los dictadores de las repúblicas sudamericanas al amparo de la Constitución y en cambio continuar esquivando la justicia para las víctimas del franquismo. Ustedes niegan la equiparación de la democracia española al resto de democracias que tuvieron el infortunio de padecer regímenes totalitarios."[147]

Es werde nicht nur Gerechtigkeit für die Opfer des Franquismus negiert, auch verweigerten sich die Unterstützer des Gesetzesentwurfs jeglichen Vergleichs der gegenwärtigen spanischen Situation mit anderen Demokratien, die zuvor von totalitären Regimen heimgesucht worden seien. Tardá fährt folgendermaßen fort: Während die an spanischen Opfern begangenen Verbrechen während der lateinamerikanischen Militärdiktaturen von spanischen Gerichten als unverjährbar

---

146 Ebd.

147 DSCD: Redebeitrag Tardá i Comá, Nr. 296, S. 14621, 31.Oktober 2007.

eingestuft würden, was durch den Europäischen Menschenrechtsgerichtshof bestätigt worden sei, werde deutlich, dass der vorliegende Gesetzesentwurf nicht einmal den für andere Länder geltend gemachten europäischen Menschenrechtsstandards gerecht werde.

> „No obstante, para sorpresa de Esquerra, en una sentencia de la Audiencia Nacional del 19 de abril de 2005, que fue ratificada posteriormente por la Sala Penal del Tribunal Supremo, la jurisdicción ordinaria española reconocía la imprescriptibilidad de los crímenes cometidos contra ciudadanos españoles y argentinos en Argentina. Esta imprescriptibilidad y su aplicación por la justicia ordinaria fue ratificada finalmente, de forma expresa, por el Tribunal Europeo de los Derechos Humanos, en el año 2006. En definitiva, esta ley no respeta ni tan siquiera las resoluciones del Tribunal Europeo de los Derechos Humanos."[148]

Auch die fehlende Berücksichtigung der internationalen Menschenrechtsbestimmungen – in der Argumentation Tardás etwa die Unverjährbarkeit von Verbrechen gegen die Menschlichkeit, die auf die Menschenrechtverletzungen der argentinischen Militärdiktatur durch den Nationalen Gerichtshof bestätigt worden war – hatte zur Konsequenz, dass die linksgerichtete, katalanische ERC bei der Abstimmungsdebatte am 31. Oktober 2007 das Erinnerungsgesetz schließlich rundweg ablehnte (vgl. Brinkmann 2008: 130).

Es zeigt sich, dass der Umgang mit der Pinochet-Diktatur aufgrund der transnationalen Verwobenheiten mit der spanischen Diktaturgeschichte und der juristischen Aktivitäten im ‚Fall Pinochet' zu einem wichtigen Referenzpunkt auch in den spanischen Parlamentsdebatten zur Verabschiedung des Erinnerungsgesetzes geworden ist: Der ‚Fall Pinochet' hat als transnationaler Katalysator für gesellschaftliche Diskussionen über die Franco-Vergangenheit in der spanischen Öffentlichkeit gesorgt. Die Auswirkungen, des ‚Falles Pinochet' auf die entstehenden Aufarbeitungsforderungen der sich seit der Jahrtausendwende herausbildenden erinnerungskulturellen Bewegung für die Auseinandersetzung mit der Franco-Vergangenheit sind Gegenstand des sechsten Kapitels. Zunächst aber werde ich auf die internationalen Konsequenzen des ‚Falles Pinochet' eingehen, der als Präzedenzfall und Initialzündung innenpolitisch auch in anderen Ländern zu einer neuen Dynamik im Umgang mit Menschenrechtsverbrechen und Diktaturvergangenheit geführt hat.

---

148 Ebd. S. 14623.

5.8 Die internationale Dimension: Der *Pinochet Effekt*

Der ‚Fall Pinochet' stellt als Katalysator ein transnationales Bindeglied für die öffentliche Thematisierung, nicht nur der chilenischen sondern auch der spanischen Diktaturvergangenheit dar. Wie oben dargestellt, haben der ‚Fall Pinochet' und seine Auswirkungen die internationale Dimension des Umgangs mit Diktaturvergangenheit offenbart: Das gegen Pinochet geführte Verfahren zeigt zunächst, dass die Justiz im Sinne der universellen Menschenrechte und nichtverjährbarer und -amnestierbarer Verbrechen Ende der 1990er Jahre begonnen hatte, sich zu globalisieren. Die Ereignisse stehen jedoch ebenso für die juristische Hybridität konkurrierender nationaler und internationaler Rechtssysteme: Die Verhaftung Pinochets in London schreibt sich ein in eine Tendenz zur Universalisierung des internationalen Rechts, verweist aber auch auf die Ambivalenzen zwischen nationalstaatlicher Souveränität und der Koexistenz nationanler juristischer Prinzipien, die wachsende Bedeutung transnationaler zivilgesellschaftlicher Akteurskoalitionen sowie die Rückwirkungen auf die lokalen gesellschaftlichen Debatten der Auseinandersetzung mit Diktatur und Menschenrechtsverletzungen.

Hatte der Kampf gegen die Militärdiktaturen im *Cono Sur* von Beginn an in einem globalen Kontext gestanden, so setzte sich dies nach ihrem Ende mit dem Kampf gegen die Straflosigkeit fort. Die Entscheidungen europäischer Gerichte haben zur Weiterentwicklung des internationalen Rechts beigetragen. Die Aufarbeitung von Diktatur- und Menschenrechtsverletzungen findet zunehmend in einem internationalen Rahmen statt, der ‚Fall Pinochet' markiert einen Wendepunkt des internationalen Kampfes gegen die Straflosigkeit und hat internationale Standards gesetzt. Ein sich international etablierender Menschenrechtsdiskurs trug dazu bei, dass der Umgang mit Staatsterrorismus und Menschenrechtsverletzungen nicht mehr als rein innerstaatliche, bzw. nationale Angelegenheit betrachtet werden konnte. So hat der ‚Fall Pinochet' als Katalysator weitere Auslieferungsverfahren gegen hochrangige, wegen Menschenrechtverletzungen angeklagte Militärs des *Cono Sur* angestoßen, womit – entgegen der weit verbreiteten Straflosigkeit in vielen, insbesondere lateinamerikanischen Ländern, – auch der interne Druck auf die Regierungen erhöht werden konnte, innenpolitisch eine juristische Aufarbeitung voranzubringen. In zahlreichen weiteren Ländern stellte der ‚Fall Pinochet' die interne Straflosigkeit infrage und lieferte Impulse für eine erneute juristische Aufarbeitung von Menschenrechtsverletzungen und geschichtspolitische Debatten über hegemonial apologetischer Deutungen repressiver Vergangenheit. So hebt *Human Rights Watch*-Mitarbeiter Reed Brody hervor:

„The arrest of Pinochet [...] inspired others to bring their tormentors to justice, particularly in Latin America, where victims challenged the traditional arrangements of the 1980s and 1990s that allowed perpetrators of atrocities to go unpunished and, often, to remain in power.“ (Brody 2006)

Naomi Roht-Arriaza deutet den Pinochet-Fall als das Ergebnis der Aktivitäten einer Allianz von nationalen und internationalen Menschenrechtsaktivisten, Familienangehörigen von Opfern, Rechtsanwälten, Journalisten und Wissenschaftlern auf der einen und Richtern und Regierungen auf der anderen Seite. Dieses Zusammenwirken institutioneller und nicht-institutioneller Akteure habe zunächst zur Verhaftung Pinochets und daraufhin zu dem von ihr so bezeichneten ‚Pinochet Effekt‘ geführt (Roht-Arriaza 2005). Eine zunehmend transnational organisierte Zivilgesellschaft habe dafür gesorgt, dass die Gerichtsbarkeit eines anderen Landes sich in einen „catalyst of domestic change“ übersetzen konnte (Dies. 2009: 92). Dieser katalysatorische Effekt habe sich in einer Rückwirkung der internationalen Diskussionen und der Bemühungen zur Aufnahme von Ermittlungen und Strafverfolgungsaktivitäten in Chile, aber auch in einer beschleunigten justiziellen Aufarbeitung von Menschenrechtsverletzungen in weiteren Ländern ausgedrückt. Der ‚Pinochet Effekt‘ verdeutlicht dabei insgesamt einen allgemeinen Trend zur universellen Gerichtsbarkeit, um damit der innerstaatlichen Straflosigkeit von Staatsterrorismus und Menschenrechtsverletzungen zu begegnen. Er bedeutete aus Sicht der internationalen Menschenrechtsgemeinschaft zunächst einen bemerkenswerten Sieg und Erfolg des internationalen Rechts. Auch wenn man die ‚humanitären Gründe‘ bedenkt, die der britische Innenminister Jack Straw als das Resultat politischer Abkommen der beteiligten Regierungen zur Freilassung Pinochets anführte, machte der Fall die potentiell globale Reichweite der Menschenrechtsprinzipien und des Kampfes für die internationale Durchsetzung von Menschenrechtsnormen deutlich.

Abgesehen von den dargestellten tief greifenden diplomatischen Spannungen, die sich zwischen den in den Pinochet-Fall involvierten Regierungen manifestierten, hebt Collins außerdem einschränkend hervor, dass die transnationalen Aktivitäten von Menschenrechtsakteure im ‚Fall Pinochet‘ auch zu fundamentalen Konflikten, Differenzen und Konkurrenzen unter den beteiligten spanischen und chilenischen NGO's geführt hätten (2006: 724).[149] In diesem Sinne betont

149 Anhand der Länder El Salvador und Chile hat Collins hervorgehoben, dass die Aktivitäten der internationalen Menschenrechtsbewegung als externe Akteure sowie ihre Zusammenarbeit mit nationalen Akteuren gemeinhin überbewertet würden

auch Roht-Arriaza kritisch, die transatlantische Koordination und Zusammenarbeit von TAN's im ‚Fall Pinochet' werde oftmals in ihrer Bedeutung leichtfertig überbewertet, es sei

„possible however, to overstate the amount of organization and coordination involved. This was no tight and, centralized operation but a dispersed series of individuals and small groups loosely bound by common goals and mutual acquaintances who came together over time around specific campaigns and opportunities." (Roht-Arriaza 2005: 211)

Trotz dieser Kritik an der Reichweite und dem Zusammenspiel von TAN's im ‚Fall Pinochet', welche offen legt, dass beteiligte nicht-staatliche Akteure nicht in herrschaftsfreien Räumen agieren, sondern auch in Rivalitätsverhältnissen stehen können, kann m. E. als unbestritten gelten, dass die Pinochet-Affäre die Debatte über den Umgang mit Diktaturfolgen und Menschenrechtsverletzungen nicht nur in der chilenischen Öffentlichkeit vorantrieb. Auch wenn sich die veränderte Haltung der chilenischen Justiz nicht allein aufgrund von internationalen Einflussfaktoren erklären lässt, so war zum ersten Mal in der Geschichte des Völkerstrafrechts einem ehemaligen Staatsoberhaupt mit Bezug auf die unter seiner Herrschaft begangenen Menschenrechtsverletzungen die Immunität aberkannt worden, um ihm in einem anderen Land den Prozess wegen Menschenrechtsverletzungen zu machen. Dieser Versuch einer internationalen Durchsetzung von Menschenrechtsnormen wirkte – wie oben dargelegt – als „boomerang effect" (Lutz/Sikkink) auch auf die lokalen geschichtspolitischen Diskussionen über die Franco-Diktatur in Spanien zurück.

Das ‚Pinochet-Modell' bildet seither einen zentralen Bezugspunkt in der internationalen Debatte über den Umgang mit Menschenrechtsverletzungen, der Universalisierung der Justiz und des Einflusses des internationalen Rechts auf die durch Amnestien abgesicherte Straflosigkeit von Tätern und demzufolge nationale Aufarbeitungsprozesse. Der ‚Pinochet Effekt' symbolisierte dabei einen Trend zur globalen Rechtsprechung, um damit der Straffreiheit nach Diktaturen zu begegnen. Er trieb nicht nur die Debatte um die internationale Strafgerichtsbarkeit voran, sondern diente gleichzeitig als Präzedenzfall, demzufolge ehemalige Diktatoren im Ausland keine Immunität genießen. Sie reisen seit der Pino-

(2006: 715f.). Auch wenn mein Interviewmaterial mit chilenischen und spanischen in den ‚Fall Pinochet' involvierten Akteuren dies nicht eindeutig bestätigen, lohnt sich dennoch ein genauer Blick auf die Machtstrukturen innerhalb der Menschenrechtsbewegung, so hat Collins ebenso herausgearbeitet, dass bisweilen ein Gegeneinander von internationalen Menschenrechtaktivisten zu beobachten sei (ebd.).

chet-Verhaftung gefährlicher (Weller 1999), denn sie müssen befürchten, dass ihnen auch außerhalb ihres Landes der Prozess gemacht wird und sind vor Auslieferung und Gerichtsverfahren im eigenen Land nicht mehr sicher.[150] Die als ‚Pinochet Effekt‘ bezeichneten, auf ihn folgenden Kettenreaktionen äußerten sich in unterschiedlichen Versuchen, amnestierte Diktatoren vor Gerichten in Drittstaaten für die unter ihrer Herrschaft begangenen Menschrechtsverletzungen zur Verantwortung zu ziehen.

So klagte wiederum Baltasar Garzón basierend auf den eingeleiteten Ermittlungsverfahren vor der *Audiencia Nacional* im Oktober 1999 insgesamt 186 belastete Militärs aufgrund während der argentinischen Militärdiktatur begangener Menschenrechtsverletzungen an und stellte kurz darauf Auslieferungsanträge gegen 98 von ihnen (Roniger/Sznajder 2005: 360f.). Unter den Angeklagten befanden sich die früheren Militärmachthaber Jorge Rafael Videla und Emilio Eduardo Massera, der ehemalige Marinekapitän Alfredo Astiz sowie der Ex-General und damalige Gouverneur der Provinz Tucumán, Antonio Domingo Bussi. Als Konsequenz des ‚Falles Pinochet‘ und der brüchig gewordenen Immunität ehemaliger Staatsoberhäupter und hochrangiger Militärs wurde der argentinische Korvettenkapitän Miguel Ángel Cavallo am 24. August 2000 bei einem Fluchtversuch am Flughafen der mexikanischen Stadt Cancún festgenommen und nach zweijährigen Verhandlungen basierend auf einem Auslieferungsabkommen von 1978 am 29. Juni 2003 an die spanische Justiz ausgeliefert, um ihn dort wegen Genozid und Terrorismus vor die *Audiencia Nacional* zu stellen. Es war das erste Mal, dass ein Staat – Mexiko – einen wegen Menschenrechtsverbrechen Angeklagten in einen Drittstaat – Spanien – für Verbrechen, die in einem anderen Land begangen worden waren, ausgeliefert wurde. Ihm wurde u. a. die Beteiligung an der Entführung von 16 Babys, deren Mütter in Gefangenschaft ‚verschwunden‘ waren, und deren Freigabe zur illegalen Adoption vorgeworfen. In Spanien wollte ihn die *Audiencia Nacional* im Dezember 2006 mit Verweis auf die Zuständigkeit argentinischer Gerichte nicht verurteilen, woraufhin die argentinische Staatsanwaltschaft einen Auslieferungsantrag stellte. Im

150 Wehr erwähnt etwa den Fall Laurent Désiré Kabila: Der wegen seiner Verstrickung in den Genozid in Ruanda schwer belastete damalige Präsident der Republik Kongo hätte vor einer Ende 1998 anstehenden Reise nach Brüssel eine diplomatische Delegation vorausgeschickt, „para asegurarse que no lo ‚pinochetaran‘ a su llegada“ (Wehr 2001: 53). Gegen den mittlerweile verstorbenen Präsidenten war infolge des ‚Falles Pinochet‘ in Frankreich und Belgien Klage erhoben worden. Ihm wurde vorgeworfen, sich an systematischen Massakern an ruandischen Hutu-Flüchtlingen beteiligt zu haben, die Klage wurde jedoch Ende November 1998 ohne nähere Begründung zurückgewiesen.

Februar 2008 stimmte ein spanisches Gericht einem argentinischen Auslieferungsgesuch zu, wo Cavallo sich wegen Verbrechen gegen die Menschlichkeit verantworten musste und im Oktober 2011 im Rahmen des ESMA-Prozesses neben 17 weiteren Hauptangeklagten zu lebenslanger Haft verurteilt wurde. Ein weiterer Auslieferungsantrag war zuvor bereits in Frankreich gestellt worden, wo Cavallo zudem bereits des Verschwindenlassens zweier französischer Nonnen während der argentinischen Militärdiktatur im Jahre 1977 *in absentia* schuldig gesprochen worden war.

Der argentinische Ex-Militär Adolfo Francisco Scilingo wurde in Madrid festgenommen – wie Cavallo war er während der argentinischen Militärdiktatur an den in der Militärschule ESMA (*Escuela de Mecánica de la Armada*) eingerichteten illegalen Haft- und Folterzentrum begangenen Menschenrechtsverletzungen beteiligt (s. etwa Lutz 2009: 36, Roht-Arriaza 2005: 171-178, Beigbeder 2005: 56). Nachdem er bereits 1997 vor der *Audiencia Nacional* ausgesagt hatte, und daraufhin von Ermittlungsrichter Garzón festgenommen worden war, wurde Scilingo im April 2005 darüber hinaus aufgrund seiner Beteiligung an den so genannten Todesflügen, bei denen betäubte politische Gefangene von Hubschraubern aus in den Río de la Plata geworfen worden waren, wegen ‚Verbrechen gegen die Menschlichkeit' und des Verschwindenlassens von Personen in 30 Fällen von der Madrider *Audiencia Nacional* zu insgesamt 640 Jahren Haft verurteilt. Im Juli 2007 erhöhte der nationale spanische Gerichtshof das Strafmaß symbolisch auf 1.084 Jahre, da nachgewiesen worden sei, dass Scilingo an 255 weiteren Freiheitsberaubungen beteiligt gewesen war. Zum ersten Mal war es gelungen, dass ein ausländisches Gericht, die spanische *Audiencia Nacional,* im Sinne universeller Gerichtsbarkeit Menschenrechtsverletzungen wie Genozid, Folter und das Verschwindenlassen, die in einem anderen Land begangen worden waren, rechtskräftig verurteilen konnte.

Seit der Festnahme Pinochets in London hat sich auch in Argentinien selbst eine neue vergangenheitspolitische Dynamik entwickelt. Standen die Amnestiegesetze flankiert von entsprechenden Dekreten der Präsidenten Menem (1998) und De la Rúa (2001) einer Auslieferung der mit internationalem Haftbefehl gesuchten argentinischen Militärs an die spanische Justiz entgegen und verhinderten Strafprozessen in Argentinien, so kündigte der damals amtierende argentinische Präsident Néstor Kirchner im Juni 2003 an, die Amnestiegesetze der Diktatur, das Schlusspunktgesetz (*Ley de Punto Final)* und das Befehlsnotstandsgesetz (*Ley de Obediencia Debida)* zu annullieren, die auf Druck der Militärs 1986 und 1987 beschlossen worden waren und ihnen bis dahin weitgehende Straflosigkeit für den staatlichen Terror garantierten (vgl. Fuchs 2010: 267f.). Nachdem das argentinische Parlament im August 2003 die Amnestieregelungen aufgehoben hatte, bestätigte der Oberste Gerichtshof die Annullierung der Amnestiegesetze im Juni 2005. Neben den veränderten innenpolitischen Machtverhältnissen, Regierungswechseln und Veränderungen im öffentlichen Diskurs, waren dafür ebenso der zunehmende internationale Druck von Auslieferungsanträgen, aber auch die Ratifizierung von internationalen Strafrechtsnormen verantwortlich. Die Bedeutung der Verfahren vor der *Audiencia Nacional* liegt außerdem darin, dass ihre Ermittlungen sich über die untersuchten Einzelfälle hinaus auch auf die Rolle der USA und auf die Aufdeckung der Geheimdienstzusammenarbeit im Rahmen des transnationalen Terrornetzwerkes der ‚Operation Condor' erstreckten (Roht-Arriaza 2005: 150-169).

Einen weiteren prominenten Fall jenseits der spanischen Justiz stellt die Auslieferung des peruanischen Ex-Präsidenten Alberto Fujimori dar, der 1990 zunächst demokratisch gewählt, im April 1992 zur eigenen Machtsicherung gegen Verfassung und Regierung geputscht hatte (*autogolpe)*. Während seiner Amtszeit hatte die gegen den *Sendero Luminoso* (Leuchtender Pfad) und die MRTA (*Movimiento Revolucionario Tupac Amaru*) sowie die indigene Landbevölkerung insgesamt gerichtete Repression während des seit 1980 anhaltenden internen Konfliktes ein neues Ausmaß erreicht. Der Abschlussbericht der im Jahr 2001 von der Übergangsregierung Valentín Paniaguas eingesetzten peruanischen Wahrheitskommission attestierte Fujimori u. a. direkte Verantwortung für die von paramilitärischen Todesschwadronen verübten Massaker und das Verschwindenlassen von Personen. Nach einem gescheiterten verfassungswidrigen Wiederwahlversuch im Jahr 2000 und massiven Vorwürfen des Amtsmissbrauchs und der Korruption setzte sich Fujimori zunächst in sein Heimatland Japan ab. Ein peruanisches Auslieferungsgesuch wurde zwar gestellt, allerdings lag kein japanisch-peruanisches Auslieferungsabkommen vor (Valle Riestra 2006: 174). Als Fujimori jedoch im November 2005, denselben Fehler wie Pinochet begehend, nach Chile reiste, von wo aus er hoffte, die in Peru anstehenden Präsidentschaftswahlen beeinflussen zu können, wurde er nach einer historischen Entscheidung des chilenischen Obersten Gerichtshofs am 22. September 2007 an Peru ausgeliefert. Im April 2009 wurde er von einem peruanischen Spezialgericht wegen während seiner Amtszeit begangener Menschenrechtsverbrechen an vermeintlichen Komplizen des *Sendero Luminoso*[151] zu 25 Jahren Haft verurteilt (Burt 2009).

151 Das Gericht konzentrierte sich auf vier von der paramilitärischen Einheit La Colina ausgeführte Fälle: Das Massaker in Barrios Altos am 3. November 1991, bei dem 15 Zivilisten getötet worden waren, das Verschwindenlassen und die folgende Exekution von neun Studenten und einem Professor der La Cantuta Universität im Juli 1992 sowie die Entführung des Journalisten Gustavo Gorriti und des Geschäfts-

Als weitaus schwieriger gestalteten sich im Gegensatz dazu Versuche, den guatemaltekischen Ex-Diktator und General Efraín Ríos Montt, der sich im März 1982 an die Macht geputscht hatte und seinen unterdessen verstorbenen Nachfolger Romeo Lucas García sowie sechs weitere wegen Massakern an der indigenen Bevölkerung und anderen während des innerstaatlichen Konflikts begangenen Menschenrechtsverbrechen belasteten guatemaltekischen Militärs wiederum vor der Madrider *Audiencia Nacional* den Prozess zu machen. Hatten sich die ehemaligen Machthaber innenpolitisch durch weitreichende Amnestiegesetze geschützt, so legte die *Fundación Rigoberta Menchú* infolge des ‚Falles Pinochet' als Präzedenzfall gemeinsam mit über 20 guatemaltekischen Menschenrechtsorganisationen und internationalen NGO's dem spanischen Nationalen Gericht im Dezember 1999 Klagen vor, welche sich ebenfalls auf die Existenz spanischer Staatsangehöriger unter den Opfern sowie den Angriff von Militärs auf die spanische Botschaft 1980 in Guatemala-Stadt beriefen, in welcher Indigene und Mitglieder einer Bauerngewerkschaft nach einer Demonstration Zuflucht gesucht hatten. Dabei waren 36 Menschen getötet worden, darunter auch der Vater von Menschenrechtsaktivistin Rigoberta Menchú Tum. Nachdem die Klagen zunächst von AN-Ermittlungsrichter Guillermo Ruíz Polanco angenommen worden waren, entschied die *Audiencia Nacional* nach einem jahrelangen juristischen Tauziehen und nachdem die Klage vorerst mit Verweis auf die Zuständigkeit guatemaltekischer Gerichte abgewiesen wurde (Roht-Arriaza 2005: 172ff.), 2003 lediglich die Fälle mit einem eindeutigen Bezug zu Opfern spanischer Staatsangehörigkeit zuzulassen (Brett 2008: 46).[152] Dennoch blieb der Versuch der Anwendung universeller Gerichtsbarkeit vor der *Audiencia Nacional* nicht ohne Rückwirkungen auf die geschichtspolitische Diskussion in Guatemala, wo vermehrt Stimmen nach Prozessen vor guatemaltekischen Gerichten zu vernehmen waren. Präsident Álvaro Colom ordnete die Öffnung der Militärarchive aus den 1970er und 1980er Jahren an.

---

manns Samuel Dyer im April 1992. Die Fälle hatten für große Empörung in der peruanischen Öffentlichkeit gesorgt, sie wurden auch vor den Interamerikanischen Menschenrechtshof und die Interamerikanische Menschenrechtskommission gebracht (Gamarra 2009: 100ff.).

152 Am 7. Juli 2006 stellte AN-Richter Santiago Pedraz zwar einen Auslieferungsantrag wegen Genozids gegen die ehemaligen guatemaltekischen Diktatoren Efraín Ríos Montt und Oscar Humberto Mejía Victores sowie fünf weitere hochrangige Offiziere. Dieser wurde am 14. Dezember 2007 jedoch durch den Obersten Gerichtshof Guatemalas mit der Begründung abgelehnt, dass spanische Gerichte in diesen Fällen nicht zuständig seien (Mallinder 2008: 307f.).

Als weitere Auswirkungen des ‚Pinochet Effekts' in Ländern außerhalb Lateinamerikas stellte u. a. ein senegalesisches Gericht auf Initiative Belgiens 1999 den auch als „Africa's Pinochet" (Brody, zit. n. Brett 2009: 45) bezeichneten Ex-Diktator Tschads Hissène Habré, wegen massiver Menschenrechtsverletzungen unter Hausarrest. Während seiner Amtszeit zwischen 1990 und 1998 sollen etwa 40.000 Personen verschwunden sein. Habré hatte sich nach Ende seiner Herrschaft in den Senegal abgesetzt. Nachdem ein Auslieferungsantrag von Belgien gestellt worden war, welcher von senegalesischen Behörden abgelehnt wurde, waren 2008 Gesetzesänderungen auf den Weg gebracht worden, die eine Verurteilung Habrés im Senagal ermöglichen sollten, damit war er das erste ehemalige Staatsoberhaupt, dem in einem anderen afrikanischen Land wegen Menschenrechtsverletzungen der Prozess gemacht werden sollte.

Wie im Falle Spaniens gegenüber Chile und Argentinien, handelte es sich bei den Staaten, welche die Auslieferung beantragt hatten, meist um die ehemaligen Kolonialmächte. Versuche französischer und chilenischer Gerichte die Auslieferung und Verurteilung des ehemaligen US-Außenministers Henry Kissinger aufgrund seiner Mitverantwortung für die *Operación Cóndor* zu erwirken, blieben dagegen erfolglos (Burbach 2003: 155ff., Hitchens 2001). Dass die verantwortlichen US-Politiker der Bush-Administration für die von ihnen in Guantánamo oder während des Irak-Krieges angeordneten Menschenrechtsverbrechen nicht zur Rechenschaft gezogen werden, verdeutlicht, was Roht-Arriaza als „double standards between strong and weak countries" (2005: 193) kritisiert, welche immer wieder Vorwürfe laut werden ließen, es handele sich bei der universellen Gerichtsbarkeit um eine Form des erneuten Kolonialismus (ebd.: 181). Die transnationale Verfolgung von Menschenrechtsverletzungen vor nationalen Gerichten, dies machen diese Ausführungen deutlich, ist selektiv und muss sich den Vorwurf der Instrumentalisierung des Rechts durch mächtigere Staaten gefallen lassen. Auch wenn die Einschränkung der Reisefreiheit von ehemaligen Diktatoren als ein Teilerfolg bewertet werden kann, bleibt die Kritik an der Selektivität der Anwendung universeller Gerichtsbarkeit, welche stets auf internationale Machtverhältnisse verweist, bestehen.

Dazu zählt ebenso die immer wieder diskursivierte Diskrepanz, dass das postfranquistische Spanien – trotz der Anwendung der universellen Gerichtsbarkeit zur justiziellen Aufarbeitung der Menschenrechtsverletzungen in Chile und weiteren nicht nur lateinamerikanischen Ländern – zu keiner Zeit eine justizielle Auseinandersetzung mit der Franco-Vergangenheit vorangetrieben hat. Die spanischen Ermittlungsbehörden wendeten zur transnationalen Strafverfolgung von Menschenrechtsverbrechen in einzigartiger Form das Prinzip der universellen

Gerichtsbarkeit in zahlreichen Fällen an.[153] Nachdem weltweit Klagen vor dem Nationalen Gericht Spaniens eingereicht worden waren, wurde seine Arbeit prägend für die internationale Verbreitung des Weltrechtsprinzips, sie wirkte auf die Aufnahme der Strafverfolgung in Chile und Argentinien zurück und diente als Modell für die transnationale Verfolgung von Menschenrechtsverletzungen in anderen europäischen Staaten (Kaleck 2008: 286f.). Barahona de Brito fragt in diesem Zusammenhang provokant:

> „The Spanish never tried to come to terms with the repressive past. Should their amnesty law be overturned by a Chilean Court engaged in the trying of a Nationalist or Communist Partisan crime against humanity? Indeed, why Pinochet and not others?" (Barahona de Brito 2003: 227)

Es wird deutlich, dass angesichts dominierender nationalstaatlicher Interessen, welche sich in der durch den ‚Fall Pinochet' ausgelösten diplomatischen Krise manifestierten, von einer ‚transatlantischen Aufarbeitung' der Diktaturvergangenheiten kaum die Rede sein kann. Insbesondere das Spannungsverhältnis zwischen nationalstaatlicher Souveränität und der Transnationalisierung der von NGO's vorangetriebenen Aufarbeitungsprozesse von Menschenrechtsverbrechen steht bei den Verhandlungen im ‚Fall Pinochet' im Vordergrund. Die Diskrepanz von nationalem Beharren und transnationaler Normbildung, die den Umgang mit den von Diktaturen begangenen Menschenrechtsverletzungen prägt, und deren Auswirkungen auf die länderspezifischen Vergangenheitsdiskurse wird bei der angestoßenen Diskussion um die Anwendung universeller Gerichtsbarkeit sehr

153 In insgesamt 17 Fällen sei laut *Amnesty International* der Versuch unternommen worden, universelle Gerichtsbarkeit von der spanischen *Audiencia Nacional* anzuwenden von denen 11 von dem *Juzgado No. 5* zugelassen wurden (AI 2008: 71). So waren Klagen, etwa gegen den italienischen Ministerpräsidenten Silvio Berlusconi, wegen des Genozids in Ruanda, aber auch gegen die Guantánamo-Folterer aus den USA, der Tibet-Politik Chinas und der Außenpolitik Israels in Gaza bei der *Audiencia Nacional* eingereicht worden, welche die spanischen Regierungen immer wieder in diplomatische Bedrängnis brachten. Neben Ermittlungen im ‚Fall Pinochet' und ‚Scilingo' sowie weiteren argentinischen Militärs hatten republikanische Häftlinge in nationalsozialistischen Konzentrationslagern, besonders Mauthausen, und deren Angehörige vor der AN geklagt, zudem wurden Ermittlungen wegen Staatsterrorismus und Menschenrechtsverletzungen in Guatemala, Sahara und dem Israel-Palästina-Konflikt aufgenommen. Schließlich ist der ‚Fall Scilingo' der einzige, bei dem es zu einer Urteilsverkündung gekommen ist.

deutlich.[154] Der Streit um die Verurteilung Pinochets vor dem spanischen Nationalen Gerichtshof verweist damit auf die Möglichkeiten und Grenzen transnationaler vergangenheitspolitischer Initiativen internationaler Rechtsprechung und deren Rückwirkungen auf länderspezifische und lokale Erinnerungskulturen.

Dabei sollte die Auseinandersetzung über die Festnahme Pinochets und das gegen ihn eingeleitete Auslieferungsverfahren auch für die Debatten über die franquistischen Menschenrechtsverbrechen nicht folgenlos bleiben. Die aktive Rolle, welche die spanische Justiz zur rechtlichen Aufarbeitung der Militärdiktaturen im *Cono Sur* spielte, bei gleichzeitig andauernder Straflosigkeit der Menschenrechtsverletzungen der Franco-Diktatur, hat zu einer Thematisierung dieser Widersprüchlichkeit in der spanischen Öffentlichkeit beigetragen, die Auseinandersetzung um die Pinochet-Verhaftung hat eine Repolitisierung der Erinnerungsdiskurse in Spanien hervorgerufen. Der ,Fall Pinochet' wirkte als Diskursanlass und transnationales Bindeglied der Aufarbeitungsprozesse beider Länder wie ein Katalysator auf die Auseinandersetzung mit der Franco-Vergangenheit in der spanischen Öffentlichkeit.

So haben als Konsequenz der Debatten über die universelle Gerichtsbarkeit mehr als sechzig Jahre nach dem Ende des Bürgerkrieges die in der *Amicale de Mauthausen* organisierten republikanischen Überlebenden des Konzentrationslagers den Versuch einer juristischen Aufarbeitung unternommen. Sie bereiteten 2002 eine Anklage gegen den ehemaligen franquistischen Außenminister Ramón Serrano Súñer vor, mit der sie seine Auslieferung an Frankreich beantragten, um ihm dort den Prozess zu machen und orientierten sich dabei explizit am ,Pinochet-Modell' als Vorläufer.[155] Sie beschuldigten den Schwager Francos der

154 Zur Auseinandersetzung mit diesem Spannungsfeld zwischen nationalstaatlicher Souveränität und dem Prinzip der universellen Gerichtsbarkeit im Kontext des ,Falles Pinochet' s. aufschlussreich Wehr (2001: 53-61).

155 Der Jurist Fernando Magán, der die Anklage vorbereitet und auch die Klagen einger zivilgesellschaftlichen Vereinigungen über das Verschwindenlassen bei der *Audiencia Nacional* eingereicht hat, führte den Versuch, Serrano Súñer mittels universeller Gerichtsbarkeit vor einem französischen Gericht zu verurteilen, explizit auf den ,Fall Pinochet' als Vorbild zurück: „Ahí se siguió el modelo [del ,caso Pinochet'] de forma que, aparte de que pensabamos que aquí en España no nos iban a hacer caso, entonces pensamos en interponerlo en Francia, pidiendo en Francia determinadas medidas cautelares, la extradición de Serrano Súñer y como medida cautelar la extradición de Súñer para que fuera juzgado en París [...]. Entonces allí si que seguimos el modelo clásico que nos venía de Latinoamérica. Además la persona, la abogada que iba a estar presente en el caso, esta era una abogada que ya había intervenido en la misma materia, concretamente en la Opercación Condór."

Hauptverantwortung für die Deportation von republikanischen Bürgerkriegsflüchtlingen aus französischen Auffanglagern in das österreichische Konzentrationslager. Auch wenn kaum reale Chancen bestanden, Serrano Súñer, der im September 2003 verstarb, vor ein französisches Gericht zu stellen, so war die Klage doch ein später Versuch der Überlebenden, mittels universeller Gerichtsbarkeit symbolisch die Straflosigkeit in Spanien zu beenden und eine moralische Wiedergutmachung einzufordern. Diese Entwicklungen mündeten in vermehrten zivilgesellschaftlichen Forderungen nach Aufklärung bisher verschwiegener Aspekte der franquistischen Repression. In Spanien hat sich, auch in Folge der Thematisierung der Militärdiktaturen des südlichen Lateinamerika und ihrer Aufarbeitung, seit der Jahrtausendwende eine erinnerungskulturelle Basisbewegung formiert, die sich für die Auffindung und öffentliche Erinnerung an republikanische Verschwundene aus dem Bürgerkrieg einsetzt.

Der ‚Fall Pinochet' brachte in Spanien die Debatten über die verschwundenen Opfer der Pinochet-Diktatur auf die politische Tagesordnung, so dass mittelbar die Frage nach der Repression und den Opfern der Franco-Diktatur in der spanischen Öffentlichkeit angestoßen wurden. Wie Garcés festgestellt hat, „el caso Pinochet y algunas de sus consecuencias reveberan también en España *mutatis mutandi*, y son muchos los *mutandi*" (Garcés 2009: 38). Diese Konsequenzen sind der Gegenstand des folgenden Kapitels. Anhand der Auseinandersetzungen über die Verschwundenen des Spanischen Bürgerkrieges und der Franco-Diktatur soll dargestellt werden, wie die Transnationaliserung von Aufarbeitungspolitik sich auch auf die Debatten über die Opfer franquistischer Repression in der spanischen Öffentlichkeit auswirkte.

Persönliches Interview mit Menschenrechtsanwalt Fernando Magán in La Granja de San Ildefonso.

6. Die Verschwundenen des Spanischen Bürgerkrieges:

Zwischen globalen Normen und lokalen Erinnerungsdiskursen

Ein zentraler Aspekt der Debatten um den öffentlichen Umgang mit dem Erbe der Militärdiktaturen in Chile und seit der Jahrtausendwende – mit zunehmender Intensität – auch in Spanien stellt die Diskussion über die Suche und Identifikation der verschwundenen Repressionsopfer dar. Das Auffinden der *desaparecidos* und die Aushebung von Massengräbern sind seither zum zentralen Thema der Vergangenheitsaufarbeitung in Spanien avanciert. Es ist kein Zufall, dass diese neue erinnerungskulturelle Bewegung vor dem Hintergrund der Diskussionen um die Straflosigkeit der chilenischen Militärdiktatur, die mit dem ‚Fall Pinochet' ausgelöst worden waren, entstanden ist. Der chilenische Ex-Diktator Pinochet hatte sich noch bis 3. März 2000 in Londoner Haft befunden, was die massiven Diskussionen um seine Auslieferung an Spanien und die Auseinandersetzung mit den Menschenrechtsverletzungen der chilenischen Diktaturvergangenheit auch in der spanischen Öffentlichkeit aufrechterhielt.

Im Folgenden soll die These dargelegt werden, dass die öffentliche Auseinandersetzung um die republikanischen Verschwundenen des Bürgerkrieges und der Franco-Diktatur in einem unmittelbaren Kontext mit den Debatten über die Anwendung universeller Gerichtsbarkeit zur Verfolgung lateinamerikanischer Militärs durch die spanische Justiz und dem ‚Fall Pinochet' als Ausgangspunkt

(s. Kap. 5) sowie der zunehmenden Verankerung des erzwungenen Verschwindenlassens im internationalen Recht zu betrachten ist. Die Bezeichnung *desaparecido* für die Opfer der Franco-Diktatur ist diskursiv mit der Praxis des Verschwindenlassens in lateinamerikanischen Militärdiktaturen konnotiert und soll die Übertragbarkeit auf die spanische Diktaturvergangenheit verdeutlichen.

So präsentierte der spanische Ermittlungsrichter Baltasar Garzón – nach seinem Engagement im ‚Fall Pinochet' zehn Jahre zuvor – auf der Grundlage von Klagen lokaler Bürgerinitiativen eine Verfügung vor der *Audiencia Nacional*. Mit dieser erklärte er den *Nationalen Gerichtshof* Spaniens für zuständig, die während des Bürgerkrieges und der Franco-Diktatur begangenen illegalen Verhaftungen und Exekutionen als Fälle des erzwungenen Verschwindenlassens zu ahnden, da sie ‚Verbrechen gegen die Menschlichkeit' darstellten. Er versuchte auf diese Weise zum ersten Mal im postfranquistischen Spanien, das Amnestiegesetz zu überwinden und die Straflosigkeit der Täter der Franco-Diktatur zu beenden.

Im Folgenden soll zur einleitenden Kontextualisierung zunächst eine historische Herleitung und eine Beschreibung des Verschwindenlassens als Repressionspraxis der Militärdiktaturen im *Cono Sur* sowie eine kurze theoretische Einordnung vorgenommen werden (6.1). Danach werde ich auf den Kampf um die Anerkennung dieses Verbrechens im südlichen Lateinamerika am Beispiel Chiles und die allmähliche Verankerung des Verschwundenen-Konzeptes im internationalen Recht eingehen, welches als Reaktion auf die massive Repressionspraxis lateinamerikanischer Militärdiktaturen entstanden ist (6.2). Schließlich soll dem Prozess der Adaption und zunehmenden Verbreitung der Figur des Verschwundenen im spanischen Erinnerungsdiskurs lokaler Bürgerinitiativen und Menschenrechtsorganisationen nachgegangen werden, die sich für eine Aufarbeitung der Franco-Diktatur einsetzen (6.3) und von diskursiven Strategien internationaler Menschrechtsorganisationen, wie *Amnesty International* und das *Equipo Nizkor* flankiert werden (6.4). Nach einer Darstellung der juristischen Debatte über die Verfügung Garzóns (6.5) stehen die geschichtspolitischen Auseinandersetzungen in der spanischen Öffentlichkeit im Vordergrund (6.6). Am Beispiel der gegenwärtigen Diskussionen über die republikanischen Verschwundenen des Spanischen Bürgerkrieges sollen die Diskursstrategien lokaler zivilgesellschaftlicher Akteure und transnationaler Menschenrechtsorganisationen nachgezeichnet werden, welche verstärkt von Impulsen der im *Cono Sur* gemachten Aufarbeitungserfahrungen sowie von sich herausbildenden internationalen Menschenrechtsnormen beeinflusst sind. Abschließend wird die erneute Zuspitzung der Debatte vor dem Hintergrund der Suspendierung Garzóns aus dem Richteramt dargestellt, nachdem er zum ersten Mal versucht hatte, gegen die franquistischen Verbrechen zu ermitteln (6.7). Die massiven zivilgesellschaftlichen lokalen wie auch internationalen Proteste stellen einen weiteren Höhepunkt in der Auseinandersetzung mit der Franco-Diktatur dar.

6.1 Das Verschwindenlassen: Historische und begriffliche Ursprünge

Der Begriff des Verschwindenlassens[1] beschreibt die rechtswidrige Festnahme einer Person durch Angehörige staatlicher Dienststellen, wie Militär, Polizei, Sicherheitskräfte und Geheimdienste. Nach der gewaltsamen Entführung des Opfers durch Repräsentanten offizieller Einrichtungen wird die Inhaftierung von behördlichen Stellen geleugnet. Auf diesen politisch motivierten Angriff folgen menschenunwürdige Haftbedingungen und Folterungen – in der Regel bis hin zur Exekution.

Die systematische Methode des gewaltsamen Verschwindenlassens von Personen findet im so genannten ‚Nacht-und-Nebel'-Erlass'[2] der Nationalsozialisten

1 Der aus dem historischen Kontext lateinamerikanischer Militärdiktaturen erwachsene Begriff des *desaparecido* hat sich – trotz seines scheinbar euphemistischen und verschleiernden Gehaltes – für die rechtswidrige staatliche Repressionsform des so genannten erzwungenen Verschwindenlassens international durchgesetzt, wenngleich er im Spanischen auch lediglich ‚Vermisster' bedeuten kann. Allerdings verweist er ebenso auf das der Repressionspraxis inhärente Unheimliche und Gespenstische, das aus der Ungewissheit und dem Zweifel eine Herrschaftsform macht. Die von vielen Angehörigenorganisationen in Chile verwendete Bezeichnung *detenido desaparecido* (Verhafteter Verschwundener) hebt darauf ab, dass es sich um eine zwangsweise verschwundene Person handelt. Auch im spanischen Erinnerungsdiskurs (s. Kap. 6.3) werden im Zusammenhang mit den Aufarbeitungsforderungen lokaler Bürgerinitiativen auch der Begriff *desaparecido de la guerra* verwendet. Im englischen Sprachgebrauch hat sich entsprechend die Bezeichnung *enforced disappearance* durchgesetzt, die ebenso auf den Repressionscharakter des erzwungenen Verschwindenlassens verweist (zur Begriffsbestimmung s. etwa Calveiro 2008, Grammer 2005: 8, Fußnote 12, AI 1982: 85).

2 Eines Befehls des Oberkommandierenden der deutschen Wehrmacht Wilhelm Keitel zu Folge, sollten mit dem Erlass Sabotageakte seitens der Widerstandsbewegung, vor allem in Frankreich, unterbunden werden. Die zu diesem Erlass im Februar 1942 herausgegebene Weisung lautete: „[…] sollen künftig die Beschuldigten heimlich nach Deutschland gebracht […] werden. Die abschreckende Wirkung dieser Maßnahme liegt a) in dem spurlosen Verschwindenlassen der Beschuldigten, b) darin, dass über

einen historischen Vorläufer. Mit diesem Erlass vom 7. Dezember 1941 sollte Terror verbreitet werden, indem das Schicksal der Verhafteten bewusst im Ungewissen gelassen wurde. Die Verfügung richtete sich gegen Zivilpersonen in allen von Deutschland besetzten Gebieten, die eines ‚Verbrechens des Widerstands gegen die deutsche Besatzungsmacht' beschuldigt wurden. Nach geheimen Verhaftungen wurden die Gefangenen nach Deutschland an die Gestapo ausgeliefert und hingerichtet oder von dort aus in Konzentrationslager deportiert, ohne dass die Angehörigen informiert worden wären. Die dahinter stehende Überzeugung besagte, dass öffentliche Hinrichtungen und verlängerte Inhaftnahmen zur Formierung von Widerstand aus der Bevölkerung beitragen könnten, dagegen sollte das spurlose Verschwindenlassen verhindern, Märtyrer zu schaffen. Infolge dieses Dekrets waren insgesamt ca. 7.000 Personen verschleppt worden, den Angehörigen blieb jegliche Information über das Schicksal des Verschwundenen verwehrt.

Zur Praxis des Verschwindenlassens ist anzumerken, dass es in der Regel unter größter Geheimhaltung verübt wird, so dass sich die Festnahme des Opfers in den meisten Fällen nur rekonstruieren lässt (Grammer 2005: 19). Mit seiner Verhaftung wird der Verschwundene aus seinem sozialen Kontext gerissen und verliert jeden Kontakt zu seinem Umfeld. Von diesem Zeitpunkt an tritt er in eine Situation der Wehrlosigkeit, in eine „Parallelwelt der Repression" (zit. n. ebd.: 26). Damit beginnt der unmittelbare Eintritt in einen Zustand des schutzlosen Ausgeliefertseins und der Ungewissheit (ebd.: 24), einem rechtsfreien Raum, der den Tätern freie Hand über das Opfer gewährt. Indem das Verschwindenlassen das Recht auf Leben und auf Identität verwehrt, „verwandelt es eine Existenz in eine Nichtexistenz" (Lüthke 1983: 89). Mit dem Verschwundenen wird eine undefinierte Kategorie zwischen Leben und Tod geschaffen, deren einschüchternde Auswirkungen sich langfristig auf die Gesellschaft insgesamt übertragen (Calveiro 2008: 52f., Schindel 2003).

Den Eintritt in einen rechtsfreien Raum, der mit dem Status des Verschwundenseins einhergeht, hat der italienische Philosoph Giorgio Agamben (2002) mit der juristischen Figur des ‚homo sacer' zu beschreiben versucht, was paradoxerweise sowohl *verflucht* als auch *heilig* bedeuten kann. Im archaischen römischen Recht handelte es sich hierbei um einen vogelfreien Menschen, der nichts außer sein bloßes Leben, das ‚nackte Leben' (*vita nuda*), besaß: Jeder durfte ihn töten, ohne dass dies sanktioniert worden wäre, denn er war vom göttlichen wie weltlichen Recht ausgenommen und konnte daher auch nicht in einem religiösen Ritus geopfert werden. In dieser doppelten Rechtlosigkeit des ‚homo sacer' liegt seine

---

ihren Verbleib und über ihr Schicksal keinerlei Auskunft gegeben werden darf." (Shirer 1960: 958, zit. n. AI 1982: 10, s. a. Anderson 2006: 250, Chinchón 2008: 16f.)

straflos bleibende Tötbarkeit begründet; der Mensch wird auf sein biologisches Überleben, nach Agamben, das ‚nackte Leben', reduziert.

Die Intention Agambens ist es, exemplarisch anhand der Figur des ‚homo sacer' aus historischer Perspektive den Nexus zwischen der zunehmenden Verrechtlichung des menschlichen Lebens und dessen gleichzeitiger Entrechtlichung bis in die Gegenwart hinein aufzuzeigen. Mit der Einschreibung des bloßen Lebens in eine politische und juristische Ordnung, die stets an bestimmte Staatsbürgerrechte gekoppelt sei, finde eine gleichzeitige Ausgrenzung statt, die den ‚homo sacer' konstituiere. Die Einschreibung des bloßen Lebens in die politische Ordnung bringe in Folge eines Politisierungsprozesses zugleich eine Exklusion mit sich, die nach Agamben die Macht zwischen Leben und Tod begründe. Mit dem Eintritt in das „no man's land" des Rechts (Schindel 2003: 39) bleibt das ‚nackte Leben' des ‚homo sacer' von nationalen Rechten ausgeschlossen, da dieser nicht als Staatsbürger betrachtet und damit auf seine bloße biologische Existenz reduziert werde.

Der rechtslose Status des Verschwundenen korreliert insofern mit dem des ‚homo sacer', als dass er keinerlei staatlichen Schutz genießt und damit jeder Staatsgewalt wehrlos ausgeliefert ist. Wie Estela Schindel anhand der Verschwundenen der argentinischen Militärdiktatur herausgearbeitet hat, bedeutet das Verschwindenlassen von Personen den Eintritt in einen sanktionsfreien Raum:

„El desaparecido de la dictadura argentina, habitante de un espacio donde puede ser ejecutado sin sentencia y sin que su asesinato sea un delito, es otro modo contemporáneo en que encarna el homo sacer. […] El desaparecido se convertía en un homo sacer en el momento de su captura." (Schindel 2003: 44f.)

Der Verschwundene verwandelt sich mit dem Akt seiner Ergreifung in einen ‚homo sacer', denn er kann ohne juristischen Prozess getötet werden, ohne dass der Mord ein Verbrechen bedeuten würde.

Anhand der nationalsozialistischen Euthanasiepolitik und der politisch-justiziellen Struktur im Konzentrationslager zeigt Agamben die Definitionsprozesse auf, anhand derer ‚lebensunwertes Leben' bestimmt wird. Souverän ist Agamben zufolge in Anlehnung an Karl Schmitt, wer über den Ausnahmezustand entscheidet und festsetzt, was als ‚lebensunwertes Leben' gelten solle: „In der modernen Biopolitik ist derjenige souverän, der über den Wert oder den Unwert des Lebens als solches entscheidet" (Agamben 2002: 151f.). Im Lager – so Agamben – sei die Rechtsordnung außer Kraft gesetzt, es handele sich um den Ort, an dem der ‚homo sacer' systematisch produziert und getötet werde. Im Lager etabliert sich der Ausnahmezustand, indem dieser sich permanent durchsetzt. Agamben versteht das Lager als rechtsfreie Zone, in der potentiell alles möglich ist. Indem der Ausnahmezustand hier auf Dauer festgeschrieben wird, begründe er ein neues juristisches Paradigma und führe sich im Sinne des von den Nazis als ‚gewollten Ausnahmezustand' definierten Zustands fort, bei dem die Ausnahme zur Regel werde. Der ‚gewollte Ausnahmezustand' bedeute demnach, dass die souveräne politische Entscheidung auf der absoluten Gleichgültigkeit gegenüber dem Gesetz basiert. „Insofern der Ausnahmezustand ‚gewollt' ist, begründet er ein neues juridisch-politisches Paradigma, in dem die Norm von der Ausnahme unterscheidbar wird" (ebd.: 179). Was der italienische Philosoph anhand nationalsozialistischer Konzentrationslager und am Beispiel der NS-Eugenik aufzeigt, lässt sich ebenso auf das Prinzip des Verschwindenlassens übertragen. Unter der Doktrin der Nationalen Sicherheit (*Doctrina de Seguridad Nacional)*[3], die zur Rechtfertigung des staatlichen Vorgehens diente, richtete sich der Ausgrenzungsprozess während der Militärdiktaturen des *Cono Sur* gegen einen konstruierten „inneren Feind" (*enemigo interno*), ein weiter und flexibel handhabbarer Begriff. Diese Doktrin stellte vor dem Hintergrund der Ost-West-Konfrontation die Legitimationsgrundlage zur Bekämpfung einer nicht klar definierten „kommunistischen Bedrohung" dar. Das Verschwindenlassen basierte demnach auf einem ideologischen Fundament, welches die Vorstellung in der Bevölkerung nähren sollte, es gäbe einen diffusen „inneren Feind", der aus dem Hinterhalt agierte. Daraus wurde die Notwendigkeit abgeleitet, den Umgang mit den jeweiligen Gefangenen durch die Verhängung eines Ausnahmezustands (*estado de sitio*)[4] im rechtsfreien Raum anzusiedeln. In der nationalen Sicherheitsdoktrin galten die Streitkräfte als der einzige Garant für Stabilität, Ruhe und Ordnung und waren damit zur Ausschaltung des politischen Gegners legitimiert. Regierungsdekrete der Militärjunta nach dem Putsch in Chile spre-

3 Zum Konzept des ‚inneren Feindes' und seiner Bedeutung für die Doktrin der Nationalen Sicherheit siehe CODEPU (1996: 20ff.), Grammer (2005: 14). Werz merkt an: „Mit der Ausdehnung der sog. ‚Doktrin der nationalen Sicherheit' auf alle Bereiche des Lebens wird die in den meisten lateinamerikanischen Systemen ohnehin nur schwach ausgeprägte Gewaltenteilung aufgehoben und die gesamte Gesellschaft dem staatlichen Zugriff ausgesetzt" (1991: 186).

4 Auf die verheerende Repression nach dem Militärputsch verhängte die chilenische Militärjunta am 18. September 1973 mit den Gesetzesdekreten Nr. 3 und 4 den verschärften Ausnahmezustand (*estado de sitio* und *estado de emergencia*), Gesetzesdekret Nr. 5 vom 22. September verkündet, dass der verschärfte Ausnahmezustand als Kriegszustand, bzw. Kriegszeit (*estado de guerra* bzw. *tiempo de guerra*) verstanden werden soll (vgl. Bustos 1985: 96).

chen etwa von einem „inneren Kriegszustand“, der die Verhängung des permanenten Ausnahmezustands rechtfertigen sollte (AI 1982: 102).

Die meisten Fälle erzwungenen Verschwindenlassens enden zwar mit der geheimen Tötung des Opfers, dennoch enthält es nach der Entführung immer eine Spanne der Ungewissheit über das Schicksal des Betroffenen, die unaufgeklärt bleibt. Wegen ihrer Lautlosigkeit und Anonymität ist diese perfide Repressionsform besonders schwer nachzuweisen. Kennzeichnend ist dabei der oft jahrelange Schwebezustand über den Verbleib des Opfers, welcher den Angehörigen nicht nur die Möglichkeit verwehrt, rechtliche, materielle und moralische Unterstützung zu leisten, sondern diese auch „über Jahre in einem Wechselbad des Hoffens und der Verzweiflung gelassen“ werden, „wohl ahnend, dass die Verschwundenen nie wieder auftauchen würden“ (Nolte 1996: 10). Je länger das Verschwindenlassen andauert, desto unwahrscheinlicher wird es, dass das Opfer lebendig aufgefunden werden kann. Die ständige Hoffnung, der Verschwundene könnte lebendig gefunden werden und wieder ins Leben zurückkehren, setzt diesen ungewissen Zustand auf unbestimmte Zeit fort (Déotte 2000: 94f.). Der unsichere Status des Opfers, der durch das Verschwindenlassen entsteht, verhindert auf individueller Ebene die kulturell üblichen Beerdigungs- und Trauerrituale, so dass für Familienangehörige und Freunde die Ungewissheit langfristig belastender sein kann, als eine offen begangene Tötung. Solange der Tod einer Person nicht mit Gewissheit bestätigt wird – etwa durch eine Exhumierung und anschließende DNA-Analyse – ist es für die Hinterbliebenen unmöglich, in einen Prozess der psychologischen Trauerarbeit einzutreten, um den Verlust verarbeiten zu können. Der chilenische Psychologe Horacio Riquelme führt in diesem Zusammenhang aus, es sei „die Unmöglichkeit, die einem Toten traditionell zustehende Trauer und Abschiedszeremonie vollziehen zu können“, welche die Angehörigen „psychisch verwundbar“ mache (1992: 39).

Das Verbrechen zielt auf die Lähmung der Angehörigen der Opfer ab: Das Leugnen der Verantwortlichkeit und das Fehlen jeglicher Information über das Schicksal des Opfers machen das Verschwinden zu einer lang anhaltenden Qual für Familienangehörige und dem Verschwundenen nahe stehende Personen. Da ihnen eine Instanz fehlt, an die sie sich wenden könnten, werden die Konsequenzen ihres Handelns für sie unkalkulierbar, denn sie können nicht einschätzen, ob ihre Hilfegesuche – etwa das Einleiten rechtlicher Schritte, Informieren der Medien oder der internationalen Öffentlichkeit – mit zusätzlichen Repressionsmaßnahmen gegenüber dem Verschwundenen einhergehen. Das inhärente Ziel ist es, alle zum Schutz der Verschwundenen fähigen Akteure – Justiz, Presse, Angehörige und internationale Organe – auszuschalten, um ein Klima von Angst, Willkür und Terror in der Gesellschaft zu verbreiten. Neben der unter Folter erpressten Informationsgewinnung zur Ausschaltung des politischen Gegners ist das wichtigste Ziel des Verschwindenlassens, eine Situation der Ungewissheit über das Schicksal der Verschwundenen zu schaffen und langfristig aufrechtzuerhalten. Die Angehörigen sollen gelähmt und die gesamte Gesellschaft durch den verbreiteten Eindruck der Willkür eingeschüchtert und in Angst und Schrecken versetzt werden. Der staatliche Terror wirkt sich paralysierend auf die gesamte Gesellschaft aus; die verheerenden langfristigen Folgen bringen Becker und Calderón folgendermaßen auf den Punkt: „eine[...] traumatisierte[...] Gesellschaft, deren Merkmale die Allgegenwärtigkeit der Angst, die Unsicherheit, das Misstrauen, die Kritiklosigkeit und die Unterwerfung unter autoritäre und repressive Strukturen sind“ (1992: 78).

Die Terrorpraxis des gewaltsamen Verschwindenlassens hatte sich in der zweiten Hälfte des 20. Jahrhunderts in den lateinamerikanischen Militärdiktaturen etabliert. Erstmals als eigene Repressionsmethode wahrgenommen wurde das Verschwindenlassen im guatemaltekischen Wahlkampf von 1966: Als 33 Oppositionspolitiker spurlos verschwanden, um damit politische Gegner in aller Heimlichkeit auszuschalten, erregte dies große öffentliche Aufmerksamkeit. In diesem Zusammenhang tauchte in der inländischen Presse erstmalig der Begriff des *desaparecido* auf (Lüthke 1986: 89, s. a. AI 1993: 27f.).[5] Weltweite Aufmerksamkeit fand diese Repressionspraxis allerdings durch die Entwicklungen in Chile nach dem Militärputsch 1973, bei dem die Junta das Verschwindenlassen landesweit anwendete, zunächst um ihre Macht zu festigen und die politische Opposition, die demokratisch gewählte Regierung Salvador Allendes und ihre Unterstützer, möglichst schnell auszuschalten (AI 1984: 85). Später wurde es zwar selektiver und geplanter angewandt, setzte sich jedoch über den gesamten Zeitraum der Diktatur fort (ebd.: 102) und fand allmählich Eingang in die Menschenrechtsterminologie.

In den 1970er Jahren weitete sich das systematische Verschwindenlassen als Repressionspraxis auf die entstehenden Militärdiktaturen in Lateinamerika aus. Es wurde in zahlreichen Ländern, etwa in El Salvador, Uruguay, Argentinien, Brasilien, Honduras, Nikaragua, Bolivien und Haiti systematisch angewandt.

5 Die in Guatemala daraufhin einsetzende systematische Welle des Verschwindenlassens forderte mehr als 20.000 Opfer (AI 1993: 28). Guatemala gehört zu den am schwersten betroffenen Ländern: Schätzungen von Menschenrechtsorganisationen gehen insgesamt von einer Zahl zwischen 38.000 und 45.000 Verschwundenen im Zeitraum des bewaffneten internen Gewaltkonfliktes von 1962 bis 1996 aus. Diesem fielen insgesamt etwa 250.000 Menschen zum Opfer, vor allem bei Massakern der Armee oder rechtsgerichteter paramilitärischer Truppen an der indigenen Bevölkerung, damit bilden die Verschwundenen ein Viertel der Gesamtzahl der Bürgerkriegsopfer.

Amnesty International sowie weitere internationale Menschenrechtsorganisationen schätzen, dass in circa zwanzig Jahren – zwischen 1966 und 1986 – in Lateinamerika mindestens 90.000 Personen Opfer dieser Repressionspraxis geworden sind, nicht nur in Militärdiktaturen, sondern ebenso unter zivilen Regierungen formaler Demokratien, wie Kolumbien und Mexiko, wo es bis heute massiv praktiziert wird (vgl. Schindel 2003: 21, Figari-Layús/Schindel 2013: 172).

Infolge der Militärputsche im *Cono Sur* setzte auch in Chile nach dem 11. September 1973 und ebenso Argentinien nach dem 24. März 1976, dem *proceso de reorganisación nacional*, wie die argentinischen Militärs die Diktatur euphemistisch nannten, eine flächendeckende Verfolgung und systematische Unterdrückung von vermeintlichen Regimegegnern ein, die sich gegen jede Form der Opposition, vor allem gegen linke Parteien oder Organisationen, Kommunisten, Sozialisten, Gewerkschafter und auch bürgerliche Kräfte richtete. Es folgten exzessive Repressionsmaßnahmen. Gegner der Militärdiktaturen wurden zu Tausenden zu ‚Staatsfeinden' erklärt, entführt, gefoltert und ermordet. Als Repressionsmethode griffen die Staatsorgane auf die systematische Anwendung des erzwungenen Verschwindenlassens missliebiger Personen zurück, während den suchenden Angehörigen in Gefängnissen, Militärkasernen, Leichenhallen und den Behörden mitgeteilt wurde, man könne nichts für sie tun.

Nachdem die Menschen aus ihrem privaten und beruflichen Lebenszusammenhang gerissen und verschleppt worden waren, erfolgten schwerste körperliche und psychische Misshandlungen. In den ersten Tagen ihrer Haft wurden die Opfer in geheimen Lagern meist unter Folterungen verhört. In diesem wehrlosen Zustand sollten häufige Verlegungen die Spuren des Verschwundenen weiterhin verwischen.[6] Wenn die Gefangenen in Folge dieser Misshandlungen verstarben, wurden sie anonym in der Regel in geheimen Massengräbern verscharrt. Vor Beseitigung der Leiche wurde diese oftmals zunächst unkenntlich gemacht, verstümmelt, oder – um keine Spuren zu hinterlassen – verbrannt. Noch während der Pinochet-Diktatur wurden bereits im November 1978 in den Kalköfen von Lonquén die menschlichen Überreste von 15 *desaparecidos* in entdeckt, die kurz nach dem Putsch verschwunden waren. Aufsehen erregten die Leichenfunde von Pisagua, einem Massengrab in der Atacama-Wüste der nördlichsten Region Chiles, in dem kurz nach Ende der Diktatur im Juni 1990, 26 Leichen von verschwundenen politischen Gefangenen gefunden wurden, die in der Propaganda der Diktatur angeblich freigelassen worden waren. Vom salzhaltigen Wüstenbo-

6 Zu den Repressionsmethoden der DINA und anderer Sicherheitskräfte bei der Anwendung des Verschwindenlassens, einschließlich der Darstellung konkreter Fälle, siehe CNVR (1991: 474-590).

den konserviert und vor Verwesung bewahrt, wiesen die Körper eindeutige Folterspuren auf (etwa Gutiérrez/Villegas 1998: 22, Lira/Loveman 2002: 45-48).

Häufig wurden Verschwundene auch anonym auf Friedhöfen beerdigt. Auf zahleichen chilenischen Friedhöfen fanden sich verwahrloste Gräber mit verrosteten Metallkreuzen und der Aufschrift N.N., eine Abkürzung, die auch als *Nacht und Nebel* interpretiert wurde (Rauchfuss 2009: 96).[7] So wurden sterbliche Überreste auf dem Friedhof von Mulchén oder auf dem *Patio 29,* dem 29. Grabfeld des Zentralfriedhofs von Santiago (vgl. Kap. 4.3) gefunden, das Hunderte solcher Kreuze aufwies. Auch in Flüssen – wie dem durch Santiago fließenden Mapocho – und anderen Binnengewässern wurden die Leichen der Verschwundenen versenkt. Eigentliches Ziel ist es, die Leiche für immer verschwunden zu halten und eine nachträgliche Identifikation unmöglich zu machen, um damit alle Beweise langfristig zu vernichten, um damit die Strafloigkeit der Täter sicherzustellen. Besonders grausam sind die Berichte von so genannten Todesflügen, insbesondere aus Argentinien, bei denen Hunderte betäubte Verschwundene, bzw. ihre Leichen in den Jahren 1976 und 1977 aus dem Flugzeug über dem Rio de la Plata ins offene Meer geworfen wurden.[8]

Nach Angaben des Abschlussberichtes der ersten Wahrheitskommission *Comisión Nacional de Verdad y Reconciliación* von 1991 und ihrer Nachfolgeorganisation *Corporación Nacional de Reparación y Reconciliación* (CNRR)[9] beläuft sich die Zahl der dokumentierten Fälle von Verschwundenen während der Diktatur auf 1.102, ermordet wurden insgesamt 3.197 Menschen (CNRR:

---

7 Mit den aus dem Lateinischen stammenden Siglen werden Gräber von meist in Massengräbern liegenden Unbekannten gekennzeichnet. N.N. steht für *nomen necio* („den Namen weiss ich nicht") und wird, wie Gatti betont, häufig, aufgrund eines Übersetzungsfehlers mit *No Name* ins Englische oder *Ningún Nombre* ins Spanische übersetzt (Gatti 2008: 49).

8 Die Geständnisse des Korvettenkapitäns Scilingo sorgten 1995 für großes Aufsehen und eine unerwartete Konfrontation mit der Diktaturvergangenheit, als dieser sich an die Presse wandte und in Gesprächen mit dem Journalisten Horacio Verbitzky offen über die Praxis der Ermordung politischer Gefangener berichtete (vgl. Verbitzky 1995).

9 Mit dem Gesetz Ley 19.123 vom 8. Februar wurde 1992 die Nachfolgeorganisation der Wahrheitskommission geschaffen, die mit der Aufgabe betraut war, den weiterhin nicht aufgeklärten Todesfällen nachzugehen. Der Bericht Informe sobre Calificación de Vícitmas de Violaciones de Derechos Humanos y de la Violencia Política von 1996 ist einsehbar unter: http://www.ddhh.gov.cl/ informes_cnrr.html (Stand: 8.10.2009).

1996: 551)[10], während in Argentinien mittlerweile mehr als 12.000 Fälle von Verschwundenen namentlich dokumentiert sind. Menschenrechtsorganisationen in beiden Ländern gehen von weitaus mehr Verschwundenen aus, in Argentinien von bis zu 30.000 verschwundenen Opfern (vgl. Schindel 2004: 166, Fuchs/Nolte 2006a: 18). Die Verschwundenen stellen damit eine offene Wunde und eines der schwersten Erben der Pinochet-Diktatur dar.

Die systematisch und staatlich durchgeführte und offiziell geleugnete Praxis des Verschwindenlassens hat sich fundamental auf das moralische und das politische Bewusstsein und damit die Erinnerungsdiskurse der chilenischen Postdiktatur im postautoritären Chile ausgewirkt. In Chile war die zentrale Frage, der sich die 1991 eingesetzte Wahrheitskommission und die von 1999 bis 2001 arbeitende *Mesa de Diálogo* stellen mussten, jene nach den Verschwundenen der Diktatur, *desaparecido* der meist verwendete Begriff im Vergangenheitsdiskurs des Transitionsprozesses (Aguilar/Hite 2004: 204). Die Aufklärung des Schicksals der Verschwundenen geriet zum zentralen, den vergangenheitspolitischen Diskurs während des Demokratisierungsprozesses beherrschenden Thema, auch ausgelöst durch Massengräberfunde und Exhumierungen, etwa in Pisagua 1990, die, nachdem die Bilder auch im nationalen Fernsehen gezeigt worden waren, die Öffentlichkeit aufschreckten, den Menschenrechtsinitiativen als Diskursanlass dienten und eine intensivierte Debatte über die Menschenrechtsverletzungen der Diktatur auslösten (Lira/Loveman 2002: 45-48).[11] Die Forderungen nach einem Ende der Straflosigkeit erhielten neuen Auftrieb. Der klandestine Charakter der Repression, die Diskussion um die *desaparecidos* und die damit verbundene politische Sprengkraft der Unabgeschlossenheit und der ausbleibenden Aufklärung wie auch der ungeklärten (erb-)rechtlichen Probleme der Angehörigen machten die Notwendigkeit einer Erforschung und öffentlichen Diskussion über die während der Diktatur begangenen Menschenrechtsverletzungen dringlicher und ließ sie umso notwendiger erscheinen. Dementsprechend war die zentrale vergangenheitspolitische Forderung nach dem Ende der Diktatur in Chile die

10 Der Abschlussbericht aus dem Jahr 1991 wies 957 Fälle von Opfern des Verschwindenlassens nach (CNVR 1991: 1206), die später nach oben korrigiert wurden. Die Gesamtzahl wird nach Angaben von Menschenrechtsorganisationen deutlich höher geschätzt und liegt nach variierenden Schätzungen etwa bei 3.500 bis 4.500 Verschwundenen.

11 Aguilar und Hite verweisen außerdem auf den psychologischen Effekt des Veschwindenlassens und den Umstand, dass es weder eindeutige Beweise noch Klarheit über den Verbleib der Getöteten gibt und infolgedessen auch keinen Ort der Trauer (2004: 205), was der Aufklärung der Verbrechen zusätzlich Dringlichkeit und gesellschaftliche Sprengkraft verleiht.

Aufklärung des Verbleibs der Verschwundenen. Obgleich es hingegen in Spanien infolge der Repressionsmaßnahmen des Bürgerkrieges zwar zahlreiche republikanische Verschwundene zu beklagen gab, sei – so haben Aguilar und Hite betont –, ein großer Teil der franquistischen Repression öffentlich durchgeführt und staatlich legitimiert worden. Aus heutiger Perspektive kann jedoch nicht bezweifelt werden, dass das Verschwindenlassen ebenfalls eine zentrale Repressionsstrategie, besonders während der ersten Bürgerkriegsmonate gebildet hat (vgl. Kap. 6.3).

Nach dieser allgemeinen Darstellung und diskursgeschichtlichen Herleitung zum Phänomen des Verschwindenlassens als Repressionspraxis sollen nun folgende Fragen im Vordergrund stehen: Welche internationalen Menschenrechtsnormen bildeten sich angesichts der massiven Anwendung des erzwungenen Verschwindenlassens heraus? Welche gesellschaftlichen Konsequenzen hat das Verschwindenlassen für post-diktatorische Erinnerungsprozesse und -diskurse und wie wirkt es sich langfristig auf die Forderungen von Hinterbliebenen nach Entschädigung und Anerkennung der Opfer aus? Es soll im Folgenden nicht detailliert die Entwicklung aller zwischenstaatlichen Maßnahmen gegen das Verschwindenlassen dargestellt werden, vielmehr zeige ich zunächst auf, wie sie sich – von dem Kampf gegen die Menschenrechtsverletzungen der Militärdiktatur in Chile ausgehend – international etablierten. Schließlich soll gezeigt werden, wie die juristische Figur des Verschwindenlassens sich mittels diskursiver Transferprozesse auch im spanischen Erinnerungsdiskurs zunehmend durchsetzte.

6.2 Vom lateinamerikanischen Kontext zum internationalen Menschenrechtsdiskurs

Seit über einem Vierteljahrhundert kämpfen Angehörige für die Anerkennung des Verschwindenlassen als Verbrechen, welches in den lateinamerikanischen Diktaturen der 1970er und 1980er Jahre weit verbreitete Praxis war. Bis heute prägen die politischen, gesellschaftlichen, kulturellen und rechtlichen Auseinandersetzungen in den betroffenen Gesellschaften die weltweite Wahrnehmung des Phänomens derart, dass bei der Erwähnung des Verschwindenlassens zunächst die staatliche Repressionspraxis in Lateinamerika assoziiert wird (AI 1982: 10). So stellte etwa der Interamerikanische Menschenrechtshof in seinem ersten Urteil fest:

„En la historia de la violación de los derechos humanos, las desapariciones no son una novedad. Pero su carácter sistemático y reiterado, su utilización como una técnica destinada a producir no sólo la desaparición misma, momentánea o permanente, de determinadas personas, sino también un estado generalizado de angustia, inseguridad y temor, ha sido relativamente reciente. Aunque esta práctica posee carácter más o menos universal, en América Latina, ha presentado en los últimos años una excepcional intensidad."[12]

In Reaktion auf die massive Repression infolge der Militärputsche in Lateinamerika ist die internationale Gemeinschaft seit den 1970er Jahren aktiv geworden. So war es die Interamerikanische Menschenrechtskommission, die 1974 erstmals das Phänomen des Erzwungenen Verschwindenlassens nach dem chilenischen Militärputsch anklagte. Am 27. Februar 1975, 17 Monate nach dem Militärputsch Pinochets, setzte auch die Menschenrechtskommission der UNO durch die Resolution 8 (XXXI) eine aus fünf international zusammengesetzten Mitgliedern bestehende *Ad-hoc-Arbeitsgruppe zur Untersuchung der Menschenrechtssituation in Chile* ein. Die auf Grundlage der jährlichen Berichte der Arbeitsgruppe von der UN-Kommission und der Generalversammlung verabschiedeten Resolutionen spiegeln die zunehmende Sensibilität der Vereinten Nationen gegenüber dem Problem des Verschwindenlassens wider. Die Menschenrechtskommission verlängerte ihr Mandat durch entsprechende Resolutionen bis zum Jahr 1979. In den Jahren 1975 bis 1978 forderte die Kommission die Generalversammlung der OAS (*Organisation of American States*) wiederholt auf, Maßnahmen gegen die Praxis des Verschwindenlassens zu ergreifen. Nachdem die Forderungen ignoriert worden waren, stellte die Generalversammlung im Jahr 1979 fest, „dass das Schicksal derjenigen, die zwischen September 1973 und Ende 1977 in Chile verschwanden und deren Verbleib weiterhin unbekannt ist, eine fortwährende Situation schwerwiegender und offenkundiger Menschenrechtsverletzungen darstellt" (zit. n. AI 1982: 129). Die Generalversammlung, die in diesem Jahr in der bolivianischen Hauptstadt La Paz tagte, erklärte, dass „die Praxis des Verschwindenlassens einen Affront gegen das Gewissen der Hemisphäre darstellt und ganz im Widerspruch zu unseren gemeinsamen traditionellen Werten und zu den Erklärungen und Konventionen, die von den amerikanischen Staaten unterzeichnet wurde, steht" (ebd.). Es war damit – wie Sikkink feststellt – erstmals gelungen, dass auf Druck von Menschenrechtsorganisationen internationale Instanzen, wie die UN-Menschenrechtskommission und die Generalversammlung „respond to a human rights situation that was not seen as a threat to international peace and security" (Sikkink 2005: 275). Zum ersten

12 S. Fall: Velásquez Rodríguez vs. Honduras, Urteil vom 29. Juli 1988, Serie C, Nr. 4, Abs. 149 (zit. n. Chinchón 2008: 15).

Mal wurde zudem die Figur des Verschwindenlassens in einer UN-Resolution aufgegriffen. Die chilenische Regierung und Behörden wurden aufgefordert,

> „das Schicksal der Personen zu untersuchen und aufzuklären, die Berichten zu Folge aus politischen Gründen verschwunden sind, die Familienangehörigen über das Ergebnis der Untersuchungen zu unterrichten und strafrechtliche Schritte gegen diejenigen einzuleiten, die für die Fälle von Verschwindenlassen verantwortlich sind und die Schuldigen zu bestrafen." (AI 1982: ebd.)

Die *Ad-hoc*-Arbeitsgruppe zur Untersuchung von Menschenrechtsverletzungen in Chile wurde daraufhin aufgelöst, um dafür einen UN-Treuhandfonds für die Opfer politischer Unterdrückung in Chile zu schaffen. Die Generalversammlung beauftragte infolge dessen die UN-Menschenrechtskommission mit der Einsetzung einer unabhängigen Expertenkommission zur Erforschung der Situation des Erzwungenen Verschwindenlassens in Chile. Am 6. März 1979 ernannte die UN-Menschenrechtskommission als Sonderberichterstatter Félix Ermacora und zusätzlich einen weiteren Sachverständigen, welche ausschließlich damit beauftragt waren, die ‚Frage des Schicksals vermisster und verschwundener Personen in Chile' zu untersuchen und der Generalversammlung umfassende Berichte über das Verschwindenlassen in Chile vorlegten. In den Berichten, die Ermacora der UN-Generalversammlung 1979 vorlegte, empfahl er eindringlich die Einsetzung einer speziellen UN-Arbeitsgruppe, deren Ziel die ausschließliche Behandlung der Fälle des Erzwungenen Verschwindenlassens sein sollte. Auf ihrer Tagung von 1980 prüfte die Menschenrechtskommission die Berichte des Sonderberichterstatters und des Sachverständigen und stellte fest, dass sich die Menschenrechtslage in Chile erneut verschlechtert hatte. Hinsichtlich der Situation der Verschwundenen wurde die Regierung Chiles dringend aufgefordert, alles zu unternehmen, um das Schicksal dieser Personen aufzuklären, während die chilenischen Behörden die Zusammenarbeit mit dem Berichterstattern verweigerten (vgl. Quezada 1990: 171f.).

Die UN-Menschenrechtskommission folgte der Empfehlung Ermacoras und reagierte auf die in zahlreichen Ländern Lateinamerikas zu beobachtende Zunahme des Verschwindenlassens im Jahr 1980 mit der Einrichtung einer ‚Arbeitsgruppe über zwangsweises oder unfreiwilliges Verschwindenlassen' (engl. *Working Group on Enforced or Involuntary Disappearances*).[13] Die Kommission beauftragte sie, Informationen von Regierungen, zwischenstaatlichen sowie humanitären Organisationen zusammenzutragen, um das Schicksal der Ver-

13 Resolution 20 (XXXVI) der UN-Menschenrechtskommission vom 29. Februar 1980.

schwundenen aufzuklären, die Familienangehörigen zu unterstützen und diese Unterdrückungsmethode zu bekämpfen.[14] Sensibilisiert für dieses Menschenrechtsverbrechen nahmen transnationale Menschenrechtsorganisationen beratend an den Sitzungen der Arbeitsgruppe teil (Rojas 2009: 190).

Familien von Verschwundenen, Angerhörigenvereinigungen und Menschenrechtsorganisationen kämpfen seit Jahrzehnten für die Anerkennung dieses Verbrechens im internationalen Recht. Im November 1981 gründete sich in der costaricanischen Hauptstadt San José die internationale Vereinigung der Angehörigen verschwundener politischer Gefangener als Dachverband, die *Federación Latinoamericana de Asociaciones de Familiares de Detenidos-Desaparecidos* (FEDEFAM), die beratenden Status bei der UNO innehat und der lateinamerikanischen Aufarbeitungsbewegung vor allem auch „diskursive Schlagkraft" (Oettler 2008: 95) über Ländergrenzen hinaus verlieh. Sowohl nationale Angehörigenorganisationen, wie etwa die chilenische *Asociación de Familiares de Detenidos Desaparecidos* (AFDD) – Gründungsmitglied der FEDEFAM – die *Vicaría de la Solidaridad* als Nachfolgeorganisation des *Comité pro Paz* oder die *Fundación de Ayuda Social de las Iglesias Cristianas* (FASIC) in Chile als auch internationale Menschenrechtsorganisationen, wie *Amnesty International* und *Human Rights Watch* leisteten grundlegende Arbeit zur Dokumentation der Fälle von Verschwundenen und zur Information der Weltöffentlichkeit über diese Repressionspraxis. Die transnationalen Bemühungen dieser Organisationen sind bei der Untersuchung und Bekämpfung des Verschwindenlassens von zentraler Bedeutung, auch, da sie mit der Vereinigung der Angehörigen FEDEFAM und mit den nichtstaatlichen lokalen Menschenrechtsorganisationen eng zusammenarbeiten, so dass sie von den Erfahrungen der sich in vielen lateinamerikanischen Ländern seither organisierenden Angehörigenverbänden, ihren Protest- und Aktionsformen lernen und profitieren konnten.

Zwar verabschiedete die UN-Generalversammlung am 18. Dezember 1992 eine ‚Erklärung über den Schutz aller Personen vor dem Verschwindenlassen'[15], sie war jedoch nicht bindend für die Staaten (Lutz/Sikkink 2000: 635). Obwohl internationale Gerichte und UN-Mechanismen, wie z. B. der Europäische Menschrechtsgerichtshof, der Interamerikanische Gerichtshof für Menschenrechte und der Menschenrechtsausschuss der Vereinten Nationen die Praxis des zwangsweise Verschwindenlassens bereits als Verletzungen des Rechts auf Leben verurteilt hatten, existierte kein eigentliches Verbot des Verschwindenlassens. Allerdings erkannte das Interamerikanische Menschenrechtssystem be-

14 Zur Arbeit der UN-Arbeitsgruppe über Verschwundene, siehe AI 1982: 133ff., online siehe http://www.unhcr.ch/html/menu2/7b/mdiswg.htm (Stand: 22.05.2010).

15 Resolution A/RES/47133 der UN-Generalversammlung.

reits die regionale Konvention über das zwangsweise Verschwindenlassen an[16], die am 9. Juli 1994 von der Generalversammlung der OAS in Belém do Pará verabschiedet wurde und am 28. März 1996 in Kraft trat. Es ist nicht verwunderlich, dass dieses regional begrenzte Vorgänger-Instrument gerade in Lateinamerika entstand, waren hier doch während der Militärdiktaturen der 1970er und 1980er Jahre Tausende von Menschen verschwunden.

Gab es zum Verschwindenlassen bisher nur die völkerrechtlich nichtbindende Erklärung der UN-Generalversammlung von 1992, so wurde nach langwierigen Verhandlungen 14 Jahre später eine Leerstelle im internationalen Menschenrechtsschutz geschlossen. Zunächst begann im Jahr 2003 eine Arbeitsgruppe mit der Ausarbeitung eines Konventionsentwurfs. Das auf Empfehlung des Menschenrechtsrats von der Generalversammlung verabschiedete Dokument ebnete den Weg für ein Übereinkommen zum „Schutz aller Menschen vor dem Verschwindenlassen“, welche das Verbot zum ersten Mal in einer UN-Menschenrechtskonvention verbindlich festschreibt (Heinz 2008).

Am 20. Dezember 2006 wurde das „Internationale Übereinkommen zum Schutz aller Personen vor dem Verschwindenlassen“ von der 61. Generalversammlung der Vereinten Nationen angenommen und am 6. Februar 2007 in Paris von 57 Staaten unterzeichnet. Kernpunkte der Konvention sind die Verpflichtung zur Kriminalisierung von Akten des Verschwindenlassens von Personen einschließlich unterstützender Maßnahmen des Strafrechts sowie der internationalen Zusammenarbeit, die eine effektive Verfolgung der Täter sicherstellen sollen.[17] Mit der UN-Konvention über das Erzwungene Verschwindenlassen war

16 Inter-American Convention On Enforced Disappearance, zu finden unter: http://www.cidh.oas.org/ basicos/basic11.htm.

17 Folgende Passagen der aus 45 Artikeln, einer Präambel und zwei Teilen, bestehenden UN-Konvention erscheinen für den Zusammenhang dieser Arbeit relevant: Verschwindenlassen ist auch in Zeiten des Notstandes und des Krieges absolut verboten (Art. 1). Die international akzeptierte Definition des ‚erzwungenen Verschwindenlassens von Personen‘ ist in der Erklärung festgelegt (Art. 2). Seine systematische Praxis stellt ein ‚Verbrechen gegen die Menschlichkeit‘ dar (Art. 5). Mit der Kombination der Qualifikation des Verschwindenlassens als ‚Verbrechen gegen die Menschlichkeit‘ im Römer Statut des Internationalen Strafgerichtshof wird auch eine wirksame internationale Verfolgung möglich. Die Ratifikation der Konvention verpflichtet die Staaten dazu, den Strafbestand des Verschwindenlassens, entsprechend der Schwere dieser Straftat in das nationale Strafgesetzbuch aufzunehmen (Art. 4-7). Außerdem verpflichten sich die Staaten, die notwendigen Maßnahmen zur Strafverfolgung zu ergreifen, besonders gegenüber Personen, die entsprechende Befehle geben und diese befolgen (Art. 6). Die Strafverfolgung kann überdies nicht nur in dem Land

ein Instrument gegen die Straflosigkeit dieser Repressionspraxis geschaffen worden, welches das Verschwindenlassen als nicht-amnestierbare ‚Verbrechen gegen die Menschlichkeit' kategorisiert. Mit dieser auf die Nürnberger Prozesse zurück gehenden völkerrechtlichen Figur wird die weltweite Ahndung durch die Anwendung universeller Gerichtsbarkeit sowie seine Nicht-Verjährbarkeit international kodifiziert. Zudem dient die Konvention der Unterstützung der Hinterbliebenen, welche im Sinne der psychosozialen Folgen dieser Repressionspraxis ebenso als Opfer definiert werden. Neben den das Strafrecht betreffenden Bestimmungen finden sich unter anderem auch solche zur Prävention, Information von Angehörigen und Entschädigung. Ebenso ist die Schaffung eines internationalen Mechanismus zur Einhaltung des Übereinkommens vorgesehen.[18] Chile hat das Übereinkommen am 6. Februar 2007, Spanien am 27. September desselben Jahres unterzeichnet. Die UN-Konvention über das Erzwungene Verschwindenlassen trat am 23. Dezember 2010 in Kraft.

Hatte sich, ausgehend von den Erfahrungen im südlichen Lateinamerika ein globales Instrument zur Ahndung dieses Menschenrechtsverbrechens etabliert, so wirkt die internationale Kodifizierung auf lokale Aufarbeitungsforderungen zurück. Insbesondere die Existenz von in Massengräbern Verschwundenen als tabuisierte Erinnerungsorte verweist auf das Erbe von Diktatur- und Bürgerkriegsvergangenheit und auf von Repression und Verschwindenlassen traumatisierte Angehörige, die von der Unmöglichkeit der Trauer und der gesellschaftlichen Tabuisierung der repressiven Vergangenheit geprägt sind. Die Exhumierung der sterblichen Überreste von Opfern politischer Repression löst in einem

ausgeübt werden, wo die Straftat begangen wurde, sondern weltweit geahndet werden (Art. 9, Abs. 2), somit ist die universelle Gerichtsbarkeit in der Konvention verbindlich festgeschrieben. Die Vertragsstaaten werden zur Auslieferung von Personen an internationale Gerichte verpflichtet, die der Praxis des Verschwindenlassens verdächtigt sind, falls der Staat nicht selbst eine Strafverfolgung einleitet oder die Person an einen verfolgungswilligen Staat ausliefert (Art. 11). Die Konvention trägt außerdem den Entwicklungen im Bereich der Opferrechte Rechnung, indem sie das Recht auf Wahrheitsfindung und Entschädigung anerkennt (Art. 8 und 24). Die Erfahrungen mit Entführungen von Kindern Verschwundener, die für die lateinamerikanischen Militärdiktaturen charakteristisch waren – insbesondere in Argentinien –, führte zur Aufnahme eines Artikels, der ausdrücklich die Problematik der zwangsweisen Entführung von Kindern und die Fälschung ihrer Identität sowie ihre Zwangsadoption verbietet (Art. 25). Zum vollständigen Text der Konvention siehe: http://www2.ohchr.org/english/ (Stand: 24.06.2010).

18 Detaillierte Analysen aus juristischer Perspektive bieten Heinz (2008), Chinchón (2008), McCrory (2007), Kirsten (2006).

gesamtgesellschaftlichen Kontext einen kontroversen Prozess der Aufdeckung und diskursiven Neubewertung der historischen Zusammenhänge über die begangene Repression aus, die über den privaten familiären Kontext weit hinausreicht und ebenso auf die geschichtspolitische, mediale und zeithistorische Deutungshegemonie einwirkt. Die Konsequenzen der Verschiebung der öffentlichen Aufmerksamkeit auf die Ausgrabung von Massengräbern aus Bürgerkrieg und Diktatur als Diskursanlass impliziert einen Angriff auf die hegemonialen Geschichtsinterpretationen sowohl in der chilenischen als auch der spanischen Gesellschaft, da die Exhumierung von Massengräbern – wie Sanford im übertragenen Sinne für den guatemaltekischen Kontext festgestellt hat – für einen Prozess der „excavation of memory and retaking of public space“ (2003: 17) stünden. Die Exhumierungen, so hat auch Ferrándiz konstatiert, machten eine „erschütternde Geografie der Repression von bisher unbekannten oder vergessenen Morden, Massenerschießungen und Massakern sichtbar“, welche „in ihrem Ausmaß und in ihren Details der breiten Öffentlichkeit bis dahin praktisch unbekannt gewesen war.“ Die Toten auszugraben, bedeute daher auch, die Erinnerung freizulegen (Ferrándiz 2006a: 550, 558). Für die Opferangehörigen haben, wie der Initiator der ersten Exhumierungen in der spanischen Provinz des Bierzo, Emilio Silva, wiederholt betont hat, die entstehenden Gegennarrative einen therapeutischen und kathartischen Heilungseffekt. Auf persönlicher Ebene brechen sie mit der jahrelangen, oft von Scham, Erniedrigung, Angst und des auferlegten Schweigens geprägten Umgangs mit der franquistischen Repression, insbesondere indem Angehörige und Anwohner am Rande der Gräber beginnen, über die Repressionserfahrungen zu sprechen. Mit der Öffnung der Massengräber und der Freilegung der menschlichen Überreste verbindet sich zudem eine Aufklärung der historischen Zusammenhänge der Repression, indem durch Interviews und entsprechende Nachforschungen die Todesumstände rekonstruiert werden. Auf einer gesellschaftlichen Ebene erlangen die Forderungen nach einer Auseinandersetzung mit der Repression erneute Legitimität und können einen öffentlichen Diskussionsprozess und eine Neubewertung der franquistischen Repression anstoßen.[19]

Es sollen nun Komplexität und Dynamik dieses Prozesses in der spanischen Auseinandersetzung mit den Verschwundenen des Bürgerkrieges in den Blick genommen werden. Neben den politischen und juristischen Implikationen bei der Verschwundenen-Problematik soll untersucht werden, inwiefern die Exhumierungspraxis von Bezugnahmen auf die lateinamerikanischen Erfahrungen des Umgangs mit Diktatur- und Menschenrechtsverletzungen und der Transnationalisierung eines Menschenrechtsdiskurses beeinflusst sind, wobei den Verbin-

19 Persönliches Interview mit Emilio Silva in Madrid.

dungslinien zu chilenischen Aufarbeitungserfahrung aufgrund der Verwobenheit mit dem ‚Fall Pinochet‘ eine herausragende Bedeutung zukommt. Im Folgenden soll auf die zunehmende Verwendung und Verbreitung der Figur des Verschwundenen in der spanischen Debatte über den öffentlichen Umgang mit dem Erbe des Bürgerkrieges und der Franco-Diktatur eingegangen werden. Dazu wird zunächst die zivilgesellschaftliche Basisbewegung beleuchtet, die sich in Spanien seit der Jahrtausendwende für eine Rehabilitierung und öffentliche Erinnerung an die Opfer franquistischer Repression einsetzt. Nach der jahrelang nicht-aufgearbeiteten spanischen Diktaturvergangenheit ist die Diskussion über die franquistische Repression seither in die öffentlichen Debatten zurückgekehrt. Bei der angestoßenen lokalen Aufklärungs- und Trauerarbeit ist der Rekurs auf die Verschwundenen zu einem Inbegriff der sich herausbildenden erinnerungskulturellen Bewegung ‚von unten‘ geworden (Froidevaux 2007: 58). Im Folgenden soll zunächst die Entstehung und Verbreitung der lokal verankerten Erinnerungsbewegung rekonstruiert werden.

6.3 Die Entstehung einer zivilgesellschaftlichen Erinnerungsbewegung: Suche nach den Verschwundenen aus dem Spanischen Bürgerkrieg

Nicht nur innenpolitische Faktoren in Spanien, wie der sich abzeichnende Generationenwandel, die veränderten innergesellschaftlichen Machtverhältnisse und Regierungswechsel sowie die Regierungsmehrheit der *Partido Popular* ab 2000, die von einer rechtskonservativen Geschichtspolitik geprägt war, haben nach einer langen Nicht-Thematisierung für eine Debatte über die Franco-Diktatur gesorgt. Auch die Weiterentwicklungen im internationalen Recht und die zunehmende Diffusion von Menschenrechtsdiskursen, die Erfahrungen der Auseinandersetzung mit Diktatur und Menschenrechtsverletzungen in anderen Gesellschaften und die Transnationalisierung von Aufarbeitungspolitik haben den erinnerungspolitischen Forderungen der spanischen Zivilgesellschaft Nachdruck verliehen und zur erhöhten Vehemenz der Erinnerungsdiskurse in der spanischen Öffentlichkeit beigetragen.

Als öffentlichkeitswirksamster Aspekt der aufkeimenden Auseinandersetzung mit der franquistischen Repression hat sich die Neuentdeckung der bis heute in Massengräbern verscharrten republikanischen Verschwundenen herausgestellt. Die in Spanien seit der Jahrtausendwende auch als Konsequenz des ‚Falles Pinochet‘ sich öffentlich artikulierenden Initiativen zur Identifikation, Umbettung und würdigen Bestattung der in anonymen Massengräbern verscharrten Opfer franquistischer Repression wurden von lokalen zivilgesellschaftlichen Gruppierungen vorangetrieben. Zu ihren Forderungen zählen, neben der prominenten Forderung nach einer Erinnerung, Sichtbarmachung, Rehabilitierung und Redignifizierung der Verschwundenen auch solche nach Aufklärung der begangenen Verbrechen und Entschädigungsansprüche sowie zunehmend der juristischen Aufarbeitung.

Hatte sich bereits in der zweiten Hälfte der 1990er Jahre die Gründung einiger Vereinigungen zur Aufarbeitung der Franco-Vergangenheit abgezeichnet[20] und einzelne Organisationen, in welchen sich insbesondere unterschiedliche Opfergruppen organisierten, entstanden, so habe nach Gálvez Biesca seit der Jahrtausendwende eine „wahrhafte Explosion zivilgesellschaftlicher Verbände" (2006: 34) eingesetzt, für deren Entstehung sowohl politische, kulturelle, historiografische als auch zwischenmenschliche Faktoren ausgemacht werden könnten (ebd.). Die Zahl der existierenden erinnerungspolitischen Organisationen und Initiativen habe sich allein zwischen 2003 und 2005 von ca. 30 auf 170 Vereinigungen erhöht und damit verfünffacht (ebd.: 34f.). Hatten bereits zuvor erinnerungspolitische Organisationen existiert, so verweist der rasante Anstieg der Gruppierungen, die sich für eine Auseinandersetzung mit der Franco-Vergangenheit mit einem Fokus auf der Suche nach den Verschwundenen einsetzen, und ihres zivilgesellschaftlichen Aktivismus auf die erhöhte Relevanz der Thematik in der spanischen Öffentlichkeit und ihrer zunehmenden sozialen Bedeutung.

Die entstandene zivilgesellschaftliche Bewegung zur Aufarbeitung der Franco-Vergangenheit ist dabei auch einzuordnen im Kontext international voranschreitender Prozesse der Auseinandersetzung mit Staatsterrorismus, Menschenrechtsverletzungen und Diktaturfolgen und der Herausbildung eines „framework of international human rights legislation" (Blakeley 2005: 45) der letzten zwanzig Jahre, auf welchen sich Menschenrechtsakteure während des chilenischen Transitionsprozesses berufen konnten, um ihren Aufarbeitungsforderungen Nachdruck zu verleihen. Sowohl in Chile als auch – nach einem bereits Jahre zurückliegenden Transitionsprozess – in Spanien sind es besonders die Opfer und

20 Seit Mitte der 1990er Jahre hatten sich bereits unterschiedliche erinnerungskulturelle Organisationen gegründet, die sich für eine Auseinandersetzung mit der Franco-Vergangenheit einsetzten. Dazu zählte zum Beispiel die seit 1997 existierende *Asociación Archivo Guerra y Exilio* (AGE) oder die 1995 gegründete *Asociación de Amigos por los Caídos por la libertad - Región de Murcia* (Gálvez Biesca 2006: 34). Die AGE etwa wandte sich von Beginn an entschieden gegen die Aushebung der Bürgerkriegsgräber und setzte sich stattdessen für deren Markierung und langfristigen Erhalt sowie dort zu schaffende symbolische Orte des würdigen Totengedenkens ein (Ferrándiz 2006a: 556).

ihre Nachfahren, vor allem die Generation der Enkel, welche sich für eine Erinnerung an die Verschwundenen einsetzen und auf die bestehenden Erinnerungsdiskurse einwirken. Joan E. Garcés, der als Anwalt sowohl in den ‚Fall Pinochet' als auch in die spanische Auseinandersetzung mit der Diktaturvergangenheit involviert ist, konstatiert in komparativer Perspektive:

> „La reacción en España es parecida, en cierto modo, a la habida en Chile durante el caso Pinochet, con algunas diferencias. La inivciativa en España como en Chile es una vez más la de las vícitmas. También aquí son hijos o nietos de las víctimas quienes formulan las denuncias en los Tribunales, alegando que estos delitos son imprescriptibles de acuerdo con el Derecho Internacional y también ahora con el derecho interno." (Garcés 2009: 36)

Hatten sich die Aufarbeitungsforderungen der Opfer und ihrer Angehörigen in Chile gestützt von Menschenrechtsorganisationen auf internationale Menschenrechtsnormen berufen, so orientieren sich auch die unlängst entstandenen spanischen Erinnerungsverbände bei ihren Forderungen zunehmend an der paradigmatischen Trias transnationaler Aufarbeitungspolitik von ‚Wahrheit, Gerechtigkeit und Entschädigung', welche ihnen auf lokaler Ebene einen wirkmächtigen Bezugsrahmen zur Auseinandersetzung mit der Diktaturvergangenheit liefert.

Zunächst scheint es notwendig, die Entstehung der zivilgesellschaftlichen Erinnerungsbewegung in Spanien grundsätzlich zu umreißen, um darauf die transnationalen Verbindungslinien und Anknüpfungspunkte, die für ihre Arbeit relevant wurden, darzustellen. Die ARMH (*Asociación para la Recuperación de la Memoria Histórica, Vereinigung zur Wiedererlangung des historischen Gedächtnisses*) als der erste erinnerungspolitische Verband, der Öffnungen von Massengräbern aus dem Bürgerkrieg und den Jahren unmittelbar danach veranlasste, entstand zunächst im Oktober 2000 als ein kleiner Verein von regionaler Reichweite, der sich zum Ziel gesetzt hatte, die sterblichen Überreste von Opfern der franquistischen Repression aus der Provinz León aus dem zumeist nicht als solche gekennzeichneten Massengräbern exhumieren zu lassen. Die Nicht-Regierungsorganisation, die sich für eine öffentliche Erinnerung der während des Bürgerkriegs und der Franco-Diktatur begangenen Verbrechen einsetzt, gründete der Soziologe und Journalist Emilio Silva Barrera gemeinsam mit Santiago Macías im Dezember 2000 mit dem Ziel, die Opfer franquistischer Repression zu rehabilitieren und ihnen ein würdiges Andenken zu schaffen. Auf Privatinitiative wurde in Priaranza del Bierzo mit der Exhumierung von 13 Leichen hingerichteter Republikaner die Suche nach den Verschwundenen begonnen.[21]

21 El Mundo: *Priaranza: Removiendo las fosas del Franquismo*, 17. März 2002.

Als die Aktivitäten des Vereins in der spanischen Öffentlichkeit auf ein unerwartet hohes Maß an Interesse stießen, war der Grundstein für eine zivilgesellschaftliche Bewegung ‚von unten' gelegt, denn die begonnenen Ausgrabungen „hatten für das ganze Land eine überraschende Signalwirkung" (Brinkmann 2008: 111). Diese erste Exhumierung löste eine ungeahnte öffentliche Reaktion aus. Die Ausgrabung der dreizehn Skelette von Priaranza erhielt eine öffentliche Aufmerksamkeit, von der auch die beteiligten Akteure vollkommen überrascht wurden. Es begannen nicht nur lokale, sondern auch nationale und internationale Printmedien und auch Fernsehsender ausführlich über die Exhumierungen zu berichten (Bernecker/Brinkmann 2006: 296f., Macías/Silva 2003: 68f.). Die überregionalen spanischen Medien hielten sich jedoch zunächst auffällig zurück. Erst nachdem sich die ausländische Presse mit den Ausgrabungen beschäftigt hatte, interessierten sich – so berichtete Silva[22] – auch überregionale spanische Medien verstärkt für die Arbeit der ARMH. Somit gelang es der ARMH mit ihrer Arbeit in der Provinz überregionale und internationale Schlagzeilen zu machen, die lokale Erinnerungsarbeit und die Exhumierungsprozesse wurden von Beginn an auch von einer „Weltöffentlichkeit" beobachtet (Bernecker/Brinkmann 2006: 299).

Hunderte von Anfragen und E-Mails gingen als Reaktion auf die erste Exhumierung bei der ARMH ein, in denen Angehörige um Unterstützung bei der Auffindung ihrer verschwundenen Verwandten baten, um die Todesumstände aufzuklären. Durch die hohe landesweite Resonanz entstanden im ganzen Land in der Folgezeit eine inzwischen kaum mehr überschaubare Vielzahl lokal verankerter und heterogener Initiativen und Vereine, welche die Suche nach verschwundenen Angehörigen und die Freilegung von Massengräbern zum Ziel hatten. So setzte der Verein seine Arbeit in den folgenden Jahren fort und breitete sich mittels zahlreicher lokaler Initiativen über das gesamte Land aus. Nachdem sich die ARMH gegründet hatte, folgte im Jahr 2002 das *Foro por la Memoria*, welches dem Linksbündnis *Izquierda Unida* nahe steht, die erinnerungspolitischen Forderungen differenzierten sich zunehmend aus.

Die ARMH zählt mittlerweile zahlreiche unterschiedliche regionale Vereine, zudem ist eine kaum mehr zu überblickende Anzahl weit verzweigter und komplexer Initiativen gegründet worden, die sich an der Suche und Identifikation der Verschwundenen beteiligen. Das *Foro por la memoria* mit Sitz der Dachorganisation in Madrid ist zentralistischer organisiert als die ARMH und verfügt den Angaben auf ihrer Webseite folgend über 18 Vertretungen in sechs der Autonomen Gemeinschaften.[23] Im Jahr 2010, zum zehnjährigen Bestehen der ARMH,

22 Persönliches Interview mit Emilio Silva in Madrid.

23 Vgl. http://www.foroporlamemoria.info/el-foro-por-la-memoria-en-tu-zona/ (Stand: 15.05.13).

hatte diese 1.300 Leichen in 150 Massengräbern exhumiert.[24] Im Juli 2008 waren insgesamt 4.054 sterbliche Überreste exhumiert und 171 Massengräber geöffnet worden (Junquera/Gómez 2008, zit. n. Amago/Jérez-Farrán 2010: 4).

Auslöser für die erinnerungskulturelle Arbeit des damals 34-jährigen Journalisten Emilio Silva, Gründer der ersten Erinnerungsorganisation zur Auffindung der Verschwundenen in Priaranza del Bierzo, war seine familiäre Geschichte. Vor dem Hintergrund des Schicksals seines Großvaters, der als Anhänger der Zweiten Republik am 16. Oktober 1936 von franquistischen Truppen verschleppt und erschossen worden war, ohne dass dessen Leiche aufgefunden wurde, hat Silva die Ausgrabungen von anonymen Gräbern initiiert. In einem vielzitierten Artikel der Regionalzeitung *La Crónica de León* mit dem Titel *Auch mein Großvater war ein desaparecido* schilderte er, gekoppelt an einen Aufruf an Angehörige von Verschwundenen, sich mit ihm in Verbindung zu setzen, seine Situation:

> „Soy nieto de un *desaparecido*. Mi abuelo se llamaba Emilio Silva Faba. Lo mataron a tiros junto a otras trece personas y lo abandonaron en una cuneta a la entrada de Priaranza del Bierzo. Todas sus honras fúnebres consistieron en un agujero y unas palas de tierra bajo las que todavía hoy están sus restos [...]. Sus restos podrán descansar en el lugar que elijan sus familiares. Yo sabía que había una historia que contar y es lo que he hecho. Pero mi historia es una pequeña parte de aquella historia. Hay muchas fosas repletas con hombres sin nombre. Hay muchas personas que sobreviven al miedo. [...] Por eso es necesario hacer ruido para despierte de nuevo la memoria y abandone ese sueño que la ha mantenido dormida durante tantos años."[25]

In diesem Aufruf sticht hervor, dass Silva immer wieder auf Parallelen und Anknüpfungspunkte zur Aufklärung der Verschwundenen lateinamerikanischer Diktaturen verweist. Die Bezeichnung *desaparecido*, welche diskursiv mit der Praxis des Verschwindenlassens während der Militärdiktaturen des *Cono Sur* konnotiert ist, soll die Übertragbarkeit auf die spanische Diktaturvergangenheit verdeutlichen. Dieser am Anfang der spanischen Erinnerungsbewegung stehende Aufruf begründete die nachfolgende Adaption und Aneignung des Verschwundenen-Begriffes. Seine sukzessive Einschreibung in den spanischen Erinnerungsdiskurs kann als Chiffre für die Darstellung der franquistischen Repressi-

24 Público: *Balance de diez años exhumando las fosas del Franquismo*, 13.Oktober 2010.

25 La Crónica de León: *Mi abuelo también fue un desaparecido*, 8. Oktober 2000.

onsform gedeutet werden: Von Beginn an war die lokale Rede über die in anonymen Massengräbern verscharrten Repressionsopfer der Franco-Diktatur und die Forderung nach ihrer Auffindung und würdigen Bestattung mit der Praxis des Erzwungenen Verschwindenlassens lateinamerikanischer Militärdiktaturen verknüpft. So kommentiert Silva seinen Zeitungsaufruf restrospektiv selbst mit:

„Conscientemente quise utilizar el referente de los desaparecidos argentinos o chilenos para trasladarlo al caso español de los desaparecidos durante la guerra civil" (Macías/Silva 2003: 40).

Zudem bettet er das Schicksal seines Großvaters in einen breiteren sozialhistorischen Zusammenhang ein und verbindet damit einen gesellschaftlichen Auftrag, denn ihm sei bewusst, dass seine Geschichte nur ein kleiner Teil der ganzen Wahrheit sei, dass es viele weitere Gräber mit namenlosen Verschwundenen gebe. Es sei an der Zeit, die fortbestehende Angst der Angehörigen zu durchbrechen und lautstark die Erinnerung an jene einzufordern, die für Freiheit und Demokratie gekämpft hätten (ebd.). Es war daran nicht zuletzt auch der Versuch der Enkelgeneration geknüpft, die lang verschüttete Geschichte ihrer Großeltern dem Vergessen zu entreißen und ihrer würdig zu gedenken.

Bereits im Juli 2003 hatte Silva als Präsident der ersten *Memoria Histórica*-Vereinigung ARMH gefordert, dass der bekannte spanische Ermittlungsrichter Baltasar Garzón nach seinen Aktivitäten bei der Ahndung der Menschenrechtsverletzungen im *Cono Sur* sich einer Aufklärung der Fälle von spanischen Verschwundenen aus dem Bürgerkrieg und den Folgejahren nicht mehr versschließen dürfe. In einem Bericht zitiert ihn das Menschenrechtsnetzwerk *Equipo Nizkor*, es sei:

„un tanto paradójico, por decirlo suavemente, que aquí hay miles de desaparecidos y no se haga nada a nivel judicial, y que Garzón pueda traer a decenas de militares de argentinos."[26]

Er kritisiert die Diskrepanz der aktiven Rolle der spanischen Justiz bei der Anwendung der universellen Gerichtsbarkeit zur strafrechtlichen Ermittlung gegen argentinische Militärs bei gleichzeitig ausbleibender Aufarbeitung der Franco-Diktatur als einen eklatanten Widerspruch, was nach Silva an Heuchelei grenze (ebd.). Ähnlich führt es der Rechtsanwalt Fernando Magán, der die ARMH bei

26 *Pedirán a Garzón que investigue los desaparecidos del Franquismo*, http.//www.derechos.org/nizkor/espana/doc/uriel.html.

der Ausarbeitung von Klagen von Angehörigen Verschwundener gegenüber der *Audiencia Nacional* unterstützte, aus. Zur Rolle Garzóns bezüglich der Ahndung spanischer Verschwundenen-Fällen fordert er Garzón zu Kohärenz in seinen Aktivitäten auf, auch wenn es dem Richter unangenehm sei:

„Pues el papel de Garzón está claro: El tiene que ser coherente con lo que ha decidido con respecto a otros muchos casos. Sus resoluciones están ahí y no podrá decir que con respecto a esto [los casos de desaparecidos españoles, Anm. U.C.] pienso otra cosa. Yo supongo que no le es cómodo, pero pienso que esto lo va a continuar adelante."[27]

Mit der Adaption und zunehmenden Diffusion des *desaparecido*-Begriffes werden in der spanischen Debatte vermehrt Bilder und Vergleiche der franquistischen Repression zu den Militärdiktaturen des *Cono Sur* herangezogen. Als „großes Paradoxon" bezeichnet es etwa der ARMH-Aktivist Guillermo Fouce, der als Mitglied von *Psicólogos sin Fronteras* bei Exhumierungen von Massengräbern in Spanien die anwesenden Familienangehörigen psychologisch betreut, dass:

„un país como el español, implicado en otros procesos de recuperación de memoria histórica, fundamentalmente en Latinoamérica, esta en este momento en pleno proceso de elaboración de su propio proceso de recuperación de memoria, en pleno proceso de reconocimiento por parte del Estado de lo acontecido para asumir la responsabilidad que a todo estado se le reclama en la legislación internacional: reparar a las vícitmas, exhumar los cadáveres, hacer lo posible para que la represión no se repita." (Fouce 2007: 3)

Während die spanische Justiz in die lateinamerikanischen Aufarbeitungsprozesse involviert sei, stehe die Widererlangung des historischen Gedächtnisses in Spanien selbst noch ganz an ihrem Anfang. Der Staat müsse gemäß des internationalen Rechts die Verantwortung für die Aufarbeitung der begangenen Menschenrechtsverletzungen übernehmen. In diesem Sinne zitieren die Journalisten Armengou und Belis in ihrer Studie *Las fosas del silencio* (Die Gräben des Schweigens, 2004), in der sie sich mit der franquistischen Bürgerkriegsrepression auseinandersetzen, die Aussagen einer Zeitzeugin, die ebenfalls auf die Widersprüchlichkeit hinweist, dass die spanische Justiz sich in Bezug auf die juristische Aufarbeitung der lateinamerikanischen Militärdiktaturen ‚als Weltpolizei' (ebd.: 24) geriere, während die franquistischen Verbrechen dem geforderten

27 Persönliches Interview mit Fernando Magán in La Granja de San Ildefonso.

Schlussstrich und dem Vergessensgebot anheimgefallen seien und ungesühnt blieben:

„No oigo a nadie decir que se olviden del holocausto, que se olviden del tren de la muerte que iba a Auschwitz o Mauthausen, que se olviden a Pinochet. Sin embargo, en España hubo que correr un tupido velo, olvidar a todos nuestros familiares, olvidar las penas y las angustias. No sé por qué hay que olvidarlo todo y borrón y cuenta nueva. Me parece grotesco querer ser los justicieros del mundo y que aquí no pase nada." (zit. n. Armengou/Belis 2004: 24)

Während das offizielle postfranquistische Spanien auf eine Aufklärung und Aufarbeitung der Diktaturverbrechen des Franco-Regimes langfristig verzichtete, sind seit Ende der 1990er Jahre, mit dem ‚Fall Pinochet' als Ausgangspunkt, mit Bezug auf die universelle Gerichtsbarkeit vor der *Audiencia Nacional* Prozesse wegen Menschenrechtsverletzungen und erzwungenem Verschwindenlassens eingeleitet worden, die in anderen Ländern, etwa Chile und Argentinien, begangen worden waren. Ein Vertreter des *Foro por la Memoria*, die weitere landesweit agierende Erinnerungsorganisation, erklärte hinsichtlich der von der spanischen Justiz getragenen Transnationalisierung der Aufarbeitungsprozesse, die sich etwa in den gegen Pinochet und Scilingo gerichteten Auslieferungsverfahren sowie vor der *Audiencia Nacional* eingeleiteten Ermittlungen verdeutlichten:

„Lo sucedido en los últimos años en nuestro país y en el resto del mundo nos demuestra que no se puede mantener enterrada la verdad eternamente. La sociedad española del siglo XXI tiene derecho a la justicia y al pasado y no va a renunciar a ello. Quizás lo acaecido con los casos Pinochet y Scillingo muestra cuál puede ser el camino (entre otros) que nos va a tocar recorrer en el futuro." (Peinado Cano 2006: 8)

Die Erfahrungen aus anderen Ländern hätten gezeigt, dass die Wahrheit langfristig nicht verschüttet bleiben könne. Hinsichtlich der Anwendung universeller Gerichtsbarkeit und der spanischen Auslieferungsanträge zur transnationalen Aufarbeitung der Militärdiktaturen im *Cono Sur* wird auf die künftigen Möglichkeiten der justiziellen Vergangenheitsaufarbeitung der Franco-Diktatur und das Recht der Opfer auf Gerechtigkeit und Wahrheit rekurriert.

Francisco Etxeberria, der als forensischer Anthropologe der Universität des Baskenlandes ehrenamtlich bereits bei der ersten Exhumierung im leonesischen Priaranza del Bierzo im Oktober 2000 mitgewirkt hatte, vergleicht in einem in der Tageszeitung *El País* erschienenen Artikel die spanische und chilenische Auseinandersetzung mit den Militärdiktaturen:

„En el proceso de Chile hay dos raíles paralelos, el político y el judicial, y por ellos transita el tren de los derechos humanos. En España que tiene muchos más desaparecidos que Chile, no es así. Esto no estaba en ningún programa político, surgió por la presión de la sociedad civil. En estos procesos siempre hay tres pilares: derecho a la verdad, justicia y reparación. La ley de memoria histórica se apoya sólo en dos. El segundo, la justicia, no lo toca y es ahí dónde irrumpe Garzón [...]. En Chile les sorprendía mucho que no hubiera una presencia oficial, de las autoridades en todo esto. Solían preguntarme ‚Garzón se atreve con Pinochet, ¿y lo de España, qué?'"[28]

Während sich die chilenische Regierung zunehmend an den im internationalen Recht verankerten drei Prinzipien von ‚Wahrheit, Gerechtigkeit und Entschädigung' orientiere, werde die menschenrechtliche Säule der juristischen Aufarbeitung in Spanien weiterhin ignoriert. Obgleich als Erbe der Franco-Diktatur mehr Verschwundene zu beklagen seien als in Chile, sei auch mit dem Erinnerungsgesetz keine justizielle Aufarbeitung der franquistischen Menschenrechtsverletzungen sichergestellt (ebd.). Der für die im baskischen San Sebastián ansässige Nichtregierungsorganisation *Sociedad Ciencias Aranzadi* tätige Etxeberria, die erste professionelle Organisation, welche in Spanien aktiv die Suche nach den Verschwundenen und Aushebung von Bürgerkriegsgräbern betrieben hatte, war außerdem zuvor als international anerkannter Experte und forensischer Berater von der chilenischen Regierung in eine Expertenkommission zur Aushebung der Massengräber im *Patio 29* auf dem *Cementerio General* in Santiago (vgl. Kap. 4.3) berufen worden. An seinen Äußerungen wird deutlich, dass Verbindungslinien und Bezugspunkte zu Chile in der spanischen Aufarbeitungsdebatte als Referenzrahmen herangezogen werden, um in vergleichender Perspektive auf die Defizite der spanischen Vergangenheitspolitik Bezug zu nehmen. Die in Chile durchgeführten vergangenheitspolitischen Maßnahmen werden diskursiviert, um auf die Defizite der staatlich-administrativen Aufarbeitung der Franco-Diktatur in Spanien zu rekurrieren. Ähnlich führte Etxeberria überdies vergleichend aus:

„[...] una de las diferencias que hay entre el caso chileno y lo que se ha hecho por ejemplo o se quiere hacer en este momento en España, radica en que en Chile, para que se entiende esto es muy gráfico lo que voy a decir, en Chile se han colocado dos vías para que ande el tren, se ha colocado una vía que es la vía política e institucional y se ha colocado otro raíl o via, que es netamente jurídico o judicial. Cuando eso se hace así, se hace bien, por esos dos raíles puede circular el tren de los derechos humanos. En España no se ha puesto uno

28 El País: *No es la sociedad civil. Es el Estado*, Natalia Junquera, 17. November 2008.

de esos raíles, [...] pero el otro raíl no se quiere poner, por lo tanto no creo que pueda andar o circular el tren de los derechos humanos de manera adecuada, porque hay una sóla vía o raíl. Esa es la diferencia casí principal. Metodológicamente, las desapariciones en Chile y España son idénticas, o sea el procedimiento. Entonces nos sentimos observados, por eso también se puede hacer más colaboraciones y respecto a lo que pueda servir esto para el conjunto de la visión internacional pues es una forma de aprender, de experimentar metodologías, de aprender todos y de que esto pueda servir también para cuando luego españoles o extranjeros tengan que intervenir en otras fosas que van a ser precisamente lugares de la tierra donde hay en este momento guerras o dictaduras, [...] que se están produciendo, es decir, desde un punto de vista muy científico, pues esto desgraciadamente sirve para aprovecharlo para un aprendizaje."[29]

Während man in Spanien auf eine rechtliche Aufarbeitung der Diktaturvergangenheit verzichte, würde die chilenische Vergangenheitspolitik mittlerweile zweigleisig im Sinne der strafrechtlichen Verfolgung der Täter und der Anwendung des internationalen Rechts verfahren, so dass der ‚Zug der Menschenrechte' zirkulieren könne, während die spanische Situation weiterhin von ‚Eingleisigkeit' geprägt sei, da man auf die strafrechtliche Verfolgung und grundsätzliche Aufklärung der Diktaturverbrechen weiterhin verzichte. Aus diesem Kontrast sei mit dem chilenischen Aufarbeitungsprozess ein Referenzpunkt für die spanische Gesellschaft entstanden, der es ermögliche, aus der Erfahrung in anderen Ländern zu lernen, mit der in beiden Gesellschaften identischen Erfahrung des Verschwindenlassens adäquat umzugehen. Die beschriebenen Erfahrungen Exteberrias verweisen auf die internationale Verbreitung und Aneignung von Expertenwissen bezüglich der Suche, Identifikation und des gesellschaftlichen Umgangs mit den Verschwundenen insgesamt.

Unterdessen beziehen sich die zivilgesellschaftlichen Erinnerungsakteure in Spanien als Diskursstrategie immer wieder auf Parallelen zur Aufklärung der Menschenrechtsverletzungen der Diktaturen im *Cono Sur*. Diskursiv rekurrieren Vertreter der lokalen erinnerungspolitischen Basisorganisationen und NGO's auf die Verpflichtung der spanischen Justiz, insbesondere des Ermittlungsrichters Baltasar Garzón, nach seiner aktiven Rolle bei der Verfolgung der Menschenrechtsverletzungen lateinamerikanischer Diktaturen vor der *Audiencia Nacional*, auch Verantwortung für die Aufarbeitung der spanischen Diktaturvergangenheit zu übernehmen. Aufgegriffen und strategisch gebraucht wird der Begriff des Verschwundenen von Erinnerungsakteuren, die sich für eine Aufarbeitung der Franco-Diktatur einsetzen. Mit der sich aus den Erfahrungen der Repressionspraxis der Militärdiktaturen des *Cono Sur* speisenden Figur des *desaparecido* re-

29 Persönliches Interview mit Francisco Exteberria in La Granja de San Ildefonso.

kurrieren die spanischen Erinnerungsakteure auf internationale Menschenrechtsnormen, um ihren Aufarbeitungsforderungen auf lokaler Ebene Nachdruck zu verleihen und damit Druck auf staatliche Entscheidungen auszuüben.

Vor diesem Hintergrund reichte die ARMH als erste Bürgerinitiative der spanischen erinnerungskulturellen Bewegung ‚von unten' bei der ‚Arbeitsgruppe über Verschwundene' der Vereinten Nationen – ursprünglich zur Auffindung der Verschwundenen der Diktaturen im *Cono Sur* eingerichtet (vgl. Kap. 6.2) – im Dezember 2002 einen Antrag ein, in welchem sie verlangte, dass der spanische Staat die Exhumierung der in Massengräbern verscharrten Opfer der Franco-Diktatur anordnet (vgl. Macías/Silva 2003: 104-109). Unter Berufung auf die auch von Spanien unterzeichnete UN-Deklaration von 1992 über den ‚Schutz der Personen vor Erzwungenem Verschwindenlassen' präsentierte die Vereinigung dem entsprechenden UNO-Ausschuss in Genf 64 Fälle, die unter Mithilfe von Freiwilligen und Angehörigen zusammengetragen worden waren. Unterstützung fand die ARMH zudem bei Vertretern der Veteranenorganisation *Abraham Lincoln Brigade Association* (ALBA), die als Teil der aus den Vereinigten Staaten entsandten Internationalen Brigaden im Spanischen Bürgerkrieg auf republikanischer Seite gekämpft hatten. Sie stellten der ARMH eine Liste von 350 seit dem Bürgerkrieg verschwundenen Brigadisten zur Verfügung, mit der das Anliegen sich weiterhin internationalisierte (vgl. Macías/Silva 2003: 108).

Die Anwältin Montserrat Sans, die die Fälle von Verschwundenen im Namen der ARMH vor der UN-Arbeitsgruppe über das Erzwungene Verschwindenlassen daraufhin in New York vertrat, legte dem UNO-Ausschuss am 20. August 2002 eine Auswahl von 25 Akten spanischer *desaparecidos* vor. In ihrer Präsentation, in der sie den spanischen Staat zum Handeln aufforderte, hieß es:

> „Se trata de una labor humanitaria, de permitir a las víctimas recuperar la dignidad que perdieron durante la dictadura y que no han podido recuperar durante 27 años de democracia."[30]

Sie verwies außerdem auf die demokratische Verpflichtung des spanischen Staates, sich mit seiner Diktaturvergangenheit auseinanderzusetzen und führte die von der spanischen Regierung unterzeichnete UN-Erklärung zum Erzwungenen Verschwindenlassen von 1992 an, nach welcher es sich um nicht verjährbare Verbrechen gegen die Menschlichkeit handele:

30 Vgl. Texto presentado por Monserrat Sans ante el Grupo de Trabajo de la ONU sobre Desaparición Forzada, abgedruckt in: Macías/Silva (2003: 351-355).

„España es un país del primer mundo que no tiene arreglado su pasado, no tiene arreglada su situación frente a los tratados internacionales que él mismo ha ratificado. Nuestro país firmó en el año 1992 la *Declaración sobre Desaparición Forzada* que considera la desaparición forzada un crimen contra la humanidad, por lo tanto imprescindible. Queremos que se termine con el trato discriminatorio que han tenido tanto las víctimas como los supervivientes, puesto que es una mancha para la democracia española." (zit. n. Armengou/Belis 2004: 217)

Nachdem die Fälle spanischer *desaparecidos* vor der UN-Arbeitsgruppe über Erzwungenes Verschwindenlassen präsentiert worden waren, wurde Spanien in die Staatengruppe aufgenommen, in welcher es weiterhin offene Fälle des Verschwindenlassens zu beklagen gibt: Im November antwortete die UN-Arbeitsgruppe auf die Anfrage und forderte die spanische Regierung in einem Kommuniqué auf, zumindest in zwei nachgewiesenen Fällen von Verschwundenen die Ermittlungen aufzunehmen (Silva 2009: 177). Der im folgenden Jahr veröffentlichte Bericht der UN-Arbeitsgruppe über Verschwundene nennt aufgrund des auf nach Gründung der UNO 1945 begrenzten Zeitraumes lediglich drei Fälle Verschwundener, während die Mehrzahl der Fälle des Verschwindenlassens, die auf den Bürgerkrieg und die unmittelbare Nachkriegsrepression zurückgehen, ausgeschlossen blieben. Es handelte sich um zwei Opfer, die als Mitglieder der Vereinigung *Agrupación Guerrillera del Levante y Aragón* (AGLA) zwischen 1947 und 1949 verschwanden und einen Tagelöhner, Mitglied der *Federación de Guerrilleras Astur-Galaico-Leonesas (Agrupación de Ourense)*, der 1950 in Ávila verschwunden war.[31] In beiden Fällen waren es Mitglieder der von den Bergen aus klandestin agierenden Widerstandsorganisationen des *Maquis*.[32] Die *Guardia Civil* (Gemeindepolizei) wird für ihr Verschwindenlassen

31 Siehe Dokument der UNO, E/CN.4/2004/58, 21. Januar 2004, S. 259-267 (zit. n. Chinchón 2008: 52, s.a. AI 2005: 37).

32 Eines der Schicksale konnte unterdessen, auch wenn nicht – wie gefordert – durch den Staat, sondern durch die in Cuenca ansässige zivilgesellschaftliche Vereinigung *Gavilla Verde* aufgeklärt werden. Es handelt sich bei dem Verschwundenen um Narciso Morón, der sich 1947 der antifranquistischen Guerrilla-Organisation AGLA anschloss, nachdem er im Bürgerkrieg auf republikanischer Seite gekämpft hatte. Er war bei einem Zusammenstoß mit der *Guardia Civil* am 29. Juli 1948 durch einen Schuss tödlich verletzt worden. Seine sterblichen Überreste waren von Anwohnern aufgefunden und auf dem nächstgelegenen Friedhof in Beteta anonym beigesetzt worden. Der Großenkel hatte die Suche nach N. Morón 2002 aufgenommen und Nachforschungen angestellt. Nach einer DNA-Analyse konnte er in seinem Heimatort Noguera de

verantwortlich gemacht. Die UN-Arbeitsgruppe übergab die Fälle an die spanische Regierung mit der Aufforderung, die Verbrechen aufzuklären.[33]

Die ARMH konnte damit einen zumindest symbolischen Teilerfolg erringen, da die damals amtierende rechtskonservative Aznar-Regierung fortan unter dem Druck stand, zumindest in den Fällen des Verschwindenlassens nach Gründung der Vereinten Nationen 1945 Ermittlungen aufzunehmen. Indem der lokale Erinnerungsverband sich an supranationale Instanzen wandte, war es gelungen, die bis dahin regional geprägte Auseinandersetzung um die Verschwundenen zu internationalisieren und auf diese Weise massiven Druck auf die amtierende PP-Regierung auszuüben. Somit konnte die Initiative, nachdem die Menschenrechtskommission der UNO eingeschaltet worden war, den innenpolitischen Druck auf staatliche Stellen erhöhen: Das spanische Parlament stimmte einer offiziellen Verurteilung der Franco-Diktatur im November desselben Jahres erstmals einstimmig zu. In der Resolution, mit der am 20. November 2002 eine Verurteilung des Franquismus im spanischen Parlament erreicht worden war, – symbolisch am Todestag Diktator Francisco Francos und des Falange-Gründers José Antonio Primo de Rivera – war der staatlich-administrative Umgang mit den in Massengräbern liegenden Bürgerkriegsopfern aufgegriffen worden.[34] Auch wenn die Kehrtwende des *Partido Popular* den strategischen Versuch widerspiegelt, die geschichtspolitische Auseinandersetzung künftig aus dem offiziellen Diskurs zu verbannen, muss sie vor allem im Kontext der sich zunehmend internationalisierenden Debatte verstanden werden: Bisher waren alle entsprechenden parlamentarischen Initiativen der Opposition im spanischen Parlament

Albarracín beigesetzt werden. Vgl. http://www.lagavillaverde.org/desaparecidos/ (Stand: 1.06.2010).

33 Im Jahresbericht der UN-*Working Group* von 2005 wird zwar erwähnt, dass die spanische Regierung die UN-Arbeitsgruppe in Kenntnis über die Einsetzung der Interministeriellen Kommission zur Untersuchung der Situation der Bürgerkriegsopfer gesetzt hätte. Jedoch wurde bedauert, dass bezüglich der drei konkreten Fälle von Verschwundenen keine offiziellen Nachforschungen zur Aufklärung ihrer Todesumstände angestellt worden seien (zit. n. AI 2005: 38).

34 Neben der Anerkennung der Rechte der Opfer franquistischer Repression beinhaltete die Resolution zum ersten Mal explizit die Verpflichtung der spanischen Behörden und Verwaltungsgremien, den Zugang zu den Massengräbern sicherzustellen und die Auffindung der sterblichen Überreste zu erleichtern. Außerdem sollten mit der Resolution Maßnahmen zur Archivierung von Dokumenten aus dem Bürgerkrieg, insbesondere die Errichtung eines zentralen Bürgerkriegsarchivs, dem Centro Documental de la Memoria Histórica in Salamanca umgesetzt werden (vgl. Aguilar 2006: 272, Chinchón 2007: 144).

durch die Aznar-Regierung kategorisch abgelehnt worden. Wenige Tage zuvor war jedoch der Bericht der UN-Arbeitsgruppe veröffentlicht worden, in dem die spanische Regierung unter Verweis auf die internationalen Menschenrechte offensiv zur Unterstützung der Ausgrabungen von Massengräbern aufgefordert wurde (Macías/Silva 2003: 104).

Seither beziehen sich lokale zivilgesellschaftliche Bürgerinitiativen und Menschenrechtsorganisationen bei der Auffindung der Verschwundenen in Spanien systematisch und strategisch auf globale Normierungsprozesse, wie die Kodifizierung des Erzwungenen Verschwindenlassens im internationalen Recht, und greifen diskursiv auf die Aufarbeitungserfahrungen des *Cono Sur* zurück, um ihre unlängst verstärkt erhobenen Forderungen nach einer Auseinandersetzung mit der Franco-Vergangenheit durchzusetzen. Die juristische Figur des *desaparecido* hat sich, ausgehend von der subalternen Position lokaler Erinnerungsakteure in der spanischen Öffentlichkeit, dem zivilgesellschaftlichen, medialen, politischen wie juristischen Diskurs, sukzessiv auch für die Repressionsopfer der Franco-Diktatur durchgesetzt, obgleich er im hegemonialen Vergangenheitsdiskurs nicht unwidersprochen geblieben ist.

Das Konzept *desaparecido*, ein Schlüsselbegriff des aus dem *Cono Sur* erwachsenen Menschenrechtsdiskurses, wurde in der Folge der Auseinandersetzungen um den ‚Fall Pinochet' zum Referenzpunkt der spanischen Debatte. War während des spanischen Übergangs zur Demokratie und in den Jahren danach über die franquistische Repression geschwiegen worden, so fand der Begriff *desaparecido* zunächst vermittelt über die Rezeption der Aufarbeitungsprozesse im *Cono Sur* um die Jahrtausendwende, verstärkt Eingang in die spanische Diskussion.[35] Die zivilgesellschaftlichen Akteure der Erinnerungsbewegung rekurrieren auf die Figur des *desaparecido*, um die konflikthafte Bürgerkriegsvergangenheit in einen durch die lateinamerikanischen Erfahrungen geprägten, globalen Menschenrechtsdiskurs zu kontextualisieren. Damit soll ihren Forderungen nach

35 So konstatiert Aguilar: „Sólo muy recientemente se ha empezado a hablar en España de ‚desaparecidos'. Posiblemente los primeros en llamar la atención sobre este fenómeno – que en cualquier caso, nunca tuvo la entidad que ha tenido en el Cono Sur – fueron los autores de *Els nens perduts del Franquisme*, documental proyectado en 2002 por la TVE 3" (2006: 256). M. E. ist die Rede von den Verschwundenen bezogen auf die franquistische Repression – wie noch zu zeigen sein wird – zu forderst von der sich in diesem Zeitraum gründenden zivilgesellschaftlichen Basisbewegung aus dem lateinamerikanischen Menschenrechtsdiskurs aufgegriffen worden, während die mediale Repräsentation, etwa in oben angeführtem zeitlich nachgeordneten katalanischen Dokumentarfilm über die verschwundenen Kinder der Franco-Diktatur ebenso darauf rekurriert.

einer öffentlichen Auseinandersetzung mit den Diktaturverbrechen und der Anerkennung der Opfer Nachdruck verliehen werden.

Die während des Bürgerkrieges zum so genannten *paseo* (span. Spaziergang) bzw. *saca* (span. Ausplünderung) abgeholten zivilen Opfer franquistischer Repression, die nach illegalen Verhaftungen nicht wieder zurückkehrten, waren im zeitgenössischen spanischen Diskurs euphemistisch als *paseados*, *saqueados* oder als *fusilados* (Erschossene) bezeichnet worden. Diese zu jener Zeit hegemonialen Begriffe verweisen auf den so genannten *terror caliente* (‚heißen Terror'). Dabei handelte es sich um eine insbesondere während der ersten Monate des Bürgerkrieges, aber auch über diesen hinaus, übliche franquistische Repressionspraxis: Die zivilen republikanischen Opfer wurden zu extralegalen Hinrichtungen meist nachts aus ihren Häusern oder aus Gefängnissen geholt und auf einem Lastwagen abtransportiert. Anschließend wurden sie entweder zunächst in ein Gefangenenlager verschleppt oder direkt an einen abgelegenen Ort, häufig unweit ihres Wohnortes, etwa zu den Friedhofsmauern, einem Straßengraben oder auf einen Hügel entführt und daraufhin von falangistischen Erschießungskommandos ermordet. Nach ihrer Erschießung wurden sie in klandestinen Massengräbern im Wald oder auf Feldern und Äckern verscharrt, oder sie verschwanden, weil man sie in Brunnen oder Schluchten[36] warf (etwa Casanova 1999: 65f., 159; Rodrigo 2008: 75f., Ferrándiz: 2006: 8). In der Regel wurden die Opfer durch einen Schuss in den Hinterkopf getötet und in zuvor ausgehobenen Massengräbern auf dem Bauch liegend verscharrt, eine Demütigung in der katholischen Tradition (Elkin 2006: 38f.).

Mit der transnationalen Aneignung des *desaparecido*-Konzeptes und seiner diskursiven Verbreitung machen sich die lokalen Erinnerungsakteure das ihm inhärente Mobilisierungspotential zu Nutze, indem die Tötung fortan zu einem juristisch sanktionierbaren ‚Verbrechen gegen die Menschlichkeit' umgedeutet wird, was den Bürgerkriegsopfern eine neue öffentliche Sichtbarkeit zu verlei-

36 Die bekanntesten Beispiele für Sterbeorte dieser Art, an denen dem Phänomen des Verschwindenlassens gedacht wird, da die Identität der meisten dort verschütteten Toten bis heute nicht aufgeklärt ist, stellen die Brunnen von Caudé und die Sima de Jinámar dar. Letzterer ist ein 70 Meter tiefer Vulkankrater auf Gran Canaria, in welchen die franquistische Armee während des Bürgerkrieges circa 3.000 republikanische Opfer geworfen hatte. In die Brunnen von Caudé nahe Teruel hatten franquistische Truppen die Leichen von 1.005 erschossenen Republikanern in 84 Meter tiefe und knapp zwei Meter Durchmesser fassende Brunnen werfen lassen und mit Kalksand übergossen. Während an der Sima de Jinámar bis heute nicht öffentlich an die Opfer gedacht wird, war an den Brunnen von Caudé 1980 ein Ort des Opfergedenkens und ein Gedenkstein eingerichtet worden.

hen vermag. Es wird deutlich, dass die Bezeichnung des Verschwindenlassens für diese Repressionspraxis verstärkt durch die transnationalen Bezugnahmen auf die chilenischen und argentinischen sowie lateinamerikanischen Diktatur- und Repressionserfahrungen insgesamt Eingang in den spanischen Aufarbeitungsdiskurs gefunden hat. Die Erfahrungen des Umgangs mit der Vergangenheit lateinamerikanischer Militärdiktaturen haben damit starke Impulse auf den spanischen Kontext ausgeübt. Die hier aufscheinende Transnationalisierung von Erinnerungskulturen und -diskursen steht – in den Worten Huyssens – für eine „productive inscription of certain tropes and images, ethical and political evaluations" (2003: 98). Indem eine produktive Einschreibung der Erfahrungen und Diskurse aus dem lateinamerikanischen Kontext in lokale spanische Aufarbeitungsprozesse im Sinne einer Adaption bestimmter Figuren, Motive und Begriffe stattfindet, fungiere die lokale Erinnerungskultur – angelehnt an Huyssen, welcher der Aufnahme von Holocaust-Repräsentationsformen in argentinischen Erinnerungsorten der Militärdiktatur nachspürt – „like an international prism, that helps focus the local discourse about the *desaparecidos* both, its legal and communicative aspects" (ebd.). In diesem Sinne ‚migrieren' anschlussfähige, den Erinnerungsdiskurs prägende Figuren, Bilder oder Metaphern, die an eine bestimmte Geschichtsinterpretation gebunden sind, in einen anderen lokalen Kontext[37], werden in diesen aufgenommen, integriert und angeeignet und den lokalen Bedingungen und Praktiken angepasst. Hier verdeutlicht sich die Tendenz hin zu einer Transnationalisierung von Gedächtnisrahmen, denn „local culture discourses, be they political or aesthetic, are increasingly inflicted by global

37 Davon ausgehend, dass es sich bei den Exhumierungen um eine symbolisch-performative Praxis handelt, welche kollektive Erinnerungen generiert, kann Derridas dekonstruktive Lesart von John L. Austins Sprechakttheorie (1962) herangezogen werden, welche er als entscheidendes Moment die Kontextabhängigkeit von Äußerungen und Begriffen hinzufügt. Derrida zufolge muss jede Äußerung, um verständlich zu sein, einen zitathaften Charakter haben. Das Zitieren performativer Äußerungen beschreibt Derrida insofern als „bestimmte Modifikation einer allgemeinen Zitathaftigkeit – einer allgemeinen Iterierbarkeit vielmehr –, ohne die es sogar kein ‚geglücktes Performativ gäbe" (1999: 345). Durch die Iterierbarkeit von Sprache verschieben sich die Bedeutungen von Äußerungen immer wieder und lassen sich nicht vollständig den Intentionen des Sprechers unterwerfen. So lässt sich im Sinne Derridas feststellen, dass die spanischen Erinnerungsakteure die juristische Figur des aus dem lateinamerikanischen Kontext stammenden Verschwindenlassens ‚zitieren', und sie in einen neuen Kontext einschreiben, indem der *desaparecido*-Begriff in einen anderen Zusammenhang ‚migriert' findet durch diese Kontextsetzung eine neue Bedeutungsgebung statt.

conditions and practices" (Huyssen 2003: 105). Durch die Einschreibung der spanischen *desaparecidos* in einen von lateinamerikanischen Erfahrungen geprägten internationalen Menschenrechtsdiskurs wird dem Imperativ zur Aufklärung des Verbleibs der republikanischen Diktaturopfer verstärkter Impetus und Nachdruck verliehen. Die Auseinandersetzung mit der Franco-Vergangenheit steht damit in einem transnationalen Austausch- und Transferverhältnis, insbesondere lateinamerikanische Impulse, die von internationalen Normen und entsprechend zirkulierenden Menschrechtsdiskursen und juristischen Figuren gerahmt sind, wirken auf die spanischen Aufarbeitungsdiskurse zurück. Am Beispiel der erinnerungskulturellen Entwicklungen in Spanien kann gezeigt werden, dass der ‚Fall Pinochet' als Initialzündung auch für die spanische Vergangenheitsvergegenwärtigung gedient hat. Er ist eng verflochten mit dem Diskurs über die verschwundenen Diktaturopfer und trug dazu bei, lang anhaltende franquistische Geschichtsnarrative und -deutungen über Bürgerkrieg und Transitionsprozess erneut zur Disposition zu stellen. Die spanische Erfahrung bildet damit ein überraschendes Beispiel für einen *boomerang*-effect (Sikkink 2005: 276f., vgl. auch Kap. 1.3), welcher seine Wirkung auch nach einer äußerst langen Zeitspanne seit Ende der Franco-Diktatur und des Transitionsprozesses entfalten konnte und dadurch zur öffentlichen Delegitimierung franquistischer Geschichtsdeutungen beigetragen hat, die während des Übergangs zur Demokratie nicht in Frage gestellt worden waren.

Deutlich wird, dass die spanische Auseinandersetzung über die Verschwundenen auch von internationalen Bezugspunkten und Impulsen bestimmt ist. Die im *Cono Sur* gemachten Erfahrungen des Umgangs mit Diktatur und Menschenrechtsverletzungen, allen voran im Vergleich zu Chile vermittelt über den ‚Fall Pinochet', sind für die erinnerungspolitischen Organisationen in Spanien zu einem zentralen Referenzpunkt geworden: Lokale Erinnerungsdiskurse stehen damit in einem komplexen Wechselverhältnis mit internationalen juristischen Normbildungsprozessen und müssen im Kontext vergleichbarer Erfahrungen in anderen Gesellschaften betrachtet werden.

Dem wirkmächtigen und politisch mit der geforderten Aufklärung der Menschenrechtsverletzungen lateinamerikanischer Diktaturen konnotierten Begriff des *desaparecido* wird von den Kritikern der Erinnerungsbewegung in der gegenwärtigen öffentlichen Debatte wiederum der ursprüngliche Begriff des *paseados* und des *saqueados* (s. o.) entgegengesetzt:

„El nuevo encasillamiento de los desaparecidos como figura victimaria especial de la guerra civil española – en sustitución de los *paseados* – refleja la anacrónica influencia terminológica ejercida por la represión de las dictaduras militares del *Cono Sur* sobre el golpe de 1936. ¿Cabe imaginar a un juez estadounidense desenterrando en 1933 cadáveres inhumados en 1861 a la busca de los desparedidos?"[38]

Die Übertragbarkeit der Repressionspraktiken der Militärdiktaturen im *Cono Sur*, die sich im terminologischen Einfluss auf die spanische Debatte äußert, wird hier als anachronistisch abgewertet und als konstruiert in Zweifel gezogen. Daran geknüpft ist der Versuch einer Bagatellisierung und Entpolitisierung der Bürgerkriegsgewalt, um die Forderungen nach einer Auseinandersetzung mit der Franco-Vergangenheit, die sich an der Auffindung der Verschwundenen kristallisiert, aus dem internationalen Menschenrechtsdiskurs und dem universellen Erinnerungs-Imperativ zu entrücken. In dieser Argumentation habe es sich lediglich um übliche Bürgerkriegshandlungen gehandelt, die mit den Diktaturverbrechen im südlichen Lateinamerika nicht vergleichbar seien. Eine Übertragung des *desaparecido*-Begriffes aus dem Kontext des *Cono Sur* in den spanischen Zusammenhang „um sich auf die *paseados* zu berufen“ [39] sei – so argumentiert Javier Padrera in einem weiteren El País-Artikel zugespitzt, als „verfehlter Parallelismus“ (ebd.) unangemessen und irreführend.

Mit der Übernahme der Figur des Verschwundenen in den spanischen Erinnerungsdiskurs dagegen sollen die republikanischen Toten, zumeist Zivilisten, die politisch motivierter Gewalt zum Opfer fielen, aus dem auf Spanien begrenzten Zusammenhang in einen universellen Menschenrechtsdiskurs eingeschrieben werden. Die langsam sich verändernden Deutungsmuster verweisen auf die Historizität von Diskursen und ihr Umkämpftsein. Die Adaption des Verschwundenen-Konzeptes aus einem lateinamerikanisch geprägten Menschenrechtsdiskurs verdeutlicht die gesellschaftliche Wirkungsweise diskursiver Strategien, die sich vermittelt über den *desaparecido*-Begriff im Kampf um eine hegemoniale Geschichtsdeutung manifestiert. Anhand der allmählich sich verändernden historischen Narrative zeigt sich der langsame diskursive Wandel umkämpfter Deutungsmuster an.

Die Form des Verschwindenlassens während des Spanischen Bürgerkrieges und der franquistischen Nachkriegsrepression könne – so eine weitere zentrale Argumentationslinie – von der Repressionspraxis lateinamerikanischer Militärdiktaturen insofern unterschieden werden, als dass es sich bei den spanischen Fällen um extralegale Verhaftungen und Hinrichtungen und weniger um die systematische Verschleppung in Haft- und Folterzentren gehandelt habe. So weißt Gil (2008: 98) darauf hin, dass die Rechtsfigur des erzwungenen Verschwin-

38 El País: *La guerra que no cesa. Opinión*, Javier Pradera, 7. September 2008.

39 El País: *Un mal viaje de ida y vuelta*, Javier Pradera, 3. Dezember 2008.

denlassens dagegen gerade auf den Schutz des sich unrechtmäßig in Haft befindenden Verschwundenen ziele, wobei die extralegale Tötung ein eigenes Verbrechen konstituiere (ebd.). Schließlich war besonders auf den Dörfern den Familienangehörigen der Ort, an dem ihre verschwundenen Verwandten verscharrt worden waren, oftmals bekannt oder wurde von ihnen vermutet, sie hatten jedoch aus Scham und Angst vor Repression jahrzehntelang darüber geschwiegen. Auch wenn der historische, regionale und soziale Kontext der Repression, in dem das Verschwindenlassens angewendet wurde, im Spanischen Bürgerkrieg und den Militärdiktaturen des *Cono Sur* nicht gleichzusetzen ist, so kann eingewendet werden, dass beide Repressionsformen wiederum darin übereinstimmen, dass sie mit einer gezielten Verweigerung von Informationen über den Verbleib des Verschwundenen einhergingen. Die langfristigen gesamtgesellschaftlichen und psychosozialen Folgen als Teil der Repressionsstrategie werden, wie auch die adaptierten Strategien der Sichtbarmachung der spanischen Erinnerungsbewegung verdeutlichen, vergleichbar: Die Verbreitung von Terror, Angst und Schrecken, die Ungewissheit und Lähmung der Angehörigen durch das fortwährende Klima der Willkür, die verweigerte Trauerarbeit und die Unmöglichkeit, den Toten würdig zu bestatten und zu gedenken, um den Tod verarbeiten zu können (vgl. 6.1). Durch die diskursive Einschreibung der Bürgerkriegsopfer in Kategorien des internationalen Rechts hat ein zunehmender Umdeutungsprozess über die Bürgerkriegsrepression und damit auch über den Mythos des spanischen Transitionsprozesses in der spanischen Debatte eingesetzt.

In den ersten Jahren haben die erinnerungspolitischen Bürgerinitiativen die Exhumierungen von Massengräbern ohne staatliche Unterstützung realisiert und die Ausgrabungen selbst organisiert (Ferrándiz 2006a: 562). Die Exhumierungen wurden meist ohne die Anfertigung von forensichen Protokollen durchgeführt, was zu Unstimmigkeiten und wechselseitigen Vorwürfen über die Einhaltung von professionellen Qualitätsstandards zwischen den Erinnerungsverbänden führte (ebd.: 557, Gálvez Biesca 2006: 38). Die beiden landesweit agierenden Verbände stehen in einem scharfen Konkurrenzverhältnis und sind untereinander zerstritten, da sich mit ihrer Erinnerungsarbeit grundsätzlich unterschiedliche Auffassungen im symbolischen und politischen Umgang mit den *desparecidos* offenbaren. Da sie in einem Rivalitätsverhältnis zueinander stehen, sind sie besonders geeignet, die verschiedenen Facetten der lokalen Erinnerungsarbeit zu veranschaulichen. Wird in der öffentlichen Darstellung der ARMH insbesondere das Recht der Familien der Opfer in den Vordergrund gestellt und der ‚humanitäre Aspekt' der Arbeit des Verbandes betont, der darin bestehe, den Opfern ihre Würde zurückzugeben und das Schicksal der Verschwundenen aufzuklären (vgl. Silva 2003: 352, Ferrándiz 2006a: 558), so setzt sich das Erinnerungsforum in erster Linie für die Erinnerung an das politisch-ideologische Erbe der Repressionsopfer der Franco-Diktatur ein[40], was seitens der ARMH wiederum den Vorwurf der politischen Instrumentalisierung der Toten hervorbrachte.[41] So lautete dagegen der Vorwurf des in ihren Forderungen radikaleren *Foro*, dass indem die ARMH bei Exhumierungen auf eine gerichtliche Anzeige der Todesfälle verzichte, die historischen Hintergründe der Straftat ausgeblendet und die Erinnerung gleichsam ‚privatisiert' würde (Pedreño 2004). Stand damit der Vorwurf einer Verschleierung des Ausmaßes der franquistischen Repression im Raum (Brinkmann 2008: 113f.), so haben beide Vereinigungen unterdessen forensische Protokolle ausgearbeitet, an deren Standards sie sich orientieren.

Das *Foro* warf der ARMH vor, aufgrund ihrer fehlenden ideologischen Basis die Geschichte der franquistischen Repression zu entpolitisieren, da diese sich darauf beschränke, ein Begräbnis für die Familienangehörigen zu inszenieren und den politischen Kontext ausblende.[42] Der ARMH-Gründer Silva dagegen kritisierte die Arbeit des *Foro*, es gehe diesem lediglich um die Aufarbeitung ihrer Parteigeschichte, während sie die Bedürfnisse der Familienangehörigen missachte und die Geschichte der Opfer geschichtspolitisch instrumentalisiere (a. a. O.). Es zeigen sich hier unterschiedliche Herangehensweisen zweier konkurrierender zivilgesellschaftlicher Organisationen im Umgang mit den Exhumierungen. Dies verdeutlicht den gesamtgesellschaftlichen Machtkampf unterschiedlicher Fraktionen um konkurrierende gegenwärtige Erinnerungsinteressen.

Jedoch wird beiderseits die Forderung erhoben, der Staat müsse die Verantwortung für die Ausgrabungen der Bürgerkriegsgräber und die Identifikation der Verschwundenen übernehmen, finanzielle Mittel und personelle Unterstützung durch forensische Anthropologen sowie Gerichtsmediziner wie die entsprechende Infrastruktur zur Verfügung stellen, um damit internationalen Standards zu entsprechen, wie es längst in anderen Ländern mit einer ähnlich gewaltvollen Vergangenheit selbstverständlich sei. Die Forderungen nach einer Unterstützung des Staates wurden zunehmend von den Oppositionsparteien, der sozialistischen Partei und der Izquierda Unida, aufgenommen und in Form von Anfragen ins Parlament eingebracht (Aguilar 2004: 26ff., Bernecker 2006: 298).

Seitdem auf Druck der Erinnerungsbewegung nach dem Regierungswechsel im Jahr 2004 eine Interministerielle Kommission gebildet wurde, die ein Geset-

---

40 Persönliches Interview mit dem Vorsitzenden des Erinneungsforums José María Pedreño in Madrid.

41 Persönliches Interview mit Emilio Silva a.a.O.

42 Diese fundamentale Kritik fasst Pedreño in einer Erklärung mit dem Titel *Apoyar la ARMH es enterrar la memoria* (Die ARMH unterstützen, bedeutet die Erinnerung zu begraben) auf der Homepage des *Foro* zusammen.

zesvorhaben zur Rehabilitierung der Repressionsopfer ausarbeiten sollte, wurden den zivilgesellschaftlichen Initiativen für die Exhumierung der Massengräber im Jahr 2005 finanzielle Unterstützung zugesichert.[43]

Der im Juni 2006 veröffentlichte Regierungsbericht der gegründeten Interministeriellen Kommission[44] unter Vorsitz der stellvertretenden sozialistischen Ministerpräsidentin María Teresa Fernández de la Vega, welcher als Grundlage für das zu erarbeitende Erinnerungsgesetz über die Lage und Entschädigungsmöglichkeiten der Diktaturopfer informieren sollte (vgl. Kap. 4.2), geht dementsprechend im Abschnitt mit der Überschrift *Lokalisierung* (Informe, Kap. 6, 2006: 79) auf die administrativen Maßnahmen zur Auffindung der verschwundenen Repressionsopfer ein.[45] Auch wenn der Begriff des *desaparecido* nicht explizit erwähnt wird, gibt der Bericht Empfehlungen für die Ausgestaltung des anvisierten Gesetzesvorhabens. Das am 27. Dezember 2007 auf Grundlage des Berichtes nach mehrfacher Überarbeitung verabschiedete ‚Gesetz zur historischen Erinnerung'[46] schließlich, mit dem die Rechte der Bürgerkriegs- und Diktaturopfer gestärkt werden sollten, greift als einen Gesichtspunkt den Umgang mit den Verschwundenen auf und rekurriert in der Präambel explizit auf den Begriff des *desaparecido*:

„[...] Es werden verschiedene Regelungen implementiert, um die legitime Forderung einer nicht geringen Zahl von Bürgern, denen der Verbleib ihrer Angehörigen unbekannt ist, zu berücksichtigen, einige von ihnen befinden sich weiterhin in Massengräbern. Es sind Maßnahmen und Instrumente vorgesehen, damit die öffentliche Verwaltung denjenigen, die diese beantragen, die Lokalisierung und in diesem Fall die Identifikation der Verschwundenen als eine letzte Respekterweisung ermöglicht."

Der Einleitung gemäß wird in den Gesetzesartikeln 11 bis 14 der Umgang mit den Verschwundenen thematisiert. Die relevanten Passagen lauten:

43 Ley 52/2007, Art. 15, vgl. Kap. 4.2, Fußnote 34.

44 Informe General de la Comisión Interministerial para el estudio de la situación de las víctimas de la Guerra Civil y del franquismo, 28 de julio de 2006. Siehe Webauftritt des Ministerio de la Presidencia, http://www.mpr.es/Documentos/memoria.htm (Stand: 15.08.2009).

45 Die entsprechenden Gesetzesartikel, welche die Bürgerkriegsgräber behandelt, habe ich zur besseren Verständlichkeit ins Deutsche übersetzt, Anm. UC.

46 Ley 52/2007, vgl. Kap. 4.2, Fußnote 34.

„Art. 11 Zusammenarbeit der Verwaltung mit den Klägern zur Auffindung und Identifikation der Opfer.

Abs. 1. Gemäß ihrer Kompetenzen ermöglicht die öffentliche Verwaltung den direkten Angehörigen der Bürgerkriegsopfer oder der Nachkriegsrepression, deren Verbleib weiterhin unbekannt ist, den Zugang zu den sterblichen Überresten und unterstützt auf ihren Antrag hin, die Aktivitäten der Lokalisierung und Identifikation der gewaltsam Verschwundenen.

Abs. 2. Die Staatsverwaltung verpflichtet sich, einen Arbeitsplan zu entwickeln und Subventionen bereitzustellen, um die Kosten der in diesem Artikel beschriebenen Aktivitäten zu decken.

Art.12. Maßnahmen zur Identifizierung und Lokalisierung der Opfer.

Abs. 1 Die Regierung erarbeitet in Zusammenarbeit mit der öffentlichen Verwaltung ein wissenschaftliches und multidisziplinäres Handlungsprotokoll, welches die institutionelle Zusammenarbeit sowie eine angemessene Verfahrensweise bei den Exhumierungen sicherstellt. Genauso sollen Kollaborationsverträge mit jenen sozialen Vereinigungen abgeschlossen werden, die an dieser Arbeit partizipieren.

Abs. 2 Die öffentliche Verwaltung wird umfassende Landkarten ausarbeiten und allen Interessierten zugänglich machen, aus welchen die Verteilung der Massengräber auf das spanische Territorium sowie alle weiteren verfügbaren Informationen hervorgehen [...].

Art. 13. Administrative Genehmigung für Lokalisierungs- und Identifizierungsaktivitäten.

Abs. 1. Die zuständige Verwaltung genehmigt die Aufgaben der Voruntersuchung zur Auffindung der sterblichen Überreste der Opfer nach Art. 11.1. Von den gemachten Funden werden die Verwaltung sowie die zuständigen Justizbehörden umgehend in Kenntnis gesetzt.

Abs. 2. Die öffentliche Verwaltung legt in Ausübung ihrer Kompetenz den Ablauf und die Bedingungen fest, denen zufolge die direkten Angehörigen der Opfer gemäß Art. 11.1. oder die Vereinigungen, die in ihrem Sinne handeln, um die in den entsprechenden Massengräbern begrabenen Überreste zum Zweck ihrer eventuellen Exhumierung und Überführung auffinden zu können [...].

Art. 14. Zugang zu den von Lokalisierungs- und Identifizierungsarbeit betroffenen Grundstücken.

Abs. 1. Die umgesetzten Auffindungsaktivitäten und die eventuelle Überführung der sterblichen Überreste nach Art. 13. 1. stellen schließlich eine Pflicht von öffentlichem Interesse dar, entsprechend muss der Zugang [...] gemäß des Gesetzes der Zwangsenteignung oder die zeitlich befristete Besetzung des Grundeigentums gesichert sein.

Abs. 2. Für die entsprechenden, den vorausgegangenen Artikel betreffenden Aktivitäten genehmigen die zuständigen Autoritäten, ausgenommen begründeter Fälle des öffentlichen Interesses, die zeitlich befristete Nutzung der Grundstücke. […]
Abs. 3. Im Falle privater Anlagen sollten die Besitzer oder die entsprechenden Organisationen […] die Einwilligung des betroffenen rechtmäßigen Besitzers des Grundstückes einholen, auf welchem sich die sterblichen Überreste befinden. Auch im Falle, dass eine Genehmigung nicht erstattet wird, kann die öffentliche Verwaltung die zeitlich befristete Nutzung des betroffenen Grundstückes anordnen, stets nach Anhörung der Inhaber und unter Berücksichtigung ihrer Geltendmachung. Die Grundeigentümer werden für den in Anspruch genommenen Zeitraum entschädigt."

Im Gesetzestext wird ausdrücklich auf die Figur des *desaparecido* rekurriert: Die Behörden sollen Nachfahren von Verschwundenen künftig die Suche und Identifikation ihres in Massengräbern verscharrten Verwandten erleichtern und eines staatlich ausgearbeiteten Handlungsprotokolls gemäß (Art. 12.1) Subventionen für diese Zwecke zur Verfügung stellen. Eine Landkarte (*mapa de fosas*), auf der alle Bürgerkriegsgräber verzeichnet sind, soll erarbeitet und der Öffentlichkeit zur Verfügung gestellt werden (12.2). Der Zugang zu den Geländen, auf welchen Gräber von sterblichen Überresten Verschwundener vermutet werden, soll sichergestellt und die Nachforschungen staatlich autorisiert werden. Des Weiteren wird das Ausheben der Massengräber zu einer „Pflicht von öffentlichem Interesse" (Art. 14.1) erklärt, die zeitlich begrenzte Nutzung des entsprechenden Geländes müsse ermöglicht werden. Der spanische Staat und seine Institutionen werden dazu verpflichtet, die Angehörigen und die Erinnerungsverbände bei der Recherche, Lokalisierung, Identifizierung und Bestattung der Verschwundenen zu unterstützen. Weiter wird den an den Exhumierungen beteiligen zivilgesellschaftlichen Verbänden ein Anrecht auf finanzielle staatliche Unterstützung zugesprochen. Konkret wird dem Staat auferlegt, einen Arbeitsplan auszuarbeiten, der die Vergabe von Subventionen regelt.

Jedoch bleiben die Formulierungen der Gesetzesartikel, die den Umgang mit den Verschwundenen betreffen, insgesamt Empfehlungen. Eine explizite Bezugnahme auf die kurz zuvor durch die spanische Regierung unterzeichnete UN-Konvention über das Erzwungene Verschwindenlassen erfolgt nicht. Gil (2009) merkt an, dass die gesetzlichen Maßnahmen lediglich auf die Suche nach den sterblichen Überresten der Verschwundenen zielen, die an einem bestimmten Ort vermutet werden. Gesetzlich nicht geregelt sei dagegen etwa der Umgang mit den 37 Tausend anonym im *Tal der Gefallenen*, der monumentalen franquistischen Begräbnisstätte (vgl. Kap. 4.4), bestatteten Bürgerkriegsopfern, deren Identität nicht aufgeklärt ist. Die Angehörigen des Opfers, deren sterbliche Überreste vermutlich dorthin überführt worden waren, ohne dass die Familie davon in Kenntnis gesetzt worden wäre oder ein Beileidsschreiben erhalten hätte, blieben vom Gesetz unberührt, obgleich es sich schließlich um ein unter öffentlicher Verwaltung stehendes nationales Denkmal handele (Gil 2009: 80). Zudem sei es überraschend, dass lediglich direkte Nachfahren die Auffindung ihres Verwandten einfordern könnten und etwa weiterhin lebende Geschwister des Opfers dazu nicht berechtigt seien (ebd.). Ebenso stellt Gil fest, dass sich unter den republikanischen Opfern viele befunden hätten, die zum Zeitpunkt ihrer Ermordung noch sehr jung gewesen und kinderlos geblieben seien, so dass ihre Exhumierung nicht – wie im Gesetz verlangt – von den direkten Nachfahren eingefordert werden könne, ihre nachfolgende Identifizierung demnach ausgeschlossen sei. Wie Chinchón (2008: 55) betont, erfüllen die Gesetzesklauseln demnach nicht die staatlichen Verpflichtungen, die mit der internationalen UN-Konvention über das Erzwungene Verschwindenlassen von 2006 (vgl. Kap. 6.2) einhergehen, da eine grundsätzliche und systematische Aufklärung des Schicksals der Verschwundenen aus dem Spanischen Bürgerkrieg von staatlicher Seite weiterhin nicht sichergestellt sei (ebd.).

Entsprechend eint die zentralen Akteure der Erinnerungsbewegung in der Kritik an den gesetzlichen Regelungen angesichts der Bürgerkriegsgräber eine grundsätzliche vergangenheitspolitische Forderung: Der spanische Staat und seine Institutionen müssen die vollständige Verantwortung für die Suche, Exhumierung und die Identifizierung der Verschwundenen tragen. Ein würdiges Gedenken sei – so wird argumentiert – nur möglich, wenn das Unrecht, das den Opfern widerfahren ist, öffentlich benannt und offiziell anerkannt wird. Die beiden wichtigsten erinnerungspolitischen Vereinigungen, die ARMH und das *Foro por la memoria*, kritisierten den Umgang mit den Verschwundenen im verabschiedeten Erinnerungsgesetz entsprechend scharf und rekurrierten dabei – wie im Folgenden gezeigt werden soll – immer wieder auf die Berichte von internationalen Menschenrechtsorganisationen. So werden die lokalen Erinnerungsverbände von den internationalen Menschenrechtsorganisationen gestützt, die ihre Forderungen aus einer Perspektive der Menschenrechte argumentativ flankieren. Im Folgenden soll daher auf die Kritik der Menschenrechtsorganisationen an den im Erinnerungsgesetz festgelegten staatlichen Umgang mit den Verschwundenen eingegangen werden. Sie rekurrieren dabei immer wieder auf den Umgang mit den Verschwundenen und die Infragestellung der Straflosigkeit in Chile wie Argentinien und beziehen sich auf Normen im internationalen Recht, entsprechende UNO-Resolutionen und die Menschenrechte, um ihre Aufarbeitungsforderungen diskursiv zu stützen. Da den Menschenrechtsberichten in den Forderungen der zivilgesellschaftlichen Erinnerungsbewegung eine prominente Rolle zukommt, sollen im Folgenden die zentralen Argumente der Menschenrechtsorganisationen hinsichtlich des Verschwindenlassens vorgestellt und analysiert werden.

6.4 Berichte internationaler Menschenrechtsorganisationen: Referenzrahmen lokaler Erinnerungsakteure

Die Forderungen der lokalen Erinnerungsbewegung wurden ab 2003 auch von internationalen Menschenrechtsorganisationen aufgegriffen. Eine herausragende Rolle nahmen dabei *Amnesty International* und das *Equipo Nizkor*[47] ein – internationale NGO's, die mit ihrer Menschenrechtsarbeit bereits zentral in den ‚Fall Pinochet' interveniert hatten. Beide Organisationen unterstützen die zivilgesellschaftliche Erinnerungsbewegung explizit mit ihren Publikationen, indem sie ihnen eine Argumentationsgrundlage für ihre Forderungen liefern (vgl. AI 2005: 7, Equipo Nizkor 2004: 2). Als extern und damit unabhängig wahrgenommene *pressure groups* greifen sie aus einer menschenrechtspolitischen Perspektive in die Debatte über den öffentlichen Umgang mit der Franco-Diktatur ein. Mit Bezug auf den *Joinet-Report* der UN-Menschenrechtskommission von 1997, welcher 2005 von der Völkerrechtlerin Diane Orentlicher aktualisiert wurde (vgl. Kap. 1.4, Fußnote 48), sind es die drei zentralen Prinzipien als normative Trias transnationaler Aufarbeitungspolitik, welche die Organisationen auf den spanischen Fall anwenden: Das Recht auf Wahrheit, das Recht auf Gerechtigkeit und das Recht auf Entschädigung (vgl. AI 2005: 24-56ff., 2008b: 29, Equipo Nizkor 2004: 21-23).

Das *Equipo Nizkor* hatte bereits im Mai 2004 einen umfassenden Bericht über das *Problem der Straflosigkeit in Spanien*[48] vorgelegt. Die franquistische Repression und der Umgang mit den Opfern der Franco-Diktatur werden hier explizit in einen internationalen Menschenrechtsdiskurs verortet, um auf staatli-

---

47 Das *Equipo Nizkor* ist eine international agierende Menschenrechtsorganisation mit Hauptsitz in Brüssel und weiteren Büros in Lateinamerika, den USA und Europa, die sich für die Einhaltung der Menschenrechte mit Schwerpunkt auf lateinamerikanische Staaten einsetzt. Bereits während des ‚Falles Pinochet' hatte sich die Organisation mit der Digitalisierung von zentralen Dokumenten und ihrer Verbreitung im Internet sowie Solidaritätsarbeit engagiert. Es steht – nach eigener Aussage – der Kampf gegen die Straflosigkeit im Vordergrund ihrer Arbeit. Vgl. http://www.derechos.org/nizkor/acerca.html (Stand: 15.02.2010).

48 Equipo Nizkor: *La cuestión de la impunidad en España y los crímenes franquistas.* 14. April 2004, http://www.derechos.org/nizkor/espana/doc/

che Stellen Druck auszuüben. So heißt es in der Einleitung des so genannten ‚Nizkor-Reportes' entsprechend:

„Ya es precisamente desde el discurso de los derechos humanos desde donde se puede hacer frente a la situación concreta y exigir al Estado la justicia necesaria para poner fin a la situación de desmemoria, dejación e impunidad a que se ha reducido esta cuestión de forma, muchas veces, intencionada. [...] En un momento en que los modelos de impunidad impuestos en otros países, como Argentina y Chile han visto caer su legitimidad y su legalidad, creemos que es oportuno que el Estado Español, en parte responsable de dichos modelos, asuma su propia problemática de lo que denominamos el ‚modelo español de impunidad', y ponga fin al mismo en forma democrática y con el respeto que todas las víctimas merecen, pero teniendo muy claro que la finalidad es consolidar las libertades civiles y los derechos humanos." (Equipo Nizkor 2004: 3)

Die Forderung nach einer Auseinandersetzung mit der franquistischen Repression wird legitimiert, indem sie begründet mit den drei zentralen *Transitional Justice*-Prinzipien ‚Wahrheit, Gerechtigkeit und Entschädigung', in den Referenzrahmen des internationalen Rechts und der Menschenrechte eingeschrieben wird. Mit dem direkten Bezug auf die Maßnahmen der *Audiencia Nacional* gegen die chilenische und argentinische Straflosigkeit und die Implikationen der spanischen Justiz zu deren Überwindung, wird auf den Verstoß gegen die Rechte der Opfer franquistischer Repression in Spanien eingegangen. Indem das *Equipo Nizkor* auf den Prozess der allmählichen Abschaffung der chilenischen und argentinischen Straflosigkeit verweist, Amnestiegesetze, die ihre Rechtmäßigkeit längst eingebüßt hätten, wird der spanische Umgang mit der Diktaturvergangenheit ausdrücklich als das „modelo español de impunidad", das spanische Modell der Straflosigkeit (ebd.) gebrandmarkt. Mit dem wiederholten Rekurs auf diese dem Bericht titelgebende Formel wird eine direkte Verbindungslinie zur Auseinandersetzung mit den Militärdiktaturen des *Cono Sur* hergestellt, hatte hier doch der Kampf gegen die *impunidad*, die Straffreiheit der belasteten Militärs, ein konstitutives Motiv der Menschenrechtsbewegungen dargestellt. Insgesamt möchte das *Equipo Nizkor* den Bericht ausdrücklich als einen Weg verstanden wissen, den Opfern und ihren Angehörigen eine juristische Analyse als diskursives Fundament zur Verfügung zu stellen, da ihnen von den politischen Institutionen des spanischen Staates, den politischen Parteien und der Zivilgesellschaft bisher keinerlei Unterstützung zugekommen sei (2004: 4).

Das *Equipo Nizkor* als internationale Menschenrechtsorganisation bezeichnet die franquistische Unterdrückung ausdrücklich als ‚Verbrechen gegen die

Menschlichkeit' (2004: 26)[49] und leitet hieraus die staatliche Verpflichtung ab, diese juristisch aufzuarbeiten. Es handle sich um Verbrechen, die weder verjährten, noch amnestierbar seien und deren individuelle Taten, unabhängig davon, ob es sich um Staatsterrorismus gehandelt habe, unter die Legislation des internationalen Rechts und der universellen Gerichtsbarkeit fielen (2004: 30).

Hinsichtlich der Bürgerkriegsgräber ist die zentrale Forderung, welche das *Equipo Nizkor* vertritt, eine Justizialisierung der Exhumierungsprozesse, entsprechend internationaler Normen und humanitärer Standards. Im Nizkor-Report, der vom in seinen Forderungen radikaleren *Foro por la Memoria* unterstützt wird, wird die Regierung aufgefordert, sich bei ihren vergangenheitspolitischen Maßnahmen bezüglich der Exhumierungen an den Normen der internationalen Menschenrechte zu orientieren. Zu diesem Zweck müsse als rechtliche Grundlage ein Exhumierungsgesetz ausgearbeitet werden (Equipo Nizkor 2004: 38, Punkt 4). Zudem müsse ein Leitfaden entwickelt werden, der den gerichtsmedizinischen Richtlinien der forensischen Anthropologie genüge. Dementsprechend müssten die Ausgrabung und die Identifizierung der Toten nach international festgelegten Standards erfolgen. Mittels einer DNA-Datenbank sollen die Opfer identifiziert werden, was einen genauen Nachweis über die begangenen Verbrechen erlaube, der in eine strafrechtliche Ermittlung gegen die Täter münden solle (ebd.: Punkt 5 und 6).

Ein breites Spektrum von Initiativen der Erinnerungsbewegung, die in ihrer Mehrheit dem *Foro por la Memoria* nahe stehen, wie auch internationale Organisationen, unterzeichnete den *Nizkor*-Bericht, darunter die chilenische Menschenrechtsorganisation CODEPU, die sich als erste NGO im ,Fall Pinochet' engagiert hatte und bereits über Kontakte zum *Equipo Nizkor* verfügte. Ausgenommen blieb, bis auf ihre regionale Abzweigung in Valladolid, die ARMH. Dies wiederum verweist auf Streitigkeiten und Konkurrenzen mit dem *Foro*, welche sich bezüglich der professionellen forensischen Protokollierung der Exhumierungen, der gerichtlichen Anzeige des Verschwindenlassens und dem grundsätzlichen politischen und symbolischen Umgang mit den Exhumierungen ergaben.

Seit 2003 hatte auch die spanische Sektion von *Amnesty International* – auf die zunehmenden zivilgesellschaftlichen Forderungen reagierend – das Hand-

49 Ausführlich aus dem Statut der Nürnberger NS-Prozesse zitierend, bezieht sich das *Equipo Nizkor* hierbei ausdrücklich auf Tatbestände, die völkerrechtlich als ,Verbrechen gegen die Menschlichkeit' anerkannt seien, wie systematischer Mord, Folter, Vernichtung, Versklavung und Deprtationen, extralegale Exekutionen, Erschießungen und Inhaftierungen sowie die Verfolgung aus politischen, ethnischen oder religiösen Gründen und willkürliche Gefangenschaft (Equipo Nizkor 2004: 18f., 21, 22-29).

lungsfeld der transnationalen Aufarbeitungspolitik in ihre Agenda aufgenommen und in eigens angefertigten Berichten die mangelnde institutionelle Anerkennung der Opfer franquistischer Repression sowie die ausbleibende Aufarbeitung der Franco-Diktatur in Spanien insgesamt angeklagt.[50] In den fünf zwischen 2005 und 2008 vorgelegten umfassenden Berichten[51] wird, basierend auf den entsprechenden völkerrechtlichen Prinzipien sowie auf den UN-Vorgaben und den Menschenrechtsnormen, die spanische Regierung aufgefordert, bei der Aufarbeitung der Franco-Vergangenheit ihren internationalen Verpflichtungen nachzukommen.

---

50 Zuerst wies der AI-Jahresbericht Spanien von 2003 auf die unzureichende Aufarbeitung der Franco-Diktatur und die ungenügenden vergangenheitspolitischen Maßnahmen der Regierung hin und appellierte an eine Aufklärung des Verbleibs der Verschwundenen. Die Organisation beklagte, dass trotz der Initiative im spanischen Kongress, „keine Maßnahmen ergriffen wurden, die absichern, dass die Lokalverwaltungen die Exhumierungen ermöglichen und die nötigen Mittel bereitgestellt werden." Des Weiteren sei kein Protokoll von Handlungsanweisungen festgelegt worden, welches juristische und gerichtsmedizinische Garantien fixiert hätte, um die Exhumierungen gemäß internationaler Standards durchzuführen. Deshalb forderte *Amnesty International* die politischen Parteien zu einer konkreten Umsetzung der am 20. November 2002 verabschiedeten Resolution im *Congreso de los Diputados* auf, mit der das Franco-Regime zum ersten Mal einstimmig im Parlament verurteilt worden war. In jeweiligen Parteiprogrammen solle in Aussicht gestellt werden, die von Familienangehörigen erbetenen Exhumierungen sicherzustellen, die Archive und Dokumentationszentren öffentlich zugänglich zu machen und die Angehörigen von Opfern des Bürgerkriegs und des Franquismus sowohl finanziell als auch moralisch zu entschädigen. Vgl. Amnistía Internacional – Sección española: *Impulsar la reparación de las víctimas de la Guerra Civil y el régimen franquista*, 2003, S. 26-28, http//www.a-i.es/espdoc-es /esp/.shth

51 Amnistía Internacional – Sección española: España: Poner fin al silencio y a la injusticia. La deuda pendiente con las víctimas de la Guerra Civil española y del régimen franquista, 18. Juli 2005; Vícitmas de la Guerra Civil y el franquismo. No hay derecho. Proposiciones sobre el proyecto de ley de ‚Derechos de las vícitmas de la Guerra Civil y el franquismo', November 2006; Víctimas de la Guerra Civil y el régimen franquista: el desastre de los archivos, la privatización de la verdad, 30. März 2006; España: Ejercer la jurisdicción para acabar con la impunidad, 15. Oktober 2008; España: La obligación de investigar los crímenes del pasado y garantizar los derechos de las vícitmas de desaparición forzada durante la Guerra Civil y el franquismo, November 2008. Siehe online: http://www.es.amnesty.org/uploads/media.

Nach der Einrichtung der Interministeriellen Kommission zur Ausarbeitung des Gesetzesentwurfes zum Erinnerungsgesetz durch die spanische Regierung im September 2004 forderte AI-Spanien den spanischen Staat auf,

„responder al derecho de las víctimas a una reparación en sus dimensiones individual y colectiva, y conforme a los componentes exigidos por las normas internacionales." (AI 2005: 63f.)

Ein umfassender Forderungskatalog wurde ausgearbeitet, welcher die Auseinandersetzung mit den Diktaturverbrechen und die Aufarbeitungsforderungen der Erinnerungsbewegung aufgriff und auf ein rechtliches Fundament stellte, um explizit internationale Normenkenntnis auf lokaler Ebene zu verbreiten und an die entsprechenden lokalen Akteure weiterzugeben. Indem die spanische Regierung zum Handeln aufgefordert und die zivilgesellschaftlichen Aufarbeitungsforderungen mit internationalen Menschenrechtsstandards begründet, auf ein neues Fundament gestellt wurden, gab es den Opferangehörigen und Erinnerungsaktivisten Rückendeckung[52] und der Auseinandersetzungen um die Franco-Diktatur zusätzliche Legitimation.

So verweist die peruanische *Amnesty*-Mitarbeiterin Giulia Tamayo als eine der Autorinnen der vorgelegten Berichte in der spanischen AI-Sektion *Forschung und Politik* auf die „weltweite Erfahrung auf diesem Gebiet, um den Opferrechten in jener Gesellschaft, in welcher sich die Verbrechen ereigneten, zu entsprechen" (Tamayo 2008: 256). Die franquistische Repression und die bisher nicht aufgearbeiteten Bürgerkriegsverbrechen werden auf diese Weise in den Zusammenhang der international sich etablierten Menschenrechtsnormen und -paradigmen verortet, um Druck auf die unzureichende Aufarbeitung der Franco-Vergangenheit staatlicher Stellen auszuüben und der entstandenen lokalen zivilgesellschaftlichen Aufarbeitungsbewegung eine argumentative Grundlage zur Durchsetzung ihrer Forderungen zukommen zu lassen.

Der Umgang mit den Verschwundenen nimmt in den *Amnesty*-Berichten einen breiten Raum ein: Da der spanische Staat seiner Verpflichtung nicht erfülle, die Verantwortung für die Exhumierungen zu tragen, müsse diese von privaten

52 Im Wortlaut heißt es: „En momentos en que la actual administración española prepara una respuesta con medidas hacia las víctimas de la Guerra Civil y el régimen franquista, Amnistía Internacional ha considerado relevante ofrecer este Informe a través del cual nuestra organisación aborda las obligaciones del Estado español respecto de aquellas víctimas cuyos derechos no han obtenido respuesta hasta hoy día conforme al marco internacional aplicable" (AI 2005: 7).

Initiativen übernommen werden, obgleich die Suche und Identifikation der *desaparecidos* gemäß des internationalen Rechtsrahmens grundsätzlich eine staatliche Aufgabe darstelle (AI 2005: 63). In einem zur Bewertung des Erinnerungsgesetzes publizierten Bericht kritisiert *Amnesty* zudem, dass die Verantwortung für die Exhumierungen – trotz zugesagter staatlicher Unterstützung – auch weiterhin allein den Hinterbliebenen und den zivilgesellschaftlichen Akteuren überlassen bleibe (AI 2007). Das Erinnerungsgesetz gelte lediglich zur Ausführung und Umsetzung privater Familienangelegenheiten bei der Suche nach den sterblichen Überresten der Opfer. Es werde kein konkreter und umfassender Handlungsplan der Regierung für eine grundsätzliche Aufklärung der Verschwundenenschicksale erarbeitet, vielmehr obliege die staatliche Initiative der aktiven Forderung der Angehörigen von Verschwundenen, die lediglich unterstützende Maßnahmen beanspruchen könnten (ebd.). Auch wenn die im Oktober 2006 durch den Europarat erfolgte Verurteilung des Franquismus von der nationalen Politik aufgegriffen werde, so werde allerdings, laut *Amnesty*, keine grundlegende Aufklärung der begangenen Verbrechen, etwa durch die Einsetzung einer Wahrheitskommission, sichergestellt und die Wahrheitsfindung erschwert, da der Staat die Identifizierung von sterblichen Überresten der Opfer franquistischer Repression nicht grundsätzlich übernehme und damit gegen entsprechende UN-Vorgaben verstoße. Der veröffentlichte Abschlussbericht der Interministeriellen Regierungskommission vermeide zudem intendiert jegliche explizite Bezugnahme auf internationale Menschenrechtsstandards (ebd.). Ein ums andere Mal werden die verschwundenen Opfer der franquistischen Repression in den Zusammenhang des internationalen Rechts und der Menschenrechte eingeschrieben, um an die Verpflichtung des spanischen Staates zu appellieren, sich des Schicksals der *desaparecidos* grundsätzlich anzunehmen und ihre sterblichen Überreste aufzufinden.

In diesem Sinne beanstandet AI-Spanien in einer Stellungnahme zur Bilanz der Umsetzung des Erinnerungsgesetzes ein Jahr nach seiner Verabschiedung, dass der Staat seiner Verantwortung gegenüber den Opfern weiterhin grundsätzlich nicht nachkomme und verweist wiederholt darauf, dass das Gesetz gegen internationale Bestimmungen, wie das Recht auf die Aufklärung der Verbrechen, Gerechtigkeit und Entschädigung als grundsätzliche Pfeiler der Vergangenheitsaufarbeitung verstoße (AI 2008b: 26-29). Insgesamt wird kritisiert, dass die spanische Regierung weiterhin keine aktive Rolle bei der Auffindung der Verschwundenen und der Exhumierung ihrer sterblichen Überreste übernehme.

Ein zentrales diskursives Moment der formulierten Aufarbeitungsforderungen stellen die Bezugnahmen zu lateinamerikanischen Ländern dar, bei denen die chilenischen Erfahrungen des Umgangs mit Diktatur und Menschenrechtsverletzungen auch aufgrund der transnationalen Verflechtungen im ‚Fall Pinochet' einen wirkmächtigen Referenzrahmen bilden: So eröffnet *Amnesty* einen weiteren Bericht zur Anwendung universeller Gerichtsbarkeit in Spanien mit dem Bezug auf den ‚Fall Pinochet', der einen wichtigen Schritt im Kampf gegen die Straflosigkeit und der Durchsetzung universeller Gerichtsbarkeit bilde (AI 2008: 1f.). Während die spanische Justiz unter Berufung auf ihre völkerrechtlichen Verpflichtungen entschieden habe, dass das chilenische Amnestiegesetz vor spanischen Gerichten unwirksam sei und mit der UN-Folter-Konvention sowie der UN-Erklärung gegen das Verschwindenlassen ihre Kompetenz begründete, Ermittlungen gegen Pinochet einzuleiten, verzichte sie darauf, dieselben Maßstäbe zur Ahndung vergleichbarer Verbrechen im eigenen Land anzulegen (AI 2008: 44). Der Rekurs auf den ‚Fall Pinochet' und die Anwendung universeller Gerichtsbarkeit, der internationalen Menschenrechte sowie der Verweis auf die Diskrepanz der Aktivitäten der *Audiencia Nacional* appelliert an die Weltöffentlichkeit, um die zivilgesellschaftlichen Aufarbeitungsforderungen gegenüber der spanischen Regierung zu legitimieren. Mit Bezug auf die Berichte der UN-Arbeitsgruppe über Erzwungenes Verschwindenlassen verweist *Amnesty* darauf, dass der spanische Staat sich der globalen Tendenz, die geltenden internationalen Rechtnormen bei ‚Verbrechen gegen die Menschlichkeit' anzuwenden, nicht entziehen könne, zumal die spanische Justiz die universelle Gerichtsbarkeit bisher im Zusammenhang mit ähnlichen, in anderen Ländern begangenen Verbrechen respektiert habe und nun riskiere, „sich vor der internationalen Öffentlichkeit als ein seinen internationalen Verpflichtungen zuwider handelnder Staat, im Widerspruch zu den rechtstaatlichen Prinzipien" (AI 2008b: 29) bloßzustellen.

AI-Spanien betont zudem ebenso mit Bezug auf entsprechende UNO-Resolutionen, dass die Entschädigungsmaßnahmen, welche laut Interministerieller Kommission auf den Weg gebracht werden sollten, unzureichend seien und rekurriert zur Begründung auf den Fall *Almonacid Arellano y otros vs. Chile* vom 26. September 2006, bei dem die Klage auf Entschädigung von Opfern der Pinochet-Diktatur erfolgreich vor dem Interamerikanischen Menschenrechtshof verhandelt worden war (AI 2006: 21f.). Im AI-Bericht zur Bewertung des Erinnerungsgesetzes, mit dem Titel *No hay derecho*, wird der Gesetzesentwurf, wie bereits im *Nizkor*-Bericht als Schlusspunktgesetz (*ley de punto final*) gebrandmarkt, eine Bezeichnung, welche als Kritik am – bereits annullierten – argentinischen Amnestiegesetz aufgegriffen wird. Es handle sich um einen Text,

„[...] que ignora los derechos humanos y el derecho internacional; la inclusión de disposiciones de "punto final" o mecanismos de impunidad, al permitir el encubrimiento de la identidad de los autores de violaciones de derechos humanos; y la ausencia de responsabilidad por parte del Estado." (AI 2006: 16)

Das Erinnerungsgesetz schreibe die Mechanismen der Straflosigkeit fort, da die Identität der Täter weiterhin nicht aufgedeckt werde. Es ignoriere zudem die Verpflichtungen, die mit der Unterzeichnung internationaler Verträge einhergingen und lasse damit eine historische Chance, den Opfern franquistischer Repression Gerechtigkeit widerfahren zu lassen, ungenutzt (ebd.).

Zu den komplexen und umfassenden Forderungen der Menschenrechtsorganisation, auf die hier nicht *en detail* eingegangen werden soll, zählten neben der Auffindung der Verschwundenen die Annullierung der Rechtsprechung der franquistischer Standgerichte sowie eine umfassende Aufklärung der während der Franco-Diktatur begangenen Menschenrechtsverletzungen, etwa durch die Einsetzung einer Wahrheitskommission sowie die Öffnung der Archive. Als eine der zentralen Leitlinien der AI-Berichte sei das spanische Amnestiegesetz, welches die Straflosigkeit fortschreibe, mit dem internationalen Recht nicht vereinbar (ausführlich etwa 2008: 25f.).

Insgesamt wird mit Bezug auf die Trias von ‚Wahrheit, Gerechtigkeit und Entschädigung' von beiden internationalen Menschenrechtsorganisationen *Equipo Nizkor* und *Amnesty International* der offizielle Umgang mit den Verschwundenen in Spanien öffentlich bloßgestellt, da den Opfern von Bürgerkrieg und Franco-Diktatur international kodifizierte, fundamentale Rechte bis in die Gegenwart hinein vorenthalten seien. Als Legitimationsstrategie werden Bezüge zu lateinamerikanischen Aufarbeitungserfahrungen und hier angewendete vergangenheitspolitischen Instrumenten hergestellt, um der Forderung nach einer Auseinandersetzung mit der spanischen Diktaturvergangenheit Nachdruck zu verleihen. Die Forderungen nach einer Wahrheitskommission zur Aufklärung der Fälle des Verschwindenlassens, die von *Amnesty International* in den Vordergrund gerückt wird, aber auch nach einer Überwindung der Straflosigkeit, welche das *Equipo Nikor* nachdrücklich einklagt, verorten die moralische und historische Auseinandersetzung um die Verschwundenen in einen Kontext der Prinzipien des internationalen Rechts, der entsprechenden UN-Bestimmungen sowie eines lateinamerikanischen Erfahrungshintergrunds.

Indem beide Menschenrechtsorganisationen eine internationale Perspektive eröffnen und die Forderungen in völkerrechtliche Diskurse einschreiben, zielen sie auf eine politische und justizielle Anerkennung der Opfer des Franquismus ab, die diesen über den Transitionsprozess hinaus bis heute versagt geblieben sei. Als Legitimierungsstrategie rekurrieren beide ein ums andere Mal auf den Umgang mit den Verschwundenen und der Überwindung der Straflosigkeit in Chile wie Argentinien, Länder, in denen die Rechtsprechung der spanischen *Audiencia Nacional*, die Aufarbeitung der Diktaturvergangenheit befördert hatte.

Die fundamentale Bedeutung des Menschenrechtsdiskurses für die Erinnerungsbewegung wird hier offensichtlich: Die zentralen Kategorien dieses Diskurses, das ‚Verschwindenlassen', die ‚Straflosigkeit', die ‚Unverjährbarkeit von Verbrechen gegen die Menschlichkeit', die ‚internationale Gerichtsbarkeit' sowie die Rechte der Opfer auf ‚Wahrheit, Gerechtigkeit und Entschädigung' verorten die Repressionserfahrung vor dem Hintergrund eines universellen Erinnerungs- und Aufarbeitungsimperativs. Es handelt sich um zentrale Begriffe und Strategien des Kampfes gegen die Straffreiheit lateinamerikanischer Militärdiktaturen, welche sich zuvor bereits die chilenische Menschenrechtsbewegung zu Eigen gemacht hatte.

Hierbei kann der Rekurs auf Menschenrechtsdiskurse als ein strategisches Moment der lokalen spanischen Erinnerungsverbände verstanden werden, das ihre vergangenheitspolitischen Forderungen gegenüber der spanischen Regierung legitimiert und stark von den chilenischen und argentinischen Erfahrungen im Kampf gegen die Straflosigkeit inspiriert ist. Eine zentrale Legitimierungsstrategie innerhalb dieses Diskursstranges lässt sich in den Bezugnahmen auf die transnationalen Aktivitäten der spanischen Justiz bei der Aufarbeitung lateinamerikanischer Diktaturen ausfindig machen. Ein weiterer wesentlicher Aspekt ist, dass in dieser Kontroverse die Rechtmäßigkeit von Opferansprüchen verhandelt wird, bei der konkurrierende Deutungen des Spanischen Bürgerkriegs, der Franco-Vergangenheit und des Transitionsprozesses zur Disposition stehen.

Vor diesem Hintergrund war es nur noch eine Frage der Zeit, dass sich Ermittlungsrichter Baltasar Garzón auch der Aufarbeitungsforderungen der spanischen Erinnerungsbewegung nicht mehr verschließen konnte. Als er das *Nationale Gericht* Spaniens im Oktober 2008 im Rahmen einer Anordnung für zuständig erklärt hatte, die während des Bürgerkrieges und des Franco-Regimes begangene Repressionspraxis des Verschwindenlassens als ‚Verbrechen gegen die Menschlichkeit' zu ahnden, sollte damit gemäß der Berichte von Menschenrechtsorganisationen und zivilgesellschaftlichen Aufarbeitungsforderungen das internationale Recht und die entsprechenden UN-Bestimmungen auf den spanischen Umgang mit dem Erbe der franquistischen Repression Anwendung finden, um eine grundsätzliche Regelung zur Aufklärung der Verschwundenen-Schicksale zu erzielen. Mit den von den Erinnerungsinitiativen eingereichten Klagen vor der *Audiencia Nacional* und den von Garzón übernommenen Fällen sollte in einem Prozess der zunehmenden Verrechtlichung[53] der Auseinandersetzung mit

53 Den Prozess der Judizialisierung von Politik definieren Sieder, Schjolden und Angell als „increased presence of judicial processes and court rulings in political and social

der Diktaturvergangenheit in Spanien eine staatliche Auffindung und Identifizierung der Verschwundenen gewährleistet werden, da er die Öffnung von Massengräbern zum ersten Mal justiziell anordnete. Im Folgenden werden die Auseinandersetzungen analysiert, die sich anlässlich der Klagen von lokalen Erinnerungsinitiativen und Angehörigen von Verschwundenen angesichts der nicht aufgeklärten Fälle des erzwungenen Verschwindenlassens und der illegalen Verhaftungen vor der *Audiencia Nacional* ergaben.

6.5 Der juristische Streit um die Verschwundenen: Garzóns Initiative zur Aufarbeitung der Franco-Diktatur

Vor dem Hintergrund der Anklage gegen den chilenischen Ex-Diktator Pinochet vor dem *Nationalen Gerichtshof* und dessen Verantwortung für die Verschwundenen während der chilenischen Militärdiktatur, mit welcher der spanische Ermittlungsrichter Baltasar Garzón im Oktober 1998 internationales Aufsehen erregte (vgl. Kap. 5.1), übernahm dieser zehn Jahre später auch die Klagen zur Auffindung und Identifizierung der Verschwundenen des Spanischen Bürgerkrieges und der franquistischen Nachkriegsrepression. Nachdem er im September 2008 offiziell die Ermittlungen zu dem Schicksal der in klandestinen Massengräbern verscharrten Opfer des Spanischen Bürgerkriegs aufgenommen hatte, kündigte er am 16. Oktober – trotz des in Spanien weiterhin bestehenden Amnestiegesetzes von 1977, das bisher eine Bestrafung der belasteten Militärs verhinderte – an, die Verbrechen der Franco-Diktatur zu ahnden und damit die Straflosigkeit der Täter zu beenden.[54] Das gewählte Datum war kein Zufall: Es war von großem Symbolgehalt, da sich die auf Initiative Garzóns vollzogene Verhaftung Pinochets an diesem Tag zum zehnten Mal jährte. Als Teil einer diskursiven Strategie war daran der Versuch geknüpft, das seither bestehende internationale Prestige Garzóns, welches er durch sein Engagement zur Verfolgung begangener Menschenrechtsverletzungen der chilenischen und argentinischen Militärdiktatur erlangt hatte und seine mediale Präsenz, für die Suche nach den Verschwundenen und die Auseinandersetzung mit der Franco-Vergangenheit insgesamt nutzbar zu machen. So legte der spanische Ermittlungsrichter nach

life, and the increasing resolution of political social or state-society conflicts in the courts" (2005: 3). Ausgelöst werde die Verrechtlichung dadurch, wenn soziale und politische Akteure es vermehrt als vorteilhafte Strategie wahrnehmen, ihre politischen Interessen vor Gerichten durchzusetzen (ebd.).

54 El País: *Garzón se declara competente para investigar los desaparecidos en la Guerra Civil y el Franquismo*, José Yoldi, 16. Oktober 2008.

seinem Engagement im ‚Fall Pinochet', 72 Jahre nach dem Putsch der franquistischen Truppen gegen die Zweite Republik und 33 Jahre nach Francos Tod, eine Verfügung zur Auffindung der Verschwundenen aus dem Spanischen Bürgerkrieg vor.[55]

Mit der Initiative zur Ahndung der Menschenrechtsverbrechen im *Cono Sur* war Garzón weltweit zu einer Referenzfigur für die Durchsetzung internationaler Jurisdiktion vor ausländischen Gerichten geworden. Während er sich für die Ahndung der Menschenrechtsverbrechen der lateinamerikanischen Diktaturen einsetzte, hatten ihm spanische *Memoria-Histórica*-Organisationen allerdings immer wieder vorgeworfen, die juristische Aufarbeitung der spanischen Diktaturvergangenheit nicht antasten zu wollen. Vor dem Hintergrund dieses öffentlich zunehmend als widersprüchlich thematisierten Zustands hatten seit dem 14. Dezember 2006 insgesamt 15 erinnerungspolitische Organisationen[56] aus unter-

---

55 Vgl. Juzgado Central de Instrucción No. 005 Audiencia Nacional, Madrid: Diligencias Previas Proc. Abreviado 399/2006 V, Auto, 16. Oktober 2008. Siehe: http://www.elpais.es.es/20081016elpepunac_4Pes_pdf.

56 Folgende zivilgesellschaftliche Vereinigungen und Einzelpersonen haben bei der *Audiencia Nacional* Klagen eingereicht (in chronologischer Reihenfolge): 14. Dezember 2006: Klage von Marcial Múñoz Sánchez im Namen der Vereinigung Nuestra Memoria aus Sierra de Gredos (Toledo), Klage der Associació per la Recuperació de la Memoria Histórica de Catalunya, Asociación para la Recuperación de la Memoria Histórica en Aragón, Comisión pola Memoria Histórica do 36 Ponteareas, Asociación por la Recuperación de la Memoria Histórica de Arúcas; 15. Dezember 2006: Individualklage von Carmen Dorado Ortíz; 4. Juli 2007: Individualklage von Teófilo Goldaracena Rodríguez; 18. Juli 2007: Asociación Andaluza de Memoria Histórica y Justicia; 14. September 2007: Politeia, Asociación para la defensa y progreso de los intereses ciudadanos; 24. Dezember 2007: Asociación para la Recuperación de la Memoria Histórica de Valladolid; 19. Mai 2008: Individualklagen von Francisco Javier Jiménez Corcho und von Juan Pérez Silva und Francisca Maqueda Fernández; 28. Juli 2008: Fòrum per la Memòria del Pais Valencia; 31. Juli 2008: Confederación General del Trabajo; 12. September 2008: Asociación para la Recuperación de la Memoria Histórica de Granada und Nieves García Catalán sowie Individualklagen von Críspulo Nieto Cicuéndez; 22. September 2008: Asociación de Familiares de Fusilados y Desaparecidos de Navarra, Asociación de Héroes de la República y la Libertad, Asociación para la Recuperación de la Memoria Histórica in El Bierzo, León, Burgos und Zamora, Asociación para la Recuperación de la Memoria Histórica de Soria; 26. September 2008: Asociación todos los Nombres de Asturias, 3. Oktober 2008: Individualklage von Maria Nieves Galindo Arroyo; 6. Oktober 2008: Grup per la Tercera República de la Memoria Histórica de Castelló, Izquierda Republicana de Castilla y

schiedlichen Regionen Spaniens, die sich für die Auffindung der in anonymen Massengräbern verscharrten Verschwundenen einsetzten, und die Gewerkschaft CGT (*Confederación General del Trabajo*), vor der *Audiencia Nacional* sukzessive entsprechende Anträge eingereicht. Zusätzlich legten Angehörige der Verschwundenen als Einzelpersonen dem Gericht sieben Individualanträge vor. Dieser zunehmende Prozess der Verrechtlichung der Auseinandersetzung mit der Diktaturvergangenheit spiegelt ebenso die verbreitete Unzufriedenheit der zivilgesellschaftlichen Erinnerungsbewegung mit den Maßnahmen des im Dezember 2007 verabschiedeten Erinnerungsgesetzes und deren nur schleppend voranschreitende Umsetzung wider, die diese als zu zaghaft oder gar als völlig unzureichend kritisiert hatte.

Angesichts der an Garzón herangetragenen Klagen veranlasste dieser, dass von staatlichen und kirchlichen Archiven die nötigen Informationen zu den verschwundenen Opfern der Franco-Diktatur vorzulegen seien, um eine möglichst vollständige Bestandsaufnahme der bisher nicht identifizierten Toten anfertigen zu können. Mit dem Ziel, ein zentrales und landesweites Register der verschwundenen Repressionsopfer der Franco-Diktatur zu erstellen und zu ermitteln, wer, wo, wann und unter welchen Umständen ermordet wurde, sollte eine allgemeine Bestandsaufnahme zur Aufklärung der Verschwundenen-Fälle gemacht werden. Aufgefordert waren das Archiv der Staatsverwaltung, das *Zentralarchiv der Historischen Erinnerung*, die Bischofskonferenz, Kirchenarchive, das Archiv des *Tales der Gefallenen*, Zivilregister und Notariate. Am 23. Juni 2008 erbat Garzón beim Innen- und Verteidigungsministerium zudem Informationen über die im Bürgerkrieg illegal Exekutierten[57], deren Todesumstände weiterhin nicht aufgeklärt waren, um daraufhin darzulegen, dass diese Problematik bisher nicht erforscht worden sei (Ferrándiz 2009: 64). Zudem rief er die an den Klagen beteiligten Organisationen und Individuen auf, alle ihnen verfügbaren Informationen zusammenzutragen und ihm zur Verfügung zu stellen. Am 22. September legten Vertreter der *ad hoc* gegründeten *Plattform der Opfer des Erzwungenen Verschwindenlassen des Franquismus* (*Plataforma de Vícitmas de Desapariciones Forzadas del Franquismo*; PVDFF), zu der sich die an den Klagen beteiligten erinnerungspolitischen Organisationen zusammengeschlossen hatten, Garzón eine Liste mit 143.353 Namen mutmaßlicher Verschwundener aus dem Bürgerkrieg und den Jahren unmittelbar danach vor. Hatte lange die Zahl von 30.000 in geheimen Gräbern verscharrten republikanischen Ver-

León sowie die Individualklagen von Julia Maroto Velasco und Julián de la Moreno López (aufgeführt in: Verfügung Garzón 2008: 1-3).

57 El País: *Cultura dice que el censo que reclama Garzón puede tardar años*, 4. September 2008.

schwundenen kursiert, so kam der im Juli 2008 veröffentlichte, dem *Nationalen Gericht* vorgelegte Bericht[58] des Historikers Francisco Espinosa Maestre ebenfalls zu der weitaus höheren Zahl von mindestens 129.472 Verschwundenen. Baltasar Garzón nannte in seiner Anklageschrift die provisorische Zahl von 114.266 *desaparecidos* im auf die Nachkriegsrepression begrenzten Zeitraum vom 17. Juli 1936 bis 31. Dezember 1951 (ebd.: 23).[59]

Die von Baltasar Garzón am 16. Oktober 2008 vorgelegte Anordnung hebt hervor, dass die Fälle des Erzwungenen Verschwindenlassens und der extralegalen Ermordungen während des Bürgerkrieges und der Anfangsjahre der Franco-Diktatur bisher nicht juristisch verfolgt wurden. Vielmehr habe die Amnestierung von ‚Verbrechen gegen die Menschlichkeit', auf welche internationales Recht angewendet werden müsse, die Regel gebildet. Im Sinne der zivilgesellschaftlichen Basisorganisationen appelliert er an die Verpflichtung des spanischen Staates, die Menschenrechte einzuhalten und die Opfer des Franquismus anzuerkennen. In der von Ermittlungsrichter Baltasar Garzón vorgelegten Verfügung heißt es, dass im Rahmen eines „vorgefassten Plans der systematischen Ausrottung des politischen Gegners" (ebd.: 3) die Verschwundenen Opfer von illegalen Entführungen durch Staatsorgane geworden seien. Es habe sich um ein „System des erzwungenen Verschwindenlassens gehandelt mit dem Ziel, die Identifikation der Opfer langfristig unmöglich zu machen, um damit jegliche juristische Ahndung der Verbrechen zu verhindern" (ebd.: 24). Die Verschwundenen seien Fälle „illegaler und dauerhafter Festnahmen ohne Rechtfertigung ihres Verbleibs", die insofern bis heute andauerten, als dass die Opfer weder tot noch lebendig aufgefunden worden seien (ebd.). In der Argumentation der lokalen Erinnerungsbewegung, der internationalen Menschenrechtsorganisation, wie in der Verfügung Garzóns, ist das Verschwindenlassen insofern zentral, als dass die franquistische Repression als ein systematischer Plan zur Vernichtung des politischen Gegners in einen direkten Bezug mit dem Staatsterrorismus lateinamerikanischer Militärdiktaturen gesetzt wird. Die Argumentation, nach der das Verbrechen so lange nicht verjährt, wie das Verschwundensein anhält, orientiert sich an der Rechtsprechung des chilenischen Verfassungsrichters Juan Guzmán

58 *Informe sobre la represión franquista. Estado de la cuestión*. Siehe: http//www.todoslosnombres.org/doc/noticias/noticia1658.pdf.

59 Die Verfügung Garzóns teilt die Repression insgesamt in drei zu erforschende Epochen: (1) die massive Bürgerkriegsrepression (17. Juli 1936 bis Februar 1937), (2) die repressive Rechtsprechung der *Consejos de la Guerra* (März 1937 bis Januar 1945) und (3) die Nachkriegsrepression (1945 bis 1952), vorbehaltlich weiterer Fälle von Verschwundenen außerhalb dieses Zeitrahmens, die ebenfalls Gegenstand der Ermittlungen bilden sollten (siehe Verfügung Garzón, a. a. O., 2008: 6-7).

Tapia, der nach der Festnahme Pinochets zum ersten Mal die Ahndung von Fällen des Verschwindenslassens von Diktaturopfern in Chile auf ein juristisches Fundament stellte (vgl. Kap. 5.5). Mit der Interpretation der anhaltenden Entführung (*secuestro permanente*), war es gelungen, die chilenische Amnestiegesetzgebung zu umgehen und belastete Militärs rechtskräftig zu verurteilen. Entscheidend war dabei der Bezug auf die Genfer Konvention, die Verschwundene weiter als lebend definiert, solange der Körper nicht gefunden wurde, dementsprechend könne das Verschwindenlassen nicht unter die Amnestie fallen, da die Verbrechen noch andauerten (Rauchfuss 2009: 115). Dabei begreift die Anordnung Garzóns – der internationalen Konvention über das Erzwungene Verschwindenlassen folgend – explizit auch die Familien der Verschwundenen als Opfer, das Verbrechen dauere so lange an an, wie diese keine Klarheit über den Verbleib ihrer Angehörigen besäßen (Garzón 2008: 24, 31).

Die Hauptargumentationslinie der Verfügung bezieht sich auf die der *Audiencia Nacional* zugesprochenen juristischen Kompetenz zur Ahndung der Verbrechen. Dazu werden die Möglichkeiten einer strafrechtlichen Verfolgung und die Sanktionierung der Täter eruiert: Die Tatbestände seien als ‚Verbrechen gegen die Menschlichkeit' nicht nur von der Verjährbarkeit ausgenommen, sondern aufgrund ihres permanenten Charakters als Verstöße gegen das internationale Recht zu interpretieren und daher auch nicht amnestierbar. „Der Staat kann und sollte seine eigenen Verbrechen und die seiner Bediensteten nicht ausradieren, es muss stets das Recht der Opfer geltend gemacht werden" (ebd.: 46). Zum ersten Mal ist die Amnestiegesetzgebung, welche der juristischen Aufarbeitung der Verbrechen der Franco-Diktatur bisher entgegenstand, von höchster juristischer Instanz in Frage gestellt worden. Der von Opfer- und Menschenrechtsorganisationen eingeforderten Aufhebung des Amnestiegesetzes folgend, nennt die Anklageschrift Garzóns 35 belastete, hochrangige Vertreter der *Falange* namentlich, darunter Diktator Francisco Franco selbst, aber auch franquistische Minister, etwa den ehemaligen Außenminister und Schwager Francos Ramón Serrano Súñer oder den faschistischen Bürgerkriegsgeneral Emilio Mola[60], gegen die ermittelt werden solle (ebd.: 66f.). Zudem verlangte Garzón vom Innenministerium eine Aufstellung von an der Repressionsausübung beteiligten Personen, die seit Beginn des Bürgerkrieges bis zum 31. Dezember 1951, der Hochphase der franquistischen Nachkriegsrepression, hohe Posten in der faschistischen *Falan-*

60 Konkret namentlich erwähnt werden an Putsch und Bürgerkrieg sowie an den unterschiedlichen Regierungskonstellationen bis 1951 und an Militäreinheiten der FET y de las JONS zudem der Militärjustiz beteiligte Hauptverdächtige (Garzón 2008: 25-29, 66f.). Die Tatsache, dass die Mehrzahl dieser Personen bereits verstorben war, wurde von der rechtskonservativen Presse spottend kommentiert.

ge-Partei bekleidet hatten. Es werde geprüft, ob noch jemand für die begangenen Verbrechen belangt werden könne (ebd.: 57, Nr. 16). Obgleich die Zahl der an der Repression direkt beteiligten, lebenden *Falangisten* gering ist[61], handelte es sich um einen wichtigen und längst überfälligen symbolischen Akt.

Mit Bezug auf die verschwundenen Bürgerkriegsopfer ordnete die Verfügung die Aushebung von zunächst 19 Massengräbern an, eine Zahl, die kurz darauf auf 25 erhöht wurde, darunter auch das des von franquistischen Truppen zu Beginn des Bürgerkrieges ermordeten progressiven Dichters Federico García Lorca, der als Linker und Homosexueller 1936 von Nationalisten ermordet worden war. Für viele Aktivisten der Erinnerungsbewegung ist der ‚Fall Lorca' zu einem Sinnbild für die franquistische Repression und das Verschwindenlassen avanciert (Ferrándiz 2006: 8).[62] Die geplante Aushebung des Grabes Lorcas, der in der Nacht vom 17. zum 18. August 1936 im andalusischen Viznar der Río bei Granada erschossen worden war, war insofern von besonderer Bedeutung, als dass die Familienangehörigen sich lange geweigert hatten, sein Grab, in dem er, so wurde vermutet, mit drei weiteren Personen – dem Dorflehrer Dióscoro Galindo und den Anarcho-Syndikalisten Joaquín Arcollas sowie Francisco Baladí verscharrt lag –, exhumieren zu lassen. Die Enkel der weiteren dort vermuteten Opfer, Nieves Galindo und Francisco Baladí, hatten sich an den Klagen vor der *Audiencia Nacional* beteiligt, um die Öffnung des Grabes und die Identifikation der menschlichen Überreste ihrer verschwundenen Verwandten zu erwirken. Die Regionalregierung Andalusiens stimmte einer Öffnung des Grabes im Herbst 2009 zu, die Angerhörigen Lorcas versicherten, eine juristische Entscheidung zu akzeptieren. Jedoch konnten an dem vermuteten Ort keine menschlichen Überreste aufgefunden werden. Im Dezember 2009 wurde die Suche nach den weiterhin Verschwundenen eingestellt, das Schicksal García Lorcas und seine konkreten Todesumstände bleiben nach wie vor unaufgeklärt.

Des Weiteren sollte ein Expertengremium, zusammengesetzt aus fünf Mitgliedern und zwei weiteren Personen,[63] beratend herangezogen werden, deren

---

61 Público: *El juez Garzón dispone de nombres de falangistas vivos*, 19. Oktober 2008.

62 Público: *La Junta de Andalucía abrirá la fosa de Lorca tras el verano. El procedimiento ‚respetará' a la familia del poeta si no quiere identificarle*, 15. Juli 2009.

63 Ausgewählt waren folgende Wissenschaftler und Spezialisten: die Historiker Francisco Espinosa Maestre, Leitungsmitglied des Datenbank-Projektes *Todos los nombres* der *Asociación Andaluza Memoria Histórica y Justicia*, welches die Opfer franquistischer Repression erfasst und der Gewerkschaft *Confederación General del Trabajo de Andalucía* sowie Julián Casanova (Universidad Complutense de Madrid), die Historikerinnen María Isabel Brenes Sánchez (Universidad de Granada) sowie Queralt Solé i Barjau (Universidad de Barcelona), die zu den Bürgerkriegsgräbern in Katalonien

Aufgabe darin bestehen würde, „[...] estudiar, analizar y valorar y dictaminar sobre el número, lugar, situación e identificación de las vícitmas en un sólo informe que incluya el número total de víctimas en el período estudiado“ (ebd.). Aufgrund ihres kurzen Bestehens konnte die Expertengruppe um Garzón lediglich einmal am 8. November 2008 tagen, bevor die *Audiencia Nacional* die Unrechtmäßigkeit der richterlichen Initiative entschied.

Beinahe zwei Jahre nachdem die ersten zivilgesellschaftlichen Klagen eingereicht worden waren, entflammte in der spanischen Öffentlichkeit ein polemisch geführter Rechtsstreit über die Kompetenz des Nationalen Gerichtshofs. Die Staatsanwaltschaft kündigte an, die Entscheidung des Ermittlungsrichters anzufechten. Sie legte Rechtsmittel gegen die Verfügung Garzóns ein und stoppte die Exhumierung der Massengräber.[64] Ermittlungsrichter Baltasar Garzón hielt dem juristischen und politischen Druck nicht stand: Etwas über einen Monat, nachdem er die Verfügung eingereicht hatte, zog er selbst seinen Antrag zur Aufklärung des Schicksals der Verschwundenen zurück. Er kam damit der Entscheidung des Strafgerichtshofs zuvor, der kurz darauf mit 14 zu drei Stimmen festlegte, dass die Lokalgerichte der zwanzig betroffenen Provinzen über die Exhumierung der Verschwundenen zu befinden hätten. Er erklärte die *Audiencia Nacional* für nicht zuständig, nachdem nachgewiesen worden sei, dass die Angeklagten der für die franquistische Repression Verantwortlichen mehrheitlich bereits verstorben seien.[65]

Dem war eine unerbittlich und polemisch geführte Auseinandersetzung zwischen dem Leiter der Staatsanwaltschaft Javier Zaragoza, der *Audiencia Nacional* und dem Ermittlungsrichter Garzón vorausgegangen. Bereits am 23. Oktober

---

promoviert hatte und dem Leitungsgremium der Sektion *Unidad de Fosas y Desaparecidos* der Vereinigung *Memorial Democràtic* angehört und weiterhin den forensischen Anthropologen Francisco Etxeberria (Universidad del País Vasco) der baskischen Nichtregierungsorganisation *Ciencias Aranzadi*, die bereits seit einigen Jahren bei der Auffindung und Aushebung von Massengräbern aktiv ist. Garzón hatte sich zudem den Antikorruptionsexperten Carlos Jiménez Villarejo sowie den ehemaligen Präsidenten des Provinzgerichtes in Barcelona Antonio Doñate Martín in das Gremium bestellt, das ihm bei der Lokalisierung und Identifizierung der verschwundenen Opfer der Diktatur beraten sollte. El País: *„Aportaremos trozos de verdades a un puzzle que resolverá Garzón." Siete expertos asesorarán al juez en un trabajo que puede llevar años*, Natalia Junquera, 23. Oktober 2008.

64 ABC: *La Audiencia Nacional desautoriza a Garzón y paraliza la apertura de las fosas*, Nati Villanueva, 8. November 2008.

65 Audiencia Nacional. Sala de lo penal, pleno: Procedimiento ordinario número 53/08 del Juzgado Central de Instrucción número 5, Expediente número 34/08.

hatte der *Juzgado de Instrucción No. 5* Berufung[66] gegen die Anordnung eingelegt, den Beschluss Garzóns abgelehnt und ihm eine dreitägige Widerspruchsfrist zur Modifikation seiner Verfügung eingeräumt. Zaragoza argumentierte hier, dass die Delikte, die keineswegs als ‚Verbrechen gegen die Menschlichkeit' bewertet werden könnten[67], bereits verjährt seien (ebd.: 22-30), zudem seien sie amnestiert worden (ebd.: 31-35).

Kurz darauf, am 29. Oktober 2008, reichte Ermittlungsrichter Santiago Pedraz in Vertretung des erkrankten Garzón eine weitere Verfügung ein, die im Gegensatz zur Staatsanwaltschaft, gemäß der zuvor eingegangenen Klagen, wiederum anordnete, die Aushebungen der aufgeführten Gräber durchzuführen.[68] Daraufhin präsentierte der Vorsitzende der Staatsanwaltschaft am 7. November ein Erweiterungsschreiben, woraufhin eine außerordentliche Krisensitzung einberufen wurde, bei der die *Sala de lo penal* eine Resolution verabschiedete, mit der die Exhumierungen gestoppt wurden, solange weiterhin Kompetenzfragen ungeklärt seien.[69] Der Beschluss der Staatsanwaltschaft stieß auf die Kritik der *Plataforma por las víctimas de las desapariciones forzadas* und *Amnesty International*-Spanien: AI stellte in einer veröffentlichten Stellungnahme wiederum Bezüge zur Anwendung universeller Rechtsprechung durch die spanische Justiz beim Umgang mit den Verschwundenen in Chile her:

„El Ministerio Fiscal demuestra desconocimiento no sólo de lo que es un delito de desaparición forzada en el derecho internacional sino del propio marco legal español. Es cuanto menos sorprendente este aparente desconocimiento, de lo que dicho concepto se ha venido utilizando por la justicia española desde hace diez años en relación con causas seguidas en virtud del principio de jurisdicción universal." (AI 2008: 19)

66 Juzgado Central de Instrucción No. 005 Madrid, Sumario (Proc. Ordinario) 0000053/2008 E, Memoria Histórica, Auto, 23. Oktober 2008.

67 Im Wortlaut: „la calificación jurídica de los hechos denunciados como crímenes de lesa humanidad no es aplicable al caso, ya que el cuerpo normativo secreto y consuetudinario que conforma la legalidad penal internacional no existía al tiempo de la comisión de los hechos, y además semejante calificación jurídica no puede aplicarse retroactivamente" (S. 21).

68 Es handelte sich um Bürgerkriegsgräber in Cáceres, Granada, Valencia, Mallorca, Córdoba und der monumentalen franquistischen Begräbnisstätte *Tal der Gefallenen*.

69 Procedimiento ordinario 53/08 del Juzgado Central de Instrucción No. 5, Cuestión de incompetencia expediente número 34/08 del Pleno de la Sala de lo penal de la Audiencia Nacional, 7. November 2008.

So wird als Widerspruch bloßgelegt, dass die eigene Rechtsprechung der *Audiencia Nacional* und des *Tribunal Supremo* im ‚Fall Pinochet' wie im ‚Fall Scilingo' keinerlei Zweifel daran gelassen habe, dass das Erzwungene Verschwindenlassen und ihr andauernder Charakter eine fortwährende Menschenrechtsverletzung darstelle, während dieser rechtliche Rahmen für den Zusammenhang der franquistischen Menschenrechtsverbrechen ausgeblendet werde (ebd.).

Am 10. November 2008 reichte die Enkelin Juan Negríns, des letzten Präsidenten der Zweiten Republik Spaniens, eine Klage gegen jene Verfassungsrichter ein, welche für den Stopp der Exhumierungen gestimmt hatten. Sie wurde durch den Anwalt Juan E. Garcés vertreten, der ein Initiator des ‚Falles Pinochet' gewesen war. Begründet wurde diese Klage mit der befürchteten mangelnden Unparteilichkeit jener Richter, die noch während der Diktatur bei ihrem Eintritt in die Juristenlaufbahn als Amtseid den Treueschwur *Vor Gott auf den Caudillo und die Prinzipien des Movimiento*[70] geleistet hätten. Damit sollte der Verfügung Garzóns zur Ahndung franquistischer Verbrechen Nachdruck verliehen werden. Am 26. November veröffentlichte das Verfassungsgericht (*Tribunal Constitucional*) jedoch einen Beschluss, in welchem es feststellte, dass es keine juristischen Grundlagen zur Anerkennung der eingereichten Klage gebe.[71]

Als Garzón dem *Juzgado Central de Instrucción No. 5* am 18. November schließlich einen weiteren Beschluss vorlegte, in welchem er seine Kompetenz in diesem Fall für unwirksam erklärte, hob er allerdings hervor, dies impliziere keineswegs, dass es sich bei den Verbrechen des Verschwindenlassens als franquistisches Repressionspraktik nicht um andauernde ‚Verbrechen gegen die Menschlichkeit' handele. So entwickelte er seine Positionen fort und ergänzt sie zusätzlich, indem Garzón etwa die bisher nicht erwähnten *niños perdidos del Franquismo* als Opfer des institutionalisierten erzwungenen Verschwindenlassens in die Verfügung aufnahm (ebd.: 6-10, 50-75)[72], ein weiterer Aspekt

70 So lautete die während der Franco-Diktatur bis 5. Juli 1977 gebräuchliche Formel des offiziellen Amtseides. Unterschiedliche der Erinnerungsassoziationen hatten sich, mit der Begründung, es handele sich um eine ‚verseuchte Richterschaft' (*magistrados contaminados*) der Klage angeschlossen.

71 Europa Press: *La nieta de Negrín pide al TC que reabra la causa contra magistrados que declararon la incompetencia de Garzón*, 29. Mai 2010.

72 Audiencia Nacional, Juzgado Central de Instrucción No. 5, Sumario (Proc. Ordinario) 53/2008 E, Auto del 18. de Noviembre (Garzón 2008: 49; 75). Zum Phänomen der ‚verschwundenen Kinder' des Franco-Regimes, in Gefangenschaft geborene und entführte Kinder anti-franquistischer Mütter, die als Waisen in Umerziehungslagern oder

franquistischer Repression, über welchen die ursprüngliche Verfügung geschwiegen hatte. Bei diesen Fällen, die auch das von der Regierung erarbeitete Erinnerungsgesetz nicht berücksichtige, habe es sich um eine „systematische Entwendung von Kindern“ aus republikanischen Familien gehandelt, die oftmals zu Waisen geworden waren, welche zwischen 1937 und 1950 unter einer neuen Identität in franquistischen Umerziehungsheimen untergebracht oder zur illegalen Adoption freigegeben wurden, von denen viele noch heute am Leben seien (ebd.). In die UN-Konvention über das Verschwindenlassen von Dezember 2006 war mit Artikel 25 ausdrücklich die Problematik der zwangsweisen Entführung von Kindern und die Fälschung ihrer Identität sowie ihre Zwangsadoption aufgenommen worden, um den Erfahrungen mit Kindesraub lateinamerikanischer Militärdiktaturen, insbesondere in Argentinien, zu entsprechen. Diese franquistische Repressionsmethode war – zumal unter dem Aspekt des Verschwindenlassens – in der spanischen Öffentlichkeit bisher kaum als solche wahrgenommen worden, erst in jüngster Zeit wird als eine weitere Facette des repressiven Apparates der Diktatur öffentlich darüber diskutiert.[73] Garzón bezieht sich in seiner Verfügung explizit auf die Studien von Vinyes (2002) und Armegou und Belis (2004), welche diesen lang ausgeblendeten Aspekt franquistischer Repression der verschwundenen Kinder des Franquismus erstmalig analysiert haben.

Mit einem Beschluss der *Sala de lo penal* vom 2. Dezember 2008 entschied die *Audiencia Nacional* schließlich, der Forderung der Staatsanwaltschaft nachzugeben, indem sie dem Gericht fehlende Kompetenz attestierte. Sie begründete ihre Ablehnung damit, dass das nationale Strafgericht in dieser Sache nicht zuständig sei: Die Entscheidung über die Aufnahme von Ermittlungen müssten die Gerichte an den jeweiligen Orten treffen, an denen die Verbrechen begangen worden seien. Überdies wies Staatsanwalt Javier Zaragoza darauf hin, dass die Gräueltaten als kriminelle Handlungen unter gewöhnliches Strafrecht fielen und

---

katholischen Internaten mit einer neuen Identität aufwuchsen und häufig zur illegalen Adoption an regimetreue Militärs freigegeben wurden, siehe Vinyes (2002: 53-62).

73 In der spanischen Öffentlichkeit hat sich seither eine breite mediale Debatte zu der sich seit den 1950er Jahren in Kliniken institutionalisierenden Praxis der Kindesentwendung, bei der Frauen unmittelbar nach der Geburt, denen bereits im Krankenhaus ihr Neugeborenes weggenommen wurde, entwickelt, in welcher ein ums andere mal transnationale Bezüge zum Phänomen der ‚geraubten Kinder‘ in Argentinien hergestellt werden. Zur völkerrechtlichen Verortung dieser franquistischen Verbrechen, die nach Ende der Franco-Diktatur weiterhin praktiziert wurden, s. etwa die juristische Studie von Rodriguez Arias (2008), der diese Praktiken im Sinne der Konvention über das Erzwungene Verschwindenlassens als ‚Verbrechen gegen die Menschlichkeit‘ interpretiert.

daher längst verjährt seien. Im spanischen Strafgesetzbuch von 1932 sei die Rechtskategorie der ‚Verbrechen gegen die Menschlichkeit' zudem noch nicht aufgeführt gewesen. Den Putsch der Truppen Francos gegen die Zweite Republik von 1936 hatte die Staatsanwaltschaft lediglich als eine Rebellion und nicht als Straftat im Sinne der Verfügung Garzóns bezeichnet, der den Putsch als „Verstoß gegen hohe Organe des Staates und der Regierung" und damit als „kriminellen Akt" qualifiziert hatte (vgl. ausführlich Chinchón 2008b: 4f.). Der Vorsitzende der Staatsanwaltschaft argumentierte des Weiteren, dass das spanische Amnestiegesetz – entgegen der Amnestieverordnungen in Chile, Argentinien oder Peru von einem demokratisch legitimierten Parlament verabschiedet worden sei, er bezeichnete es daher als „Schwachsinn", das spanische Amnestiegesetz heute nachträglich in Frage zu stellen (ebd.).

Drei der vier Richter der *Audiencia Nacional*, die von der Mehrheitsentscheidung abwichen, José Ricardo De Prada Solaesa, Clara Bayarri García und Ramón Sáez Valcárcel, legten ein Begründungsschreiben vor, in dem sie betonten, dass mit dieser Entscheidung über die fehlende Kompetenz des Nationalen Gerichts der Zugang zum Recht für die Opfer weiterhin versperrt sei:

> „no se ha atendido tras tantos años de silencio e impunidad impuestos – al derecho de acceso a la justicia, y a una tutela efectiva de las vícitmas."[74]

Sie betonten wiederum, dass es sich im Sinne des internationalen Rechts um ‚Verbrechen gegen die Menschlichkeit' gehandelt habe und bezogen sich ebenfalls auf weitere Opfergruppen, wie die ‚verlorenen Kinder des Franquismus'. Im Sinne des Artikels 25 der Konvention über das Erzwungene Verschwindenlassen müssten die geschätzten 20.000 Fälle von Kindern, die etwa von ihren Müttern in Gefangenschaft geboren, getrennt und häufig zur Adoption freigegeben worden waren, als Opfer des Verschwindenlassens berücksichtigt werden. Diese Verbrechen müssten – wenn sie nicht von der spanischen Justiz verfolgt würden – im Sinne der universellen Gerichtsbarkeit vor einem ausländischen Gericht geahndet werden, so wie die spanische Justiz mit den Menschenrechtsverletzungen zahlreicher lateinamerikanischer Diktaturen verfahren sei (ebd.).

Mit der Entscheidung des Nationalen Gerichtes, die Öffnung der Massengräber und Identifizierung der Opfer den Regionalgerichten der Autonomen Gemeinschaften zu überstellen, die im jeweiligen Einzelfall vor Ort entscheiden sollten, war eine landesweite Lösung und damit konsequente rechtliche Handhabe zur Aufklärung der franquistischen Repression erneut in weite Ferne gerückt.

---

74 Público: *Tres jueces denuncian la "indefensión" de las víctimas*, 5. Dezember 2008.

Auch wenn Garzón mit dem Versuch einer strafrechtlichen Verfolgung der Täter und Beendigung der Straflosigkeit erfolglos blieb, hat er den gesellschaftlichen Diskussionsprozess um den Umgang mit der Franco-Diktatur erneut entfacht. Der symbolische, diskursive und mediale Effekt ist dabei kaum zu überschätzen: Erstmals ging von der spanischen Justiz ein Versuch der rechtlichen Aufarbeitung der franquistischen Diktaturverbrechen aus, der diskursiv einer Geschichtsdeutung zur Durchsetzung verhelfen könnte, welche die franquistische Repression als ‚Verbrechen gegen die Menschlichkeit' geißelt, das Tabu der Straflosigkeit in Frage stellt und damit der in der spanischen Geschichtsdeutung weiterhin einflussreichen franquistischen Apologetik entgegen wirkt.

6.6 Die geschichtspolitische Auseinandersetzung: Umkämpfte Erinnerung

Mit der Initiative Garzóns erreichte die öffentliche Auseinandersetzung über die Verbrechen der Franco-Diktatur ohne Zweifel einen weiteren Höhepunkt. Hatte sie zunächst eine enorme juristische Unruhe und Aktivität hervorgerufen, so wurde diese von größtem öffentlichen Interesse begleitet, bei dem sich rechtliche Spitzfindigkeiten, politische Kontroversen und eine ausufernde mediale Repräsentanz des Themas, nicht nur in den spanischen Medien, sondern auch auf internationaler Ebene, vermengten. Auch wenn es sich letztlich ebenso um einen symbolischen Akt handelte, da eine tatsächliche juristische Bestrafung der Täter nicht mehr zu erwarten stand, wurde das in der hegemonialen Geschichtsschreibung als vorbildlich geltende spanische Transitionsmodell, welches auf der Straflosigkeit basierte, langfristig in Frage gestellt.

Abermals war Vertretern der konservativen Volkspartei damit ein Anlass gegeben, der erinnerungskulturellen Bewegung ‚von unten' und der Initiative Garzóns das „Öffnen alter Wunden" vorzuwerfen, wie sich etwa der PP-Vorsitzende Mariano Rajoy in die Debatte einbrachte.[75] Eine „typische Garzonerie", spottete die konservative Tageszeitung *ABC* und wähnte ironisch, dass diese neue Wortschöpfung alsbald in das Wörterbuch der *Real Academia Española* Eingang finden würde.[76] Kategorisch ablehnend fiel auch die Reaktion des langjährigen franquistischen Informations- sowie Innenministers Manuel Fraga Iribarne aus, der als PP-Senator in der Xunta Galiziens weiterhin politische Ämter bekleidet hatte. Als „Schwachsinn und höchstgravierenden Fehler" bezeichnete

75 El Mundo: *Rajoy asegura que ‚lo que está haciendo el presidente es un drama'*, 8. September 2008.

76 ABC: *Garzón, el „gendarme" universal*, Blanca Torquemada, 19. Oktober 2008.

er die Aktivitäten Garzóns.[77] Die juristische Kompetenz sei mehr als fragwürdig, da schließlich das Amnestiegesetz nicht angetastet werden dürfe[78], erläuterte er in einer öffentlichen Erklärung im Rahmen der Präsidialkonferenz der Xunta. Die parteipolitische Sprecherin der PP im *Congreso de los Diputados* Soraya Sáenz de Santamaría betonte, der angestoßene juristische Prozess sei nicht nur fehlerhaft, vielmehr eröffne Garzón erneut Debatten über Probleme, die während der Transition längst abgeschlossen worden seien.[79]

Vertreter der zivilgesellschaftlichen Erinnerungsbewegung und Opferangehörige, die sich schwer enttäuscht von der Entscheidung Baltasar Garzóns zeigten, kündigten dagegen an, die ihnen verbleibenden juristischen Möglichkeiten auszuschöpfen und ihre Klagen als nächsthöchste Instanz an den *Europäischen Gerichtshof für Menschenrechte* in Straßburg zu richten.[80] Während sich der Weg über die nationalen Gerichte mit der Abweisung der Klagen vor der *Audiencia Nacional* erschöpft zu haben schien, wandten sich die lokalen zivilgesellschaftlichen Vereinigungen an supra- und internationale Rechtsinstanzen – wie etwa der UNO-Arbeitsgruppe über Erzwungenes Verschwindenlassen – und transnationale Menschenrechtsakteure, um ihren Aufarbeitungsforderungen auf staatlicher Ebene Nachdruck zu verleihen. Diese hatten ihre Forderungen allmählich von moralischen, sozialen, symbolischen über politische und ökonomische sowie letztlich bis hin zu juristischen Forderungen erweitert, um sich nun zunehmend zu transnationalisieren. Unterstützung erhielten die erinnerungspolitischen Organisationen wiederum von internationalen Menschenrechtsorganisationen, wie dem *Equipo Nizkor* und *Amnesty International*: In einer Presseerklärung unterstrich Estebán Beltrán, Vorsitzender von AI-Spanien, dass in Spanien mehr namentlich dokumentierte Verschwundene zu beklagen seien, als in den letzten vierzig Jahren im gesamten Lateinamerika.[81] Indem er auf lateinamerikanischen Militärdiktaturen verwies und auf die Kategorie des im internationalen Recht kodifizierten Erzwungenen Verschwindenlassens Bezug nahm, wurde

---

77 El País: Fraga: *„Un error y un disparate"*, 18. Oktober 2008.

78 Ebd.

79 ABC: *La Audiencia Nacional desautoriza a Garzón y paraliza la apertura de las fosas,* 8. November 2008.

80 Einige der an den Klagen beteiligten *Memoria Histórica*-Organisationen präsentierten am 16. Dezember 2008 ein Anfechtungsrekurs, in welchem sie weitere einzuleitende Schritte ankündigten.

81 Im Wortlaut: „En España hay más víctimas de desapariciones forzadas, documentadas con nombres y apellidos, que en los últimos cuarenta años en toda Latinoamérica." Zit. n. El País: *AI acusa a la fiscalía de ir contra el derecho por recurrir el proceso de Garzón*, 12. November 2008.

wiederum Druck auf die unzureichende spanische Vergangenheitspolitik ausgeübt. Internationale Menschenrechtsvereinigungen und lokale Bürgerinitiativen beziehen sich bei der Auseinandersetzung um die Anerkennung der Opfer der Franco-Diktatur immer wieder auf die Verpflichtung des spanischen Staates, die internationalen Rechtsnormen einzuhalten, und weisen auf die Diskrepanz der aktiven Rolle der spanischen Justiz zur Aufklärung von Menschenrechtsverletzungen in Lateinamerika hin – bei gleichzeitig unzureichender Auseinandersetzung mit der spanischen Diktaturvergangenheit.

Das *Foro por la Memoria* rief am 1. Februar 2009, nachdem die Initiative Garzóns endgültig gescheitert war, zu landesweiten Demonstrationen und Versammlungen vor Justizgebäuden auf, u. a. der *Audiencia Nacional*. Unter dem Motto ‚Wahrheit, Gerechtigkeit, Entschädigung' (*justicia, verdad, reparación*), den drei zentralen Imperativen transnationaler Aufarbeitungspolitik (vgl. Kap. 1.4), sollte die „absolute Wehrlosigkeit der Opfer des Franquismus" – so der Vorsitzende des *Foro* José María Predreño in einer Erklärung[82] – nach der Entscheidung der *Audiencia Nacional* zum Ausdruck gebracht werden. Die Teilnehmer folgten dem Aufruf, Fotos und Poster „von unseren Angehörigen und Opfern des Franquismus" (ebd.) offen sichtbar bei sich zu tragen. Angelehnt an die Praxis der Angehörigenvereinigungen von Verschwundenen in Chile und Argentinien, wo gekoppelt an die Frage *¿Dónde están?* (Wo sind sie?) die Angehörigen Abbildungen ihrer verschwundenen Verwandten an die Brust angesteckt ostentativ zur Schau tragen, kann dies als transnationalisierte Erinnerungspraktik im Sinne einer „Strategie der Sichtbarmachung" der *desaparecidos* (vgl. Ferrándiz 2009: 92) gedeutet werden, um der gewollten Auslöschung der Verschwundenen aus der spanischen Erinnerungsgemeinschaft symbolisch entgegenzutreten. Die bei den Exhumierungen durch die sozialen und symbolischen Handlungen entstehenden Bilder der aufgedeckten Massengräber seien „increasingly reabsorbed into a global pool of images of horror and violence" (Baer/Ferrándiz 2008: o. S. Ang.), die Exhumierungen der „mass graves with human bones have become an unmistakable sign of human rights violations" (ebd.). Entsprechend konstatieren Baer und Ferrándiz, dass die spanische Gesellschaft mit der Adaption einer zunehmend globalisierten Sprache und der Angleichung bestimmter Erinnerungspraktiken auf lokaler Ebene eine „Wiederentdeckung der historischen Erinnerung" erlebe, bei der die Suche nach den Ver-

82 Der Aufruf José Maria Pedreños ist zu finden unter: http://ww.foroporlamemoria.info/media/2004/379_1_carta_movilisacion.pdf (Stand: 22.05.2010). Hier finden sich ebenso einige Fotos der landesweiten Demonstrationen, bei denen die Teilnehmer dem Aufruf folgten, Fotos ihrer verschwundenen Angehörigen öffentlich sichtbar zu machen.

schwundenen durch die Exhumierung von Bürgerkriegsopfern das symbolische Epizentrum darstelle (ebd.). Diese diskursiven und symbolischen Praktiken und Aktionsformen sind stark an jenen der lateinamerikanischen Angehörigenorganisationen von Verschwundenen gegen das Vergessen gerichtete Praktiken orientiert und greifen auf ihre Erfahrungen zurück.

Vor diesem Hintergrund brachte sich erneut der UNO-Menschenrechtsrat in die Diskussion ein, der seine Besorgnis über die fehlende politisch-institutionelle Beachtung der Verschwundenen in Spanien ausdrückte und ein Kommuniqué veröffentlichte, dem zufolge das Amnestiegesetz von 1977 gegen internationales Recht verstoße:

„[...] [T]he Committee expressed concerns regarding disappearances and the fact that the amnesty law of 1977 remains in force. The Committee reminded the State Party that amnesty concerning grave violations of human rights was in contradiction to the provi-sions of the Covenant. It recommended that Spain abolish the amnesty law of 1977 and take legislative measures to guarantee the non-applicability of statutory limitations to crimes against humanity by national jurisdiction. Also, a fact-finding commission should be established and the families should be allowed to identify and exhume the bodies of the victims."[83]

Der Menschenrechtsrat der Vereinten Nationen nahm die gescheiterte juristische Initiative Garzóns zum Anlass, um wiederholt anzumahnen, dass der spanische Staat mit der Aufrechterhaltung des Amnestiegesetzes gegen internationale Rechtsnormen verstoße und empfahl eindringlich, es zu annullieren. Des Weiteren befürwortete er die Einsetzung einer Wahrheitskommission zur umfassenden Aufklärung der Bürgerkriegsverbrechen und forderte staatliche Unterstützung bei der Suche und Identifikation der Verschwundenen aus dem Bürgerkrieg (ebd.).

Die zivilgesellschaftliche Erinnerungsbewegung ging, obgleich der hohen landesweiten und internationalen medialen Aufmerksamkeit, im Verlauf der Diskussion und der versuchten Verrechtlichung des Aufarbeitungsprozesses geschwächt und politisch gespalten aus den sich ergebenden Debatten um die Initiative Garzóns hervor: Hatten sich die unterschiedlichen in die Klagen vor der *Audiencia Nacional* involvierten Erinnerungsverbände zunächst in einem Netzwerk, der *Plataforma por las víctimas de las desapariciones forzadas* zusammengeschlossen, so löste sich diese am 29. November 2008 auf, um unmittelbar

83 United Nations Press Release: Human Rights Committee concludes Ninety Fourth Session, Human Rights Committee, Roundup, 31. Oktober 2008 (Stand: 5.11.2009).

darauf eine neue Plattform, die *Coordinadora de Colectivos de Vícitmas del Franquismo* (CCVF) zu gründen. Auffällig ist, dass die neue Organisation auf den Bezug zum Verschwindenlassen in ihrer Namensgebung verzichtete. Die Spaltung war aufgrund von Kontroversen der unterschiedlichen, an den Klagen beteiligten Vereinigungen entstanden. Differenzen ergaben sich vor allem aufgrund der dominanten Rolle Garzóns, aber auch u. a. bezüglich der Repräsentativität der Vertreter der teils ohnehin zerstrittenen Organisationen in der medialen Öffentlichkeit und der Zusammensetzung der von Garzón unlängst gegründeten Expertenkommission.[84]

War die Auseinandersetzung über die Diktaturvergangenheit mit der Verabschiedung des ‚Erinnerungsgesetzes' im Dezember 2007 zunächst etwas in den Hintergrund geraten, so entbrannte der Streit mit dem Versuch einer juristischen Aufarbeitung der Fälle des Verschwindenlassens erneut. Damit sollte auch die Debatte um das umstrittene Erinnerungsgesetz wieder aufflammen: Eineinhalb Jahre nach Verabschiedung des Gesetzes legten insgsamt 46 erinnerungspolitische Basisorganisationen der spanischen Regierung ein gemeinsames Dokument vor, mit dem sie eine Modifikation des Gesetzestextes verlangten, das sie in sarkastischer Abwandlung von „ley de memoria histórica" als „ley de vergüenza histórica" (Gesetz der historischen Scham) bezeichneten. Erneut werden die nicht erfüllten, von Spanien ratifizierten Menschenrechtsabkommen angeführt und – provokativ – beklagt, dass Spanien sich weiterhin in franquistischer Rechtstradition befinde:

„Lamentamos que en la elaboración de la ley nuestras autoridades democráticas hayan preferido seguir el sistema de garantía de los derechos y libertades previstos por Franco al del Tribunal Europeo de Derechos Humanos, o al de la Corte Interamericana de Derechos Humanos, negando con ello, de forma contraria a la legalidad internacional, la normal aplicación en nuestro terrirorio de los artículos 2 y 13 del Convenio Europeo de Derechos Humanos a todas estas vícitmas. Sentimos también que España no haya recogido las exigencias de la Declaración sobre la protección de todas las personas contra las desapariciones forzadas, [...] ni se haya hecho eco de las contundentes observaciones finales adoptadas por el Comité de Derechos Humanos del pasado 30 de Octubre de 2008."[85]

84 Siehe die Erklärung der beteiligten Organisationen: *Comunicado de prensa de la PVDFF*, http://memoriadesaparecidos.blogspot.com/2008/12comunicado-d-disolucion-de-la.html. (Stand: 23.07.2009).

85 *Nuestra ley de memoria histórica es la de una "vergüenza histórica"*, zu finden unter: http://www.foroporlamemoria.info/noticia (Stand: 27.07.2009).

Kritisiert wird, dass die im Gesetz festgelegten Regelungen zu den Verschwundenen die internationalen Rechtsnormen ignoriere, wie sie vor dem Europäischen Menschenrechtshof, dem Interamerikanischen Gerichtshof für Menschenrechte oder der UN-Menschenrechtskommission, wie die UN-Konvention über Erzwungenes Verschwindenlassen nicht anerkannt würden. Die Organisationen forderten die Einsetzung einer Nationalen Kommission zur Suche nach den Verschwundenen *(Comisión Nacional de Búsqueda)*. Diese Aufgabe dürfe nicht allein den Familienangehörigen überlassen bleiben, sondern müsse von den zuständigen „nationalen Autoritäten und nicht den Familienangehörigen" (ebd.) getragen werden. Die Suche nach den verschwundenen Opfern müsse zudem effektiv, offiziell und unabhängig verlaufen (ebd.) und auch die Ermittlungen in Fällen der ‚geraubten Kinder' umfassen, die im Erinnerungsgesetz keinerlei Beachtung fänden (ebd.). Zu den unterzeichnenden Gruppierungen gehörten sowohl Organisationen der ARMH als auch des *Foro*, der zwei großen und zerstrittenen Dachverbände der Erinnerungsbewegung, weshalb dies als beispielloser Kompromiss im Umgang mit den verschwundenen Toten gewertet werden kann.

Auch wenn Ermittlungsrichter Baltasar Garzón mit der Initiative zur Aufhebung der Täter-Amnestie gescheitert ist, so hat diese doch dafür gesorgt, die Aufmerksamkeit der spanischen Öffentlichkeit erneut auf die klandestinen Massengräber und die *desaparecidos* als einen zentralen Aspekt der lang nicht thematisierten franquistischen Repression zu lenken. Hatten die Untersuchungen Garzóns einen Schritt zur Rehabilitierung der Opfer dargestellt, so waren sie auch geschichtspolitisch bedeutsam: Bisher hat die rechtskonservative PP sich nicht von ihren franquistischen Wurzeln distanziert. Eine gesamtgesellschaftiche Selbstverständigungsdebatte über die parteiübergreifende Verurteilung der Franco-Diktatur hat sich ebenso nicht herausgebildet.

Insgesamt lässt sich eine zunehmende Tansnationalisierung der Aufarbeitungspolitik konstatieren: So wenden sich die lokalen Erinnerungsakteure mit dem wahrgenommenen Scheitern der Institutionalisierung und Verrechtlichung[86] und geforderten justiziellen Aufarbeitung der franquistischen Verbrechen auf

86 Von diesem Prozess einer sukzessiven Verrechtlichung der Aufarbeitungsforderungen und ihrer verlangten Umsetzung in vergangenheitspolitische Maßnahmen zeugen auch einige Titel unlängst veröffentlichter Publikationen, die diskursiv Erinnerungskonzepte mit rechtlichen Kategorien verknüpfen. Sie spiegeln die zunehmenden Forderungen nach einer justiziellen Aufarbeitung der Franco-Vergangenheit wider: Gómez Isa; Hg. (2006): *El derecho a la memoria*, Itxaropena/Zarautz. Escudero Alday, Rafael/Martín Pallín, José Antonio; Hg. (2008): *Derecho y memoria histórica*, Madrid. Capellá, Margalida/Ginard, David; Hg.(2008): *Represión política, justicia y reparación: la memoria histórica en perspectiva jurídica (1936 - 2008)*, Barcelona.

staatlicher Ebene zunehmend an supranationale Instanzen, wie die UN-Arbeitsgruppe über das Verschwindenlassen und den europäischen Menschenrechtsgerichtshof, da sich die Möglichkeiten, ihre Aufarbeitungsforderungen auf nationaler Ebene durchzusetzen, erschöpft zu haben schienen.

6.7 Vom Jäger zum Gejagten: Suspendierung Garzóns und Transnationalisierung der Erinnerungsbewegung

Die öffentliche Debatte um die Franco-Vergangenheit in Spanien erfuhr erneut eine dramatische Zuspitzung, als der Oberste Gerichtshof (*Tribunal Supremo*) im Mai 2010 den für die Ahndung Pinochets und die Anwendung universeller Gerichtsbarkeit international bekannten Ermittlungsrichter Baltasar Garzón aus dem Amt suspendierte, da er es als erster Richter gewagt hatte, Ermittlungen zur Aufklärung der franquistischen Verbrechen einzuleiten. Das Ermittlungsverfahren gegen Garzón hatte in den spanischen Debatten, aber auch international eine immense Protestwelle ausgelöst.

Zunächst hatte der Oberste Gerichtshof, nachdem Garzón seine Verfügung zur Auffindung der Verschwundenen und Annullierung des Amnestiegesetzes bereits fallen gelassen hatte, im März 2009 eine Strafanzeige des ultrarechten Beamtenbundes *Saubere Hände* (*Manos Limpias*) und wenig später ebenso der rechtsextremen Partei *Falange española y de las JONS*, die faschistische Nachfolgeorganisation der einstigen franquistischen Staatspartei sowie der rassistischen Gruppierung *Libertad e Identidad,* einer neofranquistischen Splittergruppe zugelassen. Darin wird Garzón aufgrund seiner Ermittlungen in den Fällen der Opfer franquistischer Repression Kompetenzüberschreitung, Rechtsbeugung und Amtsmissbrauch zur Last gelegt. Hauptkläger war Miguel Bernard Remón, führender Kopf der rechtsextremem altfranquistischen *Fuerza Nueva*, der Garzón vorwarf, bewusst das Recht gebeugt zu haben, um die Verfahren gegen Franco-Anhänger zu eröffnen. Am 3. Februar 2010 ließ Ermittlungsrichter Luciano Varela de Castro die Anzeige vor dem Obersten Gericht mit der Begründung zu, Garzón habe „wissend das existierende Amnestiegesetz von 1977 ignoriert."[87] Fünf Tage später verkündete die Justizaufsichtsbehörde (*Consejo General del Poder Judicial*) eine präventive Suspendierung Baltasar Garzóns, eine Einspruchserklärung seinerseits wurde im März 2010 abgelehnt. Nach 22-jähriger Richtertätigkeit musste Garzón mit einem Berufsverbot zwischen 11 und 20 Jah-

---

87 Tribunal Supremo, Sala de lo Penal, Causa Especial, No. 20048/2009, Luciano Varela Castro, 3. Februar 2010.

ren rechnen, was ohnehin *de facto* einem Ende der beruflichen Karriere des zu diesem Zeitpunkt 52-jährigen Richters gleichkommt.

Das eingeleitete Amtsenthebungsverfahren gegen den spanischen Ermittlungsrichter wie seine folgende Suspendierung können als ein Indiz für die weiterhin bestehenden profranquistischen Strömungen in der spanischen Richterschaft gedeutet werden. Die Ereignisse verweisen aber auch auf die auf Garzón gerichteten Konkurrenzen und Feindschaften innerhalb der spanischen Justiz sowie auf die Umstrittenheit des Richters in der spanischen Öffentlichkeit und die fehlende Unterstützung in den dominierenden politischen Lagern von PP und PSOE.

Die Ermittlungen gegen den spanischen Richter hatten eine heftige Protestwelle innerhalb der spanischen Erinnerungsbewegung ausgelöst. Dessen ungeachtet suspendierte ihn die Justizaufsichtsbehörde am 14. Mai 2010 aus seinem Amt.[88] Es ist bezeichnend, dass rechtsextreme, neofranquistische Splittergruppen, wie die *Falange española*[89] und *Manos Limpias* die Aufarbeitung der Franco-Diktatur und die Suche nach den Verschwundenen diskreditieren können und dabei die Unterstützung des *Tribunal Supremo* und der Justizaufsichtsberhörde erhalten. So verdeutlicht der Fall auch die über den Transitionsprozess hinaus wirkende Dominanz ultrakonservativer Kräfte in Justiz und Politik. Nicht nur, dass die Klage der Nachfolgeorganisation der faschistischen Einheitspartei gegen Garzón zugelassen wird, auch dass das Oberste Gericht eines europäischen Landes einem Ermittlungsrichter die Verfolgung von Menschrechtsverbrechen mit dem Verweis auf das Amnestiegesetz verwehrt und stattdessen den zuständigen Richter strafrechtlich verfolgt, hat in der internationalen Öffentlichkeit ebenso für ein erhebliches Medienecho gesorgt. So reagierte etwa die renommierte *New York Times* empört auf die richterliche Entscheidung[90], was auch in den spanischen Medien vielfach aufgegriffen wurde.[91] Auch die UN-*Arbeitsgruppe über das Erzwungene Verschwindenlassen* äußerte unverzüglich ihre Besorgnis über die Suspendierung Garzóns. Der gegen ihn gerichtete Prozess werde mit Beunruhigung zur Kenntnis genommen, teilte die *Working Group* des UN-Men-

88 El País: *El poder judicial suspende a Baltasar Garzón por investigar los crímenes del Franquismo*, 14. Mai 2010.

89 Die am 13. Januar 2010 zunächst zugelassene Klage der Falange wurde aus formalen Gründen später abgewiesen.

90 The New York Times: *Editorial: An injustice in Spain*, 9. April 2010.

91 El País: *La prensa internacional respalda a Garzón*, 14. April 2010.

schenrechtsrates in einer Pressemitteilung[92] mit und erinnerte aufs Neue daran, dass das spanische Amnestiegesetz mit internationalen Menschenrechtsnormen unvereinbar sei, das Erzwungene Verschwinden-lassen ein permanentes Verbrechen darstelle und die spanische Regierung gegen das Recht auf Wahrheit der Angehörigen von Verschwundenen weiterhin verstoße (ebd.). Im November 2009 hatte die fünfköpfige UN-Expertengruppe[93] in Genf erneut Familienangehörige von republikanischen Verschwundenen und Vertreter der Erinnerungsbewegung angehört[94], die sich mit der spanischen Ratifizierung der *UN-Konvention über Erzwungenes Verschwindenlassen* vom 20. Dezember 2006 erhöhte Chancen erhofft hatten, auch eine Anerkennung der auf vor 1945 datierten Fälle von republikanischen *desaparecidos* zu erreichen.

Baltasar Garzón kam auch die Unterstützung zahlreicher internationaler Menschenrechtsorganisationen zu, die ihm weltweit ihre Dankbarkeit aussprachen. Nach seiner Suspendierung aus dem Amt äußerte sich die Sprecherin von *Human Rights Watch* in Brüssel Lotte Leicht beunruhigt über den „Doppelstandard" bezüglich der Anwendung des internationalen Rechts und der universellen Gerichtsbarkeit in Spanien:

> „Garzón sought justice for victims of human rights abuses abroad and now he's being punished for trying to do the same at home. […] The decision leaves Spain and Europe open to charge of double standards and undermines the EU's credibility and effectiveness in the fight against impunity for serious crimes."[95]

---

92 UN-Working Group on Enforced or Involuntary Disappearances Media Statement: *UN expert body notes with concern suspension of Judge Garzón for investigating enforced disappearances*, 25. Mai 2010.

93 Gegenwärtig setzt sich die UN-Working Group on Enforced or Involuntary Disappearances aus folgenden fünf internationalen Experten zusammen: Dem Sprecher und Vorsitzenden Jeremy Sarkin (Südafrika) sowie als weitere Mitglieder Santiago Corcuera (Mexiko), Jasminka Dzumhur (Bosnien und Herzogowina), Olivier de Frouville (Frankreich) und Osman El-Hajjé (Libanon), Vertreter aus Ländern, die von der Repressionspraxis des erzwungenen Verschwindenlassens und ihren Folgen betroffen sind oder waren.

94 Público: *Tres víctimas piden auxilio a la ONU*, 5. November 2009.

95 Human Rights Watch: *European Union: Protest Sanctions Against Judge Garzón. Prosecution and Potential Suspension of Judge Undermines Accountability*, 22. April 2010, http://www.hrw.org, (Stand: 22.04.2010).

Innerhalb dieser beobachtbaren Transnationalisierung der spanischen Aufarbeitungsdebatte ließen auch transatlantische Solidaritätsbekundungen aus der chilenischen Öffentlichkeit nicht auf sich warten. Nach dem im März 2010 vollzogenen Regierungswechsel, bei dem zum ersten Mal seit Ende der Pinochet-Diktatur die Mitte-Links-Regierung der *Concertación* durch das rechtsliberale Regierungsbündnis, indem auch Pinochet-Anhänger vertreten sind, abgelöst worden war, erklärte die linke Opposition sich solidarisch mit Garzón. Bereits kurz bevor er aus dem Amt suspendiert worden war, hatten 46 Abgeordnete der chilenischen Opposition, darunter auch zwei Senatoren, am 22. April eine Erklärung zur Unterstützung des Richters vorgelegt, in der sie das Vorgehen der spanischen Justiz gegenüber dem Richter, der die Ermittlungen gegen Pinochet angeführt habe, scharf verurteilten. In der Erklärung wird als „grausames Paradox" kritisiert, dass prompt gegen jenen Richter ermittelt werde, dem nicht nur die chilenischen Opfer von während der Diktatur begangenen Menschenrechtsverletzungen sehr viel zu verdanken hätten, sondern der auch zum ersten Mal versucht habe, die Verbrechen der Franco-Diktatur aufzuklären.[96] Garzón werde „tiefe Zuneigung und der Respekt der großen Mehrheit der Chilenen" entgegengebracht, da der Richter „erstmals gegen Pinochet ermittelt" und versucht habe, den Ex-Diktator für begangene Menschenrechtsverletzungen zur Rechenschaft zu ziehen (ebd.). Unter den Unterzeichnern firmierte Tucapel Jiménez von der PPD, dessen gleichnamiger Vater als Gewerkschaftsführer 1982 während der Pinochet-Diktatur verschwunden war. Außerdem befanden sich unter den Unterzeichnern der Erklärung Guillermo Teillier, Präsident der Kommunistischen Partei und der Kommunist Hugo Gutiérrez, der der chilenischen Menschenrechtskommission im Senat vorsitzt. Auch die Menschenrechtskommission des chilenischen Senates legte eine Solidaritätserklärung mit Garzón vor, in der sie ihre tiefe Ablehnung gegenüber der „Bestrafung Garzóns"[97] ausdrückte. Der Text, der mit sechs Fürstimmen und fünf Enthaltungen unterzeichnet ist, wurde der spanischen Botschaft in Santiago vorgelegt, um so Druck auf die spanische Regierung auszuüben. Chilenische Juristen, Politiker und Menschenrechtsvertreter, die teils selbst in den ‚Fall Pinochet' involviert waren, wie der chilenische Menschenrechtsanwalt Roberto Garretón, die sozialistische Abgeordnete Isabel Allende und der Richter Juan Guzmán Tapia, erklärten sich ebenfalls solidarisch

96 El País: *Parlamentarios chilenos repudian al "hostigamiento a Garzón"*, El País, 22. April 2010.

97 La Nación: *Apoyo de parlamentarios en Chile a juez Baltasar Garzón*, Jorge Escalante, 22. April 2010.

mit dem spanischen Ermittlungsrichter.[98] Auch republikanische Exilierte aus dem Spanischen Bürgerkrieg richteten von Chile aus eine Solidaritätsadresse an Garzón, darunter der Künstler José Balmes und die Malerin Roser Bru, die auf dem Flüchtlingsschiff *Winnipeg* nach Chile gelangt waren (vgl. Kap. 3.1).[99] Auch die chilenische *Vereinigung der Angehörigen Verhafteter Verschwundener* (AFDD), die während der Verhandlungen im ‚Fall Pinochet'mit dem spanischen Richter kollaboriert hatte, verfasste eine Erklärung zur Unterstützung Garzóns, welche sie der spanischen Botschaft in Chile sowie der *Audiencia Nacional* vorlegte.[100] Erneut werden darin Bezugspunkte zwischen der spanischen und chilenischen Situation der Straflosigkeit hergestellt und die Diskrepanz zur Aufarbeitung der spanischen Diktaturvergangenheit skandalisiert:

„La similitud con nuestra propia ley de amnistía de 1978 y las resoluciones que se han hecho por parte de la Comisión Interamericana de derechos humanos y las propias Naciones Unidas en el caso chileno, nos dan los argumentos para sostener que lo obrado por el Juez Garzón, es correcto, es más a Chile se le ha solicitado en forma categórica que esa ley de amnistía debe ser eliminada de nuestra legislación, pues por su origen es espúreo y viola las leyes internacionales. Misma situación que se refleja hoy con España a quienes distintas instancias de la ONU han solicitado revocar esa ley. Bajo el mismo concepto de crímenes de lesa humanidad, es que el Juez Garzón pudo juzgar al dictador chileno Augusto Pinochet, responsable de la desaparición de nuestros familiares." (ebd.)

Das spanische Amnestiegesetz verstoße, ebenso wie ihr chilenisches Pendant, gegen internationales Recht. Mit dem Verweis auf Garzóns Ermittlungen gegen Pinochet und die Verbrechen lateinamerikanischer Diktaturen bei gleichzeitiger Blockade der Aufarbeitung franquistischer Verbrechen, wird wiederholt Spaniens Ausnahmestellung in diesem Zusammenhang hervorgehoben und die Diskrepanz der juristischen Aktivitäten der *Audiencia Nacional* kritisiert.

Als neue Zuspitzung und Zäsur werden in Spanien auf großen Solidaritätsdemonstrationen nun massiv die Aufhebung des spanischen Amnestiegesetzes

---

98 Público: *Garzón recurre para defenderse a juristas de prestigio mundial*, 12. Februar 2010.

99 El Mercurio: *Víctimas de la dictatura chilena y exiliados españoles expresan apoyo a juez Garzón*, 17. April 2010.

100 Caso Baltasar Garzón: *AFDD entrega carta al gobierno y Audiencia Nacional de España*, 26. April 2010, die Erklärung ist zu finden unter: http://www.cronicadigital.cl/news/dd_hh/17569.html (Stand: 28.04.2010).

und das Ende der Straflosigkeit eingefordert.[101] So gründete sich im Zuge des ‚Falles Garzón' die *Plataforma contra los crímenes del Franquismo*, die fortan zu Protestaktionen gegen die Straflosigkeit der franquistischen Verbrechen aufrief.

In einem von der ARMH und der Plattform *Cultura contra la impunidad* produzierten Kampagnenfilm, der mit der Unterstützung spanischer Künstler und Kulturschaffender umgesetzt wurde, bei dem die Protagonisten in die Rolle von verschwundenen Opfern der Repression schlüpfen, indem sie ihre Geschichten erzählen, enden die Sequenzen entsprechend jeweils mit der programmatischen Aussage: *Ich hatte weder ein Verfahren, noch einen Anwalt, noch ein Gerichtsurteil. Meine Verwandten suchen immer noch nach mir, bis wann noch?* Die Sequenzen sind mit einem Schuss, der die Hinrichtung symbolisieren soll, voneinander getrennt.[102] Auch hier verdeutlicht sich die mit dem eingeleiteten Amtsenthebungsverfahren gegen Garzón sich zuspitzende Forderung nach einem Ende der Straflosigkeit der franquistischen Verbrechen, verbunden mit einer Sichtbarmachung der *desaparecidos*.

Die immensen zivilgesellschaftlichen Proteste gegen die Suspendierung Garzóns bilden in Spanien einen weiteren Höhepunkt der öffentlichen Auseinandersetzung mit der Franco-Vergangenheit. Eine von den spanischen Gewerkschaften UGT und CCOO veranstalte Solidaritätsveranstaltung und die Besetzung der medizinischen Fakultät der Complutense Universität[103], die während der Franco-Diktatur als ein Ort intellektuellen Widerstands galt, sorgten für erhebliches öffentliches Aufsehen. Esperanza Aguirre, PP-Präsidentin der Autonomen Gemeinschaft Madrid, sollte daraufhin den Rücktritt des Universitätsprofessors verlangen, während der konservative Parteivorsitzende Rajoy den Akt als

101 Vgl. etwa den Aufruf zur Demonstration zur Unterstützung Garzóns: *Manifestación contra la Impunidad del Franquismo*, auf der Webpage der ARMH. Diese habe mehr einer Hommage an die Opfer der Franco-Diktatur geglichen: s. El País: *Las marchas se convierten en un homenaje a las víctimas del Franquismo*, 24. April 2010.

102 Cultura contra la impunidad: *Video contra la impunidad*, der Film ist auch auf der Internetseite von *El País* eingestellt: *No tuve juicio, ni abogado, ni sentencia. Mi famila me sigue buscando,* 14. Juni 2010.

103 In der gemeinsamen Solidaritätserklärung beider Gewerkschaften werden Garzóns Ermittlungen zu den franquistischen ‚Verbrechen gegen die Menschlichkeit' als historisch bezeichnet und als eigentlicher Grund für das gegen ihn eröffnete Verfahren seine Nachforschungen im ‚Fall Gürtel' kurz zuvor ausgemacht, mit denen Garzón ein Korruptionsnetzwerk der PP offen gelegt hatte. Vgl. *Declaración de CCOO, UGT: En apoyo del juez Baltasar Garzón*, April 2010.

„antidemokratisch" diskreditierte.[104] In ganz Spanien sollte es zu Protesten gegen die ‚Straflosigkeit des Franquismus' kommen, die Großdemonstrationen Ende April 2010 stellten den bisherigen Gipfel der politischen Auseinandersetzung dar. An der Hauptkundgebung in Madrid nahmen nach Medienangaben 60.000 Menschen teil. Mehrere tausend Demonstranten schlossen sich in 21 weiteren Städten den Demonstrationen an. Gleichzeitig versammelten sich einige hundert Menschen vor den spanischen Botschaften in Paris, Lissabon und Buenos Aires. Die Erinnerungsbewegung fand auch die Unterstützung von Kulturschaffenden und Künstlern: Der Filmregisseur Pedro Almodóvar, die Schriftstellerin Almudena Grandes und der Dichter und politische Gefangene während der Franco-Diktatur, Marcos Ana verlasen am Ende der Demonstration auf dem zentralen Madrider Platz *Puerta del Sol*, gefolgt von einer Schweigeminute für die Diktaturopfer, das gemeinsame Manifest. In diesem hieß es, es sei für niemanden nachvollziehbar, dass ein demokratischer Staat einem Richter Rechtsbeugung zur Last legt, der den völkerrechtlichen Prinzipien von ‚Wahrheit, Gerechtigkeit und Entschädigung' für die Opfer der Franco-Diktatur folge:

> „Nadie puede comprender que un estado democrático impute un delito de prevaricación a un juez que ha asumido los principios de verdad, justicia y reparación de las vícitimas por aplicar en España el derecho penal internacional que hace unos años le permitió actuar contra crímenes semejantes cometidos en paises como Argentina o Chile. Estamos aquí en solidaridad con las víctimas, por la justicia universal por la libertad democrática de España. No a la impunidad. Investigar los crímenes del franquismo no es un delito."[105]

Der Verweis auf die in Argentinien und Chile durch die spanische *Audiencia Nacional* angewendete universelle Gerichtsbarkeit dient indessen allen Akteuren der Erinnerungsbewegung als Beleg für die Legitimität der justiziellen Aufarbeitung der franquistischen Verbrechen. Dass die wichtigste Parole auf den wöchentlich zur Unterstützung Garzóns organisierten Demonstrationen mit Zentrum in Madrid nunmehr ‚Für die universelle Gerichtsbarkeit' lautet, verweist aus langfristiger Perspektive auf die diskursiven Konsequenzen des ‚Falles Pinochet' in Spanien. *Human Rights Watch*-Vertreter Reed Brody etwa hob hervor, dass der ‚Fall Pinochet' für die Verfolgung von Menschenrechtsverletzungen einen

104 El País: *El acoso al juez Garzón: Rajoy tilda de "antidemocrático" el acto de apoyo al juez Garzón,* 14. April 2010.

105 Im Rahmen der ausführlichen Berichterstattung über den ‚Fall Garzón' wurde die zentrale Abschlusskundgebung von TVE 24 Horas, dem spanischen Nachrichtensender, live übertragen. http.//www.tve.es (Stand: 23.04.2010).

großen Fortschritt bedeutet habe und die Menschenrechtsbewegung in der Schuld der spanischen Justiz stehe:

„También estoy aquí porque en el mundo de los derechos humanos tenemos una gran deuda con la justicia española. El arresto del general Pinochet impulsado por la justicia española (Applaus) este arresto de Pinochet sembró una esperanza entre las víctimas de las grandes atrocidades a través del mundo. Este arresto permitió que muros de impunidad cayeran en países como Argentina, Chile, Uruguay y Perú. (Applaus) El precedente Pinochet permitió a que víctimas en países tan lejanos como Etiopia y Chad pudieran reclamar justicia. Y en este proceso el cuerpo del derecho internacional avanzó, y lo que dice este cuerpo es muy claro: Los gobiernos tienen la obligación jurídica de atender a las víctimas, de proteger a las víctimas y de garantizar un recurso efectivo para las víctimas. Lo que dice el derecho internacional es que esta obligación no se puede extinguir ni por amnistías, ni por el paso de tiempo. [...] Nos parece desafortunado e hipócrita que España no esté aplicando en su propio país los mismos estándares que en su día se dieron para perseguir delitos similares en otros paises. (Applaus) [...] Para nosotros, los grupos de Derechos Humanos en el mundo entero, los verdaderos crímenes son las desapariciones, son los asesinatos y no la investigación de los mismos." (ebd.)

Hatten in den ersten Jahren der Erinnerungsarbeit lokaler Erinnerungsvereinigungen noch mehrheitlich die symbolische Anerkennung durch die geforderte öffentliche Erinnerung an die Opfer franquistischer Repression und allenfalls die Aufklärung der Verbrechen als zentrale Forderung im Vordergrund gestanden, auch die ersten lateinamerikanischen Wahrheitskommissionen waren zur Aufklärung der Verschwundenen-Schicksale eingesetzt worden, so wird nun von den landesweiten Erinnerungsakteuren massiv das Ende der Straffreiheit der Täter und damit eine juristische Aufarbeitung eingefordert.

Stehen weiterhin die Opfer des Verschwindenlassens im Vordergrund, so rücken mit der zunehmenden Verrechtlichung der Debatte die bisher kaum beachteten Täter in den Fokus der Auseinandersetzung. Inhärent ist der Forderung nach einer Aufhebung der Straflosigkeit der Bezug auf das internationale Recht und die Erfahrungen der Menschenrechtsbewegung im Kampf gegen die *impunidad* nach dem Ende der lateinamerikanischen Militärdiktaturen. Giulia Tamayo, Juristin von *Amnesty*-Spanien, hebt hervor, dass die Entscheidung des Obersten Gerichthofs gegen den Richter Garzón, die internationalen Pflichten des spanischen Staates kompromittiere. Mit dem Verweis auf Chile und Argentinien erinnert sie daran, dass auch andere Länder sich lange geweigert hätten, von Diktaturen begangene Menschenrechtverletzungen aufzuarbeiten, nur um schließlich die Notwendigkeit zu erkennen, ihre diskriminierenden Amnestiegesetze internationalen Standards gemäß zu annullieren.[106]

Die fundamentale Bedeutung des durch die lateinamerikanischen Aufarbeitungserfahrungen geprägten internationalen Aufarbeitungsdiskurses für die spanische Erinnerungsbewegung wird hier deutlich, dessen zentrale Kategorien stark durch die Interventionen der Menschenrechtsorganisationen *Amnesty International* und das *Equipo Nizkor* in die Debatte eingebracht werden: Die zentralen Kategorien dieses Diskurses, das ‚Erzwungene Verschwindenlassen', die ‚Straflosigkeit', die ‚Unverjährbarkeit von Verbrechen gegen die Menschlichkeit' sowie die Rechte der Opfer auf ‚Wahrheit, Gerechtigkeit und Entschädigung' stellen das Leiden der Opfer franquistischer Repression in den Kontext eines universellen Aufarbeitungs- und Erinnerungsimperativs und sind von den Aufarbeitungserfahrungen lateinamerikanischer Militärdiktaturen geprägt.

Nach der schnell vollzogenen Suspendierung Garzóns im Mai 2010 fanden sich erneut Tausende Personen vor dem *Nationalen Gerichtshof* und der Puerta del Sol ein, weitere Großdemonstrationen wurden geplant. Der Bezug auf die Verschwundenen spielte weiterhin eine fundamentale Rolle: Bei den Demonstrationen zur Unterstützung Garzóns wurde immer wieder dazu aufgerufen, Bilder von Verschwundenen demonstrativ am Körper zu tragen, um die ‚vergessenen Toten' sichtbar zu machen.

Die spanischen Erinnerungsassoziationen – besonders die ARMH – hatten sich unterdessen transnational vernetzt und wurden auch intensiv von der argentinischen Menschenrechtsbewegung unterstützt.[107] So waren Menschenrechts-

106 *Amnistía subraya que investigar el franquismo "es un deber y no un delito"*, 26. März 2010; http://www.es.amnesty.org (Stand: 23.04.2010).

107 Auf zahlreichen internationalen Tagungen der unterschiedlicher Erinnerungsassoziationen in Spanien waren in den letzten Jahren lateinamerikanische Experten und Vertreter chilenischer und argentinischer Menschenrechtsorganisationen eingeladen, um über die Aufarbeitungserfahrungen in ihren Ländern zu berichten. Auf der Tagung *Memorias en transición – Encuentro iberoamericano sobre Derechos Humanos y ciudadanía*, organisiert von der ARMH vom 26. bis 27. Oktober 2009 in Madrid war, neben weiteren lateinamerikanischen Wissenschaftlern und Spezialisten auf dem Feld der Aufarbeitung von Vergangenheit der chilenische Menschenrechtsanwalt Roberto Garretón vertreten. Auf einer der bisher größten Tagungen in La Granja de San Ildefonso waren auch zahlreiche zivilgesellschaftliche Aktivisten der Erinnerungsbewegung in Argentinien involviert. So wurden von einer der größten argentinischen Vereinigungen *Memoria abierta* Theaterperformances des *Teatro por la Identidad* als Kulturprogramm aufgeführt, in dem das Verschwindenlassen

aktivisten der argentinischen Menschenrechtsbewegung nach Madrid gereist, die mit der ARMH kollaborierten. Der argentinische Menschenrechtsanwalt Carlos Slepoy, der sich ebenso mit den Opfern der Franco-Diktatur solidarisierte, forderte die Demonstrationsteilnehmer auf:

> „Es el momento de las víctimas. Saquen esas fotos tapadas durante tanto tiempo. Hemos acompañado a la calle a otras víctimas mientras las del Franquismo han sido invisibles. No les dejen solos ahora."[108]

Nach dem Vorbild des argentinischen Opferverbands *Mütter der Plaza de Mayo,* die bis heute donnerstags vor dem Präsidentenpalast in Buenos Aires demonstrieren, riefen die Erinnerungsverbände im Mai 2010 eine wöchentliche Demonstration, die *Ronda de la dignidad* (Rundgang der Würde) auf der *Puerta del Sol* ins Leben.[109] Dies veranschaulicht die zunehmende transnationale Vernetzung der Erinnerungsbewegungen unterschiedlicher Länder, welche es ermöglicht, von den Protestformen anderer Angehörigenorganisationen von Verschwundenen zu lernen. Auch die Präsidentin der *Großmütter der Plaza de Mayo,* Estela Barnes de Carlotto, nahm an einer der Demonstrationen in Madrid teil. Spanische Erinnerungsinitiativen werden aktiv von argentinischen Menschenrechtsvereinigungen unterstützt und orientieren sich auch bei ihren Aktionsformen zunehmend an jenen der Verschwundenen-Verbände im *Cono Sur*. Es lässt sich eine transnationale Diffusion von Erinnerungspraktiken beobachten, bei der Schlüsselbegriffe, wie der des *desaparecido* und der *niños robados* sowie damit verbundene symbolische und ikonografische Praktiken der Sichtbarmachung verschwundener Opfer als Form öffentlich performierten Erinnerung in den spanischen Zusammenhang importiert werden, um auf vergangenheitspolitische Entscheidungen und die justizielle Auseinandersetzung mit der Franco-Vergangenheit in Spanien einzuwirken.

Ganz im Gegensatz zu den während des spanischen Transitionsprozesses ausgeblendeten Differenzen zwischen Opfern und Tätern der Franco-Diktatur, rücken diese nun – unterstützt von Argumentationsstrategien internationaler Menschenrechtsorganisationen sowie der Intervention der chilenischen und der

---

thematisiert wird, vgl. Tagungsprogramm *Políticas de Memoria y Construcción de Ciudadanía*, 14. bis 19. Juni 2008.

108 El País: "*Es el momento de las víctimas del Franquismo. Saquen sus fotos a la calle"*, Natalia Junquera, 22. April 2010.

109 Público: *Las víctimas de Franco toman el testigo de las Madres de Mayo. Cientos de familiares de fusilados protestan en Madrid contra la impunidad*, 21. Mai 2010.

derzeit einflussreicheren argentinischen Menschenrechtsbewegung – in den Vordergrund. Die republikanischen Verschwundenen aus dem Bürgerkrieg und der Franco-Diktatur stellen dabei ein wirkmächtiges Symbol für die nicht aufgeklärten, andauernden Menschenrechtsverletzungen dar, die der Auseinandersetzung mit der Diktatur immer wieder neue Dynamik verleiht. Parallel schreitet die Internationalisierung des Strafrechts voran.

Auch die Vorzeichen bei der Anwendung der universellen Gerichtsbarkeit schienen sich mit der Anklage Garzóns insgesamt verändert zu haben: Am 14. April 2010, symbolisch am 79. Jahrestag der Ausrufung der Zweiten Republik, reichten zwei Angehörige republikanischer Exilierter aus dem Spanischen Bürgerkrieg von Argentinien aus eine Klage in Buenos Aires ein. Unterstützt von insgesamt zehn einflussreichen argentinischen Menschenrechtsorganisationen[110], dem argentinischen Friedensnobelpreisträger Adolfo Pérez Esquivel und der spanischen ARMH sollte mit Bezug auf die universelle Gerichtsbarkeit eine rechtliche Aufarbeitung der Franco-Diktatur vor argentinischen Gerichten erreicht werden. Die Kläger verlangten die Aufnahme von Ermittlungen hinsichtlich ihrer während des Bürgerkrieges verschwundenen Verwandten und die Aufklärung der Todesumstände.[111] Es handelt sich um die erste Klage vor argentinischen Gerichten, die Prinzipien der universellen Gerichtsbarkeit zur Aufarbeitung der Menschenrechtsverletzungen der Franco-Diktatur angewendet werden sollten, um damit die Straflosigkeit in Spanien zu umgehen. Zudem sollte sym-

110 Die Klage wird von folgenden argentinischen Menschenrechtsorganisationen unterstüzt: *Abuelas de Plaza de Mayo*, *Liga Argentina por los Derechos del Hombre*, *Comisión Provincial por la Memoria*, *Asamblea Permanente por los Derechos Humanos*, *Centro de Estudios Legales y Sociales* (CELS), *Asociación de Ex-Detenidos Desaparecidos*, *Federación de Asociaciones Gallegas de la República de Argentina*, *Instituto de Estudios Comparados en Ciencias Penales y Sociales*, *Comité de Acción Jurídica* und *Madres de Plaza de Mayo-Línea Fundadora* (vgl. Querella 2010: 1-2).

111 Bei den Klägern handelte es sich um Darío Rivas Cando, der 91-jährige Sohn von Severino Rivas Barja, der als Bürgermeister der galizischen Stadt Castro Rei in der Provinz Lugo am 29. Oktober 1936 von franquistischen Truppen erschossen worden war und daraufhin als verschwunden galt. Seine sterblichen Überreste waren nach einer jahrelangen Suche seines Sohnes bei einer von der ARMH durchgeführten Exhumierung im Jahr 2005 in einem Massengrab in Portomarín identifiziert worden. Die weitere Klägerin, Inés García Holgado, ist Nichte des republikanischen Provinzabgeordneten, UGT-Mitgliedes und Bürgermeisters von Lumbrales in Salamanca, Elías García Holgado, der ebenfalls während des Bürgerkrieges am 14. Mai 1937 von aufständischen Truppen hingerichtet worden war.

bolisch auch der aus dem Richteramt suspendierte Garzón unterstützt werden. Vertreten werden die Kläger von renommierten argentinischen Menschenrechtsanwälten, wie Carlos Slepoy, Ricardo Huñis, Ana Messuti und Beinusz Smukler, die über weitreichende Erfahrungen mit Menschenrechtsprozessen zur Aufarbeitung der argentinischen Militärdiktatur verfügen und teilweise selbst als einst Exilierte bis heute in Spanien leben.[112] In der Anklageschrift[113] heißt es, dass die Angehörigen der Kläger Opfer einer perfektionierten Tötungsmethode durch die *Falange española* geworden seien, die als *paseos* bezeichnet, in Hinrichtungen durch tödliche Rückenschüsse bestanden hätten. Dabei habe es sich um einen systematischen und vorsätzlichen Plan zur Einschüchterung sowie der Verbreitung von Angst und Terror gehandelt, um jene Spanier, die auf Seiten der Republik gestanden hätten, physisch zu vernichten.[114] Die Anklageschrift greift explizit auf Passagen der Verfügung Garzóns von Oktober 2008 zurück, mit der dieser vor der *Audiencia Nacional* gescheitert war. Es habe sich um einen versuchten Genozid und Verbrechen gegen die Menschlichkeit gehandelt, welche bisher straflos geblieben seien (ebd.). Zudem werden die vor der *Audiencia Nacional* und dem *Tribunal Constitucional* selbst verhandelten Fälle, in denen die Prinzipien universeller Gerichtsbarkeit angewendet wurden, ausführlich zitiert und als Referenz herangezogen (ebd.: 60-70). Es wird wiederholt auf die Nürnberger Prozesse zur Ahndung der nationalsozialistischen Verbrechen rekurriert. Entgegen der Verfügung Garzóns, welche lediglich die Zeit der Bürgerkriegs- und Nachkriegsrepression bis 1952 umfasste, wird der betreffende Zeitraum stark ausgeweitet: Die Ermittlungen sollen die gesamte Zeitspanne von Beginn des Bürgerkrieges bis zum Ende der Franco-Diktatur umfassen, sie reicht damit sogar bis über Francos Tod hinaus (17. Juli 1936 bis 15. Juli 1977). Indem der Zeitraum bis hin zu den ersten freien Wahlen ausgeweitet wird, schließt die Klage auch potentielle Menschenrechtsverbrechen, die während der ersten Jahre der *transición* begangen worden waren, ein. Man gehe, ähnlich des Pinochet Effektes von einer Kettenreaktion aus und erwarte, dass sich als Schneeballeffekt weitere Kläger mit ähnlichen Fällen dem vor argentinischen Gerichten eröffneten Verfahren anschlössen (ebd.).

Die Klagen wurden per Losverfahren an die argentinische Richterin María Romilda Servini de Cubría übergeben, die bereits im Bereich der Kindesentführung und illegalen Adoption während der argentinischen Militärdiktatur ermittel-

---

112 Página 12: *La justicia universal, ahora de Argentina a España*, 13. April 2010.

113 Die Anklageschrift ist online veröffentlicht unter 20100414elpepunac_3:pes.pdf. (Stand: 15.04.2010).

114 Cadena Ser: *Presentada en Argentina una demanda por crímenes del Franquismo*, 14. April 2010.

te und über weitreichende Erfahrungen mit Menschenrechtsprozessen in Argentinien verfügt. Zudem hatte sie 1998, ausgelöst durch Verhaftung Pinochets, im Fall der Ermordung von Carlos Prats, dem ehemaligen Oberbefehlshaber über die Streitkräfte und Innenminister Allendes ermittelt – der im Rahmen der *Operación Cóndor* 1974 in Buenos Aires durch die DINA getötet worden war – und in diesem Rahmen bereits mit Garzón zusammengearbeitet (Roht-Arriaza 2001a: 53). Sie wird darüber zu entscheiden haben, ob die Anwendung der universellen Gerichtsbarkeit zur Aufarbeitung der Franco-Diktatur seitens der argentinischen Justiz anerkannt wird.

Auf dieselbe Weise, auf die über zehn Jahre zuvor die spanische *Audiencia Nacional* die chilenischen und argentinischen Amnestiegesetze für unwirksam erklärte, um die Diktaturverbrechen zu ahnden, ist damit die Gelegenheit gegeben, dass argentinische Gerichte mit Bezug auf die universelle Gerichtsbarkeit die spanische Straflosigkeit beenden. Die eingereichten Klagen stellen eine Probe aufs Exempel dafür dar, ob der Kampf gegen die Straflosigkeit grenzüberschreitend wirksam ist und die universelle Gerichtsbarkeit auch in die transatlantische Gegenrichtung von der südlichen in die nördliche Erdhälfte angewendet werden kann, wenn die interne Gerichtsbarkeit entgegen der internationalen Menschenrechtsnormen bei der Aufarbeitung von Diktaturverbrechen versagt, und sei dies lediglich symbolisch.

Es verdeutlicht auch, dass gesellschaftliche Prozesse des Umgangs mit Diktaturvergangenheit unterschiedlicher Länder aufeinander bezogen sein können oder von spezialisierten Akteuren, etwa lokalen Erinnerungsinitiativen, Menschenrechtsexperten und Anwälten, grenzüberschreitend miteinander verbunden werden. Die Anwendung universeller Gerichtsbarkeit im Sinne der transnationalen Aufarbeitungspolitik, um damit der internen Straflosigkeit entgegenzuwirken, unterstreicht die Bedeutung der transnational vernetzten Menschenrechtsbewegung, die ihr symbolisches und juristisches Repertoire, ihre Aktionsformen und ihre diskursive Wirkmacht maßgeblich ausgebaut hat. Dies offenbart, dass das Engagement der spanischen Justiz zur Beendigung der Straflosigkeit in Chile und Argentinien als Bommerang-Effekt auch auf die spanische Auseinandersetzung mit Diktatur und Menschenrechtsverletzungen zurückgewirkt hat.

Fazit und Ausblick:

Zwischen lokalen Erinnerungsdiskursen und transnationaler Aufarbeitungspolitik

Wie in den vorangegangenen Kapiteln anhand der Analyse des Umgangs mit Diktatur und Menschenrechtsverletzungen in der spanischen und chilenischen Öffentlichkeit gezeigt werden konnte, spielen bei Aufarbeitungsprozessen neben innenpolitischen Faktoren auch internationale Dimensionen und transnationale Transferprozesse eine entscheidende Rolle. Eine zunehmende Verrechtlichung internationaler Politik, die Transnationalisierung von Aufarbeitungsprozessen, wie das Zirkulieren von Menschenrechtsdiskursen und die grenzüberschreitende Vernetzung der Menschenrechtsbewegung, welche lokale Erinnerungskonflikte zu beeinflussen vermag, sind Teil dieser Entwicklung. Am Beispiel der durch den ‚Fall Pinochet' ausgelösten Debatten über die universelle Gerichtsbarkeit, die Straflosigkeit sowie die Suche nach den Verschwundenen in der chilenischen und der spanischen Öffentlichkeit wurde deutlich, dass Prozesse der Auseinandersetzung mit Diktatur und Menschenrechtsverletzungen auch vor einem globalen Erfahrungshorizont stattfinden.

Erkenntnisleitend für die vorliegende Untersuchung war zunächst die Frage nach den Aufarbeitungsprozessen in Spanien und Chile, Länder, die nach Militärdiktaturen und paktierten Transitionsprozessen gleichermaßen von Straflosigkeit und einer zunächst ausbleibenden Auseinandersetzung mit der Diktaturvergangenheit geprägt waren.

Um zum einen den länderspezifischen Erinnerungskulturen und zum anderen schließlich dem Einfluss internationaler Rückkopplungen und transnationaler Transferprozesse nachzugehen, war es notwendig, einen multiperspektivischen Forschungsansatz zu wählen, der komparative Elemente mit einer transnationalen Analyseperspektive vereint. War der wesentliche Analyserahmen der Auseinandersetzung mit Diktaturvergangenheit lange der Nationalstaat, so rückt mit der Beleuchtung von Verflechtungsprozessen und Rückwirkungen über Ländergrenzen hinaus die Perspektive der transnationalen Aufarbeitungspolitik in den Vordergrund.

Das Konzept von Erinnerungskultur ermöglichte es zunächst, aus vergleichender Perspektive die Dimensionen der vergangenheits-, erinnerungs- und geschichtspolitischen Handlungsfelder in beiden Ländern anhand exemplarischer Beispiele in den Blick zu nehmen. Die komparative Analyse der Vergangenheitspolitik hat gezeigt, dass – trotz der erheblichen institutionellen Beschränkungen des chilenischen Transitionsprozesses – die erste demokratische Regierung Patricio Aylwins ab 1990 zunächst weitgehendere administrativ-rechtliche Maßnahmen bezüglich der öffentlichen Wahrheitsfindung zur Aufklärung der Diktaturverbrechen umgesetzt hat, als dies während des spanischen Übergangs zur Demokratie ab Mitte der 1970er Jahre während der Regierungszeit Adolfo Suárez und der Sozialisten bis 1996 sowie der PP-Regierung bis 2004 der Fall war. Entsprechend fielen auch die Entschädigungsmaßnahmen für die Hinterbliebenen und Opfer der Pinochet-Diktatur in Chile umfassender aus, als im postfranquistischen Spanien, wo die Kompensationen sich lediglich auf die rechtliche Gleichstellung der Hinterbliebenen franquistischer und republikanischer Bürgerkriegsopfer beschränkten, während die Repressionsopfer der Franco-Diktatur von Entschädigungsmaßnahmen strukturell ausgeschlossen blieben. Trotz der wesentlich negativeren institutionellen Ausgangsbedingungen, etwa durch den Fortbestand zahlreicher autoritärer Verfassungsenklaven und dem neoliberalen Wirtschaftssystem als offensichtlichste Kontinuitäten mit der Pinochet-Diktatur, kann festgestellt werden, dass die chilenische Transitionsregierung mit der Einsetzung zweier Wahrheitskommissionen und dem *Runden Tisch für den Dialog* insgesamt umfassendere administrativ-justizielle Maßnahmen zu Aufklärung begangener Menschenrechtsverletzungen eingeleitet hat als das postfranquistische Spanien.

Auch Gerichtsverfahren zur Verurteilung von Tätern der gravierendsten Menschenrechtsverletzungen sind in Chile inzwischen durchgeführt worden und das Amnestiegesetz wurde offiziell infrage gestellt. Das chilenische Amnestiedekret konnte, im Gegensatz zu seinem spanischen Pendant, m. E. auch deshalb umgangen werden, da in der chilenischen Zivilgesellschaft – unterstützt von einer international verzweigten Menschenrechtsbewegung – von Beginn an massive Forderungen nach einer Überwindung der Straflosigkeit erhoben worden waren. Andererseits ließen institutionelle Reformen bestehender autoritärer Verfassungsenklaven in Chile wesentlich länger auf sich warten, und das Militär konnte seine Vetomacht über das formale Ende der Diktatur hinaus bewahren. Menschenrechtsgruppierungen gelang es, Druck auf die chilenische Justiz auszuüben. Verstärkt durch die katalysatorische Wirkung des ‚Falles Pinochet' konnte das Amnestiegesetz partiell überwunden werden und auf die Anwendung des internationalen Strafrechts in der nationalen Gesetzgebung hinzuwirken, beeinflusst von globalen Normbildungsprozessen in einem internationalen Kontext, welcher der Straflosigkeit zunehmend ablehnend gegenüber tritt. Eine intensive gesellschaftliche Auseinandersetzung mit der Franco-Vergangenheit hat dagegen erst mit der Entstehung einer lokalen zivilgesellschaftlichen Erinnerungsbewegung seit der Jahrtausendwende eingesetzt.

Im Handlungsfeld der Erinnerungspolitik im Sinne der symbolisch-öffentlichen Vergangenheitsrepräsentation konnte gezeigt werden, dass auf Initiative von Menschenrechts- und Angehörigenorganisationen in der chilenischen Erinnerungslandschaft bedeutende Erinnerungsorte, welche den Diktaturopfern und Verschwundenen gedenken, errichtet worden, während im postfranquistischen Spanien die Mehrzahl der franquistischen Gedächtnisorte ignoriert wurde und bestehen blieb. Gemäß des dominierenden ‚Pakt des Schweigens' setzte sich auch die demokratisch legitimierte Transitionsregierung nicht für eine Errichtung republikanischer Erinnerungsorte ein, die franquistische Erinnerungslandschaft wurde ignoriert.

Die komplexe und vielschichtige geschichtspolitische Entwicklung macht widersprüchliche Tendenzen deutlich. Gemeinsam ist jedoch den geschichtspolitischen Diskursen in beiden Ländern, dass sich weiterhin kaum ein gesellschaftlicher Grundkonsens über die Bewertung der Pinochet- bzw. Franco-Diktatur herausgebildet hat. Ein verbindliches Geschichtsnarrativ hinsichtlich der Ursachen des Putsches und der historischen Verantwortung für die begangenen Menschenrechtsverbrechen konnte sich nicht etablieren, der apologetische Diskurs der Diktaturanhänger wird bis heute öffentlich nicht sanktioniert. Während die Auseinandersetzung mit den Verbrechen der Pinochet-Diktatur jedoch von Beginn der Demokratisierung an von Menschenrechtsorganisationen auf der politischen Tagesordnung platziert werden konnte, formierte sich in der spanischen Öffentlichkeit erst in den letzten zehn Jahren eine zivilgesellschaftliche Basisbewegung, die seither massiv eine geschichtspolitische Debatte forciert hat.

Die spanische Auseinandersetzung mit der Diktaturvergangenheit demonstriert auf eindrückliche Weise, dass eine Konfrontation mit Diktatur und Menschenrechtsverletzungen eingefordert werden kann, auch wenn diese bereits Jahrzehnte zurückliegen und nach einem Generationenwechsel sowie einer langen Phase des Beschweigens und Verdrängens von der Enkelgeneration aufgegriffen werden. Um diese späte Auseinandersetzung mit der Franco-Vergangenheit zu erklären, hat sich als ein zentraler Ausgangspunkt der ‚Fall Pinochet' herauskristallisiert.

Ein wesentliches Ergebnis der Arbeit ist, gezeigt zu haben, dass der ‚Fall Pinochet' ein transnationales Bindeglied zwischen der chilenischen und der spanischen Vergangenheitsaufarbeitung darstellt. Gleichzeitig markiert er einen Wendepunkt bei der Anwendung universeller Gerichtsbarkeit im Umgang mit der Straflosigkeit schwerer Menschenrechtsverletzungen und von Diktaturverbrechen. Transnationale Einflussfaktoren auf lokale Erinnerungsprozesse verdeutlichten sich zunächst anhand der Rolle, welche die spanische Justiz bei der extraterritorialen Verfolgung Augusto Pinochets spielte. Die Initialzündung erfolgte vor dem Nationalen Gerichtshof, als die von transnationalen Menschenrechtsnetzwerken eingereichten Anzeigen gegen chilenische und argentinische Militärs – unterstützt von dem spanischen Ermittlungsrichter Baltasar Garzón – zu der spektakulären Verhaftung des chilenischen Ex-Diktators Augusto Pinochet in London im Oktober 1998 führten. Die Klagen lösten eine umfangreiche Strafverfolgung der spanischen Justiz aus, gestützt von einem transnationalen Netzwerk spanischer und chilenischer Menschenrechts- und Angehörigenorganisationen. Die Menschenrechtsbewegung nutzte also, wie gezeigt werden konnte, zunehmend transnationale justizielle Verfahren, um Menschenrechtsverletzungen aufklären und vor dem Gericht eines anderen Landes ahnden zu lassen und damit die internationale Aufmerksamkeit auf die durch Amnestiegesetze geschützte Straflosigkeit im Land selbst zu richten. Der ‚Fall Pinochet' schreibt sich ein in eine Tendenz der Universalisierung des internationalen Rechts, nach dem ‚Verbrechen gegen die Menschlichkeit' weder amnestierbar noch verjährbar sind. Er bildet einen zentralen Bezugspunkt in der internationalen Debatte über den Umgang mit Menschenrechtsverletzungen, der Universalisierung der Justiz im Kampf gegen die Straflosigkeit und dem Einfluss des internationalen Rechts auf nationale Aufarbeitungsdiskurse. Die Möglichkeiten der strafrechtlichen Ahndung schwerer, von Diktaturen begangener Menschenrechtsverletzungen schienen sich mit dem ‚Fall Pinochet' als Muster transnationaler Aufarbeitungspolitik in den späten 1990er Jahren ausgeweitet zu haben.

In Chile fungierte das gegen den Ex-Diktator in Spanien eingeleitete Auslieferungsverfahren innenpolitisch als Katalysator, der zu diskursivem, politischem und justiziellem Wandel beitrug und nach Abschluss der ersten Wahrheitskommission und einer 1997 angestoßenen Justizreform als die zentrale Initialzündung für Aufarbeitungsprozesse in der chilenischen Öffentlichkeit angesehen werden kann. Pinochet schied infolge seiner vor den Augen der Weltöffentlichkeit vollzogenen Festnahme, nachdem er nach Chile zurückgekehrt war, nicht nur aus der chilenischen Innenpolitik aus, die ausgelösten ‚irruptions of memory' (Wilde 2002) hatten auch zu einer Verschiebung von Gedächtnisrahmen im Sinne einer Eröffnung neuer Diskursräume geführt. Gestärkt durch die internationale Aufmerksamkeit und den transnationalen Aktivismus von Menschenrechts- und Exiliertenverbänden, Anwälten und Juristen, wendete Ermittlungsrichter Juan Guzmán Tapia konsequent internationale und völkerrechtliche Normen zur strafrechtlichen Ahndung der Fälle des Verschwindenlassens an und eröffnete Prozesse, wie beschrieben, etwa im Fall der ‚Todeskaravane', ‚Calle Conferencia', ‚Operación Cóndor' oder dem ‚Fall Colombo'.

Es konnte gezeigt werden, dass im Zuge der am ‚Fall Pinochet' deutlich werdenden allmählichen Aufweichung des traditionellen Prinzips nationaler Souveränität durch internationale Menschenrechtsnormen und der Anwendung des Prinzips der universellen Gerichtsbarkeit nicht nur dem lateinamerikanischen Subkontinent die Aufarbeitung der Diktaturvergangenheit zunehmend der alleinigen Verantwortlichkeit der Nachfolgeregierungen entzogen wird. Auch auf die Aufarbeitungsforderungen in der spanischen Öffentlichkeit wirkte nach einer Jahrzehnte lang ausgeblendeten offiziellen Erinnerung an die franquistische Repression zunehmend ein universeller Menschenrechtsdiskurs ein und sorgte dafür, dass eine lokal entstandene Erinnerungsbewegung Gegendiskurse in der spanischen Öffentlichkeit formulierte. Was Roht-Arriaza (2005) als ‚Pinochet Effekt' bezeichnete, hat sich aus langfristiger Perspektive auch auf die spanische Auseinandersetzung mit der Franco-Vergangenheit ausgewirkt und machte die Defizite der spanischen Transition und der damit verbundenen Vergangenheitspolitik sichtbar. Er trug dazu bei, dass Ende der 1990er Jahre zunehmend auch die unaufgearbeitete franquistische Repression ins Zentrum der spanischen Debatten gelangte. Der Widerspruch, dass spanische Gerichte, den chilenischen Diktator wegen Menschenrechtverletzungen angeklagt hatten, während die Verbrechen der Franco-Diktatur straflos blieben, hatte aus langfristiger Perspektive die Konsequenz, dass auch die franquistischen Verbrechen zunehmend in Menschenrechtsdiskurse eingeschrieben wurden.

Vor diesem Hintergrund entwickelten die in Madrid geführten Prozesse gegen lateinamerikanische Diktatoren auch in der spanischen Auseinandersetzung mit der Franco-Diktatur eine unerwartete Dynamik. Die in Spanien, auch in Folge der Thematisierung der Militärdiktaturen des südlichen Lateinamerika sich formierende Erinnerungsbewegung, die sich für die Suche nach und die öffentliche Erinnerung an republikanische Verschwundene aus dem Bürgerkrieg und der franquistischen Nachkriegsrepression einsetzt, ist ebenso einzuordnen im Kontext international voranschreitender Prozesse der Auseinandersetzung mit Staatsterrorismus, Menschenrechtsverletzungen und Diktaturfolgen und der Herausbildung eines Menschenrechtsystems im Verlauf der letzten zwanzig Jahre seit dem Ende des Ost-West-Gegensatzes.

Im Zuge einer zunehmenden internationalen Bedingtheit des öffentlichen Umgangs mit Diktaturvergangenheit üben globale Normierungsprozesse einen wachsenden Einfluss auf die länderspezifische Aufarbeitung von Menschenrechtsverletzungen aus. Sowohl die dargestellten Aufarbeitungsprozesse in Chile und – mit einem wesentlich größeren Zeitabstand zum Ende der Diktatur – auch in Spanien demonstrieren auf eindringliche Weise, dass auch bei paktierten Transitionsprozessen, bei denen andere Staaten, bzw. wie am spanischen Beispiel veranschaulicht, internationale Menschenrechtsnormen zur Vergangenheitsaufarbeitung nur eine geringe Rolle spielten, politische Eliten zunehmend auch durch international verankerte Rechtsnormen unter innenpolitischen Druck geraten können. Lokale Erinnerungsdiskurse stehen damit in einem zunehmenden Einfluss globaler Aufarbeitungsparadigmen und -praktiken. Die Transnationalisierung von Menschenrechtsaktivitäten und ihren Netzwerken sowie der grenzüberschreitende Wissensfluss ermöglichen es zudem unterschiedlichen Gesellschaften, von den Erfahrungen in anderen Ländern zu lernen.

Hatten sich die Aufarbeitungsforderungen der Opfer und ihrer Angehörigen in Chile – gestützt von internationalen Menschenrechtsorganisationen – auf universale Menschenrechtsnormen berufen, so orientiert sich auch die unlängst entstandene spanische Erinnerungsbewegung bei ihren Aufarbeitungsforderungen an der international festgeschriebenen paradigmatischen Trias transnationaler Aufarbeitungspolitik von Wahrheit, Gerechtigkeit und Entschädigung, die ihr auf lokaler Ebene einen wirkmächtigen Bezugsrahmen zur Auseinandersetzung mit der Diktaturvergangenheit liefert. Es sind dabei zu forderst die Opfer und ihre Angehörigen selbst, die sich zu Protagonisten der lokalen Gegenerinnerung entwickelt haben. In ihrer diskursiven Strategie werden zentrale Elemente der spanischen Geschichtsdeutung über Diktatur und Transition mit dem internationalen Menschenrechtsdiskurs verschränkt und in einen neuen Deutungszusammenhang gebracht, womit auch das spanische Transitionsmodell einer kritischen Neubwertung unterzogen wird.

Dies demonstriert auch die zentrale Forderung spanischer Erinnerungsinitiativen nach einer Suche und würdigen Bestattung der verschwunden Bürgerkriegsopfer. Mit einer transnationalen Perspektive auf Erinnerungsdiskurse und -praktiken konnte gezeigt werden, wie die Figur des *desaparecido* durch die spanische Erinnerungsbewegung ‚von unten' adaptiert und in die spanischen Debatten eingeschrieben wurde. Die Auseinandersetzung mit Diktatur und Menschenrechtsverletzungen in Spanien und Chile steht damit in einem transnationalen Austausch- und Transferverhältnis, lateinamerikanische Impulse wirken auf die lokalen Aufarbeitungsdiskurse in Spanien zurück. Am Beispiel der erinnerungskulturellen Entwicklungen in Spanien konnte gezeigt werden, dass der ‚Fall Pinochet' als Ausgangspunkt auch die spanische Vergangenheitsvergegenwärtigung beeinflusst hat. Er ist eng verflochten mit dem Diskurs über die verschwundenen Diktaturopfer und trug dazu bei, lang anhaltende franquistische Geschichtsnarrative und -deutungen, die während des Transitionsprozesses nicht in Frage gestellt worden waren, erneut zur Disposition zu stellen.

Lokale zivilgesellschaftliche Bürgerinitiativen und Menschenrechtsorganisationen beziehen sich bei der Auffindung der Verschwundenen in Spanien systematisch auf globale Normierungsprozesse, wie die Kodifizierung des Erzwungenen Verschwindenlassens im internationalen Recht und wenden sich an supranationale Instanzen, wie die entsprechend als Folge der Repressionspraxis der Pinochet-Diktatur eingesetzte UN-Arbeitsgruppe über Erzwungenes Verschwindenlassen. Interessant ist hierbei – wie auch schon beim ‚Fall Pinochet'– vor allem das Zusammenspiel lokaler, transnationaler und internationaler Faktoren: So greifen lokale Erinnerungsakteure in Spanien als Strategie argumentativ auf internationale Menschenrechtsnormen und die Erfahrungen der Auseinandersetzung lateinamerikanischer Diktaturen zurück, um ihren Aufarbeitungsforderungen auf nationaler Ebene Nachdruck zu verleihen und werden dabei auch von transnational agierenden Menschenrechtsnetzwerken unterstützt.

Ein zentrales diskursives Moment der Aufarbeitungsforderungen in Spanien stellen damit die Bezugnahmen zu den zeitlich vorgelagerten lateinamerikanischen Erfahrungen dar, bei denen der chilenische Umgang mit Diktatur und Menschenrechtsverletzungen aufgrund der transnationalen historischen Verbindungslinien und der Wechselwirkungen im ‚Fall Pinochet' eine prominente Stellung zukommt. Auch wenn der diskursive Rekurs auf die chilenischen Aufarbeitungserfahrungen in der spanischen Debatte lediglich *einen* Diskursstrang innerhalb der Forderungen der Erinnerungsbewegung darstellt, konnte mit der Offenlegung des Bezugsrahmens auf die lokalen Aufarbeitungsforderungen gezeigt werden, dass der Rekurs auf den ‚Fall Pinochet', die universelle Gerichtsbarkeit und die Unverjährbarkeit von ‚Verbrechen gegen die Menschlichkeit' als Legitimierungsstrategie fungieren. Sie erfüllen die diskursive Funktion, auf die Diskrepanz der Aktivitäten der spanischen Justiz hinzuweisen, um damit auf die vergangenheitspolitischen Entscheidungen der spanischen Regierung und Justiz und dem als unzureichend kritisierten Erinnerungsgesetz einzuwirken. Indem der Widerspruch zwischen dem Engagement Garzóns und der *Audiencia Nacional* zur Aufarbeitung lateinamerikanischer Diktaturverbrechen bei gleichzeitiger Blockade der spanischen Aufarbeitungsbemühungen skandalisiert wird, integriert der Rekurs auf den chilenischen Prozess der Auseinandersetzung mit der Diktatur und die universellen Menschenrechte die Weltöffentlichkeit in den nationalen Diskurs und mobilisiert gegenüber der spanischen Regierung Legitimationspotentiale für vergangenheitspolitische Forderungen. Gerade am Beispiel der Debatten um die *desaparecidos* lässt sich an den bisher nicht geahndeten und lange nicht als solche qualifizierten ,Verbrechen gegen die Menschlichkeit' zeigen, dass indem diese in den internationalen Menschenrechtsdiskurs eingeschrieben werden, Druck auf die untätige spanische Justiz ausgeübt werden sollte. Die kreative Aneignung der Konzepte durch die lokalen Erinnerungsorganisationen ist stark von den Begriffen und Strategien der lateinamerikanischen Menschenrechtsbewegung geprägt und orientieren sich an ihren Aufarbeitungserfahrungen, flankiert von internationalen und völkerrechtlichen Bestimmungen wie entsprechende UN-Vorgaben. Dies veranschaulicht eindringlich die zunehmende diskursive Verschränkung der diskurisvierten Figur des *desaparedido* mit Forderungen nach einem Ende der Straflosigkeit und der Anwendung universeller Gerichtsbarkeit, die zunehmend eine justizielle Aufarbeitung des Franco-Regimes in den Vordergrund rücken.

Deutlich wird, dass die spanische Auseinandersetzung auch von internationalen Bezugspunkten und Impulsen bestimmt ist. Die im *Cono Sur* gemachten Erfahrungen des Umgangs mit Diktatur und Menschenrechtsverletzungen, allen voran im Vergleich zu Chile und mit Bezug auf den ,Fall Pinochet' als transnationalem Bindeglied, sind für die erinnerungspolitischen Organisationen in Spanien zu einem zentralen Referenzpunkt geworden: Lokale Erinnerungsdiskurse stehen damit in einem komplexen Wechselverhältnis mit internationalen juristischen Normbildungsprozessen und müssen im Kontext vergleichbarer Erfahrungen in anderen Gesellschaften betrachtet werden.

Die gegenwärtigen Aufarbeitungsdiskurse der spanischen Erinnerungsbewegung befinden sich in einem ständigen Transformationsprozess, der auch von semantischen und diskursiven Strategien geleitet ist, welche sich aus den Erfahrungen mit Diktatur- und Menschenrechtsverletzungen im *Cono Sur* speisen, wie etwa die öffentliche Sichtbarmachung der *desaparecidos* veranschaulicht. Die Paradigmen transnationaler Aufarbeitungspolitik, die das Recht der Opfer international festschreiben, sind zu einem zentralen Bezugspunkt der spanischen Erinnerungsakteure geworden, die Forderungen haben sich zunehmend verschärft. Die nach der Ahndung von Menschenrechtsverletzungen lateinamerikanischer Militärdiktaturen von lokalen spanischen Erinnerungsinitiativen eingereichten Klagen vor dem Nationalen Gerichtshof zur Aufklärung des Schicksals der Verschwundenen, die von Garzón 2008 übernommenen worden waren, an welchen sich auch Akteure aus dem ‚Fall Pinochet' beteiligten, reflektieren den Prozess der zunehmenden Verrechtlichung und Transnationalisierung der Vergangenheitsaufarbeitung in Spanien und unterstreichen die Unzufriedenheit der Erinnerungsbewegung mit den Maßnahmen des im Dezember 2007 verabschiedeten Erinnerungsgesetzes im Umgang mit den *desaparecidos*, welches eine strafrechtliche Verfolgung der begangenen Verbrechen kategorisch ausschloss. Zudem zeigt sich, dass die lokalen Vereinigungen, nachdem sich die staatlichen Möglichkeiten mit dem Scheitern der Initiative Garzóns erschöpft hatten, ihre Klagen an internationale Instanzen, wie die entsprechende UN-Arbeitsgruppe oder den *Europäischen Gerichtshof für Menschenrechte* in Straßburg richten, dass die Konflikte zunehmend an supranationale Institutionen weitergetragen werden. Die vor dem argentinischen Gericht mit Bezug auf die universelle Jurisdiktion eingereichten Klagen zur Auffindung spanischer Verschwundener aus dem Bürgerkrieg, nachdem eine justizielle Aufarbeitung der Franco-Diktatur in Spanien gescheitert war – stellen in diesem Prozess einen vorläufigen Höhepunkt dar.

Die Auseinandersetzung mit der Franco-Vergangenheit steht damit in einem transnationalen Austausch- und Transferverhältnis. Insbesondere lateinamerikanische Impulse, die von internationalen Normen und entsprechend zirkulierenden Menschrechtsdiskursen gerahmt sind, wirken auf die spanischen Aufarbeitungsdiskurse zurück. Am Beispiel der erinnerungskulturellen Entwicklungen in Spanien kann gezeigt werden, dass der ‚Fall Pinochet' als Initialzündung auch für die spanische Vergangenheitsvergegenwärtigung gedient hat. Er ist eng verflochten mit dem Diskurs über die verschwundenen Diktaturopfer und trug nicht nur dazu bei, lang anhaltende franquistische Geschichtsnarrative und -deutungen, die während des Transitionsprozesses nicht in Frage gestellt worden waren, erneut zur Disposition zu stellen. Wie anhand der Adaption der Figur des *desaparecido* und seiner kreativen Aneignung durch die lokale Erinnerungsbewegung in Spanien gezeigt werden konnte, verdeutlicht dies nicht nur der diskursive Rekurs auf Menschenrechtsnormen, -diskurse und -paradigmen, sondern auch die zivilgesellschaftlichen Aktions- und Protestformen selbst schreiben sich in ein transnationales Repertoire von Aufarbeitungs- und Lernerfahrungen ein. Die Aneignung von menschenrechtspolitischen Paradigmen hat zu einer symbolischen Sichtbarmachung der Verschwundenen und unerwarteten Dynamisierung der öffentlichen Aufarbeitungsdebatte geführt.

Andererseits ist der – wenn auch strategischen – Einschreibung der politisch motivierten franquistischen Bürgerkriegsgewalt und pinochetistischen Repression in Menschenrechtsdiskurse ein Entpolitisierungspotential inhärent. Die liberale Anerkennung des individuellen Leids der Opfer, wie sie die *transitional justice*-Idee etabliert, birgt – wie bereits angedeutet – die Gefahr, den politischen und historischen Kontext der begangenen Verbrechen zu vernachlässigen und schließt damit auch alternative politische Projekte, für welche die von den Militärdiktaturen Verfolgten gekämpft hatten, potentiell aus.

Zudem ist zweifelhaft, ob eine optimistische Sicht hinsichtlich der internationalen Durchsetzung von Menschenrechtsnormen zur Auseinandersetzung mit Diktaturvergangenheit gerechtfertigt ist. Wenngleich die Entwicklungen der letzten Jahre auch beachtlich sind, ist die Ära der Straffreiheit von Menschenrechtsverbrechen längst nicht beendet. So ist ein effektives, durchsetzungsfähiges System universeller Jurisdiktion doch allenfalls in der Entwicklung begriffen und wird als unannehmbare Einschränkung staatlicher Souveränität nicht nur vielfach abgelehnt. Ebenso gerät das Problem der Selektivität, d.h. die bestehenden Doppelstandards zwischen reichen, mächtigen und armen Staaten im globalen Süden immer wieder in den Fokus der Kritik. Die Einschränkung der universellen Gerichtsbarkeit durch das spanische Parlament im Mai 2009 bestätigt diese rückläufige Tendenz und spiegelt wider, dass die Anwendung universeller Jurisdiktion in einem Drittstaat die beteiligten Regierungen – wie im ‚Fall Pinochet' veranschaulicht – in schwere diplomatische Krisen zu stürzen vermag. Nach wie vor ist die konsequente weltweite universelle Strafverfolgung von Menschenrechtverbrechen nicht gewährleistet, und sie bleibt weiterhin von geopolitischen Interessen dominiert, eingebettet in asymmetrische globale und lokale Machtverhältnisse.

Nachdem Garzón zum ersten Mal im postfranquistischen Spanien – nach seinem Engagement zur Aufarbeitung der chilenischen Militärdiktatur zehn Jahre zuvor – auch das spanische Amnestiegesetz in Frage stellte, wurde er von neofranquistischen Splittergruppen verklagt und daraufhin von seinem Amt suspendiert. Der Versuch einer grundsätzlichen juristischen Aufarbeitung der Verschwundenen-Schicksale in Spanien ist gescheitert. Diese fundamentalen juristischen wie politischen Hindernisse verweisen auf die klaren Grenzen, an die eine gesamtgesellschaftliche Auseinandersetzung mit der Franco-Diktatur bis heute stößt. Nachdem Garzón mit dem Versuch der juristischen Aufarbeitung der franquistischen Verbrechen, indem er sie als ‚Verbrechen gegen die Menschlichkeit' charakterisierte, erfolglos war und ihm zudem mit einem Amtsenthebungsverfahren Berufsverbot droht, arbeitete er seit Mai 2010 auf Einladung seines langjährigen Kollegen, dem argentinischen Richter und ICC-Chefankläger Luis Moreno Ocampo, vorläufig als Berater am Internationalen Strafgerichtshof in Den Haag.

Deutlich wird, dass Chile und andere lateinamerikanische Länder aus einer erinnerungskulturellen Perspektive in vieler Hinsicht im Vergleich zu Spanien die Auseinandersetzung mit der Diktaturvergangenheit vorwegnahmen und deshalb, wie gezeigt, heute als Referenz in der vergleichsweise spät einsetzenden Konfrontation mit der Franco-Diktatur dienen. Hatte das paktierte, spanische Transitionsmodell in der Tranistionsforschung lange als Vorbild für den chilenischen Übergangsprozess gegolten, so ist besonders in den jüngsten Entwicklungen eine überraschende Umkehr in der transatlantischen Richtung von vergangenheitspolitischen Transferprozessen zu beobachten: In Spanien greift die zur Auffindung der Verschwundenen entstandene Erinnerungsbewegung – wie gezeigt werden konnte – nicht nur auf diskursive Strategien der lateinamerikanischen Menschenrechtsbewegung zurück, sondern orientiert sich auch zunehmend an ihren symbolischen Protest- und Aktionsformen. Die unlängst vor argentinischen Gerichten mit Bezug auf die universelle Gerichtsbarkeit eingereichten Klagen spanischer Exilierter zur Auffindung ihrer verschwundenen Angehörigen aus dem Bürgerkrieg, um damit die Straflosigkeit in Spanien zu umgehen, ist eine Entwicklung, dessen Ergebnis zwar noch offen ist. Es kann aber ausblickend von ähnlichen, daran anschließenden Initiativen ausgegangen werden, die sie – vergleichbar mit den Klagen vor der *Audiencia Nacional,* welche die Aufarbeitung der chilenischen und argentinischen Diktaturvergangenheit beschleunigt hatten – eine Kettenreaktion auslösen könnten.

Wie eingangs bereits angedeutet, liegen perioden- und kontinentübergreifende Vergleichsstudien von Erinnerungskulturen bislang kaum vor. Hier knüpft meine Arbeit an. Zudem, und dieser Aspekt ist im Fortgang der Arbeit immer deutlicher geworden, sind gerade die grenzüberschreitenden Transferprozesse und Rückwirkungen vergangenheitspolitischer Maßnahmen und geschichtspolitischer Figuren, Motive und Diskurse von besonderem Interesse, um die Auseinandersetzung mit repressiven und diktatorischen Vergangenheiten diachron und im Kontext transnationaler Austauschprozesse zu untersuchen. Es ist augenfällig, wie die juristische Figur des *desaparecido* im Verlauf diskursiver Transferprozesse aus dem lateinamerikanischen Aufarbeitungsdiskurs von der spanischen Erinnerungsbewegung aufgegriffen, übernommen, verändert und angeeignet wurde. Zentral ist dabei der Blick auf gemeinsame Rahmungen, Impulse und Rückwirkungen lateinamerikanischer Erfahrungen und Diskursstrategien, welche zunehmend, wie aufgezeigt werden konnte, auch in die transatlantische Gegenrichtung wirken und von transnationalen Akteuren und Diskursen grenzüberschreitend miteinander verknüpft werden. Die Aufarbeitung von Diktaturvergangenheit findet zunehmend vor einem globalen Erfahrungshintergrund statt, bei dem internationale Normbildungsprozesse und vergangenheitspolitische

Lernerfahrungen sowie der Einfluss internationaler Menschenrechtsorganisationen auf lokale Erinnerungsprozesse einwirken. Aus einer emanzipativen, postkolonialen Sichtweise geht es m. E. insbesondere darum, die Erfahrungen und transatlantischen Prozesse zwischen Lateinamerika und Spanien als ehemaliger Kolonialmacht, von denen meist angenommen wird, sie verlaufen ausschließlich in die umgekehrte Richtung, auch in die transatlantische Gegenrichtung von der südlichen in die nördliche Erdhälfte her in die Analyse mit einzubeziehen.

Mit dieser Arbeit wurde ein Beitrag dazu geleistet, transnationale Perspektiven auf vergangenheits- und geschichtspolitische Prozesse zu eröffnen und Möglichkeiten und Grenzen grenzüberschreitender Aufarbeitungspolitik aufzuzeigen. Ein Desiderat künftiger Forschung liegt m. E. in der Fortentwicklung einer konsistenten theoretischen und adäquaten methodischen Konzeptionalisierung, um den Interdependenzen transnationaler und globaler Verflechtungen bei der Aufarbeitung von Diktaturvergangenheit gerecht zu werden. Den eingeschlagenen Weg zu vertiefen und in interdisziplinärerer Orientierung Möglichkeiten transnationaler Aufarbeitungspolitik aufzuzeigen und dabei aus einer langfristigen Perspektive sowohl diskursive als auch rechtliche und symbolische Faktoren gesellschaftlicher Erinnerungsprozesse in die Analyse aufzunehmen, eröffnet neue Sichtweisen auf Wechselwirkungen zwischen unterschiedlichen Gesellschaften und Erfahrungen des öffentlichen Umgangs mit Diktaturvergangenheit über Ländergrenzen hinaus. Eine solche – notwendige – Perspektivenerweiterung trägt nicht nur den interdependenten, transnationalen Verflechtungen von Aufarbeitungsprozessen Rechnung. Sie dient auch dazu, die Präsenz der belastenden Vergangenheit in der Gegenwart in ihrer weiterhin brennenden Aktualität offenzulegen.

Epilog:

Transnationale Interdependenzen und nationale Blockaden

Die Entwicklungen zwischen Abgabe und Drucklegung der vorliegenden Arbeit sollen im Folgenden kurz umrissen werden. Von den ersten durch zivilgesellschaftliche Erinnerungsverbände beim Nationalen Gericht zur Öffnung von Bürgerkriegsgräbern eingereichten Klagen im Dezember 2006 bis zu dem Verfahren gegen Ermittlungsrichter Garzón, das mit seinem endgültigen Berufsverbot endete, sollten mehr als fünf Jahre liegen. Nach seiner Suspendierung im Mai 2010 folgte knapp zwei Jahre später seine definitive Amtsenthebung. Die zwischen 24. Januar und 8. Februar 2012 geführten Verhandlungen im ‚Fall Franquismus' waren erneut von massiven Solidaritätsdemonstrationen und Mobilisierungen von Erinnerungs- und Menschenrechtsorganisationen vor dem Nationalen Gericht begleitet. Das Gericht hatte zum ersten Mal Zeugenaussagen von Opfern der franquistischen Repression angehört, auch einige Vertreter der Erinnerungsverbände sagten vor dem Gericht aus, obgleich freilich paradoxerweise in einem Prozess *gegen* den Richter, der diese Verbrechen erstmals aufklären wollte. Das *Tribunal Supremo* sprach Garzón schließlich zwar am 27. Februar von Amtsmissbrauch und Rechtsbeugung im Fall der Ermittlungen zum Franquismus frei, er habe allerdings schwere Verfahrensfehler begangen.

Das schließlich gegen ihn einstimmig verhängte elfjährige Berufsverbot[1] offenbarte, dass der unbequeme Richter langfristig um jeden Preis von der spanischen Richterschaft ausgeschlossen werden sollte. Der Ermittlungsrichter, der es gewagt hatte, eine juristische Aufarbeitung der franquistischen Repression einzuleiten, war schließlich der erste, der im Zusammenhang mit den Verbrechen der Franco-Diktatur verurteilt wurde.

Seit dem Regierungswechsel am 20. November 2011, bei dem die rechtskonservative *Partido Popular* vor dem Hintergrund der sich in Spanien auf dem Höhepunkt befindlichen europäischen Finanz- und Wirtschaftskrise mit einer absoluten Mehrheit hervorgegangen war, kündigte die neue Regierung alsbald an, die das Erinnerungsgesetz umfassenden Maßnahmen auszusetzen. Nachdem sie zunächst zugesichert hatte, zumindest 2012 an der finanziellen Unterstützung der durchgeführten Exhumierungen festzuhalten, sind seit 2013 die Maßnahmen vollständig gestrichen.[2] Die Konsequenzen für die Erinnerungsverbände, die seit 2005 staatliche Subventionen für ihre Arbeit, etwa für die Aushebung von Bürgerkriegsgräbern, aber auch u.a. für kulturelle Initiativen, Publikationen, Ausstellungen und Veranstaltungen, erhalten hatten, sind damit gewissermaßen an ihren Ausgangspunkt zurück gekehrt. Schließlich waren sie um die Jahrtausendwende unter ähnlichen politischen Voraussetzungen entstanden und hatten die Exhumierungen über Spenden, meist der Angehörigen selbst, in seltenen Fällen mit Teilbeteiligung der Lokalverwaltung, finanziert.

Die für den spanischen Aufarbeitungsprozess unterdessen kennzeichnenden transnationalen Interdependenzen und internationalen Verflechtungsprozesse haben sich angesichts der politischen Blockaden auf nationaler Ebene weiterhin verdichtet. So legte die spanische Sektion von *Amnesty International* im Mai 2012 einen weiteren Bericht mit dem bezeichnenden Titel: *Geschlossene Fälle,*

---

1 Garzón war unterdessen insgesamt in drei Fällen angeklagt: Infolge seiner Ermittlungen zu den franquistischen Verbrechen war nach seiner Suspendierung das bereits geschlossene Verfahren der angeblichen Unterschlagung von Zuwendungen der *Banco Santander* im Zusammenhang mit einer 2005 an der New York University gehaltenen Vortragsreihe Garzóns erneut aufgerollt worden. Schließlich waren es die Ermittlungsmethoden im Korruptionsskandal der PP, dem ‚Fall Gürtel', in welchem ihm das illegale Abhören der Angeklagten vorgeworfen wurde, die das Gericht als ausschlaggebend für das verhängte Berufsverbot angab. Vgl. El País: *Garzón dice adiós a la carrera judicial al ser condenado a 11 años de inhabilitación*, 10. Feburar 2012.

2 Público: *El gobierno elimina en 2013 el presupuesto para memoria histórica*, 29. September 2012

offene Wunden[3] vor, in dem erneut unterstrichen wird, dass der spanische Staat seinen internationalen Verpflichtungen nicht nachkomme. Von den 47 Fällen in Bürgerkriegsgräbern vermuteter *desaparecidos*, die nach Garzóns zurückgezogener Verfügung schließlich an die Provinzgerichte verwiesen worden waren, werde – so hebt *Amnesty* hervor – lediglich in zwei Fällen ermittelt, 17 Fälle seien, ohne dass Ermittlungen eingeleitet worden wären, eingestellt worden.[4] Die Möglichkeiten der universellen Gerichtsbarkeit zur justiziellen Auseinandersetzung mit der Franco-Diktatur vor dem nationalen Gericht eines anderen Landes werden im AI-Bericht daher ausführlich dargelegt. Dieser Bericht wurde in Buenos Aires zum ersten Mal der Öffentlichkeit vorgestellt. Der Ort war nicht zufällig gewählt, da hier derzeit die einzigen Verfahren zur juristischen Aufarbeitung der Franco-Diktatur anhängig sind.

Nachdem die Opfer franquistischer Repression mit den Klagen vor spanischen Gerichten gescheitert sind, schreitet die juristische Aufarbeitung vor dem *Juzgado Nacional y Correcional Federal No. 1* in Buenos Aires voran. Im Juni 2012 gründeten spanische Erinnerungsverbände das Netzwerk zur Unterstützung der Klagen gegen die franquistischen Verbrechen, welches sich im Mai 2013 zur nationalen Koordinierungsstelle CeAQUA (*Coordinadora Estatal de Apoyo a la Querella contra Crímenes del Franquismo*) mit einigen regionalen Vertretungen in Spanien ausweiten sollte. Derzeit liegen circa 150 Klagen vor, gestützt von einer weit gefächerten transnationalen Bewegung, bestehend aus über hundert politischen und sozialen Organisationen. Nachdem auch die ersten Klagen von Angehörigen Verschwundener aus dem Bürgerkrieg vor dem Europäischen Gerichtshof für Menschenrechte im März 2012 abgewiesen worden waren[5], sehen Angehörige die eingeleiteten Verfahren in Buenos Aires nunmehr als die letzte Option, um eine juristische Aufarbeitung der Franco-Diktatur jenseits der spanischen Grenzen zu erreichen. Damit setzt sich auch die zu beobachtende allmäh-

3 Amnestía Internacional (2012): *Casos cerrados, heridas abiertas, El desamparo de las víctimas de la Guerra Civil y el Franquismo en España*, https://doc.es.amnesty.org (Stand: 13.07.2013).

4 Ebd., S. 37-39.

5 El País: *Estrasburgo rechaza por primera vez un caso sobre las fosas del franquismo*, 3. April 2012. Siehe auch den Bericht der spanischen Menschenrechtsorganisation *Rights International Spain* (RIS), die in einem weiteren Fall Fausto Canales Bermejo vor dem europäischen Gerichtshof für Menschenrechte vertrat. Sein Vater war während der ersten Bürgerkriegsmonate in Pajares de Adaja in der Provinz Ávila verschwunden, dessen sterbliche Überreste vermutlich 1959 in das *Tal der Gefallenen* überführt worden waren. Vgl. RIS: *La decisión del TEDH en el asunto de Canales Bermejo c. España*.

liche Verschiebung des Fokus von den Opfern hin zu den Tätern fort, die zunehmend in den Mittelpunkt der öffentlichen Debatten geraten.

Nachdem im September 2013 das argentinische Gericht einen internationalen Haftbefehl gegen ehemalige Mitglieder des franquistischen Repressionsapparates,[6] Jesús Muñecas Aguilar, Angehöriger der *Guardia Civil* und Juan Antonio González Pacheco (alias Billy el Niño), Agent der franquistischen Geheimpolizei *Brigada Político Social* ausgestellt hatte – beide sind der Anwendung von Folter angeklagt und werden nun mit internationalem Haftbefehl per Interpol gesucht, wurden sie im Dezember 2013 bei der *Audiencia Nacional* in Madrid vorstellig und ihre Pässe eingezogen, eine Ausreise aus Spanien war ihnen fortan unmöglich. Die juristisch geforderte Auslieferung an Argentinien erfolgte jedoch nicht. Die spanische Regierung und Justiz lehnen eine Kooperation mit der argentinischen Justiz mehrheitlich ab. Die Staatsanwaltschaft ließ mehrfach verlauten, das Auslieferungsgesuch mit Bezug auf das Amnestiegesetz ins Leere laufen zu lassen, da die Taten bereits verjährt seien.[7] Nach einigen gescheiterten Anläufen besuchte die zuständige argentinische Richterin María Servini Romilda de Cubría Spanien im Mai 2014, um Zeugenaussagen von Opfern und Klägern in unterschiedlichen Städten entgegenzunehmen,[8] ein bisher einzigartiger Vorgang.

Vor diesem Hintergrund verwundert es kaum, dass die spanische Regierung auch angesichts der diplomatischen Schwierigkeiten parallel das Prinzip der universellen Gerichtsbarkeit *de facto* aus der spanischen Verfassung abschaffte[9], nachdem eine Beschränkung auf Fälle, in welche fortan spanische Staatsbürger involviert sein mussten, bereits 2009 erfolgt war.

Der von Menschenrechtsorganisationen und UNO-Institutionen ausgeübte internationale Druck auf die spanische Regierung nimmt indessen weiter zu: Die UN-Arbeitsgruppe über Erzwungenes Verschwindenlassen entsandte im September 2013 eine Delegation nach Spanien, worauf sie in einem kritischen Kommuniqué zur Situation der staatlichen Vergangenheitspolitik, insbesondere zum weiterhin bestehenden Amnestiegesetz und der Situation des Verschwin-

---

6 Von den genannten vier Personen waren zwei – Jose Ignacio Giralte, und Celso Galván Abascal, beide Agenten der franquistischen Geheimpolizei *Brigada Político Social* – bereits gestorben.

7 El Pais: *La fiscalía rechaza que se extradite a Argentina a 'Billy el Niño'*, 31. Januar 2014.

8 El País: *La juez argentina que investiga el franquismo recoge pruebas en España*, 19. Mai 2014.

9 Cambio 16: *España da la espalda a la Justicia Universal*, 22. März 2014.

denlassens, Stellung nahm.[10] Darauf folgte der offizielle Besuch Pablo de Greiffs – UN-Sondergesandter für die Durchsetzung von Wahrheit, Gerechtigkeit und Entschädigung und die Garantie der Nicht-Wiederholung und Mitarbeiter des *International Center for Transitional Justice* in New York – in Spanien im Januar 2014, um wiederum den Druck auf die spanische PP-Regierung zu erhöhen, ihren internationalen Verpflichtungen zur Aufarbeitung der franquistischen Verbrechen nachzukommen.

Die kategorische Blockadehaltung der spanischen Justiz und des politischen Establishments auf die Initiative Garzóns, ausgehend von den *desaparecidos* eine juristische Aufarbeitung der franquistischen Verbrechen voranzubringen, lassen eine Infragestellung des spanischen Amnestiegesetzes in naher Zukunft sehr unwahrscheinlich erscheinen, obgleich der internationale und zivilgesellschaftliche Druck seither um so stärker zugenommen hat.

In Chile dagegen hat die Präsidentin Michelle Bachelet nach ihrer Wiederwahl im Dezember 2013 vor dem Hintergrund des anstehenden Jahrestages des Militärputsches 2014 verkündet, in der laufenden Legislaturperiode das Amnestiegesetz endgültig zu annullieren[11], der Weg zu einer konsequenten und zusätzlich legitimierten juristischen Aufarbeitung der Diktaturverbrechen ist geebnet. Das Jahr 2013 war in Chile von zahlreichen Erinnerungsanlässen geprägt. So jährte sich nicht nur der ‚Fall Pinochet' zum 15. Mal, auch die diversen Gedenkveranstaltungen zum 40. Jahrestag des Putsches haben gezeigt, dass die chilenische Gesellschaft bis heute zutiefst von der Diktaturerfahrung geprägt ist. In den zum Jahrestag vom 11. September sich manifestierenden Deutungskämpfen wurde offenbar, dass weiterhin kein gesellschaftlicher Konsens über die Ursachen des Putsches besteht.

In den letzten Jahren sind eine Fülle unterschiedlicher Studien erschienen, die in der vorliegenden Arbeit nicht berücksichtigt werden konnten. Zu den erinnerungskulturellen Entwicklungen sowohl in Spanien[12] als auch in Chile[13] wur-

---

10 Dzumhur, Jasminska/Dulitzky, Ariel (2013): *Obervaciones preliminares del Grupo de Trabajo sobre las Desapariciones Forzadas o Involuntarias de la ONU al concluir su visita en Madrid*, 30. September.

11 El País: *Bachelet impulsa la anulación de la ley de amnistía*, 11. September 2014.

12 Zu Spanien etwa: Encarnación, Omar G. (2014): *Democracy Without Justice in Spain*, Philadelphia. Zur Erinnerungsbewegung Silva, Emilio/Escudero, Rafael/Campelo, Patricia; Hg. (2013): *Qué hacemos por la memoria histórica*, Madrid. Auf deutsch: Pichler, Georg (2013): *Gegenwart der Vergangenheit. Die Kontroverse um Bürgerkrieg und Diktatur in Spanien*, Zürich. Aus vergleichender Perspektive hat Paloma Aguilar (2013) eine Analyse zur Rolle der Justiz während der chilenischen, argentinischen und spanischen Militärherrschaft und die Konsequenzen für eine justizielle

den Monografien und Sammelbände vorgelegt, die auch auf die weiterhin ungebrochene Aktualität der Auseinandersetzung mit Diktatur in beiden Ländern verweisen. Zudem haben sich in den letzten Jahren grenzüberschreitende Perspektiven auf Aufarbeitungsprozesse zunehmend ausdifferenziert.[14] Francisco Ferrándiz hat unterdessen eine umfassende anthropologische Monografie zur gesellschaftlichen Wirkung der Exhumierungen von Bürgerkriegsgräbern in Spanien vorgelegt[15], in der er seine Forschung der letzten zehn Jahre dokumentiert. Ebenso sind einige juristische Studien, nicht nur zur Rolle der spanischen Justiz im ‚Fall Garzón'[16], sondern auch zur Diskussion von *transitional justice* in Spa-

justizielle Aufarbeitung in der Postdiktatur veröffentlicht: *Judiciary Involvement in Authoritarian Repression and Transitional Justice: The Spanish Case in Comparative Perspective* in: The International Journal of Transitional Justice, Bd. 7, S. 245-266.

13 Aus Anlass des 40. Jahrestages des Militärputsches in Chile: Collins, Cath/Hite, Katherine/Joignant, Alfredo; Hg. (2013): *The Politics of Memory in Chile. From Pinochet to Bachelet*, Boulder. Siehe auch das Dossier der Zeitschrift Iberoamericana (2013): *Chile a 40 años del golpe de Estado. Repercusiones y memorias,* Nr. 51, Heft XIII, insbesondere der Artikel zum transnationalen Aktivismus der chilenischen Menschenrechtsbewegung von Bastías Saavedra, Manuel: *The Unintended Legacy of September 11, 1973: Transnational Activism and the Human Rights Movement in Latin America,* ebd., S. 87-103. Zur Geschichte des antifaschistischen Widerstandes während der Diktatur Pinochets s. den von Karl-Heinz Dellwo 2011 herausgegebenen Sammelband *Schlacht um Chile,* Hamburg.

14 Zu Spanien insbesondere die Dissertation von Elsemann, Nina (2011): *Umkämpfte Erinnerungen. Die Bedeutung lateinamerikanischer Erfahrungen für die spanische Geschichtspolitik nach Franco*, Frankfurt a. M., die auf transnationale Transfers des spanischen Falles, v. a. zu Argentinien eingeht. Zur gewerkschaftlichen Solidaritätsbewegung der Hans-Böckler-Stiftung nach dem chilenischen Putsch, s. Eisenberger, Gabriele (2013): *Nicht nur ein Stück Geschichte Chiles. Solidaritäts-Arbeit der Hans-Böckler-Stiftung und ihrer Stipendiaten für die chilenische Gewerkschafts- und Menschenrechtsbewegung*, Münster.

15 Ferrándiz, Francisco (2015): *El pasado bajo tierra. Exhumaciones contemporáneas de la Guerra Civil*, Barcelona. Siehe auch den von Ferrándiz herausgegebenen Sammelband *Exhumaciones del siglo XXI en España. Balance interdisciplinar,* Barcelona (i. E.), darin auch: Capdepón, Ulrike: *Del 'caso Pinochet' a los* desaparecidos *de la Guerra Civil: La influencia de los debates sobre los Derechos Humanos del Cono Sur en el debate español sobre el pasado franquista.*

16 Zum ‚Fall Garzón': Jiménez Villarejo, Carlos/Doñate Martín, Antonio (2012): *Jueces, pero parciales. La pervivencia del Franquismo en el poder judicial,* Barcelona. Siehe auch Maestre Espinosa, Francisco (2013): *Shoot the Messenger? Spanish Democracy*

nien erschienen.[17] Aus der Dissertation sind einige Publikationen, sowohl als eigenständige Artikel in Zeitschriften[18], als auch als Buchkapitel[19] hervorgegangen.

and the Crimes of Francoism. From the Pact of Silence to the Trial of Baltasar Garzón, insbesondere das letzte Kapitel.

17 Sumulla, Tamarit, Josep M. (2013): *Historical Memory and Criminal Justice in Spain. A Case of Late Transitional Justice*, Cambrige.

18 *Die Verschwundenen des Spanischen Bürgerkriegs: Zwischen globalen Normen und lokalen Erinnerungsdiskursen*, in: WeltTrends. Zeitschrift für internationale Politik, Nr. 68, S. 13-18, 2009. *Der öffentliche Umgang mit der Franco-Diktatur in Spanien*, in: Aus Politik und Zeitgeschichte (APuZ), Nr. 36, S. 33-38, 2010. *The Influence of Human Rights Discourses and Practices from the Southern Cone on the Confrontation with the Franco Dictatorship in Spain*, in: Human Security Perspectives, Nr. 1, S. 84-90, 2011.

19 *Vom ‚Fall Pinochet' zum ‚Fall Garzón'. Der Einfluss von Menschenrechtsdiskursen aus dem Cono Sur auf die Auseinandersetzung mit der Franco-Diktatur in Spanien*, in: Ernst Halbmayer/Sylvia Karl (Hg.): Die erinnerte Gewalt, Bielefeld, S. 277-300, 2012.

Abkürzungsverzeichnis

AFDD	Agrupación de Familiares de Detenidos Desaparecidos
AFEP	Agrupación de Familiares de Ejecutados Políticos
AGE	Archivo Guerra Civil y Exilio
AGLA	Agrupación Guerrillera del Levante y Aragón
AI	Amnesty International
ALBA	Abraham Lincoln Brigade Association
AN	Audiencia Nacional de España
APDHA	Asociación por los Derechos Humanos en Andalucía
ARMH	Asociación para la Recuperación de la Memoria Histórica
BOE	Boletín Oficial del Estado
CCOO	Comisiones Obreras
CECT	Comisión Ética Contra la Tortura
CEDOC	Centro de Documentación Documentación del Área de Relaciones Internacionales, FLACSO
CELADE	Centro Latinoamericano de Demografía
CELS	Centro de Estudios Legales y Sociales
CEPAL	Comisión Económica para América Latina
CERC	Centro de Estudios de la Realidad Contemporánea
CGT	Confederación General del Trabajo
CIA	Central Inteligence Agency
CIDH	Centro Internacional para la Investigación de Derechos Humanos
CiU	Convergencia i Unió
CNPT	Comisión Nacional Sobre Prisión Política y Tortura
CNI	Central Nacional de Informaciones
CNRR	Corporación Nacional de Reparación y Reconciliación
CNT	Confederación Nacional del Trabajo
CNVR	Comisión Nacional de Verdad y Reconciliación
CODEPU	Corporación de Promoción y Defensa de los Derechos del Pueblo
CONADEP	Comisión Nacional sobre la Desaparición de Personas
COPACHI	Corporación por la Paz en Chile
COSENA	Consejo de Seguridad Nacional

CUT	Central Unitaria de Trabajadores de Chile
DDR	Deutsche Demokratische Republik
DINA	Dirección Nacional de Inteligencia
DSCD	Diario de Sesiones del Congreso de los Diputados
ERC	Esquerra Republicana de Catalunya
ESMA	Escuela de Mecánica de la Armada
ETA	Euskadi ta Askatasuna (Baskenland und Freiheit)
ExPP	Ex-Presos Políticos de Chile
FACH	Fuerza Aérea de Chile
FASIC	Fundación de Ayuda Social de las Iglesias Cristianas
FEDEFAM	Federación Latinoamericana de Asociaciones de Familiares de Detenidos-Desaparecidos
FET y de las JONS	Falange Española Tradicionalista y de las Juntas de Ofensiva Nacional Sindicalista
FLACSO	Facultad Latinoamericana de Ciencias Sociales
FPMR	Frente Patriótico Manuel Rodríguez
FSA	Fundación Salvador Allende
GAL	Grupos Antiterroristas de Liberación
HIJOS	Hijos por la Identidad y la Justicia contra el Olvido y el Silencio
ICC	International Criminal Court
ICTFY	International Criminal Tribunal for the former Yugoslavia
ICTR	International Criminal Tribunal for Rwanda
IRELA	Instituto de Relaciones Europeo-Latinoamericanas
IU	Izquierda Unida
LOPJ	Ley Organica del Poder Judicial
MAPU	Movimiento de Acción Popular Unitaria
MIR	Movimiento de Izquierda Revolucionaria
MRTA	Movimiento Revolucionario Tupac Amaru
NATO	North Atlantic Treaty Organisation
NGO	Non Governmental Organisation
OAS	Organisation of American States
OECD	Organisation for Economic Cooperation and Developement
PCCh	Partido Comunista de Chile
PDC	Partido Demócrata Cristiano
PNV	Partido Nacionalista Vasco
PP	Partido Popular
PR	Partido Radical
PRAIS	Programa de Reparación y Atención

PS	Partido Socialista
PSOE	Partido Socialista Obrero Español
PVDFF	Plataforma de Vícitmas de Desapariciones Forzadas del Franquismo
RN	Renovación Nacional
SERPAJ	Servicio Paz y Justicia-Chile
TAN	Transnational Advocacy Network
TOP	Tribunal del Orden Público
TRC	Truth and Reconciliation Commission
TVE	Televisión Española
UCD	Unión de Centro Democrático
UDI	Unión Demócrata Independiente
UGT	Unión General de Trabajadores
UNCAT	Convention against Torture
UNED	Universidad Nacional de Educación a Distancia
UNO	Unided Nations Organisation
UP	Unidad Popular
UPF	Unión Progresista de Fiscales
USA	United States of America

Literatur

Adorno, Theodor W. (1977): *Was bedeutet: Aufarbeitung der Vergangenheit?* In: Ders.: Kulturkritik und Gesellschaft II, Gesammelte Schriften, Eingriffe, Nr. 2, Bd. 10, Frankfurt am Main, S. 555-572.

Agamben, Giorgio (2002): *Homo Sacer. Die souveräne Macht oder das nackte Leben,* Frankfurt am Main.

Agüero Piwonka, Felipe (1995): *Militares, civiles y democracia. La España postfranquista en perspectiva comparada,* Madrid.

Aguilar Fernández, Paloma (2008): *Políticas de la memoria y memorias de la política. El caso español en perspectiva comparada*, Madrid.

Aguilar Fernández, Paloma (1996): *Memoria y olvido de la Guerra Civil española,* Madrid.

Aguilar Fernández, Paloma (2009): *The Timing and Scope of Reparation, Truth and Justice Measures: A Comparison of the Spanish, Argentinean and Chilean Cases,* in: Ambos, Kai; et al.: Building a Future on Peace and Justice: Studies on Transitional Justice, Peace and Development, Heidelberg, S. 503-529.

Aguilar Fernández, Paloma (2006): *Presencia y ausencia de la Guerra Civil y el franquismo en la democracia española. Reflexiones en torno a la articulación y ruptura del pacto de silencio*, in: Aróstegui, Julio/Godicheau, François; Hg.: Guerra Civil. Mito y memoria, Madrid, S. 245-293.

Aguilar Fernández, Paloma (2007): *La justicia transicional en los casos español, argentino y chileno*, in: Internationale Konferenz. Frieden und Gerechtigkeit – Bausteine der Zukunft, Nürnberg 25. - 27. Juni 2007.

Aguilar Fernández, Paloma (2004): *Guerra Civil, franquismo y democracia,* in: Claves. De razón práctica, Nr. 140, S. 24-33.

Aguilar Fernández, Paloma (2001): *Justice, Politics and Memory in the Spanish Transition,* in: Dies./Barahona de Brito, Alexandra/González Enríquez, Carmen; Hg.: The Politics of Memory. Transitional Justice in Democratizing Societies, Oxford, S. 92-119.

Aguilar Fernández, Paloma (2001a): *Justicia, política y memoria: Los legados del Franquismo en la transición española,* Working Paper, Instituto Juan March, Madrid.

Aguilar Fernández, Paloma (1997): *La amnesia y la memoria: Las movilizaciones por la amnistía en la transición a la democracia,* in: Pérez Ledesma, Manuel/Cruz, Rafael: Cultura y movilización en la España contemporánea, Madrid, S. 327-357.

Aguilar Fernández, Paloma/Hite, Katherine (2004): *Historical Memory and Authoritarian Legacies in Processes of Political Change,* in: Cesarini, Paola/Hite, Katherine; Hg.: Authoritarian Legacies and Democracy in Latin America and Southern Europe, Notre Dame, S. 191-232.

Aguilar Fernández, Paloma/Humlebæk, Carsten (2002): *Collective Memory and National Identity in the Spanish Democracy: the Legacies of Francoism and the Civil War,* in: History and Memory, Nr. 14, S. 121-164.

Aguilar Fernández, Paloma/Barahona de Brito, Alexandra/González Enríquez, Carmen; Hg. (2001): *The Politics of Memory. Transitional Justice in Democratizing Societies,* Oxford.

Aguilar, Mario (2005): *The Ethnography of the Villa Grimaldi in Pinochets Chile: From Public Landscape to Secret Detention Centre (1973 - 1980),* in: Iberoamericana. América Latina – España – Portugal, Nr. 18, S. 7-23.

Ahlbrecht, Heiko/Ambos, Kai (1999): *Der Fall Pinochet(s). Auslieferung wegen staatsverstärkter Kriminalität,* Baden-Baden.

Almanocid Zapata, Fabián (2004): *Españoles en Chile: Reacciones de la colectividad frente a la República, Guerra Civil y Franquismo (1931 - 1940),* in: Revista Complutense de Historia de América, Bd. 30, S. 149-185.

Alonso, Paul (2005): *The Clinic. La prensa satírica de Chile,* in: Revista Latinoamericana de Comunicación Chasqui, Nr. 92, S. 58-65.

Alted, Alicia (2005): *La voz de los vencidos. El exilio republicano de 1939,* Madrid.

Amago, Samuel/Jérez-Farrán, Carlos; Hg. (2010): *Unearthing Franco's Legacy. Mass Graves and the Recovery of Historical Memory in Spain,* Notre Dame/Indiana.

Ambos, Kai (1996): *Zur Verrechtlichung der Repression und zur strafrechtlichen Vergangenheitsbewältigung in Chile,* in: Nolte, Detlef; Hg.: Vergangenheitsbewältigung in Lateinamerika, Frankfurt am Main, S. 139-150.

Ambos, Kai; et al. (2008): *Jurisprudencia latinoamericana sobre derecho penal internacional,* Montevideo.

Amnesty International (1993): *Auslöschen könnt ihr sie nicht. Kampagne gegen Verschwindenlassen und politischen Mord,* Bonn.

Amnesty International (1982): *Nicht die Erde hat sie verschluckt. ‚Verschwundene' – Opfer politischer Verfolgung*, Hamburg.

Amnesty International (1981): *Verschwunden. Ein Bericht über das ‚Verschwindenlassen' als Maßnahme politischer Verfolgung*, Bonn.

Amnistía Internacional (2008): *España: Ejercer la jurisdicción para acabar con la impunidad*, Sección española, 15. Oktober, online: http://www.es.amnesty.org/uploads/ (Stand: 15.05. 2010).

Amnistía Internacional (2008b): *España: La obligación de investigar los crímenes del pasado y garantizar los derechos de las vícitmas de desaparición forzada durante la Guerra Civil y el franquismo*, November, Sección española, http://www.es.amnesty.org/uploads/ (Stand: 15.05.2010).

Amnistía Internacional (2008c): *Un año después de la ley de memoria histórica las víctimas de la guerra cilvil y el Franquismo tienen poco que celebrar*, Sección española, 26. Dezember, http://www.es.amnesty.org/noticias/ (Stand: 15.03.2010).

Amnistía Internacional (2007): *La Ley sobre víctimas de la Guerra Civil y el franquismo aunque mejora, no salda la deuda pendiente*, Sección española, 18. Oktober, online: https://www.es.amnesty.org/noticias/ (Stand: 15.05.2010).

Aministía Internacional (2006): *Vícitmas de la Guerra Civil y el Franquismo: No hay derecho. Preocupaciones sobre el proyecto de ley de derechos de las vícitmas de la Guerra Civil a del Franquismo*, Sección española, online: http://www.es.amnesty.org/uploads/ (Stand: 15.05.2010).

Amnistía Internacional (2006a): *Víctimas de la Guerra Civil y el régimen franquista: el desastre de los archivos, la privatización de la verdad*, Sección española, 30. März 2006, online: http://www.es.amnesty.org/uploads/ (Stand: 15.05.2010).

Amnistía Internacional (2005): *España: Poner fin al silencio y a la injusticia. La deuda pendiente con las víctimas de la Guerra Civil española y del régimen franquista*, Sección española, 18. Juli, online: https://doc.es.amnesty.org/ (Stand: 14.03.2010).

Amnistía Internacional (2003): *Impulsar la reparación de las víctimas de la Guerra Civil y el régimen franquista*, Jahresbericht, Abschnitt S. 26-28, http//www.a-i.es/espdoc-es /esp/.shth. (Stand: 23.06.2010).

Amnistía Internacional (2001): *Chile. Informe en derecho sobre la incompatibilidad del decreto ley 2191 de 1978 de Chile con el derecho internacional*, 22. Februar, Sección española, 22. Februar, http://www.amnesty.org/es/ (Stand: 22.01.2010).

Anderson, Kirsten (2006): *How Effective is the International Convention for the Protection of all Persons from Enforced Disappearance likely to be in Holding Individuals Criminally Responsible for Acts of Enforced Disappearance?* In: Melbourne Journal of International Law, Nr. 2, Bd. 7, S. 245-277.

Angell, Alan (1993): *Chile de Alessandri a Pinochet: En busca de la utopía,* Santiago.

Angell, Alan/Schjolden, Line/Sieder, Rachel; Hg. (2005): *The Judicialization of Politics in Latin America,* New York.

Anguera, Pere; Hg. (2003): *Dossier: Los días de España,* in: Ayer. Revista de historia contemporánea, Nr. 53, Bd. 3, S. 11-154.

Arceneaux, Craig/Pion-Berlin, David (2005): *Transforming Latin America. The International and Domestic Origins of Change,* Pittsburgh.

Arendt, Hannah (2004): *Eichmann in Jerusalem. Ein Bericht über die Banalität des Bösen,* München.

Arenhövel, Mark (2000): *Demokratie und Erinnerung. Der Blick zurück auf Diktatur und Menschenrechtsverbrechen,* Frankfurt/New York.

Arenhövel, Mark (1998): *Transition und Konsolidierung in Spanien und Chile. Strategien der Demokratisierung,* Gießen.

Arenhövel, Mark (2008): *Democratization and Transitional Justice,* in: Democratization, Nr. 3, Bd. 15, S. 570-587.

Arenhövel, Mark (2006): *Umkämpfte Vergangenheit in Chile. Zur erinnerungspolitischen Kontroverse um Wahrheit, Versöhnung und Demokratie,* in: Hüls, Marco; Hg.: Chile. Ein anderer elfter September, Berlin, S. 65-104.

Arenhövel, Mark (2002/03): *Tendenzen der Erinnerung an Diktatur und Bürgerkrieg – auf dem Weg zu einem Weltgedächtnis?* In: WeltTrends, Nr. 37, S. 11-26.

Armengou, Montse/Belis, Ricard (2004): *Las fosas del silencio. ¿Hay un holocausto español?* Barcelona.

Aróstegui, Julio/Godicheau, François; Hg. (2006): *Guerra Civil. Mito y memoria,* Madrid.

Arriagada, Genarro (2002): *Mesa: Transición y Democracia*, in: Cayuela, José et al.: Chile y España. Diálogos y Encuentros, Madrid, S. 87-96.

Assmann, Aleida (2007): *Der lange Schatten der Vergangenheit. Erinnerungskultur und Geschichtspolitik,* Bonn.

Assmann, Aleida/Frevert, Ute (1999): *Geschichtsvergessenheit, Geschichtsversessenheit. Vom Umgang mit der deutschen Vergangenheit nach 1945*, Stuttgart.

Assmann, Aleida; Hg. (1998): *Medien des Gedächtnisses*, Sonderheft der Deutschen Vierteljahresschrift für Soziologie, Stuttgart/Weimar.

Assmann, Aleida/ders., Jan (1994): *Das Gestern im Heute. Medien und soziales Gedächtnis*, in: Merten, Klaus/Schmidt, Siegfried/Weischenberg, Siegfried; Hg.: Die Wirklichkeit der Medien. Eine Einführung in die Kommunikationswissenschaft, Opladen, S. 114-140.

Assmann, Jan (1992): *Das kulturelle Gedächtnis. Schrift, Erinnerung und politische Identität in frühen Hochkulturen*, München.

Atteslander, Peter (1995): *Methoden der empirischen Sozialforschung*, Berlin/New York.

Backer, David (2009): *Cross National Comparative Analysis,* in: Van der Merve, Hugo/Baxter, Victoria/Chapman, Audrey C.; Hg.: Assessing the Impact of Transitional Justice. Challenges for Empirical Research, Washington, S. 23-90.

Baer, Alejandro/Ferrándiz, Francisco (2008): *Digital Memory: The visual Recording of Mass Graves Exhumations in Contemporary Spain,* in: Forum: Qualitative Sozialforschung, Nr. 3, Bd. 9, Art. 35, September, http://www.qualitative-research.net/fqs/ (Stand: 14.16.2010).

Barahona de Brito, Alexandra (1997): *Human Rights and Democratization in Latin America. Uruguay and Chile*, Oxford.

Barahona de Brito, Alexandra (2003): *The Pinochet Case and the Changing boundaries of democracy*, in: Davis, Madeleine; Hg.: The Pinochet Case. Origins, Progress and Implications, London, S. 212-230.

Barahona de Brito, Alexandra (2001): *Passion, Constraint, Law, and Fortuna: The Human Rights Challenge to Chilean Democracy,* in: Biggar, Nigel; Hg.: Burying the Past. Making Peace and Doing Justice after Civil Conflict, Washington, S. 150-183.

Barahona de Brito, Alexandra (2001a): *Truth, Justice, Memory and Democratization in the Southern Cone*, in: Aguilar Fernández, Paloma/dies./González Enriquez, Carmen; Hg.: The Politics of Memory. Transitional Justice in Democratizing Societies, Oxford, S. 119-160.

Barkan, Elazar (2000): *The Guilt of Nations. Restitution and Negotiating Historical Injustices,* Baltimore/London.

Bartolomei, María Luisa (2007): *Universal Jurisdiction vs. National Sovereignty – the Cases of Argentina and Chile*, in: Iberoamericana. Nordic Journal of Latin American and Caribbean Studies, Nr. 2, Bd. 37, S. 107-147.

Bassiouni, M. Cherif (2006): *International Recognition of Victims' Rights*, in: Human Rights Law Review, Nr. 6, S. 203-279.

Baumann, Gerold Gino (2009): *Los voluntarios latinoamericanos en la Guerra Civil espaoñla,* Cuenca.

Beck, Ulrich (2003): *Wie Versöhnung möglich werden kann. Ein kosmopolitisches Europa im Zeichen der Erinnerung an den Holocaust – das wäre eine reale Utopie,* in: Die Zeit, Nr. 29, 10. Juli, S. 34.

Becker, David (1992): *Ohne Hass keine Versöhnung: Das Trauma der Verfolgten,* Freiburg im Breisgau.

Becker, David/Calderón, Hugo (1992): *Extremtraumatisierungen – soziale Reparationsprozesse – politische Krise*, in: Riquelme, Horacio; Hg.: Zeitlandschaft im Nebel. Menschenrechte, Staatsterrorismus und psychosoziale Gesundheit in Südamerika, Frankfurt am Main, S. 76-86.

Beckett, Andy (2002): *Pinochet in Piccadilly. Britain and Chile's hidden history,* London.

Bedmar, Arcángel; Hg. (2003): *Memoria y olvido sobre la Guerra Civil y la represión franquista,* Córdoba.

Beigbeder, Yves (2005): *International Justice against Impunity. Progress and New Challenges*, Boston/Leiden.

Berek, Mathias (2009): *Kollektives Gedächtnis und die gesellschaftliche Konstruktion der Wirklichkeit: eine Theorie der Erinnerungskulturen*, Wiesbaden.

Bergem, Wolfgang; Hg. (2003): *Die NS-Diktatur im deutschen Erinnerungsdiskurs,* Opladen.

Bermejo, Benito/Checa, Sandra (2006): *Españoles deportados a los campos nazis (1950 - 1945),* Madrid.

Bermúdez, Norberto/Gasparini, Juan (1999): *El testigo secreto. El juez Garzón contra la impunidad en Argentina y Chile. Cómo atrapó a Pinochet,* Buenos Aires.

Bernecker, Walther L. (2010): *Geschichte Spaniens im 20. Jahrhundert,* München.

Bernecker, Walther L. (2006): *Spanien-Handbuch: Geschichte und Gegenwart,* Tübingen.

Bernecker, Walther L. (2008): *Vergangenheitsdiskurse in Spanien. Zwischen Verdrängung und Polarisierung*, in: Großbölting, Thomas/Hofmann, Dirk; Hg.: Vergangenheit in der Gegenwart. Vom Umgang mit der Diktaturerfahrung in Ost- und Westeuropa, Göttingen, S. 43-64.

Bernecker, Walther L. (2004): *Spaniens Übergang von der Diktatur zur Demokratie. Deutungen, Revisionen, Vergangenheitsaufarbeitung,* in: Vierteljahresschrift für Zeitgeschichte, Nr. 4, S. 693-710.

Bernecker, Walther L.; Hg. (2008): *Spanien. Politik. Wirtschaft. Kultur*, Frankfurt am Main.

Bernecker, Walther L./Brinkmann, Sören (2006): *Kampf der Erinnerungen. Der Spanische Bürgerkrieg in Politik und Gesellschaft 1936 - 2006*, Nettersheim.

Bianchi, Andrea (1999): *Immunity versus Human Rights: The Pinochet Case,* in: European Journal of international law, Nr. 10, Bd. 237, S. 237-277.

Bickford, Louis N. (2002): *Preserving Memory: The Past and the Human Rights Movement in Chile,* in: Hillman, Richard S./Peeler, John A./Cardoso da Silva, Elsa; Hg.: Democracy and Human Rights in Latin America, Connecticut/London, S. 8-30.

Biggar, Nigel; Hg. (2001): *Burying the Past. Making Peace and Doing Justice after Civil Conflict*, Washington.

Blakeley, Georgina (2005): *Digging Up Spain's Past: Consequences of Truth and Reconciliation,* in: Democratization, Nr. 1, Bd. 12, S. 44-59.

Bock, Petra/Wolfrum, Edgar; Hg. (1999): *Umkämpfte Vergangenheit: Geschichtsbilder, Erinnerung und Vergangenheitspolitik im internationalen Vergleich,* Göttingen.

Boeninger, Edgardo (1997): *Democracia en Chile,* Santiago.

Böhm, Otto (1999): *Von Nürnberg nach Den Haag – Erfahrungen mit internationalen Tribunalen,* in: Von Arnim, Gabriele/Deile, Volkmar; Hg.: Jahrbuch Menschenrechte 2000, Frankfurt am Main, S. 109-121.

Booth Walling, Carrie/Sikkink, Kathryn (2007): *The Impact of Human Rights Trials in Latin America,* in: Journal of Peace Research, Bd. 44, Nr. 4, S. 427-445.

Borsò, Vittoria (2001): *Gedächtnis und Medialität. Die Herausforderung der Alterität. Eine medienphilosophische und medienhistorische Perspektivisierung des Gedächtnis-Begriffs,* in: Dies., et al.; Hg.: Medialität und Gedächtnis: Interdisziplinäre Beiträge zur kulturellen Verarbeitung europäischer Krisen, Stuttgart/Weimar, S. 23-54.

Brett, Sebastian; Hg. (2008): *The Pinochet Effect. Ten Years on from London,* http://www.ictj.org/en/news/features/2277.html (Stand: 13.07.2010).

Brinkmann, Sören (2007): *Katalonien und der Spanische Bürgerkrieg: Geschichte und Erinnerung,* Berlin.

Brinkmann, Sören (2008): *Die Rückkehr der Vergangenheit: Bürgerkrieg und Diktatur im öffentlichen Meinungsstreit,* in: Bernecker, Walther L.; Hg.: Spanien. Politik. Wirtschaft. Kultur, Frankfurt am Main, S. 109-132.

Brinkmeier, Friederike (2003): *Menschenrechtsverletzer vor nationalen Strafgerichten? Der Fall Pinochet im Lichte aktueller Entwicklungen des Völkerstrafrechts,* Studien zu Grund- und Menschenrechten, Menschenrechtszentrum, Universität Potsdam, Heft 8, Potsdam.

Brody, Reed (2006): *Autumn of the Patriarch*, Human Rights Watch, 17. Dezember, online: http://www.hrw.org/en/news/2006/12/18/autumn-patriarch (Stand: 14.12.2009).

Brotóns, Antonio Remiro (1999): *El caso Pinochet. Los límites de la impunidad*, Madrid.

Brotóns, Antonio Remiro (1999a): *Pinochet: Los límites de la impunidad*, in: Política Exterior, Nr. 67, Bd. 8, S. 43-55.

Buckley-Zistel, Susanne (2008): *Transitional Justice als Weg zu Frieden und Sicherheit. Möglichkeiten und Grenzen*, Governance in Räumen begrenzter Staatlichkeit, SFB 700, Working Paper Series, Nr. 15.

Budde, Gunilla/Conrad, Sebastian/Janz, Oliver; Hg. (2006): *Transnationale Geschichte. Themen, Tendenzen und Theorien*, Göttingen.

Burbach, Roger (2003): *The Pinochet Affair. State Terrorism and Global Justice*, London/New York.

Burt, Jo Marie (2009): *Guilty as Charged: The Trial of Former Peruvian President Alberto Fujimori for Human Rights Violations*, in: The International Journal of Transitional Justice, Bd. 3, S. 384-405.

Bustos, Isidoro (1987): *Die Grundrechte in der Verfassungsentwicklung Chiles 1925 - 1980*, Berlin.

Calloni, Stella (1999): *Los años del lobo. Operación Cóndor*, Buenos Aires.

Calveiro, Pilar (2008): *Poder y desaparición. Los campos de concentración en Argentina*, Buenos Aires.

Capellá, Margalida/Ginard, David; Hg. (2008): *Represión política, justicia y reparación: la memoria histórica en perspectiva jurídica (1936 - 2008)*, Barcelona.

Carretero, Antonio (Fundación); Hg. (2009): *Memoria histórica. ¿Se puede juzgar la historia?* Madrid.

Casals i Meseguer, Xavier (1998): *La tentación neofascista en España. La evolución de la extrema derecha española durante la transición, así como sus espejos y referentes europeos*, Barcelona.

Casanova, Julián (1999): *Rebelión y revolución*, in: Juliá, Santos, et al.: Víctimas de la Guerra Civil, Madrid, S. 57-185.

Cayuela, José; et al. (2002): *Chile y España. Diálogos y Encuentros*, Madrid.

Cesarini, Paola/Hite, Katherine; Hg. (2004): *Authoritarian Legacies and Democracy in Latin America and Southern Europe*, Notre Dame.

Chinchón Álvarez, Javier (2009): *A propósito del proceso de reforma del artículo 23.4 de la Ley Orgánica del Poder Judicial (mayo-noviembre de 2009): De los motivos a las consecuencias para el principio de jurisdicción universal*, in: Revista de Derecho de Extremadura, Nr. 6, S. 13-31.

Chinchón Álvarez, Javier (2008): *La Convención Internacional para la Protección de todas las personas contra las desapariciones forzadas: Nunca es tarde si la dicha es ¿buena? Examen general y perspectivas en España tras la aprobación de la Ley de la memoria histórica*, in: Foro. Nueva Época, Nr. 7, S. 13-55.

Chinchón Álvarez, Javier (2008a): *Examen del Auto del Juzgado de Instrucción No. 5 de la Audiencia Nacional por el que se acepta la competencia para investigar los crimenes contra la humanidad cometidos en la Guerra Civil y el Franquismo,* in: Diario La Ley, Nr. 7054, Bd. 29, S. 1-7.

Chinchón Álvarez, Javier (2008b): *La actuación de la Audiencia Nacional en la investigación y juicio de los crímenes contra la humanidad cometidos en la Guerra Civil y el Franquismo (Del Auto de octubre a la decisión del Pleno de la Sala de lo Penal de 2 de diciembre de 2008),* in: Diario La Ley, Nr. 7102, Bd. 30, S. 1-7.

Chinchón Álvarez, Javier (2007): *El viaje a ninguna parte: Memoria, leyes, historia y olvido sobre la guerra civil y el pasado autoritario en España. Un examen desde el derecho internacional,* in: Revista del Instituto Interamericano de Derechos Humanos, Bd. 45, S. 119-233.

Clark, Ann-Marie (2001): *Diplomacy of Conscience: Amnesty International and Changing Human Rights Norms*, Princeton.

Cleary, Edward L. (1997): *The Struggle for Human Rights in Latin America,* Connecticut/London.

CODEPU; Hg. (1996): *Más allá de las fronteras. Estudio sobre las personas ejecutadas o desaparecidas fuera de Chile 1973 - 1990,* Serie Verdad y Justicia, Bd. 5, Santiago.

Codoceo, Fernando (2007): *Demokratische Transition in Chile. Kontinuität oder Neubeginn?* Berlin.

Collado Seidel, Carlos (2006): *Der Spanische Bürgerkrieg. Geschichte eines europäischen Konflikts,* München.

Collins, Cath (2009): *Human Rights Trials in Chile during and after the 'Pinochet Years',* in: The International Journal of Transitional Justice, Nr. 23, S. 1-20.

Collins, Cath (2006): *Grounding Global Justice: International Networks and Domestic Human Rights Accountability in Chile and El Salvador,* in: Journal of Latin American Studies, Nr. 38, S. 711-738.

Coloane, Juan Francisco (2000): *Britania y un general,* Santiago.

Colomer, Josep M. (1998): *La transición a la democracia: el modelo español,* Barcelona.

Conrad, Sebastian/Osterhammel, Jürgen (2004): *Das Kaiserreich transnational,* Göttingen.

Constable, Pamela/Valenzuela, Arturo (1993): *A Nation full of Enemies*, New York/London.

Contreras Mella, Eduardo (2003): *El desaforado. Crónica del juicio a Pinochet en Chile,* Santiago.

Cornelißen, Christoph (2003): *Was heißt Erinnerungskultur? Begriff – Methoden – Perspektiven*, in: Geschichte in Wissenschaft und Unterricht, Nr. 54, S. 548-563.

Cornelißen, Christoph/Klinkhammer, Lutz/Schwentker, Wolfgang; Hg. (2003): *Erinnerungskulturen. Deutschland, Italien und Japan seit 1945,* Frankfurt am Main.

Corvalán, Luis (2003): *El gobierno de Salvador Allende,* Santiago.

Cruz, María Angélica (2004): *Iglesia, represión y memoria. El caso chileno,* Memorias de la represión, Bd. 8, Madrid.

Csáky, Moritz (2002): *Die Mehrdeutigkeit von Gedächtnis und Erinnerung,* in: Digitales Handbuch zur Geschichte und Kultur Russlands und Osteuropas, S. 1-30, http://www.vifaost.de/geschichte/handbuch (Stand: 23.01.2010).

Cuya, Esteban (1996): *Wahrheitskommissionen in Lateinamerika,* in: Nolte, Detlef; Hg.: Vergangenheitsbewältigung in Lateinamerika, Frankfurt am Main, S. 33-66.

Dabag, Mihran (2003): *Globale Erinnerung? Neue Ordnungsvorschläge für die „historischen Irrtümer" der Moderne,* in: Zeitschrift für Genozidforschung. Strukturen, Folgen, Gegenwart kollektiver Gewalt, Nr. 2, Bd. 4, S. 113-129.

Davis, Madeleine (2000): *The Pinochet Case,* Institute of Latin American Studies Research Papers, London.

Davis, Madeleine (2006): *Externalised Justice and Democratisation: Lessons from the Pinochet Case,* in: Political Studies, Nr. 2, Bd. 56, S. 246-265.

Davis, Madeleine (2005): *Is Spain Recovering its Memory? Breaking the Pacto del Olvido,* in: Human Rights Quarterly, Nr. 3, Bd. 27, S. 858-880.

Davis, Madeleine (2003): *The Politics of the Pinochet Case in the United Kingdom,* in: Dies.; Hg.:The Pinochet Case. Origins, Progress and Implications, London, S. 135-144.

Davis, Madeleine; Hg. (2003): *The Pinochet Case. Origins, Progress and Implications,* London.

Dayan, Daniel/Katz, Elihu (1994): *Media Events. The Life Broadcasting of History*, Cambridge.

De Andrés, Jesús (2004): *Las estatuas de Franco, la memoria del franquismo y la transición política española,* in: Historia y Política, Nr. 12, S. 161-186.

De Greiff, Pablo; Hg. (2006): *The Handbook of Reparations,* Oxford.

De la Cruz, Miguel Ángel (2002): *Garzón: La ambición de un juez*, Madrid.

Del Aguila, Juan José (2001): *El TOP. La represión de la libertad (1963 - 1977),* Barcelona.

Delgado, Iva; Hg. (2000): *Impunidad y derecho a la memoria. De Pinochet a Timor,* Madrid/Lissabon.

Déotte, Martine (2000): *Desaparición y ausencia de duelo,* in: Richard, Nelly; Hg.: Políticas y estéticas de la memoria, Santiago, S. 93-98.

Derrida, Jacques (1999): *Randgänge der Philosophie*, Wien.

Derrida, Jacques (1999): *Signatur – Ereignis – Kontext*, in: Ders.: Randgänge der Philosophie, Wien, S. 325-352.

Desfor Edles, Laura (1998): *Symbol and Ritual in the New Spain. The Transition to Democracy after Franco,* Cambridge.

Dinges, John (2004): *The Condor Years. How Pinochet and his Allies Brought Terrorism to three Continents,* New York/London.

Dorfman, Ariel (2003): *Den Terror bezwingen. Der lange Schatten General Pinochets,* Hamburg.

Dorfman, Ariel (2002): *Exorcising Terror. The Incredible Unending Trial of General Augusto Pinochet,* London.

Drago, Tito (1999): *El retorno de la ilusión. Pinochet: El fin de la impunidad,* Barcelona.

Drake, Paul W. (1982): *Chile,* in: Falcoff, Marc/Pike, Fredrick B.; Hg.: The Spanish Civil War. American Hemispheric Perspectives, London/Lincoln, S. 245-290.

Dudek, Peter (1992): *„Vergangenheitsbewältigung". Zur Problematik eines umstrittenen Begriffs,* in: Aus Politik und Zeitgeschichte, Nr. 1-2, S. 44-53.

Eckel, Jan/Moisel, Claudia (2008): *Universalisierung des Holocaust? Erinnerungskultur und Geschichtspolitik in internationaler Perspektive,* Beiträge zur Geschichte des Nationalsozialismus, Bd. 24, Konstanz.

Eder, Jakob/Kohler-Koch, Beate (1998): *Ideendiskurs und Vergemeinschaftung: Erschließung transnationaler Räume durch europäisches Regieren*, in: Kohler-Koch, Beate; Hg.: Regieren in entgrenzten Räumen, Politische Vierteljahresschrift, Sonderheft 29, S. 169-206.

Elkin, Mike (2006): *Opening Franco's Graves. The victims of Spain's past are beginning to tell their stories,* in: Archaeology, Nr. 5, Bd. 59, S. 38-43.

Elster, Jon (2004): *Closing the Books. Transitional Justice in Historical Perspective,* Cambridge.

Encarnación, Omar G. (2008): *Spanish Politics. Democracy after Dictatorship,* Cambridge.

Encarnación, Omar G. (2009): *Jusitce in Times of Transition. Lessons from the Iberian Experience,* Center for European Studies Working Paper Series, online: http://aei.pitt.edu/11883/1/CES_173.pdf (Stand: 14.05.2010).

Encarnación, Omar G. (2008a): *Reconciliation after Democratization: Coping with the Past in Spain,* in: Political Science Quarterly. The Journal of Public and International Affairs, Nr. 3, Bd. 123, S. 435-455.

Encarnación, Omar G. (2007/8): *Pinochet's Revenge: Spain revisits its Civil War,* in: World Policy Journal, Nr. 4, Bd. 24, S. 39-50.

Ensignia, Jaime/Nolte, Detlef (1991): *Modellfall Chile? Ein Jahr nach dem demokratischen Neuanfang,* Schriftenreihe des Instituts für Iberoamerika-Kunde, Bd. 34, Hamburg.

Equipo Nizkor (2010): *El problema de la impunidad en España son sus causas,* no sus consecuencias, online: http://www.derechos.org/nizkor/espana/doc /declarts.html (Stand: 16.06.2010).

Equipo Nikor (2007): *Pedirán a Garzón que investigue los desaparecidos del Franquismo,* http.//www.derechos.org/nizkor/espana/doc/uriel.html (Stand: 19.11.2009).

Equipo Nizkor (2004): *La cuestión de la impunidad en España y los crímenes franquistas*, 14. April, http://www.derechos.org/-espana/doc/mpuesp/html (Stand: 15.04.2010).

Equipo Nizkor (1998): *Special Report on the preparation and development of General Pinochet's detention and Spanish Judges ruling recognizing the principle of universal criminal jurisdiction for domestic courts*, Madrid, 5. November 1998, online www.derechos.org/nizkor/chile/juicio/report.html (Stand: 20.02.2010).

Equipo Nizkor (1996): *El grupo parlamentario socialista pide la extradición de los reponsables de violaciones de los derechos humanos en Chile,* online: http.//www.derechos.org/nizkor/chile/juiciios/extra.html (Stand: 29.11.2009).

Erll, Astrid/Nünning, Ansgar (2008): *Cultural Memory Studies. Medien und kulturelle Erinnerung. An International and Interdisciplinary Handbook,* Berlin/New York.

Erll, Astrid (2004): *Medium des kollektiven Gedächtnisses – ein (erinnerungs-) kulturwissenschaftlicher Kompaktbegriff,* in: Erll, Astrid/Nünning, Ansgar; Hg.: Medien des kollektiven Gedächtnisses, Berlin/New York, S. 3-24.

Escudero Alday, Rafael/Martín Pallín, José Antonio; Hg. (2008): *Derecho y memoria histórica*, Madrid.

Esposito, Elena (2002): *Soziales Vergessen. Formen und Medien des Gedächtnisses der Gesellschaft,* Frankfurt am Main.

Espinosa Maestre, Francisco (2006): *La memoria de la represión y la lucha por su reconocimiento,* in: Gálvez, Sergio; Hg.: Generaciones y memoria de la represión franquista: un balance de los movimientos sociales por la memoria, Hispania Nova, Nr. 6, http://hispanianova.rediris.es/dossier/6d007.pdf. (Stand: 10.06.2010).

Fairclough, Norman (1995): *Media Discourse*, London.

Faulenbach, Bernd (2009): *Eine neue Konstellation? Der Umgang mit zwei Vergangenheiten in Deutschland nach 1989*, in: Wolfrum, Edgar; et al.: Aufarbeitung der Diktatur – Diktat der Aufarbeitung? Normierungsprozesse beim Umgang mit diktatorischer Vergangenheit, Göttingen, S. 37-47.

Ferrándiz Martín, Francisco (2009): *Fosas comunes, paisajes del terror*, in: Revista de Dialectología y Tradiciones Populares, Nr. 1, Bd. LXIV, S. 61-95.

Ferrándiz Martín, Francisco (2009a): *Exhumaciones y relatos de la derrota en la España actual*, in: Rodrigo, Javier/Ruiz, Miguel Ángel; Hg.: Jerónimo Zurita, Nr. 84, Dossier. Guerra Civil. Las representaciones de la violencia, S. 135-162.

Ferrándiz Martín, Francisco (2006): *The Return of Civil War Ghosts. The Ethnography of Exhumations in Contemporary Spain*, in: Anthropology Today, Nr. 3, Bd. 22, S. 7-12.

Ferrándiz Martín, Francisco (2006a): *Exhumaciones y políticas de la memoria histórica en España contemporánea,* in: Gómez Isa, Felipe; Hg.: El derecho a la memoria, Itxaropena/Zarautz, S. 547-571.

Ferrándiz Martín, Francisco/López García, Julián; Hg. (2010): *Fontanosas 1941 - 2006: Memoria de carne y hueso,* Ciudad Real.

Ferrer Mir, Jaime (1989): *Los españoles del Winnipeg. El barco de la esperanza*, Santiago.

Figari-Layús, Rosario/Schindel, Estela (2013): *Verschwindenlassen,* in: Gudehus, Christian; Hg.: Gewalt. Ein interdisziplinäres Handbuch, Stuttgart, S. 170-175.

Finnemore, Martha (1996): *National Interests in International Society,* Ithaca.

Fischer, Frank (2003): *Reframing Public Policy. Discursive Politics and Deliberative Practices,* Oxford.

Fischer, Martina (1998): *Zur Bedeutung der Armee im nachfranquistischen Spanien: Bruch und Kontinuität im Verhältnis von Militär und Gesellschaft,* in: Bernecker, Walther L./Discherl, Klaus; Hg.: Spanien heute. Politik. Wirtschaft. Kultur, Frankfurt am Main, S. 191-224.

Flick, Uwe (2002): *Qualitative Sozialforschung. Eine Einführung,* Reinbek bei Hamburg.

Flierl, Thomas/Müller, Elfriede; Hg. (2009): *Vom kritischen Gebrauch der Erinnerung,* Berlin.

Foucault, Michel (1981): *Archäologie des Wissens,* Frankfurt am Main, zuerst 1969.

Fouce, Guillermo (2007): *Lucha por los derechos humanos y la justicia histórica en la España del siglo XXI,* Hispania Nova, Revista de Historia contemporánea, Nr. 7, http://www.hispanianova.redris.es (Stand: 11.07.2010).

François, Etienne (2009): *Ist eine gesamteuropäische Erinnerungskultur vorstellbar?* In: Flierl, Thomas/Müller, Elfriede; Hg.: Vom kritischen Gebrauch der Erinnerung, Berlin, S. 83-108.

François, Étienne (2006): *Europäische lieux de mémoire,* in: Budde, Gunilla/Conrad, Sebastian/Janz, Oliver; Hg. (2006): Transnationale Geschichte. Themen, Tendenzen und Theorien, Göttingen, S. 290-303.

François, Étienne (2004): *Meistererzählungen und Dammbrüche. Die Erinnerung an den Zweiten Weltkrieg zwischen Nationalisierung und Universalisierung,* in: Flacke, Monika; Hg.: Mythen der Nationen. 1945 – Arena der Erinnerungen, Bd. 1, Berlin, S. 13-28.

Freeman, Mark (2006): *Truth Commissions and Procedural Fairness,* Cambridge.

Frei, Norbert (1996): *Vergangenheitspolitik. Die Anfänge der Bundesrepublik und die NS-Vergangenheit,* München.

Frei, Norbert; Hg. (2006): *Transnationale Vergangenheitspolitik. Der Umgang mit deutschen Kriegsverbrechern in Europa nach dem Zweiten Weltkrieg,* Göttingen.

Froidevaux, Alexandre (2007): *Erinnerungskultur ,von unten' in Spanien. Eine Oral History-Untersuchung der recuperación de la memoria histórica (Valencia 2000-2005)*, Berlin.

Fuchs, Ruth (2010): *Umkämpfte Geschichte. Vergangenheitspolitik in Argentinien und Uruguay,* Hamburg.

Fuchs, Ruth (2003): *Staatliche Aufarbeitung von Diktatur und Menschenrechtsverbrechen in Argentinien: Die Vergangenheitspolitik der Regierungen Alfonsín (1983 - 1989) und Menem (1989 - 1999) im Vergleich*, Hamburg.

Fuchs, Ruth/Nolte, Detlef (2006): *Vergangenheitspolitik in Lateinamerika: Instrumente und Sequenzen,* in: Landkammer; Joachim/Neotzel, Thomas/Zimmerli, Walther; Hg.: Erinnerungsmanagement, Systemtransformation und Vergangenheitspolitik im internationalen Vergleich, München, S. 133-160.

Fuchs, Ruth/Nolte, Detlef (2006a): *Vergangenheitspolitik in Chile, Argentinien und Uruguay,* in: Aus Politik und Zeitgeschichte, Nr. 42, S. 18-25.

Fuchs, Ruth/Nolte, Detlef (2005): *Die Aufarbeitung von Regimeverbrechen und der Demokratisierungsprozess in Lateinamerika: Argentinien und Chile in vergleichender Perspektive,* in: Kenkmann, Alfons/Zimmer, Hasko; Hg.:

Nach Kriegen und Diktaturen: Umgang mit Vergangenheit als internationales Problem, Essen, S. 29-48.

Fuchs, Ruth/Nolte, Detlef (2004): *Politikfeld Vergangenheitspolitik: Zur Analyse der Aufarbeitung von Menschenrechtsverletzungen,* in: Lateinamerika Analysen, Nr. 9, S. 59-92.

Fuentes Saavedra, Claudio (2006): *La transición de los militares. Relaciones civiles-militares en Chile 1990 - 2006,* Santiago.

Gálvez Biesca, Sergio (2008): *La 'memoria democrática' como conflicto,* in: Entelequia. Revista Interdisciplinar, Monográfico, Nr. 7, September, S. 1-52.

Gálvez Biesca, Sergio (2006): *El proceso de recuperación de la 'memoria histórica' en España: Una aproximación a los movimientos sociales por la memoria,* in: International Journal of Iberian Studies, Nr. 1, Bd. 19, S. 25-51.

Gálvez Biesca (2005): *Las víctimas y la batalla por el derecho a la memoria: la comisión interministerial para el estudio de la situación de la víctimas de la Guerra Civil y el franquismo,* in: Mientras Tanto, Nr. 97, S. 35-52.

Gamarra, Ronald (2009): *A Leader Takes Flight: The Indictment of Alberto Fujimori,* in: Lutz, Ellen L./Reiger, Caitlin; Hg.: Prosecuting Heads of State, Cambridge, S. 95-110.

Garay Vera, Cristián (2000): *Relaciones tempestuosas. Chile y España,* Santiago.

Garcés, Joan E. (2009): *El caso Pinochet,* in: Antonio Carretero (Fundación); Hg.: Memoria histórica. ¿Se puede juzgar la historia? Madrid, S. 29-38.

Garcés, Joan E. (1996): *Pinochet, ante la Audiencia Nacional,* in: Papeles, Nr. 59/60, S. 9-16.

García Arán, Mercedes; et al. (2000): *Crimen internacional y jurisdicción universal. El caso Pinochet*, Valencia.

Garretón Merino, Manuel Antonio (2007): *Del pinochetismo a la sociedad democrática. Globalización y política en el Bicentenario,* Santiago.

Garretón Merino, Manuel Antonio (1996): *Menschenrechte im Übergansprozess zur Demokratie*, in: Nolte, Detlef; Hg.: Vergangenheitsbewältigung in Lateinamerika, Frankfurt am Main, S. 29-32.

Garretón Merino, Manuel Antonio (1986): *The Political Evolution of the Chilean Military Regime and Problems in the Transition to Democracy*, in: O' Donnell, Guillermo/Schmitter, C. Philippe/Whitehead, Laurence: Transitions from authoritarian rule: Latin America, Baltimore, S. 95-122.

Garzón, Baltasar (2008): *Auto. Deligencias Previas Proc. Abreviado 399/2006 V*, Juzgado Central de Instrucción No. 005, Audiencia Nacional, Madrid, 16 de octubre, in: Diario Público; Hg. Garzón contra el Franquismo. Los autos íntegros del juez sobre los crímenes de la dictadura, Prólogo de Carlos Jiménez Villarejo, S. 17-100.

Garzón, Baltasar (2005): *Un mundo sin miedo,* Barcelona.

Gatti, Gabriel (2008): *El detenido-desaparecido. Narrativas posibles para una catástrofe de la identidad,* Montevideo.

Gerdtzen, Felipe/Pérez, Mónica (2000): *Augusto Pinochet: 503 días atrapado en Londres,* Santiago.

Gil Gil, Alicia (2008): *La justicia de transición en España. De la amnistía a la memoria histórica,* Barcelona.

Golob, Stephanie R. (2008): *Volver: The Return of/to Transitional Justice in Spain,* in: Journal of Spanish Cultural Studies, Nr. 2, Bd. 9, S. 127-141.

Golob, Stephanie R. (2002): *The Pinochet Case: 'Forced to be free': Abroad and at home,* in: Democratization, Nr. 4, Bd. 9, S. 25-57.

Gómez Isa, Felipe; Hg. (2006): *El derecho a la memoria,* Itxaropena/Zarautz.

Gómez Isa, Felipe (2007): *El fenómeno de la impunidad: Luces y sombras en América Latina,* in: Pensamiento Iberoamericano, Nr. 2, S. 163-185.

González Martinez, Carmen/Nicolás Martín, Encarna; Hg. (2010): *Dossier: Transitions to Democracy in Spain and Chile,* in: Ayer. Revista de historia contemporánea, Nr. 79, Bd. 3, S. 13-197.

Grammer, Christoph (2005): *Der Tatbestand des Verschwindenlassens einer Person. Transposition einer völkerrechtlichen Figur ins Strafrecht,* Berlin.

Groppo, Bruno/Schindler, Christine; Hg. (2001): *Erinnerung an Diktatur und Verfolgung im internationalen Vergleich,* Linz.

Gunther, Richard/Diamandourus, Nikiforos/Puhle, Hans-Jügen; Hg. (1995): *The Politics of Democratic Consolidation. Southern Europe in Comparative Perspective,* Baltimore.

Gutiérrez Contreras, Juan Carlos/Villegas Díaz, Myrna Roxana (1998): *Derechos humanos y desaparecidos en dictaduras militares,* in: América Latina Hoy, Nr. 20, S. 19-40.

Guzmán Tapia, Juan (2009): *La intervención del poder judicial durante y después de la dictadura militar en 1973,* in: Carretero, Antonio (Fundación); Hg.: Memoria histórica. ¿Se puede juzgar la historia? Madrid, S. 39-49.

Haas, Peter M. (1992): *Knowledge, Power and Institutional Policy Coordination,* Cambridge.

Habermas, Jürgen (1992): *Bemerkungen zu einer verworrenen Diskussion. Was bedeutet ‚Aufarbeitung der Vergangenheit' heute?* In: Die Zeit, Nr. 15, 3. April.

Habermas, Jürgen (1995): *Was bedeutet ‚Aufarbeitung der Vergangenheit' heute?* In: Die Normalität einer Berliner Republik. Kleine Schriften VIII, Frankfurt am Main, S. 21-45.

Hajer, Maarten A. (1995): *The Politics of Environmental Discourse: Ecological Modernization and the Policy Process*, Oxford.

Hajer, Maarten A. (2006): *Doing Discourse Analysis: Coalitions, Practices, Meaning,* in: Metze, Tamara/Van den Bring, Margo; Hg.: Words Matter in Policy and Planning. Discourse Theory and Method in the Social Sciences, Utrecht, S. 65-74.

Halbwachs, Maurice (1985): *Das Gedächtnis und seine sozialen Bedingungen,* Frankfurt am Main.

Hammerstein, Katrin/Mählert, Ulrich/Trappe, Julie/Wolfrum/Edgar; Hg. (2009): *Aufarbeitung der Diktatur – Diktat der Aufarbeitung? Normierungsprozesse beim Umgang mit diktatorischer Vergangenheit,* Göttingen.

Hammerstein, Katrin/Hofmann, Birgit (2009): *Europäische Interventionen. Resolutionen und Initiativen zum Umgang mit diktatorischer Vergangenheit,* in: Wolfrum, Edgar; et al.: Aufarbeitung der Diktatur – Diktat der Aufarbeitung? Normierungsprozesse beim Umgang mit diktatorischer Vergangenheit, Göttingen, S. 189-222.

Häußler, Ulf (1999): *Der Fall Pinochets: Das Völkerrecht auf dem Weg zu einem effektiven internationalen Menschenrechtsschutz,* in: Menschenrechtsmagazin, Nr. 3, S. 96-104.

Hawkins, Darren G. (2002): *International Human Rights and Authoritarian Rule in Chile,* Nebraska.

Hayner, Priscilla B. (2002): *Unspeakable Truths: Facing the Challenge of Truth Commissions,* New York.

Heinz, Wolfgang S. (2008): *Das neue internationale Übereinkommen zum Schutz aller Personen vor dem Verschwindenlassen*, Deutsches Institut für Menschenrechte, Essay, Berlin.

Herz, Thomas/Schwab-Trapp, Michael (1996): *Konflikt, Kultur und Interpretation. Eine Diskursanalyse des öffentlichen Umgangs mit dem Nationalsozialismus,* Opladen.

Hilbink, Lisa (2007): *Judges Beyond Politics in Democracy and Dictatorship: Lessons from Chile*, Cambridge.

Hitchens, Christopher (2001): *The Trial of Henry Kissinger,* London.

Höchst, Claudia (2003): *Vergangenheitsbewältigung und ihre Rolle im Demokratisierungsprozeß postautoritärer Systeme. Der Fall Chile,* Arbeitsheft des Lateinamerika-Zentrums, Nr. 81, Münster.

Horkheimer, Max (1988): *Traditionelle und kritische Theorie*, in: Ders.: Gesammelte Schriften, Bd. 5, Frankfurt am Main, zuerst 1937.

Huhle, Rainer (2006): *Internationale Strafgerichtshöfe: Was nützen sie den Menschenrechten?* In: Kenkmann, Alfons/Zimmer, Hasko; Hg.: Nach Kriegen und Diktaturen: Umgang mit Vergangenheit als internationales Problem – Bilanzen und Perspektiven für das 21. Jahrhundert, Essen, S. 119-140.

Huhle, Rainer (1996): *Ein Schritt vorwärts – und zwei zurück? Der ‚Fall Letelier' im Prozess der Rückgewinnung von Demokratie und Rechtsstaatlichkeit in Chile,* in: Nolte, Detlef; Hg.: Vergangenheitsbewältigung in Lateinamerika, Frankfurt am Main, S. 182-203.

Huneeus, Carlos (2003): *Chile un país dividido. La actualidad del pasado,* Santiago.

Huneeus, Carlos (2000): *El régimen de Pinochet,* Santiago.

Huneeus, Carlos (1981): *Der Zusammenbruch der Demokratie in Chile: Eine vergleichende Analyse,* Heidelberger Dritte Welt Studien, Bd. 8, Heidelberg.

Huneeus, Carlos (2003): *The Consequences of the Pinochet Case for Chilean Politics*, in: Davis, Madeleine; Hg.: The Pinochet Case. Origins, Progress and Implications, London, S. 169-188.

Huneeus, Carlos (1994): *The Pinochet Regime: A Comparative Analysis with the Franco-Regime,* in: Mainwaring, Scott/Valenzuela, Arturo; Hg.: Politics, Society and Democracy. Latin America. Essays in Honor of Juan José Linz, Boulder, S. 71-99.

Huneeus, Carlos; Hg. (2006): *La reforma al sistema binominal. Una contribución al debate*, Santiago.

Huntington, Samuel P. (1991): *The Third Wave: Democratization in the Late Twentieth Century*, Oklahoma.

Huyssen, Andreas (2003): *Present Pasts. Urban Palimpsests and the Politics of Memory,* Stanford.

Imbusch, Peter/Messner, Dirk/Nolte, Detlef; Hg. (2004): *Chile heute. Politik. Wirtschaft. Kultur*, Frankfurt am Main.

Informe Rettig (1991): *Informe de la Comisión Nacional de Verdad y Reconciliación,* 2 Bände, Santiago.

Informe Valech (2004): *Informe de la Comisión Nacional sobre Política y Tortura*, 2 Bände, Santiago.

IRELA; Hg. (1998): *El caso Pinochet ¿Piedra de toque de las relaciones europeo-latinoamericanas?* Informe de IRELA, 14. Dezember 1998, Madrid.

Jäger, Siegfried (2004): *Kritische Diskursanalyse. Eine Einführung,* Münster.

Jara Hinojosa, Isabel (2006): *De Franco a Pinochet. El proyecto cultural franquista en Chile, 1936 - 1980,* Santiago.

Jelin, Elizabeth (2002): *Memorias de la represión. Los trabajos de la memoria*, Madrid.

Jelin, Elizabeth/Langland, Victoria; Hg. (2003): *Monumentos, memoriales y marcas territoriales*, Madrid.

Joignant, Alfredo (2007): *Un día distinto. Memorias festivas y batallas conmemorativas en torno al 11 de septiembre en Chile 1974 - 2006*, Santiago.

Jouet, Mugambi (2007): *Spain's expanded Universal Jurisdiction to Prosecute Human rights abuses in Latin America, China and beyond,* in: Georgia Journal of international and comparative law, Nr. 3, Bd. 35, S. 495-538.

Juliá, Santos (2003): *Echar al olvido. Memoria y amnistía en la transición,* in: Claves. De razón práctica, Nr. 129, S. 14-24.

Juliá, Santos; Hg. (2006): *Memoria de la Guerra Civil y del Franquismo*, Madrid.

Juliá, Santos/Casanova, Julián/Solé y Sabaté, Josep M./Moreno, Francisco; Hg. (1999): *Víctimas de la Guerra Civil*, Madrid.

Kaiser, Karl (1969): *Transnationale Politik. Zu einer Theorie der multinationalen Politik,* in: Czempiel, Ernst-Otto; Hg.: Die anachronistische Souveränität. Zum Verhältnis von Innen- und Außenpolitik, Opladen/Köln, S. 80-109.

Kaleck, Wolfgang (2008): *Der Kampf um transnationale Gerechtigkeit. Neue Chancen für die Menschenrechtsbewegung?* In: Kritische Justiz, Nr. 3, Bd. 41, S. 284-289.

Kaleck, Wolfgang/Ratner, Michael/Singelnstein, Tobias/Weiss, Peter; Hg. (2006): *International Prosecution of Human Rights Crimes*, Berlin/Heidelberg/New York.

Keck, Margaret E./Sikkink, Kathryn (1998): *Activists Beyond Borders: Advocacy Networks in international Politics,* Cornell.

Keller, Reiner/Hirseland, Andreas/Schneider, Werder/Viehöfer, Willy; Hg.: *Handbuch sozialwissenschaftliche Diskursanalyse*, Bd. 1: Theoretische und methodische Grundlagen, Opladen.

Kenkmann, Alfons/Zimmer, Hasko; Hg. (2006): *Nach Kriegen und Diktaturen: Umgang mit Vergangenheit als internationales Problem – Bilanzen und Perspektiven für das 21. Jahrhundert,* Essen.

Keohane, Robert O./Nye, Joseph S. (1971): *Transnational Relations and World Politics,* Cambridge.

Kerchner, Brigitte (2006): *Diskursanalyse in der Politikwissenschaft. Ein Forschungsüberblick,* in*:* Dies/Schneider, Silke; Hg.: Foucault: Diskursanalyse der Politik. Eine Einführung, Wiesbaden, S. 33-67.

Kerchner, Brigitte/Schneider, Silke; Hg. (2006): *Foucault: Diskursanalyse der Politik. Eine Einführung,* Wiesbaden.

Khagram, Sanjeev/Levitt, Peggy (2008): *Constructing Transnational Studies*, in: Pries, Ludger; Hg.: Rethinking Transnationalism: The Meso-link of Organisations, London/New York, S. 21-39.

Klumpp, Guido (2001): *Vergangenheitsbewältigung durch Wahrheitskommissionen – das Beispiel Chile,* Berlin.

Kocka, Jürgen (2001): *Schwerpunktthema transnationale Gesellschaftsgeschichte: Einladung zur Diskussion.* In: Geschichte und Gesellschaft, Nr. 27, S. 463.

Kohler-Koch, Beate (1998): *Einleitung. Effizienz und Demokratie: Probleme des Regierens in entgrenzten Räumen*, in: Dies., Hg.: Regieren in entgrenzten Räumen, Politische Vierteljahresschrift, Sonderheft 29, S. 11-25.

Kohlstruck, Michael (2004): *Erinnerungspolitik: Kollektive Identität. Neue Ordnung, Diskurshegemonie,* in: Schwelling, Birgit; Hg.: Politikwissenschaft als Kulturwissenschaft. Theorien, Methoden, Problemstellungen, Wiesbaden, S. 173-193.

König, Helmut/Kohlstruck, Michael/Wöll, Andreas; Hg. (1998): *Vergangenheitsbewältigung am Ende des 21. Jahrhunderts*, Leviathan Sonderheft, Nr. 18, Opladen.

König, Helmut (1998): *Von der Diktatur zur Demokratie oder Was ist Vergangenheitsbewältigung,* in: Ders./Kohlstruck, Michael/Wöll, Andreas; Hg.: Vergangenheitsbewältigung am Ende des 21. Jahrhunderts, Leviathan Sonderheft, Nr.18, S. 373-392.

Kornbluh, Peter (2003): *The Pinochet File. Declassified Dossier on Atrocity and Accountability,* New York.

Kraus, Peter A./Merkel, Wolfgang (1998): *Die Konsolidierung der Demokratie nach Franco,* in: Bernecker, Walther L./Discherl, Klaus; Hg.: Spanien heute. Politik. Wirtschaft. Kultur, Frankfurt am Main, S. 37-62.

Kritz, Neil J.; Hg. (1995): *Transitional Justice: How Emerging Democracies Reckon with Former Regimes*, 3 Bände, Washington.

Kritz, Neil J. (1996): *Coming to Terms with Atrocities: A Review of Accountability Mechanisms for Mass Violations of Human Rights*, in: Law and Contemporary Problems, Nr. 4, Bd. 59, S. 127-152.

Kritz, Neil J. (2002): *Empirical Research Methodologies of Transitional Justice Mechanisms, Conference Report,* AAAS Science and Human Rights Program, 17.-20. November, Stellenbosch.

Kroh, Jens (2006): *Transnationale Erinnerung. Der Holocaust im Fokus geschichtspolitischer Initiativen,* Frankfurt am Main/New York.

Krumwiede, Heinrich W. (2004): *Die chilenische Regimetransformation im Rückblick,* in: Imbusch, Peter/Messner, Dirk/Nolte, Detlef; Hg.: Chile heute. Politik. Wirtschaft. Kultur, Frankfurt am Main, S. 253-273.

Krumwiede, Heinrich W./Nolte, Detlef (1988): *Chile. Auf dem Rückweg zur Demokratie?* Baden-Baden.

Labrador Méndez, Germán; Hg. (2010): *Lo llamaban transición*, Mombassa. Revista de Arte y Humanidades, Nr. 8, Salamanca.

Laclau, Ernesto/Mouffe, Chantal (2000): *Hegemonie und radikale Demokratie. Zur Dekonstruktion des Marxismus,* Wien.

Landkammer; Joachim/Neotzel, Thomas/Zimmerli, Walther Ch.; Hg. (2006): *Erinnerungsmanagement, Systemtransformation und Vergangenheitspolitik im internationalen Vergleich*, München.

Landwehr, Achim (2006): *Diskursgeschichte als Geschichte des Politischen,* in: Kerchner, Brigitte/Schneider, Silke; Hg.: Foucault: Diskursanalyse der Politik. Eine Einführung, Wiesbaden, S. 104-122.

Lazzara, Michael J. (2006): *Chile in Transition. The Poetics and Politics of Memory,* Gainesville/Florida.

Lazzara, Michael J. (2003): *Tres recorridos de Villa Grimaldi,* in: Jelin, Elizabeth/Langland, Victoria; Hg.: Monumentos, memoriales y marcas territoriales, Madrid, S. 127-146.

Leebaw, Browyn Anne (2008): *The Irreconcilable Goals of Transitional Justice,* in: Human Rights Quarterly, Nr. 30, S. 95- 118.

Lefranc, Sandrine (2004): *Políticas del perdón,* Madrid.

Leggewie, Claus (2003): *Die Globalisierung und ihre Gegner,* München.

Lemus, Encarnación (2001): *En Hamelin...La Transición Española más allá de la frontera*, Oviedo.

Levy, Daniel/Sznaider, Natan (2001): *Erinnerung im globalen Zeitalter: Der Holocaust*, Frankfurt am Main.

Levy, Daniel/Sznaider, Natan (2007): *Vorwort zur Neuausgabe,* in: Dies.: Erinnerung im globalen Zeitalter: Der Holocaust, Frankfurt am Main, S. 9-18.

Levy, Daniel/Sznaider, Natan (2006): *Sovereignty transformed: a sociology of human rights*, in: The British Journal of Sociology, Nr. 4, Bd. 57, S. 657-676.

Ley, Dominik (2008): *Medien, öffentliche Meinung und der ‚Fall Pinochet'. Die Perzeption des Ex-Diktators in Chile,* Saarbrücken.

Linz, Juan José (1992): *La transición a la democracia en perspectiva comparada,* in: Cortarelo, Ramón; Hg.: Transición política y consolidación democrática: España (1975-1986), Madrid, S. 431-460.

Linz, Juan José/Stepan, Alfred (1996): *Problems of Democratic Transition and Consolidation. Southern Europe, South America and Post-communist Europe,* Baltimore.

Lira, Elisabeth (2006): *The Reparations Policy of Human Rights Violations in Chile,* in: De Greiff, Pablo; Hg.: Handbook of Reparations, Oxford, S. 55-101.

Lira, Elizabeth/Loveman, Brian (2005): *Políticas de reparación. Chile 1990 - 2004,* Santiago.

Lira, Elizabeth/Loveman, Brian (2004): *Derechos Humanos en Chile a treinta años del golpe militar,* in: Rojas Aravena, Francisco/Stefoni, Carolina: Chile 2003-2004: Los nuevos escenarios (inter)nacionales, Santiago, S. 117-143.

Lira, Elisabeth/Loveman, Brian (2002): *El espejismo de la reconciliación política. Chile 1990-2002,* Santiago.

Lüthke, Karsten (1983): *Das gewaltsam verursachte oder unfreiwillige ‚Verschwinden' und der internationale Menschenrechtsschutz,* in: Zeitschrift für Rechtspolitik, Nr. 4, Bd. 16, S. 89-93.

Lutz, Ellen L. (2009): *Prosecutions of Heads of State in Europe*, in: Dies./Reiger, Caitlin; Hg.: Prosecuting Heads of State, Cambridge, S. 25-45.

Lutz, Ellen L./Reiger, Caitlin; Hg. (2009): *Prosecuting Heads of State,* Cambridge.

Lutz, Ellen L./Sikkink, Kathryn (2001): *The Justice Cascade. The Evolution and Impact of Foreign Human Rights in Latin America,* in: Chicago Journal of International Law, Nr. 1, Bd. 2, S. 1-34.

Lutz, Ellen L./Sikkink, Kathryn (2000): *International Human Rights Law and Practice in Latin America,* in: International Organization, Nr. 3, Bd. 54, S. 633-659.

MacDonald, David B. (2008): *Identity Politics in the Age of Genocide. The Holocaust and Historical Representation*, New York.

Macedo, Stephen; Hg. (2004): *Universal Jurisdiction. National Courts and the Prosecution of Serious Crimes under International Law*, Philadelphia.

Macías, Santiago/Silva, Emilio (2003): *Las fosas de Franco. Los republicanos que el dictador dejó en las cunetas*, Madrid.

Malamud, Carlos (2000): *El caso Pinochet. Un debate sobre los límites de la impunidad,* Instituto Ortega y Gasset, América Latina contemporánea, Madrid.

Malamud, Carlos (2002): *El caso Pinochet en España,* in: Bicentenario. Revista de historia de Chile y Argentina, Nr. 1, Bd. 1, S. 75-100.

Malamud Rikles, Carlos (2003): *Spanish Public Opinion and the Pinochet Case,* in: Davis, Madeleine; Hg.: The Pinochet Case. Origins, Progress and Implications, London, S. 145-168.

Mallinder, Louise (2007): *Amnesty, Human Rights and Political Transitions. Bridging the Peace and Justice Divide,* Portland.

Marchart, Oliver (2003): *Umkämpfte Gegenwart. Der „Zivilisationsbruch Auschwitz" zwischen Singularität, Partikularität, Universalität und der Globalisierung der Erinnerung,* in: Uhl, Heidemarie; Hg.: Zivilisationsbruch und Gedächtniskultur, Innsbruck, S. 35-66.

Marsh, Steven (2002): *Interrogations of Justice: The Case of Baltasar Garzón,* in: Journal of Spanish Cultural Studies, Nr. 1, Bd. 3, S. 125-129.

Martín de Pozuelo, Eduardo/Tarín, Santiago (1999): *España acusa,* Barcelona.

Marx, Christoph; Hg. (2007): *Bilder nach dem Sturm. Wahrheitskommissionen und historische Identitätsstiftung zwischen Staat und Zivilgesellschaft,* Berlin.

Matear, Ann (2005): *The Pinochet Case: The Catalyst for Deepening Democracy in Chile?* In: Gready, Paul: Fighting for Human Rights, Abingdon/Oxon, S. 117-133.

Matus, Alejandra (1999): *El libro negro de la justicia chilena,* Santiago.

Mayer, David/Molden, Berthold; Hg. (2009): *Vielstimmige Vergangenheiten – Geschichtspolitik in Lateinamerika,* ¡Atención! Jahrbuch des Österreichischen Lateinamerika-Institutes, Wien.

McCrory, Susan (2007): *The international Convention for the Protection of all Persons from Enforced Disappearance,* in: Human Rights Law Review, Nr. 7, Bd. 3, S. 545-566.

McSherry, J. Patrice (2005): *Patrice predatory states: Operation Condor and covert war in Latin America,* Lahnham.

Medina Domínguez, Alberto (2001): *Exorcismos de la memoria: Políticas y poéticas de la melancolía en la España de la transición,* Madrid.

Meyer, Erik (2008): *Memory and Politics,* in: Erll, Astrid/Nünning, Ansgar: Cultural Memory Studies. An International and Interdisciplinary Handbook, Medien und kulturelle Erinnerung, Berlin/New York, S. 173-180.

Millaleo Hernández, Salvador A. (2007): *Strafrecht in Reaktion auf Systemunrecht in Chile,* Schriftenreihe des Max-Planck-Instituts für Ausländisches und Internationales Strafrecht, Bd. 11, Berlin.

Minow, Martha (1998): *Between Vengeance and Forgiveness: Facing History after Genocide and Mass Violence,* Boston.

Mir Curcó, Conxita; Hg. (2001): *Dossier: La represión bajo el franquismo,* in: Ayer. Revista de historia contemporánea, Nr. 43, Bd. 3, S. 11-190.

Mitscherlich, Alexander/dies., Margarete (1967): *Die Unfähigkeit zu trauern. Grundlagen kollektiven Verhaltens,* München.

Molden, Berthold (2009): *Geschichtspolitik und Erinnerungskultur im Ringen um Hegemonie*, in: Ders./Mayer, David; Hg.: Vielstimmige Vergangenheiten – Geschichtspolitik in Lateinamerika, ¡Atención! Jahrbuch des Österreichischen Lateinamerika-Institutes, Wien, S. 31-56.

Molinero, Carmen/Tintó Sala, Margarita/Sobrequés i Callicó, Jaume (2003): *Una inmensa prisión: los campos de concentración y las prisiones durante la guerra civil y el franquismo,* Barcelona.

Montoya, Robert/Pereyra, Daniel (2000): *El caso Pinochet y la impunidad en América Latina*, Pandemia.

Morán, Gregorio (1991): *El precio de la transición. Una interpretación diferente y radical del proceso que condujo a España de la dictadura a la democracia,* Barcelona.

Moreno, Francisco (1999): *La represion en la posguerra*, in: Juliá, Santos et al.: *Víctimas de la Guerra Civil*, Madrid, S. 277-405.

Moulián, Tomás (2002): *Chile actual: Anatomía de un mito,* Santiago.

Nash, Kate (2007): *The Pinochet Case: Cosmopolitanism and intermestic Human Rights,* in: The British Journal of Sociology, Nr. 3, Bd. 58, S. 417-435.

Nederveen Pieterse, Jan (1998): *Der Melange-Effekt. Globalisierung im Plural,* in: Beck, Ulrich; Hg.: Perspektiven der Weltgesellschaft, Frankfurt am Main, S. 87-124.

Neier, Arjeh (1998): *War Crimes: Brutality, Genocide, Terror and the Struggle for Justice,* New York.

Nickson, Andrew (1995): *Paraguay's 'Archivo del terror'*, in: Latin American Research Review, Nr. 1, Bd. 30, S. 125-129.

Nino, Carlos Santiago (1996): *Radical Evil on Trial,* Connecticut.

Nohlen, Dieter (1974): *Feuer unter der Asche: Chiles gescheiterte Revolution*, Baden-Baden.

Nolte, Detlef (2003): *El juicio de la historia. Espectros del pasado en América Latina,* in: Birle, Peter/Fernández, Enrique; Hg.: Miradas alemanas. Chile en las Ciencias Sociales Alemanas 1970-2001, Concepción, S. 201-210.

Nolte, Detlef (2002/03): *Das Bild der Menschenrechtsverbrechen in Europa und seine Rückwirkungen auf die Länder des* Cono Sur, in: WeltTrends, Nr. 37, S. 39-53.

Nolte, Detlef (1998): *Demokratisierung durch Aufarbeitung der Vergangenheit? Lehren aus dem Fall Pinochet*, in: Nord-Süd aktuell. Vierteljahresschrift für Nord-Süd und Süd-Süd-Entwicklungen, Nr. 4, Bd. 12, S. 702-709.

Nolte, Detlef (1991): *Menschenrechte in Chile. Ist die Politik der Aussöhnung gescheitert?* Lateinamerika Analysen-Daten-Dokumentation, Beiheft Nr. 10, Hamburg, S. 1-48.

Nolte, Detlef; Hg. (1996): *Vergangenheitsbewältigung in Lateinamerika*, Frankfurt am Main.

Nora, Pierre (1990): *Zwischen Gedächtnis und Geschichte,* Berlin.

Nullmeyer, Frank (2001): *Politikwissenschaft auf dem Weg zur Diskursanalyse?* In: Keller, Reiner/Hirseland, Andreas/Schneider, Werder/Viehöfer, Willy; Hg.: Handbuch sozialwissenschaftliche Diskursanalyse, Bd. 1, S. 285-311.

O' Donnell, Guillermo/Schmitter, C. Philippe/Whitehead, Laurence (1986): *Transitions from Authoritarian Rule: Latin America*, Baltimore.

Oettler, Anika (2008): *Staatliche Initiativen zur Ahndung von Massengewalt: Perspektiven einer transnationalen Geschichte und Gegenwart*, in: Peripherie. Zeitschrift für Politik und Ökonomie in der Dritten Welt, Bd. 28, Vom Erinnern und Vergessen, Nr. 109/110, S. 83-109.

Oettler, Anika (2006): *Vergangenheitspolitik zwischen globalen Normen und lokalen Verhältnissen,* in: GIGA Focus Global Nr. 6, Hamburg, S. 1-8.

Oettler, Anika (2006a): *Mehrdimensionale Aufarbeitung: Wahrheitskommissionen in Lateinamerika,* in: Lateinamerika Analysen, Nr. 14, S. 113-139.

Oettler, Anika (2004): *Der Stachel der Wahrheit. Zur Geschichte und Zukunft der Wahrheitskommissionen in Lateinamerika,* in: Lateinamerika Analysen, Nr. 9, S. 93-126.

Oettler, Anika (2004a): *Themenschwerpunkt. Vergangenheitspolitik und Geschichtskonstruktion in Lateinamerika,* in: Lateinamerika Analysen, Nr. 9, S. 55-58.

Orentlicher, Diane F. (2007): *‚Settling Accounts' Revisited: Reconciling Global Norms with Local Agency,* in: The International Journal of Transitional Justice, Bd. 1, S. 10-22.

Orentlicher, Diane F. (2004): *The Future of Universal Jurisdiction in the New Architecture of Transnational Justice,* in: Macedo, Stephen; Hg.: Universal Jurisdiction. National Courts and the Prosecution of Serious Crimes under International Law, Philadelphia, S. 214-239.

Osterhammel, Jürgen (2001): *Transnationale Gesellschaftsgeschichte: Erweiterung oder Alternative?* In: Geschichte und Gesellschaft, Nr. 27, S. 464-479.

Pedreño, José Maria (2004): *"Apoyar a la ARMH es enterrar la memoria"*, online:http://www.nodo50.org/foroporlamemoria/documentos/jmpedreno_23012004.htm (Stand: 27.02.2010).

Peinado Cano, Arturo (2006): *El movimiento social por la recuperación de la memoria histórica. Entre el pasado y el futuro,* in: Hispania Nova. Revista de Historia Contemporánea, Nr. 6, online: http://hispanianova.rediris.es (Stand: 27.06.2009).

Pelinka, Anton (1999): *Sensibilität für Menschenrechte. Zur Aufarbeitung von Menschenrechtsverletzungen,* in: Arnim, Gabriele von/Deile, Volkmar, u. a.; Hg.: Jahrbuch Menschenrechte 2000, Frankfurt am Main, S. 19-29.

Pérez de Arce, Hermógenes (1999): *Europa vs. Pinochet*, Santiago.

Pickel, Gert/dies., Susanne/Schmidt, Siegmar; Hg. (2009): *Amnesie, Amnestie oder Aufarbeitung? Zum Umgang mit autoritären Vergangenheiten,* Wiesbaden.

Pieper, Marianne (2006): *Diskursanalysen – Kritische Analytik der Gegenwart und wissenspolitische Deutungsmusteranalyse*, in: Kerchner, Brigitte/Schneider, Silke; Hg.: Foucault: Diskursanalyse der Politik. Eine Einführung, Wiesbaden, S. 269-286.

Pion-Berlin, David (2004): *The Pinochet Case and Human Rights Progress in Chile: Was Europe a Catalyst, Cause or Inconsequential?* In: Journal of Latin American Studies, Nr. 36, S. 479-505.

Pion-Berlin, David (1993): *To Prosecute or to Pardon? Human Rights Decisions in the Latin American Southern Cone,* in: Human Rights Quarterly, Nr. 15, S. 105-130.

Preston, Paul (2011): *El holocausto español. Odio y exterminio en la Guerra Civil y después,* Barcelona.

Preston, Paul (2006): *La Guerra Civil española. Reacción, revolución y venganza*, Sant Llorenç d' Hortons/Barcelona.

Pries, Ludger (2007): *Die Transnationalisierung der sozialen Welt. Sozialräume jenseits von Nationalgesellschaften,* Frankfurt am Main.

Pries, Ludger; Hg. (2008): *Rethinking Transnationalism: The Meso-link of Organisations*, London/New York,

Quezada Cabrera, Hernán (1990): *Chile und der Schutz der Menschenrechte auf internationaler Ebene,* Hamburg.

Quiroga, Yesko/Ruderer, Stephan (2006): *Der Tod des Diktators,* Kurzberichte aus der internationalen Entwicklungszusammenarbeit, Friedrich Ebert Stiftung, Dezember, online: http://library.fes.de/pdf-files/iez/04351.pdf (Stand: 19.12.2010).

Radseck, Michael (2001): *Verfassungswächter in Uniform? Militär und Politik im Chile der neunziger Jahre,* Freiburg.

Radseck, Michael (2004): *Militär und Politik in Chile*, in: Imbusch, Peter/Messner, Dirk/Nolte, Detlef; Hg.: Chile heute. Politik. Wirtschaft. Kultur, Frankfurt am Main, S. 309-332.

Rauchfuss, Knut (2009): *Adiós General – Der chilenische Weg aus der Diktatur,* in: Ders./Schmolzle, Bianca; Hg.: Kein Vergeben. Kein Vergessen. Der internationale Kampf gegen Straflosigkeit, Berlin/Hamburg, S. 82-133.

Rauchfuss, Knut/Schmolzle, Bianca; Hg. (2009): *Kein Vergeben. Kein Vergessen. Der internationale Kampf gegen Straflosigkeit,* Berlin/Hamburg.

Reichel, Peter (2004): *Erfundene Erinnerung. Weltkrieg und Judenmord in Film und Theater,* München.

Reichel, Peter (1999): *Politik mit der Erinnerung. Gedächtnisorte im Streit um die nationalsozialistische Vergangenheit*, Frankfurt am Main.

Reichel, Peter/Schmied, Harald/Steinbach, Peter; Hg. (2009): *Der Nationalsozialismus – Die zweite Geschichte. Überwindung – Deutung – Erinnerung*, München.

Reig Tapia, Alberto (1986): *Ideología e historia. Sobre la represión franquista y la Guerra Civil*, Madrid.

Rein, Raanan/Waisman, Carlos H.; Hg. (2005): *Spanish and Latin American Transitions to Democracy*, Brighton/Oregon.

Rey, David (2003): *Erinnern und Vergessen im post-diktatorischen Spanien*, in: Sabrow, Martin; Hg.: Zeitgeschichte als Streitgeschichte. Historische Kontroversen und politische Kultur nach 1945, München, S. 347-368.

Richard, Nelly; Hg. (2001): *Políticas y estéticas de la memoria,* Santiago.

Richards, Michael (1998): *A Time of Silence. Civil War and the Culture of Repression in Franco's Spain, 1936-1945*, Cambridge.

Riquelme, Horacio; Hg. (1992): *Zeitlandschaft im Nebel. Menschenrechte, Staatsterrorismus und psychosoziale Gesundheit in Südamerika,* Frankfurt am Main.

Rinke, Stefan (2007): *Kleine Geschichte Chiles,* München.

Risse, Thomas (2002): *Transnational Actors and World Politics*, in: Carlsneas, Walter/ders./Simmons, Beth A.; Hg.: Handbook of International Relations, London/Thousand Oaks/New Delhi, S. 255-274.

Risse, Thomas/Jetschke, Anja/Schmitz, Hans Peter (2002): *Die Macht der Menschenrechte. Internationale Normen, kommunikatives Handeln und politischer Wandel in den Ländern des Südens,* Baden-Baden.

Risse, Thomas/Ropp, Stephen C./Sikkink, Kathryn (1999): *The Power of Human Rights. International Norms and Domestic Change,* Cambridge Studies in International Relations, Nr. 66, Cambridge.

Risse, Thomas/Sikkink, Kathryn (1999): *The Socialization of International Human Rights Norms into Domestic Practices: Introduction,* in: Ders./C. Ropp, Stephen/dies.; Hg.: The Power of Human Rights. International Norms and Domestic Change, Cambridge, S. 1-38.

Rodrigo, Javier (2008): *Hasta la raíz. Violencia durante la Guerra Civil y la dictadura franquista,* Madrid.

Rodrigo, Javier (2005): *Cautivos: Campos de concentración en la España franquista, 1936 - 1947*, Barcelona.

Rodríguez Arias, Miguel Ángel (2008): *El caso de los niños perdidos del Franquismo. Crimen contra la humanidad,* Valencia.

Roe, Emery (1994): *Narrative Policy Analysis. Theory and Practice,* Durham/London.

Roht-Arriaza, Naomi (2005): *The Pinochet Effect. Transnational Justice in the Age of Human Rights*, Philadelphia.

Roht-Arriaza, Naomi (2009): *Prosecutions of Heads of State in Latin America,* in: Lutz, Ellen L./Reiger, Caitlin; Hg.: Prosecuting Heads of State, Cambridge, S. 46-76.

Roht-Arriaza, Naomi (2009a): *The Multiple Prosecutions of Augusto Pinochet,* in: Lutz, Ellen L./Reiger, Caitlin; Hg.: Prosecuting Heads of State, Cambridge, S. 77-94.

Roht-Arriaza, Naomi (2007): *The Pinochet Effect and the Spanish Contribution to Universal Jurisdiction,* in: Kaleck, Wolfgang/Ratner, Michael/Singelnstein, Tobias/Weiss, Peter; Hg.: International Prosecution of Human Rights Crimes, Berlin/Heidelberg/New York, S. 113-123.

Roht-Arriaza, Naomi (2006): *The New Landscape of Transitional Justice*, in: Dies./Mariezcurrena, Javier: Transitional Justice in the Twenty-First Century: Beyond Truth Versus Justice, Cambridge, S. 1-16.

Roht-Arriaza, Naomi (2001): *The Pinochet Precedent and Universal Jurisdiction,* in: New England Law Review, Nr. 35, S. 311-319.

Roht-Arriaza, Naomi (2001a): *The Role of International Actors in National Accountability Processes,* in: Aguilar, Paloma/Barahona de Brito, Alexandra/González Enríquez, Carmen; Hg.: The Politics of Memory. Transitional Justice in Democratizing Societies, Oxford, S. 40-64.

Rojas Aravena, Francisco (1998): *Transition and Civil-Military Relations in Chile. Contributions in a New International Framework,* in: Dominguez I., Jorge: International Security and Democracy. Latin America in the Post-Cold War Era, Pittsburgh, S. 80-101.

Rojas Aravena, Francisco/Stefoni Espinoza, Carolina; Hg. (2001): *El 'caso Pinochet'. Versiones hemisféricas de su detención en Londres,* Santiago.

Rojas Baeza, Paz (2009): *La interminable ausencia. Estudio médico, psicológico y político de la desaparición forzada de personas,* Santiago.

Rojas Baeza, Paz/Espinoza, Victor/Soto, Hernán/Urquieta, Julia (1998): *Tarda pero llega. Pinochet ante la justicia española,* CODEPU, Santiago.

Roniger, Luis/Sznajder, Mario (2009): *The Politics of Exile in Latin America,* Cambridge.

Roniger, Luis/Sznajder, Mario (2005): *El legado de las violaciones de los derechos humanos en el Cono Sur. Argentina, Chile y Uruguay,* La Plata.

Roniger, Luis/Sznajder, Mario (2007): *Memoria abierta: Las democracias del Cono Sur frente al legado de las violaciones de derechos humanos,* in: Stabili, Maria Rosaria; Hg.: Entre historias y memorias. Los desafíos metodológicos del legado reciente de América Latina, Madrid, S. 159-197.

Ropp, C. Stephen/Sikkink, Kathryn (1999): *International Norms and Domestic Politics in Chile and Guatemala,* in: Risse, Thomas/ders./dies.; Hg.: The Power of Human Rights. International Norms and Domestic Change, Cambridge, S. 172-204.

Rosales Herrera, Eduardo Alfonso (2007): *Augusto Pinochet frente al derecho y la política internacional,* Madrid.

Rothenberg, Daniel (2002): *Let Justice Judge: An Interview with Judge Baltasar Garzón an Analysis of His Ideas,* in: Human Rights Quarterly, Nr. 24, S. 79-101.

Ruderer, Stephan (2010): *Das Erbe Pinochets. Vergangenheitspolitik und Demokratisierung in Chile 1990 2006,* Göttingen.

Ruderer, Stephan (2010a): *Hybride Erinnerung. Geschichtspolitik in Chile,* in: Geschichte und Gesellschaft. Zeitschrift für historische Sozialwissenschaft, Nr. 1, Bd. 36, S. 129-156.

Sabatier, Paul A. (1993): *Policy Change and Learning. An Advocacy Coalition Approach,* Boulder Colorado.

Sabatier, Paul A./Jenkins-Smith, Hank C.; Hg. (1999): *The Advocacy Coalition Framework. An Assessment,* in: Sabatier, Paul A.; Hg.: Theories of Policy Process, Boulder Colorado, S. 116-166.

Sánchez, Omar (2003): *Pacted Transitions in Spain and Chile: Elite and Institutional Differences,* in: Democratization, Nr. 2, Bd. 10, S. 65-86.

Sandner, Günther (2001): *Hegemonie und Erinnerung: Zur Konzeption von Geschichts- und Vergangenheitspolitik,* in: Österreichische Zeitschrift für Politikwissenschaft, Nr. 1, Bd. 30, S. 5-15.

Sanford, Victoria (2003): *Burried Secrets. Truth and Human Rights in Guatemala,* New York.

Sapag Muñoz de la Peña, Pablo (2003): *Chile, frente al combate de a Guerra Civil Española. Propaganda republicana y franquista al otro lado del mundo,* Valencia.

Sapag Muñoz de la Peña, Pablo/Sepúlveda Peñaranda, Alejandra (2001): *¡Es la prensa estúpido, la prensa! Cuando Chile fue noticia por la razón o la fuerza,* Santiago.

Scheuzger, Stephan (2009): *Wahrheitskommissionen und transnationale Expertennetzwerke und nationale Geschichte,* in: Molden, Berthold/Meyer, David; Hg.: Vielstimmige Vergangenheiten – Geschichtspolitik in Lateinamerika, ¡Atención! Jahrbuch des Österreichischen Lateinamerika-Institutes, Wien, S. 215-240.

Schindel, Estela (2003): *Desaparición y sociedad. Una lectura de la prensa gráfica argentina (1975 - 1978),* Berlin.

Schindel, Estela (2004): *Die Präsenz der Vergangenheit im urbanen Raum. Erinnerungsorte in Chile, Argentinien, Brasilien und Uruguay,* in: Lateinamerika Analysen, Nr. 9, S. 155-180.

Schneider, Ute (2000): *Erinnerungskultur,* in: Cornelißen, Christoph; Hg.: Geschichtswissenschaften: eine Einführung, Frankfurt am Main, S. 259-270.

Seraphim, Franziska (2003): *Kriegsverbrecherprozesse in Asien und globale Erinnerungskulturen,* in: Cornelißen, Christoph/Klinkhammer, Lutz/Schwentker, Wolfgang; Hg.: Erinnerungskulturen. Deutschland, Italien und Japan seit 1945, Frankfurt am Main, S. 77-94.

Serrano Maíllo, Isabel (2002): *Prensa, derecho y poder político. El* caso Pinochet *en España*, Madrid.

Sierck, Gabriela M. (1993): *Verschwundene – Opfer politischer Verfolgung. Ein weltweites Problem und der Versuch, ihm beizukommen – Bundesrepublik Deutschland sperrt sich,* in: Deutsche Richterzeitung, Nr. 1, Bd. 71, S. 43-44.

Sikkink, Kathryn (2005): *The Transnational Dimension of the Judicialization of Politics in Latin America,* in: Angell, Alan/Schjolden, Line/Sieder, Rachel: The Judicialization of Politics in Latin America, New York, S. 263-292.

Sikkink, Kathryn (2003): *La dimensión transnacional de los movimientos sociales,* in: Jelin, Elisabeth; Hg.: Más allá de la nación: Los movimientos sociales, Zorzal, S. 301-335.

Silva Barrera, Emilio (2009): *El trabajo de la Asociación para la recuperación de la memoria histórica,* in: Olmos, Ignacio/Keilholz-Rühle, Nikky; Hg.: La cultura de la memoria. La memoria histórica en España y Alemania, Madrid/Frankfurt am Main, S. 173-184.

Silva Barrera, Emilio (2006): *El despertar de la memoria histórica en España: el papel de la sociedad civil,* in: Gómez Isa, Felipe; Hg.: El derecho a la memoria, Itxaropena/Zarautz, S. 571-578.

Silva, Emilio/Esteban, Asunción/Castán, Javier/Salvador, Pancho; Hg. (2004): *La memoria de los olvidados. Un debate sobre el silencio de la represión franquista,* Madrid.

Singer, Otto (1993): *Policy Communities und Diskurskoalitionen,* in: Heritiér, Adrienne; Hg.: Policy-Analyse. Kritik und Neuorientierung, Politische Vierteljahresschrift, Sonderheft, Nr. 24, Opladen, S. 149-184.

Slack, Keith M. (1996): *'Operation Condor' and Human Rights: A Report on Paraguay's Archive of Terror*, in: Human Rights Quarterly, Nr. 2, Bd. 18, S. 492-506.

Smith, Anthony D. (1994): *Towards a Global Culture?* In: Featherstone, Mike; Hg.: Global Culture, Nationalism, Globalization and Modernity, London, S. 171-191.

Sorensen, Kristin (2009): *Media, Memory, and Human Rights in Chile,* New York.

Spooner, Mary Helen (1994): *Soldiers in a Narrow Land. The Pinochet Regime in Chile,* Berkeley.

Stabili, Maria Rosaria; Hg. (2007): *Entre historias y memorias. Los desafíos metodológicos del legado reciente de América Latina*, Madrid.

Stanley, Ruth (2008): *Strafjustiz und kollektives Erinnern. Beitrag des Interamerikanischen Menschenrechtssystems,* in: Erinnerung – Macht – Gegenwart. Analysen und Berichte, Jahrbuch Lateinamerika, Nr. 32, Münster, S. 36-50.

Stern, Steve J. (2010): *Reckoning with Pinochet. The Memory Question in Democratic Chile. 1989 - 2006,* Bd. 3, Durham/London.

Stern, Steve J. (2006): *Battling for Hearts and Minds. Memory Struggles in Pinochet's Chile 1973-1988, The Memory-Box of Pinochet's Chile,* Bd. 2, Los Angeles.

Stern, Steve J. (2004): *Remembering Pinochet's Chile. On the Eve of London. The Memory-Box of Pinochet's Chile,* Bd. 1, Los Angeles.

Stichweh, Rudolf (2000): *Die Weltgesellschaft. Soziologische Analysen,* Frankfurt am Main.

Stichweh, Rudolf (2001): *Die Weltgesellschaft. Strukturen eines globalen Gesellschaftssystems jenseits der Regionalkulturen der Welt*, in: Forschung an der Universität Bielefeld, Nr. 23, S. 5-10.

Straßner, Veit (2007): *Die offenen Wunden Lateinamerikas. Vergangenheitspolitik im postautoritären Argentinien, Uruguay und Chile*, Wiesbaden.

Straßner, Veit (2005): *Die* Comisión Nacional sobre Prisión Política y Tortura – *ein neues Kapitel in der Aufarbeitung des Staatsterrorismus in Chile*, in: Lateinamerika Analysen, Nr. 12, S. 39-64.

Strauss, Anselm/Corbin, Juliet (1990): *Grounded Theory in Practice,* Thousand Oaks.

Sugarman, David (2002): *From Unimaginable to Possible: Spain, Pinochet and the Judicialization of Power,* in: Journal of Spanish Cultural Studies, Nr. 1, Bd. 3, S. 107-124.

Tamayo, Giulia (2008): *Los derechos de las víctimas de la guerra civil española y el franquismo en el contexto de la experiencia mundial y las obligaciones internacionales sobre verdad, justicia y reparación,* in: Entelequia. Revista Interdisciplinar, Monográfico, Nr. 7, S. 255-272.

Tarrow, Sidney (2005): *The new Transnational Activism,* Cambridge.

Tarrow, Sidney/Tilly, Charles (2007): *Contentious Politics,* Cambridge.

Teitel, Ruti G. (2000): *Transitional Justice*, Oxford/New York.

Teitel, Ruti G. (2003): *Transitional Justice Genealogy,* in: Harvard Human Rights Journal, Nr. 16, S. 69-94.

Thiery, Peter (2000): *Transformation in Chile. Institutioneller Wandel, Entwicklung und Demokratie 1973 - 1996,* Frankfurt am Main.

Tusell, Javier (2003): *Chile desde España,* in: Claves. De razón práctica, Nr. 121, S. 56-58.

Uhl, Heidemarie; Hg. (2003): *Zivilisationsbruch und Gedächtniskultur. Das 20. Jahrhundert in der Erinnerung des beginnenden 21. Jahrhunderts,* Innsbruck.

Ulianova, Olga (2006): *A sesenta años de la Guerra Civil española. Combatientes chilenos en las Brigadas Internacionales,* in: Estudios Avanzados interactivos, Nr. 7, Bd. 5, S. 1-37.

Urbano, Pilar (1999): *Garzón. El hombre que veía amanecer,* Barcelona.

Valdivieso Aritzia, Rafael (1988): *Crónica de un rescate,* Santiago.

Valenzuela, Samuel J. (2006): *Los derechos humanos y la redemocratización en Chile,* in: Alcántara Saez, Manuel/Ruiz Rodríguez, Leticia; Hg.: Chile. Política y modernización democrática, Barcelona, S. 269-312.

Valle-Riestra González-Olachea, Javier (2006): *La extradición y los delitos políticos,* The Global Law Collection Lecture Series, Cizur Menor/Navarra.

Van Dyk, Teun A. (1997): *Discourse as Social Interaction. Discourse Studies. A Multidisciplinary Interaction,* Bd. 2, London.

Verbitzky, Horacio (1995): *El vuelo*, Buenos Aires.

Verdugo, Patricia (1989): *Caso Arrellano. Los zarpazos del Puma,* Santiago.

Vinyes, Ricardo (2006): *Las desapariciones infantiles durante el franquismo y sus consecuencias,* in: International Journal of Iberian Sudies, Nr. 1, Bd. 19, S. 53-70.

Waltz, Susan (2001): *Prosecuting Dictators: International Law and the Pinochet case,* in: World Policy Journal, Nr. 1, Bd. 18, S. 101-112.

Webber, Frances (2000): *Justice and the General: People vs. Pinochet,* in: Race and class, Nr. 4, Bd. 41, S. 43-57.

Weeks, Gregory (2003): *The Military and Politics in Postauthoritarian Chile,* Alabama.

Wehr, Ingrid (2009): *Vom schwierigen Öffnen der Pandora-Box: Aufarbeitungspolitik im nachautoritären Chile,* in: Pickel, Gert/dies., Susanne/Schmidt, Siegmar; Hg.: Amnesie, Amnestie oder Aufarbeitung? Zum Umgang mit autoritären Vergangenheiten, Wiesbaden, S. 101-128.

Wehr, Ingrid (2003): *Chile 30 Jahre nach dem Militärputsch: Der 11. September als konfliktträchtiger Gedächtnisort,* in: Lateinamerika Analysen, Nr. 6, S. 114-141.

Wehr, Ingrid (2001): *Soberanía estatal vs. Justicia universal. El caso Pinochet y la discusión sobre la extraterritorialidad de la Ley,* in: Rojas Aravena, Francisco/Stefoni Espinoza, Carolina; Hg.: El caso Pinochet. Versiones hemisféricas de su detención en Londres, Santiago, S. 49-63.

Weller, Marc (1999): *On the Hazards of Foreign Travel for Dictators and other International Criminals,* in: International Affairs, Nr. 3, Bd. 57, S. 599-617.

Welzer, Harald; Hg. (2007): *Der Krieg der Erinnerung. Holocaust, Kollaboration und Widerstand im europäischen Gedächtnis*, Frankfurt am Main.

Wenzl, Ingrid (2001): *Der Fall Pinochet. Die Aufarbeitung der chilenischen Militärdiktatur,* Köln.

Werle, Gerhard (1999): *Neue Wege. Die südafrikanische Wahrheitskommission und die Aufarbeitung von schweren Menschenrechtsverletzungen*, in: Bock, Petra/Wolfrum, Edgar; Hg.: Umkämpfte Vergangenheit, München, S. 269-289.

Werz, Nikolaus (1991): *Die ideologischen Wurzeln der ‚Doktrin der Nationalen Sicherheit' in Lateinamerika,* in: Tobler, Hans Werner/Waldmann, Peter; Hg.: Staatliche und parastaatliche Gewalt in Lateinamerika, Frankfurt am Main, S. 163-191.

Wilde, Alexander (2002): *Irruptions of Memory. Expressive Politics in Chile's Transition to Democracy,* in: Beezley, William H./Lorey, David E.; Hg.: Genocide, Collective Violence, and Popular Memory. The Politics of Remembrance in the Twentieth Century, Wilmington, S. 3-28.

Wilson, Richard J. (1999): *Prosecuting Pinochet: International Crimes in Spanish Domestic Law*, in: Human Rights Quarterly, Nr. 4, Bd. 21, S. 927-979.

Wodak, Ruth (2001): *The Discourse-Historical Approach,* in: Dies./Meyer, Michael; Hg.: Methods of Critical Discourse Analysis, London, S. 63-94.

Wodak, Ruth/Menz, Florian/Mitten, Richard/Stern, Frank (1994): *Die Sprachen der Vergangenheiten. Öffentliches Gedenken in österreichischen und deutschen Medien*, Frankfurt am Main.

Wolfrum, Edgar (1999): *Geschichtspolitik in der Bundesrepublik Deutschland. Der Weg zur bundesrepublikanischen Erinnerung 1948 - 1990*, Darmstadt.

Woodhouse, Diana; Hg (2000): *The Pinochet Case: A Legal and Constitutional Analysis,* Oxford.

Woodhouse, Diana (2003): *The Progress of Pinochet through the UK Extradition Procedure; an Analysis of the Legal Challenges and Judicial Decisions*, in: Davis, Madeleine; Hg.: The Pinochet Case. Origins, Progress and Implications, London, S. 87-106.

Wright, Thomas C. (2007): *State Terrorism in Latin America, Chile, Argentina, and international human rights*, Maryland.

Zalaquett, José (1995): *Confronting Human Rights Violations Committed by Former Governments: Principles Applicable and Political Constraints,* in: Kritz, Neil J.; Hg.: Transitional Justice: How Emerging Democracies Reckon with Former Regimes, Washington, S. 3-31.

Zehnder, Bruno (2003): *Immunität von Staatsoberhäuptern und der Schutz elementarer Menschenrechte – der Fall Pinochet,* Baden-Baden.

Zimmermann, Moshe (2006): *Die transnationale Holocaust-Erinnerung,* in: Budde, Gunilla/Conrad, Sebastian/Janz, Oliver; Hg.: Transnationale Geschichte, S. 203-216.

Zürn, Michael (1998): *Regieren jenseits des Nationalstaates. Globalisierung und Denationalisierung als Chance*, Frankfurt am Main.

VERWENDETE PERIODIKA

ABC, Madrid
Die Zeit, Hamburg
El Mercurio, Santiago
El Mundo, Madrid
El País, Madrid
Frankfurter Rundschau, Frankfurt am Main
La Crónica de León, León
La Nación, Santiago
La Tercera, Santiago
New York Times, New York
Página 12, Buenos Aires
Público, Madrid

INTERVIEWS[1]

Agüero, Felipe: Politikwissenschaftler, Mitarbeiter FLACSO-Chile, 4.06.2007, Santiago.

Contreras Mella, Eduardo: Menschenrechtsanwalt, 10.05.2007, Santiago.

Díaz, Viviana: Vizepräsidentin der *Asociación de Familiares de Detenidos Desaparecidos* (AFDD), 4.04.2007, Santiago.

Etxeberria Gabilondo, Francisco: forensischer Anthropologe der baskischen Vereinigung *Sociedad de Ciencias Aranzadi*, 19.07.2008, La Granja de San Ildefonso.

Fuentes, Claudio: Politikwissenschaftler, Präsident FLACSO-Chile, 1.06.2007, Santiago.

Garcés, Joan E.: Anwalt, 1970 bis 1973 persönlicher Berater Salvador Allendes, Vorsitzender und Gründer der *Fundación Salvador Allende* (FSA), 15.02.2007, Madrid.

Garretón Merino, Manuel: Soziologe, Universidad de Chile, 11.05.2007, Santiago.

Guzmán Tapia, Juan: Ermittlungsrichter im ‚Fall Pinochet', Vorsitzender des Menschenrechtszentrums der *Universdidad Central*, 30. Mai 2007, Santiago.

Huneeus, Carlos: Politikwissenschaftler am Meinungsforschungsinstitut CERC, 17.05.2007, Santiago.

Lira, Elisabeth: Soziologin, *Universidad Alberto Hurtado*, Mitglied der Wahrheitskommission über Politische Gefangenenschaft und Folter, 4.06.2007, Santiago.

Magán, Fernando: Menschenrechtsanwalt, vertritt Angehörige von Verschwundenen, Unterstützer der ARMH, 18. Juli 2008, La Granja de San Ildefonso.

Oliva, Julio: Gründungsmitglied der Comisión FUNA, Redaktionsmitglied der Wochenzeitschrift *El Siglo*, 27.04.2007, Santiago.

Paramio, Ludolfo: Regierungsberater der PSOE, Direktor des *Departamento de Análisis y Estudios del Gabinete de la Presidencia del Gobierno,* zuständig für Lateinamerika, 2. Februar 2007, Madrid.

Pedreño, José María; Gründungsmitglied und Vorsitzender des *Foro por la Memoria*, 5.05.2004, Madrid.

Pey, Victor: spanischer Bürgerkriegsflüchtling in Chile, Gründungsmitglied der *Fundación Salvador Allende* (FSA), 27.04. und 8.05.2007, Santiago.

Rojas Baeza, Paz: Vorsitzende *Corporación de Promoción y Defensa de los Derechos del Pueblo* (CODEPU), 15.05.2007, Santiago.

1 Angaben zu Position und Funktion beziehen sich auf den Zeitpunkt des Interviews.

Silva Barrera, Emilio: Gründer und Vorsitzender der *Asociación para la Recuperación de la Memoria Histórica* (ARMH), 30. April 2004, Madrid.

Global Studies

Georg Glasze
Politische Räume
Die diskursive Konstitution eines »geokulturellen Raums« – die Frankophonie

2013, 272 Seiten, kart., 29,80 €,
ISBN 978-3-8376-1232-5

Fernand Kreff, Eva-Maria Knoll, Andre Gingrich (Hg.)
Lexikon der Globalisierung

2011, 536 Seiten, kart., 29,80 €,
ISBN 978-3-8376-1822-8

Philip Thelen
Vergleich in der Weltgesellschaft
Zur Funktion nationaler Grenzen für die Globalisierung von Wissenschaft und Politik

2011, 378 Seiten, kart., 32,80 €,
ISBN 978-3-8376-1913-3

Leseproben, weitere Informationen und Bestellmöglichkeiten finden Sie unter www.transcript-verlag.de